A vida de
Eça de Queiroz

UNIVERSIDADE FEDERAL DA BAHIA

Reitor
Naomar Monteiro de Almeida Filho

Vice-Reitor
Francisco Mesquita

Diretora
Flávia M. Garcia Rosa

Conselho Editorial

Titulares
Ângelo Szaniecki Perret Serpa
Carmen Fontes Teixeira
Dante Eustachio Lucchesi Ramacciotti
Fernando da Rocha Peres
Maria Vidal de Negreiros Camargo
Sérgio Coelho Borges Farias

Suplentes
Bouzid Izerrougene
Cleise Furtado Mendes
José Fernandes Silva Andrade
Nancy Elizabeth Odonne
Olival Freire Junior
Silvia Lúcia Ferreira

Rua Barão de Geremoaba
s/n – Campus de Ondina
40170-290 – Salvador – BA
Tel.: +55 71 3263-6164
Fax: + 55 71 3263-6160
www.edufba.ufba.br
edufba@ufba.br

FUNDAÇÃO EDITORA DA UNESP

Presidente do Conselho Curador
Marcos Macari

Diretor-Presidente
José Castilho Marques Neto

Editor-Executivo
Jézio Hernani Bomfim Gutierre

Conselho Editorial Acadêmico
Antonio Celso Ferreira
Cláudio Antonio Rabello Coelho
José Roberto Ernandes
Luiz Gonzaga Marchezan
Maria do Rosário Longo Mortatti
Maria Encarnação Beltrão Sposito
Mario Fernando Bolognesi
Paulo César Corrêa Borges
Roberto André Kraenkel
Sérgio Vicente Motta

Editores-Assistentes
Anderson Nobara
Denise Katchuian Dognini
Dida Bessana

Praça da Sé, 108
01001-900 – São Paulo – SP
Tel.: (0xx11) 3242-7171
Fax: (0xx11) 3242-7172
www.editoraunesp.com.br
feu@editora.unesp.br

Luís Viana Filho

A vida de Eça de Queiroz

3ª edição

© 2008 Herdeiros de Luís Viana Filho

Direitos de edição cedidos à EDUFBA/Unesp

Comissão organizadora das comemorações de Luís Viana Filho:
Edvaldo Boaventura
Roberto Santos
Joacy Góes
Victor Gradin
Consuelo Pondé de Senna
Luiz Ovidio Fisher
Luiz Vianna Neto
Lia Vianna Queiroz

CIP – Brasil. Catalogação na fonte
Sindicato Nacional dos Editores de Livros, RJ

V667v
3.ed.

Viana Filho, Luís, 1908-1990
   A vida de Eça de Queiroz/Luís Viana Filho. – 3.ed. – São Paulo: Editora UNESP; Salvador, BA: EDUFBA, 2008.

   Inclui bibliografia
   ISBN 978-85-7139-847-4

   1. Queiroz, Eça de, 1845-1900.   2. Escritores portugueses – Biografia. 3. Literatura portuguesa – História e crítica.   I. Título.

08-0832.   CDD: 928.69
                                                           CDU: 929:821.134.3

Editora afiliada:

A
Luiz Forjaz Trigueiros
e à memória dos confrades
Nuno Simões
Ruben A. Leitão
Marcello Caetano
Joaquim do Paço D'Arco
Vitorino Nemésio

Sumário

Apresentação   9

Nota liminar   13

1   O Colégio da Lapa   17
2   Sansões e filisteus   23
3   O Cenáculo   35
4   As portas da fama   47
5   A alma do século   65
6   O cônsul   79
7   A lebre corrida   95
8   O Padre Amaro   113
9   O bosque dos rouxinóis   133
10   O seu próprio romance   151
11   Um padre e uma tipóia   161
12   A arte é tudo   195
13   A bola de neve   215
14   O ultimato   235
15   Fradique Mendes   255
16   A quinta de Santa Cruz   277
17   A ave sem ninho   291

18 Entre Lisboa e Sintra   309
19 O exilado   323
20 "...Um belo dia de verão"   343

Índice onomástico   365

Apresentação
Eça de Queiroz: arte, sociabilidade, política.

José Leonardo do Nascimento[*]

A importância de Eça de Queiroz para a cultura letrada brasileira pode ser atestada pelo elevado número de biografias do grande escritor produzidas por autores brasileiros. A presença de Eça nesta margem ocidental do Atlântico não foi nem de longe correspondida pela presença de Machado de Assis na cultura portuguesa. O Brasil encantou-se mais com Eça do que Portugal com Machado.

A Vida de Eça de Queiroz de Luís Viana Filho participa dessa atmosfera de admiração e entusiasmo pelo autor de *O Primo Basílio*. Luís Viana pesquisou fontes primárias, compulsou documentos referentes a Eça em arquivos portugueses, como o da Biblioteca Nacional de Lisboa, o de Luís de Magalhães, o de Batalha Reis, o da editora Lello & Irmão. Esse é um mérito do livro.

Extraordinário epistológrafo, Eça colaborou espontaneamente com os seus biógrafos. Escreveu um número abundante de cartas com informações detalhadas sobre as suas relações com jornalistas, amigos, editores de seus livros e, sobretudo, com a sua esposa, a bela e nobre dama da sociedade portuguesa, Emília Resende.

---

[*] Autor de *O primo Basílio na Imprensa Brasileira do século XIX: Estética e História*. São Paulo: Editora UNESP, 2008.

Com Emília, a correspondência de Eça abrangeu não somente o seu período de noivado, quando era cônsul português na Inglaterra, mas se intensificou, paradoxalmente, durante a sua vida conjugal, nos momentos em que os cônjuges eram separados por motivos diversos ou desfrutavam separadamente de férias prolongadas.

Além de fecundo epistológrafo, Eça foi refinado cultor de amigos, de boa convivência, de longas e desfrutáveis conversas. Sustentava que o "contar histórias" era a mais sublime ocupação humana e que os gregos, mais do que outros, assim o compreenderam, divinizando Homero. O gosto da conversa, o hábito de escrever cartas e o prazer das amizades multiplicaram as informações sobre Eça de Queiroz.

Os amigos descreviam, com minúcias, o seu porte físico alto e magro, a sua indumentária de janota inglês, os seus hábitos notívagos, o lado irônico e mordaz de seus comentários. Passando o período de um ano em Leiria, escreveu que naquelas plagas de rala cultura faltava-lhe tudo, livro, conversa, paradoxo, teoria... O pintor Columbano Bordalo Pinheiro, que fez bons retratos do escritor, aludiu à personalidade eciana de "cavaqueador" envolvente: "...estava sempre a falar, a fazer comentários, e a sua graça infinita distraía-me constantemente, a ponto de deixar, por vezes, cair a paleta e os pincéis".

Luís Viana, enfim, analisou farta documentação. Seus pontos de vista e suas conclusões sobre a vida de Eça são comprovados por citações de fontes primárias (cartas, depoimentos) ao pé das páginas. A imagem que desenhou do escritor português apresenta alguns traços incisivos.

Um logo se distingue dos demais: as permanentes dificuldades financeiras vividas por Queiroz, que nem mesmo a herança recebida por Emília conseguiu atenuar. O escritor cuidadoso e lento na elaboração de seus livros, pois os ampliava e os modificava reiteradamente na revisão das provas tipográficas, almejava auferir lucros com as suas publicações. Algumas cenas moralmente escandalosas narradas nos seus romances visavam produzir impacto sobre os leitores e aumentar a venda dos livros. A correspondência com os editores revela um autor à procura do reconhecimento do mundo literário, da crítica especializada, mas também do sucesso de venda.

Queiroz almejava as "trombetas" da fama e com ela o ganho financeiro. Exigia do editor Chardron esforço de divulgação de livros seus recentemente publicados: "Peço uma capa bonita e *distinguée*. E peço, imploro *reclame*". Argumentava que uma capa bonita apresentava o livro como o vestido requintado uma bela mulher. Sabedor do abalo produzido pelo *Primo Basílio* nos arraiais literários brasileiros escreveu para o editor: "... se os brasileiros têm fome do Primo Basílio – dê-lhes Primo Basílio".

Confessou planejar incluir no *Crime do Padre Amaro*, no transcorrer do trabalho para a edição definitiva de 1880, dois capítulos de escândalo com o propósito de ampliar a venda do romance. Escrevendo sobre a *Revista de Portugal*, de que foi diretor, sustentou que estaria disposto a amoldá-la ao gosto do público e a adulá-lo se isso lhe propiciasse boas receitas. Além da *Revista de Portugal*, dirigiu também com a mesma finalidade a *Revista Moderna*, financiada pelo magnata brasileiro, filho dos Condes de Pinhal, Martinho Arruda Botelho.

Um segundo traço relevante da vida de Eça, observado por Luís Viana, são os vínculos do escritor com o mundo brasileiro. Eça teve grandes amigos brasileiros: Eduardo Prado, Domício da Gama, Olavo Bilac, Joaquim Nabuco. Seu pai José Maria nascera no Brasil e quando criança Eça teria convivido com empregados trazidos do Rio de Janeiro pelo seu avô. Viana insiste na amabilidade do seu personagem para com a terra brasileira.

Após ouvir um elogio feito por Olavo Bilac a um dos seus contos, "A Perfeição", disse: "Oh Bilac, tu falas um português com açúcar". Numa carta dirigida a Emília, referiu-se à "generosidade brasileira" de Eduardo Prado. Manteve ainda vínculos profissionais com o jornal carioca *Gazeta de Notícias*. Assinou na *Gazeta*, a exemplo das Cartas Portuguesas de Ramalho Ortigão, a coluna Cartas de Inglaterra. Dirigiu, a partir de 1892, o "Suplemento" do mesmo jornal.

Luís Viana pinta um retrato sempre fascinante do escritor português, acentuando as múltiplas facetas de sua personalidade. Eça podia ser mordaz e irônico nos seus comentários, como por exemplo, no calor dos debates literários de que era protagonista. No ano da publicação de *Os Maias*, 1888, um crítico identificou o personagem Tom de Alencar com o poeta Bulhão Pato, autor de *Paquita*.

Alencar era a caricatura de um suposto poeta retórico e vazio do romantismo português. Ocorre que o próprio Bulhão Pato entrou na liça ao publicar na imprensa uma sátira dirigida a Eça, que respondeu ao caricaturado, usando para isso a lâmina aguda de sua ironia. Queiroz implorou ao Bulhão, tendo em vista a sua reconhecida bonomia e cortesia, "o obséquio extremo de se retirar de dentro do [seu] personagem". O mesmo tom irônico foi empregado, mais tarde, contra os médicos, useiros e vezeiros em receitar estações de água para os seus pacientes. Numa carta, escreveu que as estações de água ao invés de curarem os doentes, curavam os médicos, enriquecendo-os.

O ironista, muitas vezes, cedia passo ao lírico, como no retrato delicado que fez da rainha portuguesa dona Amélia, que poderia segundo ele, devido a sua formosura, ser vítima do crime lesa-majestade de ser cortejada. Sensibilizado pela natureza do norte de Portugal, expressou a hipótese da existência de um Deus artista plástico e paisagista.

O livro de Luís Viana Filho reconstrói o longo caminho percorrido pelo seu personagem, desenha a trajetória da vida e da obra de Eça de Queirós e conclui que nessa travessia o antigo crítico iconoclasta da cultura portuguesa converteu-se num doce e compreensível cúmplice da alma lusitana.

No entender do biógrafo, o Eça do último decênio de vida não era mais o narrador ferino da época do Cenáculo, das Farpas, das Conferências do Cassino Lisbonense, sempre atento em espicaçar a insignificância histórica do pequeno reino português. O crítico impenitente da hipocrisia do catolicismo teria também cedido à religião e tingido a sua ideologia socialista de princípios cristãos.

Portugal começava a fazer falta ao antigo homem do mundo, pesava-lhe o longo período de exílio iniciado em 1872 como cônsul português em Havana. O cosmopolita ambicionava o conchego das quintas do Minho ou do Douro. Jacinto de Tormes, personagem de *A Cidade e as Serras*, que trocou seu magnífico palácio no 202 da avenida *Champs-Elysées* por uma propriedade rural em Portugal, seria, em muitos aspectos, o auto-retrato do escritor.

A biografia de Luís Viana Filho compõe e relaciona, desta forma, a vida de Eça de Queiroz com as suas produções literárias, referindo-se às circunstâncias biográficas e ao momento em que foram engendradas.

Nota liminar

Em uma biografia é essencial ser tão verdadeiro quanto possível. À exatidão dos fatos nenhuma concessão pode ser feita, cabendo à arte do biógrafo selecioná-los, analisá-los e comentá-los de modo a proporcionar nítida imagem do biografado. Essa participação do biógrafo faz cada biografia diferente das demais porventura existentes — é a decorrência da sensibilidade peculiar a cada autor. Tal como ocorre com os retratos, o de Eça de Queiroz por Columbano não é igual ao concebido por Abel Salazar.

No caso particular de Eça de Queiroz, objeto de um sem-número de ensaios críticos e biográficos, talvez fosse supérflua ou temerária uma nova biografia. Contudo, para justificá-la, bastariam os arquivos de Luiz de Magalhães e Batalha Reis, diletos amigos do biografado, bem como o do próprio Eça de Queiroz, repositório de abundante correspondência íntima, todos eles recentemente incorporados ao valioso patrimônio da Biblioteca Nacional de Lisboa, e aos quais o dr. João Palma Ferreira, então diretor, os srs. Pedro da Silveira e Antônio Braz de Oliveira e a dra. Rosa Vasconcelos Mota me proporcionaram frutuoso acesso a que sou reconhecido.

Acrescentarei também o encanto e os ensinamentos hauridos, desde a adolescência, das páginas do admirável escritor. Em verdade, bem ou mal, aprendi a escrever com Eça de Queiroz. E para quem vinha, obrigatoriamente, de Camões, Vieira e outros clássicos, o encontro com Eça de Queiroz, seu estilo ameno, humor irreverente, a linguagem simples e fluente, representou uma lufada de ar puro e fresco, sorvida com avidez e prazer. Esse é o meu Eça. O Eça que busquei transmitir aos leitores, fazendo-lhe o retrato do qual, acentuando os traços vivos, leves, ágeis, tão cheios de suave ironia, e sedução dos seus contemporâneos, se reconstitua a laboriosa, bela e sofrida vida do idealista. Um idealista que nenhum interesse levou a transigir com o que julgou o dever do escritor.

Certamente esta biografia não seria possível sem a inestimável contribuição da numerosa corte dos admiradores e conhecedores de Eça de Queiroz, que nos ajudaram. A todos consigno sincero agradecimento. Desejo, porém, nomear alguns, a começar por Luiz Forjaz Trigueiros, amigo ininterruptamente presente na elaboração deste livro. Constituiu grande estímulo haver a sra. Maria da Graça Salema de Castro, viúva de um neto de Eça de Queiroz e proprietária da Quinta de Tormes, aquiescido em abrir-me os papéis de Eça ainda aí existentes, e entre os quais estão as cartas de D. Emília Eça de Queiroz, desde o noivado até à morte do marido. Mas, como manancial para conhecimento da vida de Eça de Queiroz, nada comparável à correspondência deste para a mulher, da qual a dra. Manuela Cruzeiro, então diretora da Biblioteca Nacional de Lisboa, teve a bondade de me confiar cópia, dispondo-se, outrossim, a ser dedicada e eficiente pesquisadora para a elaboração desta biografia. A família do conde de Arnoso confiou-me a valiosa correspondência de Eça de Queiroz. E o sr. José Lello, grande colecionador de autógrafos, proporcionou-me cartas inéditas sobre o *Almanaque enciclopédico*. Em grande parte ainda inédita é a correspondência que me veio às mãos pela gentileza de meu amigo Edgar Lello, e mandada por Eça a seus editores Ernesto Chardron, Jules Genelioux, Mathieu Lugan e Antônio Lello. Também a viscondessa de Soveral propiciou-me compulsar o rico arquivo do marquês de Soveral, hoje guardado na bela Quinta da Vigia, em Sintra. Como se vê, realizei longa peregrinação pelos arquivos portugueses.

Não devo omitir a colaboração do embaixador Dario Castro Alves, entusiasta investigador da vida de Eça de Queiroz, bem como a do embaixador Adriano Carvalho, meu amigo, e a quem devo numerosas informações e documentos, inclusive a correspondência do cônsul Eça de Queiroz para o Ministério dos Estrangeiros de Portugal. Ainda em Portugal contei com a boa ajuda do prof. Guerra da Cal, cuja importância nos estudos sobre Eça de Queiroz é desnecessário acentuar, a do prof. Mário Júlio de Almeida Costa, de Coimbra, e a do ministro José Júlio de Moraes.

O sr. Manuel Cardoso, diretor da Biblioteca Oliveira Lima, na Universidade Católica de Washington, abriu-me os arquivos do eminente diplomata brasileiro; e ao sr. R. G. Whitehead, assistente da British Library, de Londres, devo a identificação das pistas que buscava para esclarecer as fontes do *Dicionário dos milagres*, até então ignoradas. O dr. A. Zielinski, domiciliado na Quinta da Romãzeira, em Feijó (Portugal), proporcionou-me conhecer os originais, hoje existentes na Biblioteque Polonaise, de Paris, da carta mandada por Eça a Ladislau Mickiewski, diretor da *Revue Universelle*, e, em 1884, publicada como prefácio a *O mandarim*. Cícero Dias foi agradável e eficiente companheiro nas pesquisas feitas em Paris. Roberto Silva Ramos, apaixonado conhecedor da vida e das obras de Eça de Queiroz, foi solícito colaborador, assim como o acadêmico João Scantimburgo, a quem devo documentos da Academia Paulista de Letras, e meu amigo Olinto Moura, que me propiciou autógrafos de Eça, atualmente em São Paulo. E não devo esquecer a colaboração de meu amigo José Maria Almarjão, modelo de prestimoso livreiro.

Desejo outrossim consignar meu reconhecimento à marquesa de Ficalho, neta de Eça de Queiroz, por me haver acolhido no solar da rua dos Caetanos, permitindo-me rever a correspondência de d. Emília Eça de Queiroz ao marido, que já compulsara em Torres. Correspondência que espero algum dia publicada para se desvendar os corações de que nasceu.

Como sempre, meu fraternal amigo Alvaro Nascimento foi insubstituível conselheiro. Resta-me, pois, a par dos agradecimentos à numerosa corte de estudiosos e admiradores de Eça de Queiroz, cuja colaboração foi fundamental para a realização desta biografia, esperar a benevolência dos leitores em relação às falhas inevitáveis. Escreveu Eça que reconstruir é sempre inventar. Reconstruindo-lhe a vida tentei inventar o menos possível, pois a ele basta a verdade.

Luís Viana Filho
Salvador, julho de 1983

1
O Colégio da Lapa

Ao regressar do Brasil, o missionário Ângelo Sequeira promoveu, em 1755, a construção, na cidade do Porto, da capela consagrada à Virgem da Lapa, e logo requereu a criação de um seminário anexo "para nele se facultar a instrução moral e literária da juventude". Não andou célere o pedido do missionário, pois somente em 1794 se iniciaram as aulas, que, com o correr dos anos, fizeram famoso o Colégio da Lapa, como foi conhecido. Conta Ricardo Jorge, que o freqüentou em 1866, que o colégio jazia "encovado à ilharga da grande nave da real capela e no sopé dos socalcos do cemitério".* E em uma sala "esguia como um corredor, socavada na raiz dos contrafortes da igreja, aula úmida, escura e fria", deu-lhe Ramalho Ortigão, que sucedera ao pai, as primeiras lições de francês.

Embora se vivesse na "idade de ferro em que a pedagogia tinha como aliada a férula", Ramalho, ameno, exigia apenas soletrarem "rasamente a seleta do Roquete". Ao recordar-lhe o "corpanzil alto, espadaúdo e desempenado, caminhando de cabeça erguida, passada lesta e meneio rasgado — figura radiante do justo e feliz a quem os signos fadaram do berço com a robustez, o espírito, o caráter e a alegria", Ricardo Jorge completa-lhe o simpático perfil:

---

* No caso deste e dos demais documentos citados adiante, foi preservada a ortografia original. (N.E.)

Froixo e negligente, poupava-nos ao menos as unhas à palmatória; raro brandia, e nunca humanamente além de duas palmatoadas, aquele descomunal corrector da Lapa, o terror da minha geração — espécie de régua larga de vinhático, rija, elástica e percuciente, que zinia no ar e retinia na palma...[1]

Nesse Colégio da Lapa, em 1858, aproximadamente, iniciou José Maria Eça de Queiroz o curso escolar, tendo, também, como mestre de francês Ramalho Ortigão, de quem, apesar da diferença de idade, se tornaria amigo para o resto da vida. Diz-se que Ramalho, nessa ocasião, lhe incutira o entusiasmo pelas *Viagens na minha terra*, de Garrett. São raros os testemunhos sobre esse período da vida de Eça. Entre os poucos estão as *Recordações de um velho militar*, do general Alberto de Moraes Carvalho, colega de Eça, no Colégio da Lapa, que considerava o melhor do país, tendo "grande número de alunos internos e externos, sendo a maioria de brasileiros". Possivelmente, filhos de emigrados para o Brasil. Ao que acrescentou, em uma vaga lembrança: "Um dos que mais se distinguiu foi Eça de Queiroz, que era uma criança muito franzina, mas já deixava entrever o seu muito talento...". O memorialista não parece pródigo.

Mas, como tudo pertinente a seus primeiros anos, um mar de dúvidas o acompanharia longamente. Era decorrência de haver nascido cinco anos antes do casamento dos pais, que, para abafarem o escândalo, tanto se empenharam em escondê-lo que somente após a morte do filho convieram em desvendar-lhe o nascimento em Póvoa de Varzim. Para aí, furtivamente, e acompanhada de uma irmã viera, de Viana do Castelo, Carolina Augusta Pereira d'Eça, que, em 25 de novembro de 1845, deu à luz um filho varão. Para maior segredo, a criança, nascida em casa de Francisco Augusto Soromenho, parente de Carolina Augusta, foi levada para Vila do Conde e confiada a Ana Joaquina Leal de Barros, ama-de-leite, que lhe serviu de madrinha, e casada com Antônio Fernandez do Carmo. Aí a batizaram em 1º de dezembro, recebendo o nome de José Maria, conforme desejo do pai, José Maria de Almeida Teixeira de Queiroz, então em Ponte de Lima, onde era delegado. Por sugestão do avô paterno, Joaquim José de Queiroz, famoso revolucionário liberal,

---

1 JORGE, Ricardo. *Ramalho Ortigão*, p.7.

e escapo à forca por haver fugido para a Espanha, omitiu-se do assento de batismo o nome da mãe, sob a alegação, feita pelo pai, de ser essencial para o destino do filho e evitar "alguma justificação de filiação", caso viessem a casar-se, segundo admitia. A alegação era inexata, pois justamente a referência à "Mãe incógnita", lançada no assento de batismo, afastava a hipótese da legitimação pelo casamento dos pais, e José Maria Eça de Queiroz atravessaria a vida como filho natural, fato em torno do qual manteve permanente silêncio. Um silêncio que não abrandou os espinhos da sua invencível timidez.

Ao certo não se sabe quando José Maria foi para a companhia dos pais, que se casaram em 1849. Versões diversas envolveram a criança, criada longe do carinho materno. Falecida a madrinha, em maio de 1851, uns acreditam haver sido o menino, ainda vivo o avô, mandado para Verdemilho, solar que este construíra entre Aveiro e Vila do Conde, e em cujo frontispício gravara o brasão concedido pela rainha D. Maria II. Outros admitem que somente após a morte de Joaquim José de Queiroz, em abril de 1850, seguiu José Maria para a companhia da avó viúva, D. Teodora Joaquina de Almeida, aí permanecendo até a morte desta, em 1855.

Na realidade pormenores que não esmaecem a presunção da falta de afeto, amparo e carinho, experimentada pela criança distante dos pais, talvez mais apegados aos filhos nascidos após o casamento. Tudo isso, possivelmente, aguçou a sensibilidade de José Maria, sempre em busca de uma afeição inatingida, e cuja alma, ferida, tentou proteger por arraigada timidez, que o levou a esconder-se teimosamente. O caramujo encolheu-se para se defender. Ele criaria mundos e personagens. Mas jamais permitiria remontar-se àquelas nascentes, que preferiu esquecer, e sobre as quais silenciou inteiramente. Diz-se que "a perfeita imagem da injustiça é a criança infeliz". E durante toda a vida José Maria Eça de Queiroz guardou fundo sentimento de ternura, se não de revolta, perante as crianças sem pão, sem agasalho e sem amor. Conhecera-as, na infância, em Póvoa do Varzim. Mas entre elas não lhe custava reconhecer um pouco dele próprio.

A mudança para o Porto, onde o pai servia como juiz do Segundo Distrito Criminal, não tornou mais claros os dias da infância de Eça de Queiroz: certo mistério continuou a envolvê-los. Salvo haver freqüentado o Colégio da Lapa, embora não se afirme seguramente se o internato ou o externato, ou ambos, há muito de ignorado sobre a vida do pequeno José

Maria, inclusive quanto às suas relações com os pais por esse tempo. Camilo Castelo Branco, por exemplo, escreveu em nota muito repetida: "Eça foi sempre o menos querido dos irmãos, e também o menos amorável com os pais". Talvez inexata, sobretudo se atentarmos nos traços de natural bondade que lhe marcaram a personalidade, devia contudo refletir opiniões mais ou menos correntes.

O mistério seria fecundo em versões diversas. Thomaz D'Eça Leal, filho de uma prima e companheira de infância de Eça de Queiroz — Aurora Pereira D'Eça Albuquerque —, colheu desta depoimento que deixou em livro. Diz-nos ele que por escasso tempo permanecera José Maria no lar paterno, "pois como o pai, delegado do procurador régio, se deslocava amiúde para outras comarcas, ficou decidido entre este e seu concunhado Afonso Tavares de Albuquerque que o rapaz fosse viver para a casa do tio, onde nada lhe faltaria". Ao que acrescenta as reiteradas idas a Póvoa de Varzim, onde o tio costumava passar as férias: "Em resumo, freqüentando a praia, observando os banhistas, as paisagens e, por vezes, fazendo digressões com as suas lindas primas Albuquerque, eis tudo o que mais atraía à Póvoa de Varzim o filho primogênito do delegado Teixeira de Queiroz".[2] Por muito tempo o destino se comprazeria em tecer dúvidas e sombras no caminho de José Maria. Um destes versou sobre a data de seu nascimento. Teófilo Braga, habitualmente exato, escreveu haver sido em 1843. Por quê? A razão é simples. Ao matricular o filho na universidade, o velho José Maria requereu ao prior da Matriz da Vila do Conde o teor do assento do batizado. E o prior Manuel Joaquim Ferreira Praga, possivelmente homem idoso, a visão deficiente, ao transcrever o assento do livro de batizados, certificou em uma letra trêmula: "nasceu aos vinte e cinco de novembro de 1843". Eça chegou, pois, à universidade como nascido nesse ano, e aí, provavelmente, Teófilo Braga colheu a informação. Era nova incógnita a desvendar. Por algum tempo ela correu mundo.

Em 1979, um escritor de Viana do Castelo, Severino Costa, aventou não somente os sofrimentos do filho, "banido como um enjeitado" no internato da Lapa, enquanto os pais e irmãos moravam na mesma cidade do Porto, mas também a diferença dos sentimentos que alimentou pelos pais: "Eça tinha por seu pai — afirma Severino Costa — um afeto pro-

---

2 LEAL, Thomaz D'Eça. *Eça de Queiroz menino e moço*. Lisboa, 1954.

fundo e carinhoso, jamais revelado em relação a sua mãe".[3] Como sempre as conjecturas acumulam-se em torno do menino de Póvoa de Varzim. O certo é que se o velho José Maria "era um homem calmo, sentimental, bonacheirão com o andar dos anos", Carolina Augusta, que alcançaria idade avançada, era "viva e autoritária", não parecendo modelo de tolerância e suavidade. Dela diria uma sobrinha que "tinha um feitio muito especial".

Dos anos de Verdemilho deixou Eça de Queiroz uma das suas raras confissões sobre a infância. Escrita por volta de 1887 em artigo sobre "O Francesismo", encontraram-na entre os inéditos de seu acervo literário. É suave página de ironia sobre a influência francesa na vida portuguesa: "Apenas nasci", diz ele, "apenas dei os primeiros passos, ainda com sapatinhos de crochê, eu comecei a respirar a França. Em torno de mim só havia a França. A minha mais remota recordação é de escutar, nos joelhos dum velho escudeiro preto, grande leitor de literatura de cordel, as histórias que ele me contava de Carlos Magno e dos Doze Pares... Também o meu preto lia contos tristes das águas do mar. Eram as aventuras dum João de Calais". É fácil acreditar-se que o prestimoso escudeiro viera do Brasil, onde o avô Joaquim José de Queiroz servira como ouvidor, de 1818 a 1821, ano em que, no Rio de Janeiro, lhe nascera o filho José Maria de Almeida Teixeira de Queiroz. Histórias que o velho escudeiro, provavelmente, envolvia em uma linguagem doce, as sílabas bem pronunciadas, que insensivelmente iam sendo absorvidas pelo pequeno ouvinte.

Não pára aí a evocação de Eça: "Depois comecei a subir o duro calvário dos Preparatórios: e desde logo, a coisa importante para o Estado foi que eu soubesse bem francês. Decerto, o Estado ensinava-me outras disciplinas, entre as quais duas, horrendas e grotescas, que se chamavam, se bem me recordo, *Lógica e Retórica*... Era terrível!". Evidentemente lógica e retórica não figuravam nas inclinações de José Maria. Que pretenderia ele? Repetiria, porventura, os caminhos do pai que, na mocidade, se embrenhara pela literatura romântica, acrescendo-a de "um poema de extenso fôlego scoteano intitulado *O Castelo do Lago*", filiado por Camilo Castelo Branco ao gênero de Walter Scott? Desiludido das belas-letras, nas quais malograra, o velho José Maria não via a hipótese com bons olhos e tentaria salvar o filho do descaminho literário.

---

3 COSTA, Severino. *Eça de Queiroz*, subsídios biográficos. Viana de Castelo, 1979.

Augusto de Castro, diretor por longos anos do *Diário de Notícias*, e sobrinho de José Luciano, ilustre chefe progressista, deixou esta narrativa:

> Uma bela tarde Teixeira de Queiroz entrou no escritório de José Luciano, açodado e sombrio, com um rolo de papel debaixo do braço. "O José Maria dá-me cuidado. O Pequeno não se aplica. E ainda por cima, imagina o que lhe fui encontrar numa gaveta?". E estendia umas folhas de papel almaço garatujadas com uma letra infantil, a preto e vermelho: "isto". José Luciano sorriu daquela terna cólera paternal. "O quê? Versos? Deixa ficar. Talvez sejam engraçados." Era uma paródia aos primeiros cantos dos Lusíadas. Dias depois os dois amigos encontraram-se de novo. "Olha que já li a versalhada e não desgostei. O rapaz tem jeito. Deixa-o escrever."[4]

Pela vida afora José Maria quase não faria outra coisa.

---

4   CASTRO, Augusto de. "José Maria", *Diário de Notícias*, 8.12.1944.

2
Sansões e filisteus

Ao chegar à universidade, em novembro de 1861, o jovem Eça de Queiroz devia ter a cabeça cheia de projetos.

Mais tarde, esmaecidas as ilusões, ele escreverá com a pena embebida nas realidades da vida: "Que é o Futuro senão sombra movediça e mentirosa?". Agora, malgrado a timidez da qual jamais se desvencilhará aquela "natureza débil, nervosa, impressionável", tal como a viu Teófilo Braga, começaria a caminhada talvez atraído pela "sombra movediça e mentirosa".

Certamente, fora fácil a escolha da carreira. Descendendo de uma família de magistrados, natural lhes herdasse a toga. O avô, ouvidor no Rio de Janeiro, de onde teria trazido idéias liberais, fora um dos chefes da Revolução do Porto de 1828, e, vencido, fugira para a Espanha, salvando-se da condenação à morte, que, em um requinte cruel, mandava se decepasse "a cabeça desse infame, perverso e façanhoso Joaquim José de Queiroz".

Não demorou, porém, em mudar a roda da fortuna. E, derrotados os absolutistas, subiu a estrela do liberal, que foi membro do Tribunal da Guerra e da Justiça, presidiu a Relação dos Açores, chegando a ministro da Justiça no governo do duque de Saldanha. O pai tivera carreira mais tranqüila, e acatada pela integridade. Dois feitos, principalmente, fizeram reconhecida a coragem do magistrado: a pronúncia do argentário conde de Bolhão, acusado de falsificação de moeda, e a impronúncia de Camilo Castelo Branco, no rumoroso processo de adultério com Ana Plácido.

A universidade, não fosse o espírito de rebeldia que a dominava, teria sido para Eça de Queiroz uma decepção. Tudo lhe pareceu velho, obsoleto, alheio ao novo mundo sonhado pela juventude que desabrochava sem as peias do catolicismo e do romantismo.

Professores dormitavam sobre as "sebentas", que mal resumiam livros importados da França. "E todavia", escreveu,

> Coimbra fervilhava de lentes, que decerto tinham ócios. Havia-os no meu tempo inumeráveis, moços e vetustos, ajanotados e sórdidos, castos e debochados, e todos decerto tinham ócios, mas empregavam-nos na política, no amanho das suas terras, no bilhar, na doçura da família, no trabalho de dominar pelo terror o pobre estudante encolhido na sua batina...

A descrição revela desapreço. E os lentes, ele os tinha "como animais inferiores e, além disso, irracionais".

Mas, se a universidade parecia retrógrada, ultracatólica e ultraconservadora, a mocidade, iconoclasta e herege, borbulhava voltada para o futuro, e Eça não tardou em ter sua roda boêmia, irreverente. Alguns colegas eram conhecidos do Porto, como os irmãos Resende, Luiz e Manoel, Guerra Junqueiro, que se preparavam para largos vôos, também eram dessa época, bem como o poeta João Penha em cuja casa Eça de Queiroz morou nos derradeiros meses do curso. Outro íntimo era Carlos Mayer, grande conversador, para muitos o maior do seu tempo, e a quem Eça, pouco após deixarem Coimbra, enviou recordações ainda hoje repetidas como testemunho daqueles anos de juventude nos quais "os pagãos, os clássicos, os positivistas" travavam grandes batalhas com "os bárbaros, os românticos, os místicos". Datada de 1867, a carta é repassada de humor:[1]

> *Meu caro Mayer:* — Naqueles tempos segundo a fórmula do Evangelho, o romantismo estava em nossas almas. Fazíamos devotamente oração diante do busto de Shakespeare. Lembras-te do teu quarto da rua do Forno (creio eu) no último andar, quase nas confidências humorísticas das estrelas? O busto de Shakespeare que era o nosso calvário da arte estava ali, ao pé duma medalha do Dante, e da *Inocência* de Greuze!

---

1 QUEIROZ, Eça de. *Prosas bárbaras*, Uma carta.

E a carta continuava pouco adiante: "No teu quarto celebrávamos a arte. Era o Hotel Rambouillet do romantismo coimbrão... Lembras-te decerto que nós fomos os Sansões dos Filisteus clássicos: não os derrotamos com a mesma queixada, mas apunhalamo-los, um a um, com nomes de clássicos portugueses". Na realidade havia de tudo entre aqueles "contemplativos, melancólicos e tímidos". E de todos Eça se lembrava cheio de simpatia: "Havia republicanos bárbaros, e republicanos poéticos; havia místicos que praticavam as églogas de Virgílio...". E deixando entrever o coração, que os amigos proclamavam terno e afetuoso, ele acrescentava: "Tudo havia, e também a serena amizade incorruptível, o fecundo amor do dever, e a ingenuidade risonha de tudo o que desperta". Na realidade ele despertava para a vida e observava-a paciente e vagarosamente. Escreveu-se que "não teve urgência de glória". Muito tempo passaria antes que acreditasse ter alguma coisa para dizer, escrevendo com a segurança de colegas quase famosos como Antero de Quental e Teófilo Braga. Ao querido Mayer ele revelaria com franqueza: "Na arte só têm importância os que criam almas, e não os que reproduzem costumes". Lograria ele algum dia desvendar almas, conhecê-las, e recriá-las?

Desde o início, na universidade, ele evitou as bancadas da frente, onde costumavam exibir-se alunos ávidos de nomeada. Eça preferiu recolher-se à distante *coelheira*, anônima e irreverente, e definida por Teófilo Braga: "a *coelheira* estava acima destas cousas, e era ali que o estudante aprendia a julgar a sangue-frio a imbecilidade dos lentes". Eça conhecera-os num abrir e fechar de olhos. E aí permaneceu ignorado, enquanto se familiarizava com a cidade de quando em quando agitada pela boemia dos estudantes.

Açoitada pelas novas idéias e doutrinas vindas do Norte, Coimbra "vivia então num grande tumulto mental". Em uma frase ele resumiu quanto então sentia aquele mundo juvenil, desejoso de reformar uma sociedade tida como decadente: "A Universidade", escreveu, "era com efeito uma grande escola de Revolução". E nessa escola ingressou apaixonadamente, certo de conquistar seu quinhão na transformação do mundo.

A imaginação era nele, porém, mais forte do que a capacidade de ação, e tal circunstância explica que, embora adepto dos movimentos de rebelião, se mantivesse tão discreto que o julgaram omisso; Augusto Sarmento, que ainda o alcançou "como estudante de direito, modesto, enfezado e dolente, e apenas conhecido num estreito grupo de amigos", acentuaria seu retraimento, dizendo que ele passara "pela vida acadêmica na obscura vulgaridade dos medíocres". E, para não faltar um traço de simpatia, acrescentava: "Dizem que no círculo íntimo de amigos tinha apodos de sagaz observador...".[2] Hoje a imagem nos parece falsa. Serve, entretanto, para se compreender a discrição do tímido, que, apesar do "espírito agudo e vivaz", Antônio Cabral julgou "figura apagada e sem relevo" na academia. Menos severo é o juízo de Teófilo Braga. Ao lembrar ter Eça vivido como acadêmico em casa do doutor Dória, o autor do *Compêndio de filosofia racional*, enaltece haver seu nome constado do protesto dos estudantes contra o reitor Basílio Alberto, quando da evacuação da sala dos capelos, em dezembro de 1862.

A verdade é haver Eça de Queiroz se considerado ativo comparsa das revoluções, que aplaudiu ao longo dos cinco anos de academia. São dele, por exemplo, estas evocações:

> Em Coimbra eu assisti aos delírios mais variados — e de todos partilhei. Fizemos três revoluções: derrubamos reitores excelentes, só pelo prazer de derrubar e exercer a força demagógica; proclamamos a uma libertação da Polônia, mandando um cartel de desafio ao czar... abandonamos a Universidade, num clamoroso êxodo, para ir fundar nos arredores do Porto uma civilização mais ou menos em harmonia com o nosso horror aos compêndios; atacamos e dispersamos procissões por as não considerar suficientemente espiritualistas...

Naturalmente, era o que ele desejara e imaginara ter feito, contribuindo para o triunfo das suas idéias. A história, entretanto, não lhe guardaria o nome como ativo partícipe nos movimentos da inquieta e irreverente geração a que pertenceu, a geração de 70, como ficou conhecida. Depôs Antônio Cabral que ao se matricular, em 1873, não mais havia notícia do estudante Eça de Queiroz. "Já ali", escreveu, "não se lembrava alguém do tristonho rapaz que por lá andara, desconhecido...".

Entretanto, mais forte do que a memória da juventude de 1873 era a pena do artista. As revoluções foram sepultadas. Mas as narrativas legadas pelo escritor estão vivas e palpitantes. Quem, por exemplo, esquecerá estas linhas sobre a infeliz Polônia?

---

2 *Gazeta de Notícias* (Rio), 17.9.1900.

A questão da Polônia! ó saudosos dias passados! Foi esse um dos meus primeiros entusiasmos. Nesse tempo ser polaco era sinônimo de ser herói: e a forma mais usual da paixão, numa alma de vinte anos, não consistia no desejo de subir ao balcão de Julieta, mas de partir e ir tomar as armas pela Polônia. Em Coimbra, sempre que nos reuníamos mais de quatro amigos, fazíamos logo esse projeto, gritando: *Viva a Polônia!* Os jornais transbordavam de poemas à Polônia e de injúrias ao Urso do Norte... Em benefício da Polônia eu representei muito melodrama em que ora virgem traída e vestida de branco soluçava com as minhas tranças soltas — ora traidor, soltando gargalhadas cínicas, cravava um ferro no peito do Condé!

Se falhara como ativo revolucionário, Eça se afirmaria como ator teatral. Conta Teófilo Braga, que o conheceu quando no quarto ano de Direito, que a permanência na *coelheira*, "costumando-o a seguir os *sopradores*, fez que entrasse para o Teatro Acadêmico, onde representou alguns anos, e onde adquiriu esse conhecimento profundo dos efeitos do diálogo...". Teria o palco desinibido o tímido? É expressivo devermos a aquele que acompanhou de perto a evolução do ator esta observação: "Parece uma alma que se achou desde criança hostilizada, e se refugiou em si mesmo, como estas flores que fecham o cálice quando são tocadas". Na ocasião, Eça voltara-se inteiramente para o teatro. Mais tarde ele lembra ao amigo Carlos Mayer: "Adorávamos o teatro. O teatro era a paixão, a luta, a dor, o coração arrancado, e gemendo, sangrando, rolando sobre uma cena resplandecente. O nosso teatro era Shakespeare e Hugo, e os cômicos espanhóis, sombrios e magníficos do século XVI". O gosto pela representação teatral começava a acerar a pena do escritor.

O próprio Eça diria quanto deveu ao teatro:

> Comecei por me fazer ator no Teatro Acadêmico. Era *pai nobre*. E durante três anos, como *pai nobre*, ora grave, opulento, de suíças grisalhas, ora aldeão trêmulo, apoiado ao meu cajado, eu representei entre palmas dos Acadêmicos toda a sorte de papéis de comédias, de dramas — tudo traduzido do francês... Um dia, porém, Teófilo Braga, farto da França, escreveu um drama, conciso e violento, que se chamava *Garção*. Era a história e a desgraça do poeta Garção. Eu representei o Garção, com calções e cabeleiras, e fui sublime...

O ator não era modesto. Mas, lúcido, ele acrescentou: "O Teatro, pouco a pouco, pusera-me em contato com a literatura". Mais que isso, entreabria-lhe a porta da fama. Teófilo Braga, por sinal, não esqueceu "o grande talento dramático de Eça de Queiroz". O ator conquistara o autor, que registrou o episódio:

> Quando vim à fala com Eça de Queiroz andava ele no quarto ano jurídico, começou por umas palavras agradáveis, dizendo-me que em Lisboa cortavam os folhetins do *Jornal do Comércio* em que iam aparecendo semanalmente os meus Contos Fantásticos. Fora preciso um drama para o Teatro acadêmico e escrevi-o; chamava-se *Resignação*; versava sobre a perseguição do Marquês de Pombal contra o infeliz árcade Garção, e rematava com o desfecho do infame mandado de soltura passado pelo ministro quando soube que o poeta expirara no Limoeiro. Eça de Queiroz fez o papel de protagonista, desempenhando com sentimento e altura o tipo de Garção; foi na noite de 29 de abril de 1865. Guerra Junqueiro fez para essa estréia umas quadras que foram lançadas do camarote.[3]

O teatro não significava apenas a arte — era também motivo para alegres noitadas após os ensaios e espetáculos. "Depois das representações", escreveu Eça, "havia ceias semelhantes às bodas de Gamacho!" Eram as "ceias desabaladas que custavam setenta réis". E ali estavam o *Bico de Gaz* ou as sardinhas das tias Camelas, tão virtuosas naquele mundo de pecado que Camilo Castelo Branco a uma delas chamaria "a salamandra dos vulcões líricos que então flamejavam em Coimbra". E Fradique Mendes, o célebre personagem de Eça, lembraria "essas encantadoras velhas, que escrupulosamente, através de lascivas gerações d'estudantes, tinham permanecido virgens, para poderem no céu, ao lado de Santa Cecília, passar toda uma eternidade a tocar harpa... E que sardinhas! Que arte divina em frigir o peixe!". Uma chama de ideal pairava sobre a juventude mergulhada na idéia da Revolução. "A pândega mesmo era idealista", notou Eça. "Ao segundo ou terceiro decilitro de carrascão rompiam versos." E a poesia derramava-se sobre a Coimbra "ardente e fantástica" até perder-se na Ponte Velha, "talvez o mais doce, poético e encantado lugar". Era a face sedutora das noitadas vividas entre ceias e guitarradas. "Aos vinte anos",

---

3 BRAGA, Teófilo. *As modernas idéias*, II, p.312.

diria Eça, "é preciso que alguém seja estroina, nem sempre talvez para que o mundo progrida, mas ao menos para que o mundo se agite." Ele agitaria as letras.

Por algum tempo, dividido entre as carícias da boemia e os livros, principalmente de autores franceses, dos quais dizia conhecer até os amores e os *tics*, Eça pareceu tatear em busca de um rumo ainda indefinido, mas que os colegas, embora o soubessem constante leitor de poetas e romancistas, nunca imaginariam ser o do escritor. Da sua preferência, pelo que se sabe, eram, entre outros, Shakespeare, Hugo, Flaubert, Gauthier, Balzac, Poe, Heine e Gerard de Nerval.[4]

Nenhum estaria, porém, acima de Vitor Hugo. "Eu aprendi", escreveu Eça,

> quase a ler nas obras de Hugo: e de tal modo cada uma delas me penetrou, que, como outros podem recordar épocas de vida ou estado de espírito por um aroma ou por uma melodia, eu revejo de repente, ao reler antigos versos de Hugo, todo um passado, paisagens, casas que habitei, ocupações e sentimentos mortos... Fui realmente criado dentro da obra do Mestre — como se pode ser criado numa floresta; recebi minha educação do rumor das suas odes, dos largos sopros da sua cólera, do confuso terror do seu deísmo, da graça da sua piedade e das luminosas névoas do seu humanitarismo.

O lírico amava "a infinita piedade pelos fracos e pelos pequenos". Eça abria o coração: "Hugo decerto não inventou a misericórdia; mas popularizou-a".

Para Teófilo Braga, vivesse ele em outros tempos, ardente e passional, "teria sido um místico". Agora, sonhava com a Revolução, e não sabia como a realizar: ao apóstolo faltava o messias. Mas, inesperadamente, apareceu-lhe Antero de Quental, e Eça contou o encontro providencial.

> Em Coimbra, uma noite macia de abril ou maio, atravessando lentamente com as minhas sebentas na algibeira o largo da Feira, avistei sobre a escadaria da Sé Nova, romanticamente batida da lua, que nesses tempos ainda era romântica, um homem, de pé, que improvisava. A sua face, a grenha densa e loura com lampejos fulvos, a barba dum ruivo mais escuro,

---

[4] CABRAL, Antônio. *Eça de Queiroz*, p.48.

frisada e aguda à maneira siríaca, reluziam, aureoladas... E sentados nos degraus da Igreja, outros homens, embuçados, sombras imóveis sobre cantarias claras, escutavam, em silêncio e enlevo, como discípulos. Parei seduzido... Deslumbrado, toquei o cotovelo dum camarada, que murmurou por entre lábios abertos de gosto e pasmo: — É o Antero!!![5]

Sim, era Antero de Quental, e a ele, em Coimbra, ninguém disputava a condição de Príncipe da Mocidade. "Então", prossegue Eça ao evocar o encontro providencial, "perante este céu onde os escravos eram mais gloriosamente acolhidos que os doutores, destracei a capa, também me sentei num degrau, quase aos pés de Antero que improvisava, a escutar num enlevo, como um discípulo. E para sempre assim me conservei na vida."

Afinal, o apóstolo encontrava o messias. Antero tinha tudo para empolgar a sua geração, na universidade. Desde a beleza física, o porte desempenado, alto, rijo, enérgico, até a simplicidade e a integridade do caráter. "Apesar de altivo e rude na forma, era de candura e bondade quase infantil", lembrou o seu colega Manuel d'Arriaga, mais tarde presidente da República. De compleição hercúlea, "airoso e leve, marchava léguas, em rijas caminhadas que se alongavam até a mata do Bussaco", diria Eça sem esquecer este pormenor: "Três dúzias de sardinhas e uma canada de 'tinto' não o assustavam nem lhe pesavam". Era uma alma de santo num corpo de gigante. Sua crença, porém, era a Revolução. Mais tarde, Faria e Maia, dos mais íntimos de Antero, não deixaria dúvidas: "Em 1864, quando nos separamos em Coimbra, Antero considerava uma revolução necessária para a revivescência econômica e moral da sociedade portuguesa..."[6]

Notou Fidelino Figueiredo haver sido "ele que deu corpo, em Coimbra, ao protesto estudantil contra o sombrio espírito universitário, de rotina, *sebentas*, liturgia e imobilidade disfarçada em tradição".[7]

Aos poucos, lado a lado da admiração, nasceu a intimidade entre Antero e Eça de Queiroz, que "com muita curiosidade e muita timidez", e fazendo-se acompanhar de Carlos Mayer, velho amigo daquele, fora visitá-lo na casa do largo de São João. Pobre e austera, a morada era chamada

---

5 QUEIROZ, Eça de. "Um gênio que era santo". In Memoriam de Antero de Quental.
6 *In Memoriam de Antero de Quental*, p.435.
7 FIGUEIREDO, Fidelino. Prefácio. In: *Prosas escolhidas de Antero de Quental*.

o Cenáculo, e a lenda já dela se apossara. Anselmo de Andrade, também estudante nessa época, que a freqüentou, não a esqueceria:

> Em Coimbra chamavam Cenáculo à casa de Antero. O pão do espírito era aí repartido profusamente naquelas ceias espirituais de que então se referiam excentricidades e maravilhas. Era a comunhão das idéias vindas da Alemanha, da Itália, e da França nos livros de Michelet, Quinet, Proudhon, Renan e Taine. Havia pouco Proudhon escrevera que Deus era o mal, e essa frase célebre, repetida inconscientemente por muita gente, era tida pela divisa ímpia e demagógica dos blasfemadores do Cenáculo. Aí, encharcados de idéias revolucionárias, reuniam-se o Mestre e os seus Apóstolos. E todos tinham vinte anos, e acalentavam os sonhos próprios da mocidade.

As idéias novas eram o fermento da revolução disseminada entre a juventude, e dela o documento mais rumoroso e ostensivo foi o folheto de Antero, *Bom Senso e Bom Gosto*. Em julho de 1865, publicara este as *Odes Modernas*, espécie de grito de renovação, e a elas se seguira o *Poema da Mocidade*, de Pinheiro Chagas, volume no qual se inseriu uma carta do velho Antonio Feliciano de Castilho, com algumas setas contra Antero, Teófilo e Vieira de Castro. Exasperado, Antero retrucou no famoso folheto que soou como declaração de guerra entre duas gerações que se defrontavam. E, divididas as opiniões, dezenas de opúsculos inundaram o país, refletindo o clima de rebelião reinante havia algum tempo. Eça de Queiroz foi dos poucos que não vieram a campo. Trinta anos depois, ao traçar o amplo e belo perfil de Antero, e embora reconhecesse o papel de Castilho, "no seu prolongado amor das Letras e das Humanidades", não escondeu a preferência pelos companheiros de geração:

> Em todo o caso, dizia, relativamente a Antero de Quental e a Teófilo Braga, o vetusto Árcade mostrou intolerância e malignidade, deprimindo e escarnecendo dois escritores moços, portadores duma idéia e duma expressão própria, só porque eles produziam sem primeiramente, de cabeça curva, terem pedido o selo e o visto para os seus livros à Mesa Censória, instalada sob a seca olaia do seco cantor da *Primavera*.

A polêmica não se exauriu nos folhetos. Entre estes surgira um de Ramalho Ortigão, *Literatura d'hoje*, talvez o mais equânime e equilibrado naquele mundo de paixões, mas que irritou Antero por considerar covarde o ataque a Castilho, velho e cego. Inicialmente, Antero pensou em ir ao Porto para um desforço pessoal. Depois, aconselhado por Camilo Castelo Branco, desafiou Ramalho para um duelo, gesto temerário, tanto se acreditava na superioridade deste no manejo da espada. E a 7 de fevereiro de 1866, em um subúrbio do Porto, Arca d'Água, a Questão Coimbrã saiu das letras para as armas. Com surpresa, Antero não demorou em alcançar e ferir o pulso de Ramalho, cujo sangue pôs uma nota dramática e imprevista na polêmica literária. "Conciliaram-se no fim do combate", escreveu d'Arriaga, "e tão sinceramente que, conhecendo-se mais de perto, nunca deixaram de se estimar."

Em verdade, *Bom Senso e Bom Gosto* era um divisor de águas, e, mais do que as *Odes Modernas*, revelara Antero ao país.

Camilo, que aconselhara o duelo, logo aproveitou o rumoroso acontecimento e escreveu um romance — *A doida do Candal* —, no qual colocou esta advertência: "Em 1866, na belicosa cidade do Porto, defrontaram-se de espada nua dois escritores portugueses de muitas excelências literárias e pundonor. Correu algum sangue. Deu-se por entretida a curiosidade pública e satisfeita a honra convencional dos combatentes".

Em meio à avalanche de publicações, Eça de Queiroz permaneceu simples e silencioso observador. Ele nunca seria inclinado à polêmica. E diante da luta em que se empenhavam Antero e Ramalho, ambos seus amigos, talvez não julgasse oportuno a crisálida romper o casulo. Preferia calar.

São escassos os depoimentos sobre a vida estudantil de Eça de Queiroz. Entre estes está a carta de Augusto Sarmento a Bettencourt Rodrigues, narrando a récita de despedida por ocasião da formatura de Eça:

> Caíra o pano após o terceiro ato da *Fabia*... A platéia levantara-se eletrizada, no delírio de aplausos e palmas, comunicado da sala aos camarotes, donde choviam flores e se agitavam lenços impregnados de essências capitosas. Alguém, perto de mim, chamava a atenção dos circunstantes para ouvirem recitar o de Queiroz. Naturalmente olhei na direção indicada. Em pé, junto ao parapeito da frisa dos atores, destacou-se um, ainda envolto na toga de senador romano. Depois de ajeitar o monóculo ao canto do olho, passeou pausado olhar sobre o recinto, e desenrolando uma tira de almaço, vi-lhe fazer gestos de quem estava lendo. Falo de gestos, porque não con-

segui escutar palavra. A voz do leitor perdia-se no burburinho geral... Foi assim que tive conhecimento de existir um Eça de Queiroz.[8]

Envolto na toga de senador romano o ator despedia-se da grande escola da revolução. Havia pouco, Antero viajara para S. Miguel, nos Açores. Eça partiu para Lisboa.

---

8 Carta de A. Sarmento ao dr. Bettencourt Rodrigues. *O Commercio de S. Paulo*, 17.9.1900.

3
O Cenáculo

Após servir em vários distritos do país, José Maria de Almeida Teixeira de Queiroz foi promovido do Porto para Lisboa, no início da década de 1860. Era uma feliz carreira na magistratura, e ele se instalou no Largo do Rocio, 26, 4º andar. Acompanhavam-no quatro filhos — Alberto Carlos, Carlos Alberto, Henriqueta e Aurora Amada, mais conhecida pelo apelido de Miló. Duas outras filhas, Maria da Graça e Maria da Luz, ele as perdera ainda crianças.

Aí, em um quarto com vista para rua do Príncipe, instalou-se Eça de Queiroz, nos últimos meses de 1866. Tinha 21 anos, e a esse pouso, no aconchego do lar, chamava "a Torre". Começava sua intimidade com Lisboa, e, como cartão de visita ao mundo literário da capital, ele, que jamais publicara uma linha nas revistas de Coimbra, mandara em março, para a *Gazeta de Portugal*, jornal que se desvanecia de seus colaboradores ilustres, extenso folhetim intitulado *Notas Marginais*, e no qual se liam trechos como este:

> Os teus olhos negros são como duas flores do mal. Os seus olhos azuis são como duas doces elegias. E a flor do lótus, a apaixonada flor de lótus, somente se abre à doçura imensa da lua! Oh! minha amada! eu já vi os teus olhos brilharem dolorosamente, como duas estrelas negras de melancolia: tinhas tu então rasgado um véu cor de papoula, que te cobria.[1]

---
1 OLIVEIRA, P. de. *Literatura e civilização*. Rio de Janeiro: s.n., 1978. p.177.

O romantismo porejava de cada linha, e o escritor manteria o mesmo tom nos folhetins que escreveu já em Lisboa, de outubro a dezembro de 1866. Eça estava seguro de sua inspiração romântica, e, mais tarde, quando pensou em reuni-los em volume, escreveu a seu editor:

> Lisboa 30 de maio de 1883. Exmo. Sr. Chardron... Não sei se V. Exa. sabe que eu debutei nas letras por uns folhetins escritos na Gazeta de Portugal. Esses folhetins ganharam então uma celebridade singular e fala-se ainda hoje neles, apesar de que agora são *introuvables*. Estou com idéia de os publicar reunidos num livro. Quer V. Exa. editá-lo? Eu faria um prólogo e daria ao volume o título de *Folhetins românticos*.

Sim, folhetins românticos... Sinal de que o realismo ainda estava distante de Eça de Queiroz.

Era tão desconhecido o novo folhetinista que se admitiu tratar-se de simples pseudônimo. Na realidade, a surpresa era total. "Ainda para os seus velhos companheiros de Coimbra, diria José Sampaio Bruno, foi uma inesperada revelação." Tanto mais que os folhetins, pelo arrojo e originalidade das concepções, pelo tom lírico e romântico, passaram a ser lidos e notados. Moniz Barreto, possivelmente o grande crítico de sua geração, escreveria a propósito dessas origens literárias do autor dos *Folhetins*:

> O que vê nas (origens) do Sr. Eça de Queiroz é a sensibilidade pura. Os folhetins da *Gazeta de Portugal* são a explosão duma alma nova, ardente e que se não pode conter. É o ressumar da seiva abundante e violenta que depois de romper em flores espirra pela casca... A sua prosa é lírica. Algumas das suas páginas são ataques de nervos.

Mas, para ele, acima de tudo, Eça era um grande poeta: "Dos poetas", escreveu, "ele tem a sensibilidade extrema".[2] O importante é que se começava a falar de Eça de Queiroz.

Como inevitável em relação aos trabalhos de estréias, as opiniões eram contraditórias. Conta-se que o diretor do jornal, Teixeira de Vasconcelos, condiscípulo do velho José Maria, que certamente lhe abrira as portas da *Gazeta*, não fazia segredo sobre o jovem colaborador: "Tem muito talento este rapaz; mas é pena que estudasse em Coimbra, que

---

2 BARRETO, Moniz. *Ensaios de crítica*, p.213.

haja nos seus contos sempre dois cadáveres amando-se num banco do Rocio...".³ A apreciação é de certo modo secundada por Jaime Batalha Reis: "*Os Folhetins* de Eça de Queiroz foram todavia notados; — mas como novidade extravagante e burlesca. Geral hilaridade os acolheu desde a própria Redação da *Gazeta de Portugal*, e até a parte mais grave, culta e influente do público".⁴ É inconteste que os folhetins o tornaram conhecido, e rapidamente se alargaram suas relações nas rodas intelectuais.

Grande conversador, tendo sempre pronta uma frase de espírito ou uma observação irônica, dono de invulgar capacidade de conquistar amigos e admiradores, ele não demorou a circular com desembaraço no Café Martinho, na Casa Havaneza, no Grêmio, ou no Passeio Público, onde exibia com naturalidade a elegância do janota, cujas roupas e gravatas refletiam as últimas palavras da moda. Fato, aliás, nem sempre colhido com simpatia. Ramalho Ortigão, o fraternal amigo, observaria pouco depois:

> As outras razões que impopularizam o meu antigo colaborador são estas: ter a aparência, ter o ar e sobretudo — *ter a toilette*. Quatro pobres e inofensivas jaquetas de manhã feitas em casa de Pool e meia dúzia de gravatas compradas em Piccadilly e uma bengala do Boulevard des Capucines fazem em Lisboa mais dano aos créditos de um homem do que uma biografia de indignidades e de baixezas.⁵

Eça de Queiroz não renunciaria, porém, à sua condição de janota, e ela não impedia que conquistasse novos amigos.

Ramalho Ortigão, que tão bem lhe conheceu a vida, daria esse depoimento sobre os amigos de Eça: "Queiroz, possuindo os germens de todas as qualidades do caráter e de todos os poderes do espírito, teve a sorte feliz de encontrar constantemente no mundo o meio mais apropriado ao seu desenvolvimento. Em cada uma das suas relações cultivou alguma das suas forças". E acrescentava modestamente: "Dos amigos que lhe conheci só um — o que escreve estas linhas — lhe foi inútil. De todos os outros ganhou a fecundação de algum dos seus nativos merecimentos".⁶

---

3 Cf. SIMÕES, João Gaspar. *Vida e obra de Eça de Queiroz*, p.110.
4 REIS, Jaime Batalha. Introdução às *Prosas bárbaras*.
5 ORTIGÃO, Ramalho. *Farpas escolhidas*, out. de 1874
6 Ibidem.

O destino como que os colocava no caminho de Eça de Queiroz. Fora assim com o próprio Ramalho, no Colégio da Lapa. Na universidade unira-se a Antero de Quental. Agora, o acaso ia aproximá-lo de Jaime Batalha Reis, que mesmo sem o conhecer votara-lhe imensa admiração: "Nunca em língua portuguesa se haviam visto antes imagens — formas e cores — d'uma tão surpreendente novidade, variedade e abundância... Os epítetos, as imagens, os sentimentos descritos, os assuntos tratados, tudo era, nos primeiros escritos de Eça de Queiroz, imprevisto, inesperado, surpreendente".[7] Na introdução às *Prosas bárbaras*, que reuniu folhetins de Eça na *Gazeta de Portugal* e na *Revolução de Setembro*, colocou Batalha Reis estas recordações: "Eu era, por 1866, estudante em Lisboa e muito novo. Circunstâncias que é inútil mencionar me faziam freqüentar a Redação da *Gazeta de Portugal* no nº 26 da travessa da Parreirinha, perto do Teatro S. Carlos".

> Uma noite, junto da mesa onde escrevia o Severo, vi uma figura muito magra, muito esguia, muito encurvada, de pescoço muito alto, cabeça pequena e aguda que se me mostrava inteiramente desenhada a preto intenso e amarelo desmaiado. Cobria-a uma sobrecasaca preta abotoada até a barba, uma gravata alta e preta, umas calças pretas. Tinha as faces lívidas e magríssimas, o cabelo corredio muito preto, do qual se destacava uma madeixa triangular, ondulante, na testa pálida que parecia estreita, sobre olhos cobertos por lunetas fumadas, de aros muito grossos e muito negros. Um bigode farto, e também muito preto, caía aos lados da boca grande e entreaberta onde brilhavam dentes brancos. As mãos longas, de dedos finíssimos e cor de marfim velho, na extremidade de magros e longuíssimos braços, faziam gestos desusados com uma badine muito delgada e um chapéu de copa alta e cônica, mas de feltro baço, como os chapéus do século XVI...

O retrato, embora conhecido, é expressivo e não pode ser omitido. E Batalha Reis conclui sobre a amizade nascente: "Saí do escritório da *Gazeta de Portugal* com o Eça de Queiroz, jantamos, passamos toda a noite juntos, e desde então, por anos, não nos separamos quase". Eça era singular. Quando compôs estas recordações, Batalha Reis escreveu a Luís de Magalhães: "Tento esboçar, vivo, o Eça de Queiroz de então — espontâneo, esquinado, excêntrico, grotesco, único, sublime...".

---

7 REIS, Beatriz Cinatti Batalha. *Eça de Queiroz e Jaime Batalha Reis*, p.183.

A amizade com Batalha Reis, que morava na travessa do Guarda-Mor, esquina da rua dos Calafates, foi a semente para ressurgir *O Cenáculo*, tal como existiu em Coimbra em torno de Antero de Quental. Acolhido com admiração, Eça aí instalou a sua segunda casa, na qual passava dias, dormia ou trabalhava longamente, acendendo um cigarro atrás do outro. Com os olhos de míope agarrados às folhas de papel postas sob a luz do candeeiro de petróleo, ele as enchia rapidamente. "E, uma vez embebido nas suas criações," conta Batalha Reis,

> não falava, não escutava, não atendia a cousa alguma, — embrulhando o cigarro, indo lavar as mãos ou fechar a porta, passeando pela casa, sempre muito curvo, com passadas altas e largas, fazendo gestos de dialogar com alguém... Escrevia com extrema facilidade e nesta época emendava muito pouco.

Sinal de que dele ainda não se apossara a ânsia de perfeição, que viria a dominá-lo. O ator, entretanto, ainda vivia nele, e dera-lhe o hábito de recitar o que acabara de redigir:

> Erguia-se quase nos bicos dos pés, de uma magreza esquelética, lívido, — na penumbra das projeções do candeeiro, os olhos esburacados por sombras ao fundo das órbitas, sob as lunetas de aro preto, o pescoço inverossimilmente prolongado, as faces cavadas, o nariz afilado, os braços lineares intermináveis.

Ninguém melhor do que Eça para contar um caso ou ler uma página. Pelas gradações da voz, os gestos adequados, ele a fazia viva, e revelava o conversador admirado.

Pelas lembranças de Batalha Reis na introdução às *Prosas bárbaras*, sabemos um pouco, pois o assunto é controvertido, sobre os escritores que tinham então as preferências de Eça. Heine estaria à frente de todos: quase em lágrimas, Eça declamara-lhe páginas de *Reisebilder*. Ao lado deste estavam Vitor Hugo — o Hugo da *Légende des Siècles* —, Michelet, Gerard de Nerval, Poe e Baudelaire, que ia ler na Biblioteca do Grêmio Literário.

Não duraram muito os serões da travessa do Guarda-Mor. Afinal, era preciso trabalhar, ganhar a vida, sair dos sonhos literários para a realidade, e, possivelmente pelo insucesso na advocacia, que tentara em Lisboa, Eça aceitou fundar, em Évora, um bissemanário da oposição. Ao que se acrescia o fato de aí servir como juiz de Direito o seu tio Joaquim Augusto de Almeida Teixeira de Queiroz, homem que viveu e morreu apagado, e com o qual se diz não haverem sido boas as relações com o sobrinho.

Interrompeu-se assim a publicação dos *Folhetins*, e, em janeiro de 1867, apareceu o primeiro número do *Distrito de Évora*, cuja principal missão era fazer face à *Folha do Sul*, que defendia o governo. Eça foi tudo no jornal — diretor, redator, cronista, repórter. Sozinho ele escrevia as várias seções: *Correspondência do Reino, Política Estrangeira, Crítica de Literatura e Arte, Leitura Moderna*. E ainda tivera tempo para deixar um conto pelo meio — "O Réu Tadeu". Sem dúvida, um jornal completo, que ele redigia da primeira à última linha. A pena ágil, a inteligência versátil e as longas leituras acumuladas desde a universidade permitiam-lhe tratar de assuntos os mais diversos. Agradava-o sobremodo manejar os dardos da oposição, desferindo setas sobre o governo, no qual *históricos* e *regeneradores*, velhos adversários, agora entendidos, se aboletavam. Eça atacava-os em todo o jornal desde o artigo de fundo, cáustico e grave, até a *Correspondência do Reino*, fingidamente datada da capital, e na qual, metendo-se na pele de um insatisfeito lisboeta, desancava o Ministério com a alma de um revolucionário.

A exemplo do que tentara em Lisboa, o diretor do *Distrito de Évora* cuidou de advogar, instalando escritório na praça de D. Pedro, nº 3. E, ao defender um tal André Vilallobos, os elogios do jornal foram desmedidos, proclamando o êxito do patrono. A notícia era imodesta: "Foi defensor do Sr. Vilallobos o nosso redator principal, o Sr. Eça de Queiroz, que, neste seu debute, mostrou que não lhe faltam dotes oratórios e talento para ser um advogado hábil".[8] Era Eça falando de Eça. Ainda mais enfático foi o cliente, no *Distrito de Évora*: "O nosso defensor", escreveu reconhecido, "fora o exímio, o sublimado, o talentoso, o erudito jovem Ilmo. Sr. Dr. José Maria D'Eça de Queiroz, que tão promissor é para a pátria em que nasceu e para a humanidade". Surpreende não se sentisse constrangido quem trazia o humorismo na alma. Dir-se-ia despontar um grande advogado. Eça, no entanto, indiferente à catadupa de adjetivos, não demorou em deixar o Alentejo, onde o velho José Maria viera visitá-lo pouco antes.

---

8 SANTOS, Ary dos. *Eça de Queiroz e os homens de lei*, p.13.

No íntimo, o jornalismo e a advocacia não seduziam o escritor, que parecu enfarado daquele meio pobre, inculto, e no qual tudo lhe faltava: os amigos, o Chiado, o Martinho, a Casa Havaneza. E em agosto ei-lo restituído à querida Lisboa. Agora era recomeçar as crônicas na *Gazeta de Portugal*. E de outubro a dezembro escreveu oito folhetins, alguns deles, como O *Milhafre* e *Memórias duma forca*, destinados a sobreviver. Dia a dia o escritor se aprimorava, tanto na forma quanto nas idéias. Nem há exagero em dizer-se que no escritor de agora dificilmente se reconheceria o autor das fantásticas *Notas Marginais*. "Vê-se", escreveu Moniz Barreto, "que é um poeta, feito para as sensações excessivas e profundas, como um poldro generoso e indômito, predestinado ao combate, às corridas, não aos tédios da lavoura". Évora, certamente, fora o tédio.

Ao retornar a Lisboa, Eça, como ovelha tresmalhada, logo voltou ao *Cenáculo*. Era o redil, e aí ele, certamente, se sentia seguro e feliz. Por sinal, novos convivas acorriam à travessa do Guarda-Mor, e, ao lado de Batalha Reis e Salomão Saraga, companheiros que aí deixara, tinham vindo juntar-se o poeta Santos Valente, Manuel de Arriaga e Lobo de Moura, todos eles colegas de Coimbra, e a boemia era o ameno traço de união daquele mundo batido pelo vento da poesia e do romance. Eça de Queiroz extasiava-se lendo *Madame Bovary* e *Salambô*: Flaubert era então um de seus ídolos.

Mas nada teria mudado no *Cenáculo* não fora Antero de Quental, que, para bem conhecer a vida e os sofrimentos dos operários, que pretendia amparar com o socialismo, fora trabalhar em Paris, como tipógrafo no *Siècle*. Agora, retornava mais arraigado às idéias, que transmitia aos apóstolos. Fora morar na rua dos Fanqueiros, mas, de fato, vivia na travessa do Guarda-Mor. A figura era a mesma de Coimbra:

> Usava uma enorme cabeleira encrespada, dum louro avermelhado que lhe invadia a testa; uma barba frisada, intensa, que lhe trepava pelas faces; tinha uns olhos muito claros, alegres, irônicos, maliciosos, — ou abstratos e perdidos.[9]

Os companheiros adoravam-no. E durante meses, por longas horas, até as madrugadas, todos os grandes problemas do universo eram discutidos

---

9 REIS, Jaime Batalha. "Anos de Lisboa". *In Memoriam de Antero de Quental*, p.442.

e agitados. A boemia dissipava-se ao sopro das idéias e das convicções de Antero, e Eça de Queiroz lembraria essa conversão dos gentílicos. Antero chegara em uma fria manhã, e logo o aclamaram os convivas da travessa do Guarda-Mor. Dele Eça de Queiroz guardaria esta lembrança:

> Antero, porém, que desembarcara em Lisboa, como um Apóstolo do Socialismo, a trazer a Palavra aos gentílicos, em breve nos converteu a uma vida mais alta e fecunda. Nós fôramos até aí no *Cenáculo* uns quatro ou cinco demônios, cheios de incoerência e de turbulência... Sob a influência de Antero logo dois de nós, que andávamos a compor uma ópera-bufa, contendo um novo sistema do Universo, abandonamos essa obra de escandaloso delírio — e começamos à noite a estudar Proudhon, nos três tomos da *Justiça e a Revolução na Igreja*, quietos à banca, com os pés em capacho, como bons estudantes.

Antero mudava o *Cenáculo*, transformando-o em um centro de discussões, que atraíam novos apóstolos. Um dos que dele se acercaram foi Oliveira Martins. Conhecera Antero, e também ficara seduzido. É dele essa confissão:

> Quando primeiro o conheci, já o período da extravagância juvenil havia passado. Era um rapaz sedutor, como nunca encontrei outro. Em volta dele, os amigos ouviam-no fascinados pela sua palavra quente, mas sem ênfase, pela sua facilidade de improvisador, pela sua *vis* cáustica, em que o azedume, porém, se substituía pela ironia, e pela *charge* até, nessas intermináveis palestras, quando as noites passavam rápidas como instantes. Deviam ser alguma cousa semelhante aos diálogos dos atenienses... Eram banquetes de inteligência pura.[10]

A evocação é calorosa e dá medida dos laços que uniram Antero a Oliveira Martins, como já o haviam identificado com Eça de Queiroz. "Heroicamente íntegro", ele resumira "com desusado brilho, o tipo do acadêmico revolucionário". Agora, prosseguia na missão de reformar a sociedade. E tal como acontecera com Eça de Queiroz ao se sentar em um degrau quase aos pés de Antero, seus amigos do *Cenáculo* viam nele o messias.

---

10 MARTINS, Oliveira. "O Mal do Século". *In Memoriam de Antero de Quental*, p.61.

A Revolução convivia com o *Cenáculo*. E em meio àquele punhado de revolucionários utópicos contava-se José Fontana, empregado da Livraria Bertrand, muito alto, muito magro, sempre vestido de preto. Cerrada a livraria ele aparecia, trazendo novas da revolução, que devia irromper "na próxima semana". Ligado à Associação Internacional dos Trabalhadores, não raro acompanhavam-nos desconfiados e temerosos agentes internacionais, todos eles embebidos das doutrinas de Marx, e desejosos de conversarem com Antero. Dentro em pouco Oliveira Martins publicaria *Portugal e o socialismo*, no fundo o ideário daquela juventude reformista. Um dos últimos a chegar ao *Cenáculo* foi Ramalho Ortigão, nomeado oficial da secretaria da Academia Real das Ciências, em agosto de 1868. Antero e Batalha Reis haviam-se mudado para uma sobreloja em São Pedro de Alcântara e os apóstolos os acompanharam. Em breve Ramalho seria figura conhecida inconfundível no Chiado — o chapéu panamá de largas abas, a bengala, as gravatas coloridas, as calças ostentando o traço da moda parisiense, e, mais que tudo, o porte ereto, passos firmes, que faziam gemer as pedras da calçada. Dele diria Guerra Junqueiro que parecia ter uma coluna vertebral de aço. Contudo, o coração era mole, e depressa esquecera o duelo com Antero, com quem se reconciliou definitivamente — não guardava rancores. Eça, de quem escreveu ser o "mais íntimo dos meus amigos" e o "mais delicado dos meus companheiros",[11] faria mais tarde o perfil de Ramalho.

Para Ramalho, São Pedro de Alcântara era tanto mais importante quanto dizia que "Eça de Queiroz nasceu para a literatura no Cenáculo de Antero de Quental". Evidentemente, esquecera a Arca d'Água. E dos que freqüentaram e conviveram no *Cenáculo*, talvez nenhum nos tenha deixado deste impressão tão viva quanto Ramalho. "Os leitores portugueses", escreveu ele,

> terão dificuldade em compreender o que foi o *Cenáculo* — tão extraordinário, tão maravilhoso, tão fenomenal, tão inexplicável era esse poderoso centro de espírito e de estudo, de fantasia e de idéias no meio da sociedade lisbonense, a mais incaracterística e a mais banal do mundo. O *Cenáculo* era uma pequena reunião de rapazes em sessão permanente em casa de Antero.

---

11 QUEIROZ, Eça de. "Ramalho Ortigão". *Notas contemporâneas*, p.29.

Uns passavam lá o dia. Outros iam lá ficar de noite. Todos ali tinham os melhores dos seus livros, as suas notas, as suas provisões de princípios e de tabaco. Cada um desses homens possuía, pelo menos, uma das ciências capitais que constituem as bases dos conhecimentos humanos... Antero de Quental, cabeça verdadeiramente enciclopédica, um dos mais sólidos e profundos entendimentos que tem produzido este século, era como a lógica viva daquele foco intelectual... O que é porém inconcebível é a quantidade de verve, de argúcia, de ironia, de bom humor que inundava esta academia obscura e terrível! Nunca em Portugal se despendeu tanto espírito, tanta fantasia, tanto poder de improvisação, tanta força humorística, tanta veia cômica.

Julgamento generoso, que retrata Ramalho e o *Cenáculo*.

Para o *Cenáculo*, 1869 trazia o signo das viagens inesperadas. O primeiro a partir foi Antero de Quental. Convidado por Joaquim Negrão, pescador de atum, artista, negociante, aventureiro, capitão de navios, embarcou, em julho, em um pequeno pesqueiro, *Carolina*, rumo a Nova York. Ia conhecer a nascente e discutida civilização dos puritanos da *Mayflower*. "Atravessa o Atlântico", conta-nos Eça,

> por puro desejo de espaço e liberdade, num pequeno iate; e durante semanas de tormenta trabalha descalço na manobra, ou, metido no seu beliche, que as ondas alagam, embrulhado num oleado, relê o *D. Quixote*, com um interesse e uma paixão renovadas, talvez por sentir que nessa grande história da Ilusão está lendo a sua história.[12]

A aventura atraía o filósofo.

Depois viajou Eça de Queiroz. Diz Batalha Reis que certo dia, ainda se dormia na travessa do Guarda-Mor, quando surgiram três visitantes inesperados. "Luiz! Manuel!", exclamou Eça de Queiroz ainda bocejando. "Chavarro!", concluí eu sentando-me na cama.

"Eram o conde Luiz de Resende, seu irmão Manuel, e João de Souza Canavarro."[13] A este, mais tarde oficial da marinha portuguesa, e cônsul no Havaí, encontrou Eduardo Prado, na viagem ao Pacífico em 1882,

---

12 QUEIROZ, Eça de. "Um Gênio que era um Santo". *In Memoriam de Antero de Quental*.
13 REIS, Jaime Batalha. Introdução às *Prosas bárbaras*.

casado com uma americana "de bom modelo, inteligente, amável e simples".[14] Amigos de Eça de Queiroz, que com eles convivia, integravam "um grupo de rapazes estouvados e travessos, que encaravam a vida apenas face da folgança, do prazer e do riso". Vindos do Porto, eles nessa noite foram cear com Eça no Cais do Sodré. Conta Batalha Reis: "Nesse jantar demonstrou-se o vasto ridículo do *Romantismo*; descreveu-se, discutiu-se e aprovou-se o *Realismo* na arte".

Em outubro, convidados por Sua Alteza o Khediva, "*le comte de Resende, grand admiral du Portugal et le Chevalier de Queiroz*", partiram para a inauguração do canal de Suez. Eça ia conhecer um novo mundo.

---

14 PRADO, Eduardo. *Viagens*, I, p.192.

4
As portas da fama

A inauguração do Suez, por mais que Lesseps falasse à imaginação, era antes pretexto do que motivo para a viagem: bastava o Oriente, com sua civilização e mistérios, para atrair os viajantes. "A tentação do Oriente", notou João Gaspar Simões, "era uma doença romântica." Não a evitou o autor dos folhetins românticos, máxime na companhia do dileto Luiz de Resende.

"O conde de Resende", escreveu Ramalho Ortigão ao traçar-lhe o retrato,

> era nessa época [1869] o mais completo homem do seu mundo. Reuniu no mais alto grau todas as condições que dão o brilho, a dominação, o prestígio. Tinha pouco mais de vinte anos. Pelo seu nascimento era conde, par do Reino, almirante de Portugal. De si tinha um talento superior, a mais alta distinção de figura e de maneira, uma instrução variadíssima, um grande ar frio e correto, ligeiramente irônico. Nunca transpirava, nunca se fazia vermelho, nunca falava alto. Amava as aventuras arriscadas, as fascinações do perigo, e comprazia-se em aventurar indiferentemente a sua fortuna ou a sua vida em lances freqüentes, obscuros — sem galeria —, para o seu mero recreio pessoal, com um desdém altivo, imperturbável.

E, após tão vigorosas pinceladas, Ramalho completava o julgamento: "O primeiro companheiro do mundo para acampar no deserto, para matar os chacais à queima-roupa, para enterrar as esporas num cavalo árabe lançado à toda à brida na planície infinita!".[1] Que companhia melhor para palmilhar as areias do deserto, singrar o Nilo, admirar as pirâmides, visitar lugares santos, carregados de séculos de História? Perspectiva fascinante. E como esquecer que aí estivera Chateaubriand? Recentemente, depois de conhecer a Síria e a Palestina, Renan publicara *Os Apóstolos*. E em 1849 o incomparável Flaubert andara pelo Egito. Para Eça, a jornada seria um sonho. Mas como prever que ela começaria a matar o romântico, para dar lugar ao realista?

A 5 de novembro chegaram a Alexandria. E em um dos três minúsculos cadernos, que o acompanharam, e nos quais anotou a maior parte dos apontamentos que, mais tarde, permitiram reconstituir-se a famosa viagem, ele escreveu: "De manhã avistamos uma terra baixa, negra, ao nível do mar. Era o Egito".[2]

De Alexandria partiram diretamente para o Cairo, onde se hospedaram no Shepheard's Hotel. E aí, à hora do jantar, avistaram Teófilo Gautier, então já separado dos românticos. Representante do *Journal Officiel* da França viera para a inauguração, mas um acidente, ao embarcar em Marselha, quase o imobilizara pela fratura de uma perna. A Eça, em uma admiração significativa, encantou o imprevisto encontro com o autor de *Mademoiselle de Maupin*, e ele registrou nas notas posteriormente divulgadas: "Ali está Teófilo Gautier, com o seu rosto de Júpiter Olímpico, repousado e sereno: contraído de velhice e plácido de fadiga, parece cheio de um tédio impassível". Aliás, não mais o esqueceria. Quase vinte anos depois, ao escrever a *Correspondência de Fradique Mendes*, ele, situando este personagem no mesmo Hotel Shepheard's, voltaria a exprimir a grata sensação do surpreendente encontro:

> Fradique sentara-se, recebendo de Jove e da Ninfa que passavam um sorriso cuja doçura também me envolveu. Vivamente puxei a cadeira para o poeta das Lapidárias:
> — Quem é este homem? Conheço-lhe a cara...
> — Naturalmente, de gravuras... É Gautier!
> Gautier! Teófilo Gautier! O grande Teo! O mestre impecável! Outro ardente enlevo da minha mocidade! Não me enganara, pois, inteiramente.

---

1 ORTIGÃO, Ramalho. *As farpas*, agosto de 1875.
2 QUEIROZ, Eça de. O *Egito*, p.143, 13. ed.

Se não era um Olímpico — era pelo menos o derradeiro Pagão, conservando, nestes tempos de abstrata e cinzenta intelectualidade, a religião verdadeira da Linha e da Cor!

E não escondendo a desvanecida admiração, Eça concluía: "E esta intimidade de Fradique com o autor de *Mademoiselle de Maupin*, com o velho paladino de *Hernani*, tornou-me logo mais precioso este compatriota que dava à nossa gasta pátria um lustre tão original!".[3]

O Cairo estuava de riquezas e requintes de elegância naqueles dias festivos, e tudo fora preparado para repetir as *Mil e uma Noites*. Gautier também se encantara com o magnificente jantar de que Eça e Resende haviam participado, e dele fez esta descrição:

> Por mais bem afreguesado que seja o Hotel Shepheard, duvidamos que ele tenha jamais visto sentarem em torno das mesas da sua sala de jantar tal número de convivas. O jantar foi muito alegre e profusamente regado com vinhos de Bourdeaux, de Champagne, e do Reno, sem contar as cervejas inglesas das melhores marcas... Os viajantes estavam agrupados à mesa conforme às suas afinidades eletivas ou profissionais: havia o canto dos pintores, o dos sábios, o da gente de letras e dos repórteres, o da gente mundana e dos amadores; mas isso sem delimitação rigorosa: faziam-se visitas de um clã a outro, e no café, que uns tomaram à turca e outros à européia, a conversa e o charuto confundiram todas as categorias e todos os países...

Eça, tímido, permaneceria encolhido na admiração pelo grande Teo.

Como é freqüente, a timidez lhe permitia ver e observar melhor. Pode-se acreditar que Eça viajara imbuído da alma de repórter, e nesse estado de espírito tomou notas, apontamentos, e redigiu observações sobre quanto lhe passou sob os olhos. E o fez muitas vezes com uma riqueza de minúcias nas quais o realismo toma inteiramente o lugar da fantasia. Breve ensaio? Ou a escolha de um caminho definitivo? Vejam-se, por exemplo, estes dois trechos sobre o "banho turco", que experimentou com Resende:

> Negros, núbios e bérberes, com os fortes bustos escuros nus, musculosos e luzidios, com grandes panos em volta da cintura, como tangas, enor-

---

3 QUEIROZ, Eça de. *Correspondência de Fradique Mendes*, 1900, p.39.

mes turbantes na cabeça, estendem as toalhas, preparam os narghilehs, ou, agachados sobre o tijolo, fumam encostados ao estrado...

Entra-se, e logo, dois núbios, que caminham em ponta de pés sobre o chão úmido, tomam conta de nós, fazendo-nos subir para o estrado. Tiram-nos agilmente os casacos: os árabes impassíveis, indolentes, cheios de quietação, deixam-se despir pelos núbios que dão o banho; Resende imita-os com uma imobilidade turca, mas eu repilo o auxílio d'aqueles belos corpos negros, cheio de *myself*, como um habitante da City. Estávamos de pé no estrado, na atitude e na *toilette* de velhos Deuses Olímpicos.

E o realismo estava lado a lado dos deuses olímpicos, que a pena de Eça mantinha de pé entre aqueles núbios lendários.

Os dias do Cairo à espera da inauguração, Eça e Resende os consumiram visitando a cidade, seus monumentos, sua gente. As mesquitas, embora arruinadas, pareceram-lhes maravilhosas. Na de Tulume, por exemplo, ainda se distinguiam

finos arabescos dourados e negros, estalactites pendentes duma graça delicada, grandes janelas ogivais, rendilhadas, bordadas como um lenço de Beyruthx, e uma galeria de granito verde, aberta, fina, airosa. Os pardais entram, charlam, esvoaçam.

Ao que Eça acrescenta: "As mesquitas são silenciosas e frescas: é este um dos seus encantos para os árabes. Entram, com os pés nus sobre o mosaico polido, tocam na pele com a água fresca da fonte que corre numa bacia de mármore..."[4] Ao místico, a quietude profunda seduzia. Não escreveu Teófilo Braga que, vivesse em outros tempos, e ele seria um místico? O próprio Eça deixaria escapar esse passageiro sentimento: "Por vezes, sinto o desejo de ficar aqui, ter um búfalo, uma mulher egípcia, descendente dos velhos donos do solo, e lavrar o meu campo de *durah* no meio da serena paisagem do Nilo...". Mas o dever dos viajantes é prosseguir. E após visitar em Heliópolis, Giseh, as pirâmides, tomariam o navio de Alexandria para Port-Said e Suez. Para trás ficava a dolorosa lembrança do infeliz felá, a quem a conformidade atenuava os sofrimentos. "O felá", anotou Eça, "é alegre, risonho, loquaz, imaginoso; tem uma degradação profunda de

---

4 QUEIROZ, Eça de. *Folhas soltas*, p.38.

caráter, desconhece o que é consciência, dignidade, individualidade. Mas, no fundo é feliz. Possui o clima!". E tão degradada quanto o felá era a mulher, cuja posição naquele mundo Eça definiu numa frase: "A mulher é a chaga do Oriente!". E eles ali estavam, em nome de outra civilização, para testemunhar festas deslumbrantes, reminiscências dos faraós.

A bordo do *Fayoum*, que permanecera em Alexandria, partiram para Port-Said, a cidade improvisada no deserto, onde aguardaram a inauguração, no dia seguinte. Nos artigos publicados no *Diário de Notícias* dias após o regresso a Lisboa, Eça contou as cerimônias assistidas pela bela imperatriz Eugênia e pelo imperador Francisco José, da Áustria. Eça não mais esqueceria a formosa imperatriz. E, passados dois anos, ainda a evocaria, dizendo que ao estar no Egito tivera ocasião de esperar a que era então S. M. a imperatriz dos franceses, durante duas horas, no cais do Port-Said, sob um sol candente, até que S. M. "desembarcando toda vestida de linho branco, com a sombra azulada da sua *ombrelle* chinesa ondeando-lhe sobre o colo, tomasse, com aquele firme andar que fazia lembrar Diana, em Homero, a dianteira de um cortejo" a que ele estava "obscuramente incorporado". Aliás, tornaria a vê-la no deserto de Sakara, "sob um sol cruel", sendo obrigado a ceder-lhe a acolhedora sombra de um *Khan*, e permanecer sob a inclemência do sol. Os percalços, entretanto, não empanavam o brilho das festividades:

> Port-Said, cheio de gente, coberto de bandeiras, todo ruidoso dos tiros dos canhões e dos hurras da marinhagem, tendo no seu porto as esquadras da Europa, cheio de flâmulas, de arcos, de flores, de músicas, de cafés improvisados, de barracas de acampamento, de uniformes, tinha um belo e poderoso aspecto de vida. A baía de Port-Said estava triunfante...

A descrição é viva, clara, forte, e revela escritor livre de todo o supérfluo, para adotar uma linguagem simples, e da qual desaparecem o barroco e o maneirismo. Os fatos substituem a imaginação.

No dia seguinte singraram o canal em busca do mar Vermelho, ligando, em um trajeto de horas, o Ocidente ao Oriente: o sonho custara dez anos de trabalhos e sacrifícios. É simples e bela a narrativa de Eça:

> Nas margens do canal começávamos a ver acampamentos de operários: vinham até quase a água bater as palmas aos navios que passavam,

acenando com lenços e véus entre grandes hurras. Dos navios respondiam. Havia um forte sol: o deserto luzia até ao horizonte. Víamos à nossa esquerda o caminho das caravanas, que vão a Meca, a Medina, a Bagdá e a Damasco, na Síria. A Arábia, a Ásia, ficavam para além daquele deserto. Do lado do Egito, ao fundo do areal coberto de salinas, estava a escura e triste cidade de Suez. Para além estende-se o monte de Djebel Attaka, chamado do *Libertamento*, porque quando as caravanas que vêm do deserto o avistam é que estão fora de perigo. Ao fundo, esbatida na pulverização da luz do horizonte, entrevia-se a cordilheira do Sinai. Ao meio-dia entrávamos em Suez, no meio das salvas.

Atendido o convite do Khediva, testemunhado o singular acontecimento do século, o conde de Resende e o "Chevalier de Queiroz, encarregado de despachos", como mencionado no passaporte, podiam retornar. Mas, como admitir regressarem antes de pisarem a Terra Santa? Embora agnósticos, eles não poderiam ser indiferentes àqueles lugares nos quais Jesus havia vivido. Partiram então para Jerusalém. Das notas que Eça escreveu sobre a viagem, as da Terra Santa, somente publicadas quase um século depois, são as mais pobres. Servem, porém, para dar idéia de como viu os lugares sagrados. Um dos primeiros apontamentos é sobre a Via Dolorosa.

Por ali passou, durante o trânsito da Crucificação, Jesus. Ali caiu sob o peso da cruz que os condenados levavam sobre os ombros... Eu passei ali pela primeira vez num dia sombrio, que fazia a rua mais escura e mais desolada, e apenas sei que devia ser bem por uma rua assim que passou a doce e triste figura.

Depois, ladeado o túmulo de Lázaro, chegara-se à casa de Marta e Maria: "Ali viviam Marta e Maria", escreve Eça.

Ali vinha Cristo, às vezes, durante a noite. Dali partiu para fazer a sua entrada em Jerusalém. Era uma pequena casa, decerto como são as de hoje, de pedra quadrada, tendo uma palmeira à porta, ou uma figueira. Ele entrava, sereno, e vinha durante as noites suaves sentar-se sobre o terraço, conversando com Lázaro, com os apóstolos mais queridos, à claridade das estrelas. Dali via Jerusalém, o vale do Cédron, que era o seu caminho para Betânia, a montanha do Moab, e o Jordão no fundo do horizonte onde Ele tantas vezes encontrou João. Era ali o lugar querido de Cristo, o seu lugar íntimo. Ali repousava...

E se aqueles caminhos não o fazem reconhecer um Deus, nem por isso deixa de ser sensível à caminhada de quem pregou a fraternidade entre os homens. E diante do Santo Sepulcro, coberto de mármore, e onde se acumulam prata e ouro, e que preferira pobre, condizente com a pregação do Cristo, Eça anota com melancolia: "... o teu nome vai-se apagando na memória dos homens — ó sublime espírito que amava os simples, as crianças, as aves sem ninho...". Era o que lhe falava à sensibilidade.

E depois de ver o mar Morto, o Jordão, o Líbano, os viajantes recolheram as velas. A 3 de janeiro de 1870, ei-los novamente no regaço da pátria.

Aparentemente, foi modesta a colheita na viagem ao Oriente. Salvo as crônicas do *Diário de Notícias*, de "Port-Said a Suez", e os apontamentos bem mais tarde publicados pelos herdeiros de Eça de Queiroz, pode-se dizer que, de relevo, trouxera apenas as observações para *A Morte de Jesus*, uma das belas páginas do ficcionista, e inexplicavelmente inacabada. Aliás, a julgar pelas cartas ao editor Chardron, em 1877, Eça pensou publicar um livro sobre a viagem. Estimava-o em cerca de trezentas páginas, intitulando-se *De Lisboa ao Cairo*. Cuidadoso, chegara a advertir Chardron: "O papel *De Lisboa ao Cairo* parece-me um pouco escuro e grosso".[5] O livro, no entanto, jamais seria publicado.

O certo é haver Eça mudado bastante na viagem ao Oriente. Desde a indumentária até as idéias. Substituíra, inclusive, as inexpressivas lunetas fumadas com que partira pelo monóculo entalado no olho direito, o qual lhe marcaria a imagem definitivamente. A indumentária, no rigor da moda, era espetacular. Segundo Cruz Malpique, "na cabeça trazia um chapéu alto, de pêlo de seda".[6] Era assim Eça de Queiroz ao regressar do Oriente.

Batalha Reis, que então o acolheu em São Pedro de Alcântara na companhia de Antero de Quental, não se esqueceria da figura do amigo nesse regresso do Egito:

---

5 Carta de 14.2.1877. Arquivo de Lello & Irmão.
6 *O Tripeiro* (Porto), 14.10.1958.

> Trajava uma longa sobrecasaca aberta; cobria-lhe o peito, em relevo, um *plastrom* que nos pareceu enorme, sobre o qual se erguia um colarinho altíssimo, onde a custo a cabeça se movia; os punhos, que os botões uniam pelo centro com uma corrente de ouro, encobriam grande parte das mãos metidas em luvas amarelas muito claras. Vestia calças claras, arregaçadas alto, mostrando meias de seda preta com largas pintas amarelas e sapatos muito compridos, ingleses, de polimento... E olhava-nos com um monóculo que lhe estava sempre a cair e que ele por isso, abrindo a boca em esgares sarcásticos, a miúdo reentalava no canto do olho direito.[7]

Era a figura do janota. E os amigos cobriram-no de epítetos. O importante, porém, é que também as idéias se haviam renovado, aproximando-o cada vez mais do realismo.

"Ouvimo-lo toda aquela tarde", continua Batalha Reis, "fomos jantar com ele — não o podíamos largar". Quem conseguiria deixar o incomparável conversador?

> As idéias estéticas de Eça de Queiroz haviam-se, a esse tempo, profundamente modificado. Citava especialmente a *Salambô* e a *Tentação de Santo Antão*, de Gustavo Flaubert. Preocupava-se com a perfeição de forma, com a realização da cor, segundo este literato. Lia também a *Vida de Jesus*, o *São Paulo*, de Ernesto Renan, e as *Memórias de Judas*, de Petrucelli della Gatina.

Era o caminho do realismo.

Mas na vida de Eça de Queiroz, após o regresso do Oriente, o grande acontecimento consistiu em escrever com Ramalho Ortigão um romance a quatro mãos, *O mistério da estrada de Sintra*. Ao tempo, Ramalho tinha maior notoriedade, o que levou José Sampaio a dizer que "quando apareceu em volume essa novela do *Mistério da estrada de Sintra*, ninguém viu, no rótulo do livro, senão o nome do Sr. Ramalho Ortigão, seu colaborador acidental". E o público se habituara a ver passar pelo Chiado um homem alto, espadaúdo, barba escrupulosamente feita, luneta grande de tartaruga e chapéu baixo um tanto inclinado para a direita, a grossa bengala

---

[7] REIS, Jaime Batalha. Introdução às *Prosas bárbaras*.

manejada com desenvoltura — era Ramalho Ortigão.⁸ Para ambos a associação foi a sorte grande: eles se completavam. É de Teófilo Braga esta observação:

> A liga com Ramalho Ortigão foi o estímulo que salvou Eça de Queiroz da esterilidade especulativa; atiraram-se a escrever à ventura, ao capricho da imaginação, segundo os acidentes do estilo, e compuseram o interessantíssimo romance do *Mistério da Estrada de Sintra*. Eça de Queiroz ganhou dinheiro com o livro e ficou com respeito ao trabalho.⁹

Antes de Eça de Queiroz, que também recordaria o feliz entendimento, Ramalho fez dele esta narrativa:

> Foi na sua volta do Oriente que Queiroz se encontrou comigo em Lisboa. Não tínhamos nada que fazer, nem um nem outro, e íamos uma noite passeando ao acaso quando nos ocorreu darmos à cidade alguma cousa que ler para o outro dia. A nossa questão não era que nos mandassem as comendas de Santiago, nem que nos metessem na Academia. As nossas ambições eram mais modestas, posto que, debaixo de alguns pontos de vista, mais difíceis talvez de realizar. A nossa questão era simplesmente — que nos lessem...

Não seria exagerada ambição para escritores mais ou menos desconhecidos do grande público? Ramalho iniciara-se no *Jornal do Porto*, e havia pouco publicara as *Histórias cor-de-rosa*. E Eça não passara dos folhetins românticos. Agora, eles pretendiam um rufar de tambores que os fizessem conhecidos. "Seria complicado demais", escreve Ramalho,

> para o espaço de vinte e quatro horas irmos até ao público do qual estávamos tão longe pela nossa obscuridade. Era preciso que o público se desse um pouco o incômodo de vir, ele, um bocadinho, até nós. Tratava-se de achar um golpe, estranho, desusado, violento, que ferisse profundamente a atenção e o obrigasse a olhar para nós como Sir de La Châtaigneraie olhou para Sir de Jarnac. Então, em ato contínuo, um de nós — não me lembro qual — sentou-se a uma mesa e encheu um caderno de papel que o *Diário*

---

8 CAVALHEIROS, Rodrigues. *Evolução espiritual de Ramalho Ortigão*, p.191.
9 BRAGA, Teófilo. *As modernas idéias*, II, p.315.

de Notícias principiou a publicar ao outro dia... foi desse modo que nasceu o *Mistério da Estrada de Sintra*.[10]

Na realidade não fora exatamente assim. Em 23 de julho de 1870, o *Diário de Notícias*, o popular jornal de Lisboa, publicava, sob o título o *Mistério da Estrada de Sintra*, a seguinte nota, que inflamou a curiosidade lisboeta:

> A hora já adiantada, recebemos ontem um escrito singular. É uma carta, não assinada, enviada pelo correio à redação, com o princípio d'uma narração estupenda, que dá ares de um crime horrível, envolto nas sombras do mistério, e cercado de circunstâncias verdadeiramente extraordinárias, e que parece terem sido feitas para aguçar a curiosidade e confundir o espírito em milhares de vagas e contraditórias conjecturas. Trata-se da seqüestração noturna de um médico e de um amigo seu para assistirem a um ato gravíssimo e de mais fatos subseqüentes.

E, para aguçar a curiosidade dos leitores, a nota prometia para dia seguinte a íntegra da grave denúncia. Ficando no ar, ao alcance do público, os ingredientes necessários ao ruído pretendido por Eça e Ramalho, que somente no término desvendariam a autoria do rumoroso romance.

A repercussão excedeu a expectativa. Durante dois meses, Lisboa, curiosa e inquieta, aguardou o desfecho do crime engendrado pelos dois romancistas. A imaginação era cruel: naufrágios, envenenamentos, homicídios, imprevistos de toda a sorte. O próprio Ramalho, algum tempo depois, pediria perdão àqueles personagens que martirizara:

> Pobres boas raparigas... fomos feros e brutos demais com a vossa meiga ternura... Perdoai-nos, gentis fantasmas! Pobre Dolores! Creio que se chamava Dolores uma delas. A outra parece-me que era Luiza. — Querida Luiza! Quereis agora que vos conte por que vos matamos a ambas? Pois bem: foi para salvar a moral: foi para nos não comprometermos com a crítica.

Contrito, o autor lamentava a má sorte dos personagens. Dera-lhes um sopro de vida e realidade, sobrepondo-os às fantasias do romance, e não tivera como poupá-los. A força do enredo fez o público esquecer as imper-

---

10 ORTIGÃO, Ramalho. *Farpas escolhidas*, outubro de 1874.

feições do romance escrito de afogadilho, dia a dia, e ao que acrescia haver Eça, então nomeado para o Conselho de Leiria, abandonado Lisboa para assumir o cargo que lhe assegurava inscrever-se em um concurso de cônsul.

Para o crítico Moniz Barreto, o romance significou importante avanço para Eça de Queiroz. "O *Mistério da estrada de Sintra*", escreveu, "marca a primeira fase de seu espírito em via de transformação. A imaginação ainda predomina sobre a observação, mas a observação já aparece".[11]

Sabe-se que por vezes, quando mais intrincadas as situações, Ramalho ia a Leiria confabular com Eça em busca de solução adequada para preparar novos lances de mistério. O próprio Eça, a curiosidade aguçada pela distância, pedia notícias do romance. De Leiria ele perguntava ao diretor do jornal, Eduardo Coelho: "E *o nosso Mistério?*". Por mais de dois meses o romance prendeu a atenção de Lisboa. Era inegável que o "golpe, estranho, desusado, violento", alcançara o alvo. Eça e Ramalho tinham por que estar radiantes.

Em 1884, eles reeditaram o livro da mocidade. Recordaram então como surgira entre audácias e esperanças: "Há quatorze anos", escreveram,

> numa noite de verão, no Passeio Público, em frente de duas chávenas de café, penetrados pela tristeza da grande cidade que em torno de nós cabeceava de sono ao som de um soluçante *pot-pourri* dos *Dois Foscaris*, deliberamos reagir sobre nós mesmos e acordar tudo aquilo a berros, num romance tremente, buzinando à Baixa das alturas do *Diário de Notícias*. Para esse fim, sem plano, sem método, sem escola, sem documentos, sem estilo, recolhidos à simples "torre de cristal da Imaginação", desfechamos a improvisar este livro, um em Leiria, outro em Lisboa, cada um de nós com uma resma de papel, a sua alegria e a sua audácia.[12]

Sem dúvida, Lisboa acordara e emocionara-se diante do macabro mistério. Agora, vendo a criação na perspectiva do tempo — eles que não haviam "cessado de trabalhar um só dia", sempre bafejados pela Fama —, pensavam ser o livro simplesmente "execrável". O tempo dera-lhes nova visão do próprio trabalho.

---

11 BARRETO, Moniz. "A estréia de um escritor". *Ensaios de crítica*, p.213.
12 QUEIROZ, Eça de; ORTIGÃO, Ramalho. Prefácio à 2. ed. do *Mistério da estrada de Sintra*.

Maria Amália Vaz de Carvalho, na época a mais renomada das cronistas portuguesas, também recordou a "impressão imensamente grata, que a obra improvisada, escrita *à la diable*", lhe tinha produzido. E escreveu numa confissão: "Como eu gostei ainda hoje do *Mistério da Estrada de Sintra*". E, depois de reconhecer-lhe os defeitos, inseparáveis de um livro improvisado, aduzia generosa:

> Tão indesculpáveis seriam os dois valentes atletas da moderna literatura portuguesa se fizessem hoje um livro assim como seria lamentável e triste que eles o não tivessem feito, quando ambos eram moços! A par das imperfeições, quantas belezas! que pérolas de sentimentos, de imaginação, de fina graça, de sonhadora melancolia!...[13]

Como sempre, o êxito suscitou pequenos despeitos. Principalmente para os puristas, a "alegre e triunfante audácia" com que Ramalho e Eça arejavam a linguagem, tirando-lhe o mofo e as teias de aranhas de velhas regras sob os aplausos das novas gerações era insuportável. A língua enriquecia-se, e iluminava-se como se um raio de sol a fizesse mais clara, mais bela, mais fácil. E surpreende encontrarmos Camilo Castelo Branco, que sentou praça entre os clássicos, figurar entre os que apoiaram as inovações de Eça e Ramalho. *Camilo ao Editor Antônio Maria Pereira*:

> Já lhe agradeci e li o *Mistério da Estrada de Sintra*. Achei-o admirável, pelas brilhantes audácias de linguagem. Foi esse livro que iniciou a reforma das milícias literárias indígenas, a tropa fandanga de que eu fui cabo de esquadra. A evolução do estilo data daí... *O Mistério* há de ficar assinalado no desenvolvimento das belas cousas que estavam embrionárias no vocabulário marasmado durante dois séculos. Ramalho Ortigão avisadamente andou mandando os clássicos a ares, e o Eça também não andou mal não os admitindo em casa.[14]

Eram os primeiros passos dos revolucionários do *Cenáculo*.

O bom êxito tornou maiores os vínculos dos dois escritores. *Ramalho*:

---

13 CARVALHO, Maria Amália Vaz de. *Alguns homens do meu tempo*, p.39.
14 ORTIGÃO, Ramalho. *Farpas escolhidas*, outubro 1874.

> Para nós ambos esse trabalho tornou-se um laço estreito e simpático. Oh!, o bom humor, o bom desleixo, a boa alegria com que nós o fizemos! O desplante, o arrojo com que criávamos as nossas personagens misteriosas, embuçadas, com plumas nos chapéus, com longas capas alvadias, aventurosas, cor'dos muros dos jardins!... as nossas lindas mulheres louras, apaixonadas, que tão poeticamente se deixavam acabar e morrer sob as nossas duras penas de ferro!

No fundo eram a pureza e os entusiasmos da mocidade. E havendo conquistado o público, eles não deviam parar a meio caminho. Mas, como continuar? Um novo romance? Dificilmente teria o encanto, o sabor, a atração do inesperado *Mistério*.

Eça não saboreou dia a dia, de braço dado com Ramalho, no Chiado ou na Baixa, em meio à roda boêmia do Café Martinho, sonhadora de barricadas e revoluções, os triunfos do romance. Iria colhê-los à margem do Lis, na quietude de Leiria, onde escreveu boa parte do *Mistério da Estrada de Sintra*, e da qual se tornara o administrador do Conselho, por nomeação de julho de 1870. Era seu quinhão no golpe do duque de Saldanha, que, em maio, pusera abaixo regeneradores e históricos. Politicamente, Portugal mudava, e o velho José Maria, agora no Tribunal do Comércio, magistrado influente, não seria alheio à escolha do filho. Na verdade, não era uma carreira — apenas um intervalo, pois, desejoso de submeter-se a concurso para cônsul, a lei impunha-lhe um mínimo de permanência no serviço público, e, em nome dessa exigência, ele suportou seu "exílio administrativo". Depois, a carreira consular lhe abriria as portas do mundo.

O consulado era algo remoto: antes de alcançá-lo Eça aspirava realizar outras coisas. Desde a universidade, por exemplo, ele acalentara ter uma revista, idéia que jamais o abandonaria. Em Lisboa, com um colega, Anselmo de Andrade, imprimira prospectos dizendo da seriedade do empreendimento: "um jornal cheio das modernas tendências espirituais na ordem política, na ordem literária e na ordem social". E a um amigo, que ficara em Coimbra, o dr. Garcia, escreveu pedindo-lhe a colaboração:

> Lembra-se de quantas vezes nós lhe falamos aí, eu e o Anselmo, num projeto um pouco fantástico de uma Revista? ... Precisa-se disto meu caro

Dr., neste triste país da pedrada, do apito, da cutilada e do grito. É necessário dar a mão a essas pobres idéias que andam junto da fronteira sem poderem passar, sem se atreverem a isso, atemorizadas pelo aspecto brutal dos nossos concidadãos, receosas de serem esmagadas, apedrejadas e levadas ridiculamente para a estação municipal.[15]

Eram as temidas idéias da Revolução, e Eça sentia-se empolgado pela publicação. E mais explícito ele dizia noutra carta:

> Aqui, meu caro Garcia, conspira-se, há clubes, projetam-se jornais, há muita excitação e bastante vontade. Não penses que é um movimento isolado de alguns espíritos mais esclarecidos: é uma intenção quase unânime e que se apóia no pequeno comércio e na classe operária. Temos esperanças. Eu mesmo que te falo sou membro da Internacional...[16]

O revolucionário vibrava. E, cheio de entusiasmo, assinava-se "Irmão em idéias, muito fraternal *Eça de Queiroz*". No fundo, aliás, reconhecia o plano "um tanto audacioso, um tanto irrealizável". Realmente, a fantasia não custara a esmaecer, obrigando ao adiamento da idéia.

Animado, porém, pelo êxito de Ramalho com *A Lanterna*, revista que manteve por algum tempo, Eça fez o sonho voltar à tona. Diz-se, segundo o testemunho de Antero de Quental, que a Eça coubera convencer Ramalho para aceder na associação. Mais uma vez ambos se apresentariam juntos, agora em uma revista pondo o riso a serviço da Revolução. Assim como Afonso Karr fizera as *Guépes* eles editariam um mensário, pequeno volume a que deram o nome de *Farpas*. Que pretendiam eles senão farpear a tolice, a ignorância e a incompetência? *Eça a João Penha*: "Lê esse prospecto. Compreendes logo que é um jornal de luta, jornal mordente, cruel, incisivo, cortante e sobretudo jornal revolucionário... *As Farpas* são, pois, o *trait*, a pilhéria, a ironia, o epigrama, o ferro em brasa, o chicote, postos ao serviço da Revolução".[17] A Revolução continuava e a sua grande arma seria o riso. "O primeiro fim d'*As Farpas*", escreveu Eça, "foi promover o riso. O riso é a mais antiga e ainda a mais terrível forma da crítica. Passe-

---

15 *O Diabo* (Lisboa), 5.7.1936.
16 Ibidem.
17 Apud MALPIQUE, Cruz. *Ramalho Ortigão*, p.95.

se sete vezes uma gargalhada em volta duma instituição e a instituição alui-se."¹⁸ E dizendo isso ele pensava nas muralhas de Jericó derrubadas pelas trombetas de Josué.

Ninguém melhor do que o próprio Eça para dizer quanto pretendiam com a revista:

> quando Ramalho Ortigão e eu, convencidos como o Poeta que a *tolice tem cabeça de touro*, decidimos farpear até a morte a alimária pesada e temerosa. Quem era eu, que força ou razão superior recebera dos deuses, para assim me estabelecer na minha terra em justiceiro destruidor de monstros? A mocidade tem dessas esplêndidas confianças; só por amar a verdade imagina que a possui; e magnificamente certa da sua infalibilidade, anseia por investir contra tudo o que diverge do seu ideal, e que ela, portanto, considera Erro, irremissível Erro, fadado à exterminação.

E certo de mudarem o mundo Eça escreveu a um amigo: "*As Farpas* são um panfleto revolucionário".

Ramalho, não menos confiante, escreveu para o Porto a seu amigo Fernandes Reis: "O primeiro volume, que aparecerá no princípio do mês próximo, entrou hoje no prelo. Está bem-feito. Diz uma multidão de coisas que ainda se não tinham escrito em Portugal e todas elas são justas, verdadeiras e dignas". E, orgulhoso da inovação, acrescentava: "No meio do ramerrão hipócrita do jornalismo e da literatura contemporânea esse livro tornar-se-á sensível e virá talvez a ser apontado na história do pensamento moderno como um grande impulso das idéias para o direito e para a justiça".¹⁹

Dir-se-ia que de lança em riste eles iriam a campo trespassar os inimigos. Longe disso, porém, apenas desejavam provocar o riso. "Fazer rir foi o primeiro programa d'*As Farpas*", escreveu um biógrafo de Ramalho, de cujo papel na revista Eça fez breve perfil: "desembaraçou-se da velha armadura quinhentista — e saltou de dentro rápido, vivo, brilhante, vergando e sacudindo a sua frase como uma lâmina de florete". E, modesto, diria dele próprio: "No tempo d'*As Farpas* estava ainda no período bár-

---
18 QUEIROZ, Eça de. "Ramalho Ortigão", *Notas contemporâneas*.
19 Júlio d'Oliveira. *Ramalho Ortigão e Eça de Queiroz*, p.78.

baro da forma".[20] Na verdade cada qual tinha a sua maneira de rir. E de Santa Eufêmia, para onde partira como administrador das minas, Oliveira Martins escreveu a Ramalho: "V. e o Queiroz reúnem os dois modos eminentemente modernos de rir. A um, o espírito francês; ao outro, o humorismo alemão. Enquanto um põe fria e secamente o problema e tira dele todas as conclusões lógicas até ao absurdo, o outro fantasia com uma ironia dolorosa e profunda...". E, certo do papel d'*As Farpas*, ele diria de outra feita: "Dentro da nossa espantosa sociedade *As Farpas*, quem sabe?, terão, no futuro, talvez, o papel de um cáustico."

Em pouco tempo, Portugal inteiro lia *As Farpas*. Leves, irônicas, sutis, tornaram-se leitura familiar. Todo o mundo lia *As Farpas*, e ria com *As Farpas*, que andavam pelos escritórios, pelas salas de jantar, pelas cestas de costura. Do que foi o aparecimento da revista, Maria Amália deixou significativo depoimento:

> A publicação d'*As Farpas* foi um acontecimento, não sei se em Portugal inteiro, em Lisboa com toda a certeza. Bom senso, graça, ironia, observação, brilho de forma, sei de que era feita essa esplêndida mistura, que o público saudou, sob o nome de *Farpas*. Esperava-se com ânsia a aparição do pequeno folheto mensal. Ria-se a bom rir, ao ler-lhe as páginas encantadoras, para cima das quais Eça de Queiroz atirava com as lentejoilas multicores do seu endiabrado espírito, com a convulsa ironia do seu riso impressivo, e em que Ramalho Ortigão punha a nota da observação aguda, da intenção moral, da razão clara e fecunda.

Por vezes cruéis, *As Farpas* renovavam a sociedade, e tinham "um salutar efeito nos costumes sociais e domésticos... com eles entrou em muita casa a abundância de ar e de água e de luz, que até ali era considerada supérflua".

Ricardo Jorge, então pelos seus doze ou quinze anos, conta a propósito d'*As Farpas*:

> Aos sábados à noite, nas veladas do chá, em que se reuniam as famílias amigas, D. Rita, que me concedia dição de recitados, mandava-me ler às

---

20 QUEIROZ, Eça de. Carta a Ramalho Ortigão, Paris, 7.11.1890. *Novas cartas inéditas de Eça de Queiroz*.

senhoras e às meninas o último número, que ela amorosamente sacava da sua cesta de costura. Esta cena de interior doméstico mostra bem onde a crônica de Ramalho se infiltrava, incutindo e percutindo. Era um regalo, uma festa — um bombo de festa, com as banquetas do estilo a rufar desapiedadas sobre a pele retesa das figuras sociais do tempo..."[21]

Não sem razão escreveu Eça: "*As Farpas* tinham esta maneira: — fazer rir do ídolo, mostrando por baixo o manequim". Ao que acrescentou com apreço pelo companheiro: "Ramalho Ortigão era admirável nestas demonstrações".

Depois do *Mistério da Estrada de Sintra*, Eça e Ramalho conquistaram o público com *As Farpas*. Antes eles haviam semeado emoções diante do desconhecido. Agora provocavam o riso, mostrando o lado jocoso ou postiço de pessoas e instituições, e deviam pagar um preço. Daí observar Justino de Montalvão: "Eça foi fidalgamente odiado pela Lisboa Conselheiral e janota". O riso queimava. Havia, porém, o outro lado da medalha: "Depois d'*As Farpas* e do *Mistério*, que tanto intrigou a gente moça da minha geração", notou Maria Amália, "o nome de Eça de Queiroz estava feito. Tudo que ele escrevesse agora, seria avidamente acolhido". Começavam a abrir-se as portas da fama.

---

21 JORGE, Ricardo. *Ramalho Ortigão*, p.29.

5
A alma do século

Estava-se em pleno verão quando Eça de Queiroz chegou a Leiria para iniciar a carreira de servidor público. Inicialmente devia pôr de lado as idéias revolucionárias trazidas de Coimbra, jurando fidelidade à ordem vigente. E a 30 de julho, perante o secretário-geral Manoel Nicolau d'Aboim Castello Branco, que servia como governador civil, o novo administrador do Conselho, colocando "a sua mão direita sobre o livro dos Santos Evangelhos", proferiu a fórmula de lei: "Juro guardar e fazer guardar a Carta Constitucional da Monarquia, ser fiel ao Rei reinante...". Simples ritual, o juramento não mudava em nada as idéias do antigo iconoclasta.

Pela segunda vez, depois de Coimbra, ele deixava o Rocio. Fazia-o abrindo caminho para o consulado — preparava-se para o concurso a realizar-se em setembro —, e a pacata cidade à margem do Lis, aliada ao escasso trabalho do cargo, facilitaria os estudos. O tédio, entretanto, era mortal. Em plena juventude — tinha então 25 anos — o janota devia sentir-se como peixe fora d'água. E na primeira carta aos queridos amigos Batalha Reis e Antero de Quental, ele não escondeu as angústias que o torturavam: "Estou aqui há quase um mês", dizia a carta àqueles dois amigos. "Deixem-me esconder pudicamente o que faço aqui. Quis escrever-vos logo, meus queridos, e cheguei mesmo a ter diante de mim uma folha de papel estendida, naquela resignação que o papel tem na presença do homem...". E deixando vazar os sentimentos do socialista diante da França convulsionada após a derrota de Napoleão III, a carta prosseguia:

> Sabem vocês por acaso o papel que a esquerda tem representado? As suas aspirações patrióticas? A sua eloqüência ainda maior que o canhão prussiano? A sua energia e a grandeza das suas medidas? ... Meus caros amigos — tudo isto são tolices: mas eu estou desde que começou o meu exílio tão triste, tão profundamente enfastiado, tão sucumbido, tão cheio de desdém, tão perdido de vida, que só o *esprit bête* me prende a atenção e me move a viver.[1]

Em um jovem a quem deviam animar as esperanças, era terrível e surpreendente esse estado de espírito. Na verdade, porém, nada consolava Eça do infortúnio de se encontrar enterrado em Leiria. A carta continuava, em um crescendo:

> Imaginem-me aqui nesta terra melancólica, só, sem um livro, sem um dito, sem uma conversa, sem um paradoxo, sem uma teoria, sem um satanismo — estiolado, magro, cercado de regedores, e devorado de candidatos! A pena com que vos escrevo pesa-me como uma lança gótica: escorre toda em tédio.

Afinal, faltava-lhe tudo quanto adorava: os ditos chistosos, a boa conversa, os inesperados paradoxos, o satanismo. Leiria matava-o de tristeza. E sucumbido, Eça concluía:

> A minha vida aqui é devorar jornais e telegramas, seguir num mapa a marcha dos prussianos; o melhor do tempo ocupo-o a ver em volta de mim morrer a minha vida. Há 30 dias que não falo, imaginem vocês. Respondo a esta gente com monossílabos ferozes. Escrevam-me, pois, daí, se tanto é que ainda sabem escrever.

A carta é triste, talvez precipitada, traduzindo impressões de quem trazia o Chiado na alma. Informado sobre os estabelecimentos da cidade, Eça hospedou-se na casa de D. Isabel Jordão, na rua da Tipografia, onde lhe deram "um quarto forrado com um papel esbatido e uma grossa porta chapeada, de grandes ferrolhos". Admite-se que para aí o tenha levado o amanuense Júlio Teles, a quem viera recomendado, famoso guitarrista,

---

[1] REIS, Beatriz Cinatti Batalha. *Eça de Queiroz e Jaime Batalha Reis*, carta de Leiria, 1870.

e possível modelo do personagem Artur Couceiro, d'*O crime do Padre Amaro*. Homem de poucos amigos — diz-se que em Leiria não teve mais de dois ou três, entre os quais o escrivão do Conselho, Romão Dias, a quem costumava delegar boa parte dos encargos da administração — Eça preferia as leituras até altas horas da noite aos jogos de carta, que, após o jantar, animavam a saleta da hospedaria. Sinal de não pretender malbaratar o tempo. "Tinha o hábito de ordenar as suas cousas com meticulosidade", informaria Júlio Teles, para quem Eça "trabalhou muito em Leiria na sua medonha e terrível papelosa...".[2]

Na realidade, talvez decorrência da vida insossa da cidade, seria profícua a estada de Eça de Queiroz em Leiria. Além do *Mistério da estrada de Sintra*, em grande parte aí escrito em colaboração com Ramalho Ortigão, longas horas dedicou ao estudo para o concurso no Ministério dos Estrangeiros. Principalmente no inverno, as noites tristes e intermináveis, Eça se aferrou às leituras. Mais tarde, n'*As Farpas*, ele próprio recordaria:

> Ah! lembro-me bem, estudei-o num inverno em Leiria. Um céu nublado, hostil, entristecia e pesava: eu morava n'uma rua estreita como uma fenda e triste como o destino de um monge: de um lado tinha as velhas paredes da Misericórdia onde as corujas piavam, do outro as torres da Sé onde os sinos faziam a cada momento rolar pelo ar os seus prantos sonoros!

A memória pareceu gravar os pormenores daquelas horas tristes. E Eça continuava:

> E havia na minha janela, n'um caixote de pau, um arbusto de alecrim, que erguia constantemente para o céu os seus miúdos bracinhos de verdura seca — nunca pude saber por que, por que enfim na sua qualidade de planta devia ser materialista e ateu! Foi ali, no torpor daquelas tristezas, que eu reli o meu direito público, o meu direito internacional privado, o meu direito marítimo, a minha economia política, o teu código comercial, oh pátria!...

Não apenas pelo que escreveu e estudou foram profícuos os dias de Leiria. Aparentemente distante, recluso, o tímido concentrou sua capacidade de compreensão e análise sobre a vida íntima, subterrânea,

---

2 SOUZA E COSTA, Júlio de. *Eça de Queiroz*, p.32.

da pequena comunidade, que lhe permitia ver a humanidade despida de artifícios. Ele via o que os telhados escondiam. Afirmou Guilherme de Azevedo que "assim como o Jordão lhe revelara a antiguidade, o Lis revelara-lhe a realidade".[3] Admitia a morte do romantismo, que procurava ele senão a realidade?

A propósito da importância da estada de Eça de Queiroz em Leiria, José Sampaio Bruno, arguto autor de *Geração nova*, põe esta nota:

> Esta passagem pela intriga de uma pequena terra; a convivência com caracteres medíocres e vontades refalsadas; na provisória adaptação à banalidade do viver burguês de uma burocracia papelosa; a viagem através a trivialidade das casas de hóspedes; os bocejos perdidos no tédio dos serões familiares; pelo seu departamento da polícia, o conhecimento das mais crassas misérias humanas; finalmente, a forçada cumplicidade com a sofística constitucional, deviam poderosamente contribuir para, pondo-lhe diante dos olhos o tom melado desta época, lhe mostrar a falsidade de literaturas, mentirosas pela convenção.[4]

Naquele mundo medíocre, mais ou menos uniforme, movendo-se na hospedaria de D. Isabel Jordão, na Assembléia Leiriense, da qual Eça foi sócio, embora não assíduo freqüentador, na sacristia, na botica, no Largo da Sé e no Marachão, Eça descobriu aos poucos uma sociedade para ele desconhecida, que o impressionou fundamente, e da qual emergiu o *Crime do Padre Amaro*, nas três versões elaboradas pelo romancista ao longo de quatro anos.

Onde o escreveu não sabemos com segurança. Ao defender-se da imputação de haver plagiado ou se inspirado no romance de Zola, *La Faute de l'Abbé Mouret*, Eça em nota à segunda edição afirmou haver sido *O crime do Padre Amaro* escrito em 1871, lido a alguns amigos em 1872, e publicado em 1874. A assertiva não prova nem exclui a redação do romance em meio ao tédio de Leiria, pois a exoneração de Eça é de junho de 1871. De acordo com hábitos jamais abandonados, o romance se limitou, inicialmente, a um texto de cerca de cem páginas. Não mais que isso.

---

3 AZEVEDO, Guilherme de. "Eça de Queiroz". *Notas contemporâneas*, p.64.

4 SAMPAIO, José Pereira de (Bruno). "O Romance Naturalista". *Notas contemporâneas*, p.104.

Depois ele as multiplicava. Ramalho, que tão de perto o conheceu, daria este depoimento sobre a maneira por que Eça trabalhava:

> Lançando ao papel o primeiro jorro de tinta, que ninguém tem mais fácil, mais abundante, mais caudaloso e mais rápido; fazendo imprimir tudo; e em seguida, sobre os granéis, na letra impressa, com um zelo de penitente, estimulado até o mais agudo paroxismo da dor, remanipulando frase por frase, vírgula por vírgula, palavra por palavra, sílaba por sílaba, até que a escrita se converta no espelho límpido e fiel da emoção assimilada pelo seu temperamento...[5]

O pensamento seria límpido; a caligrafia, porém, quase ilegível. Quando teve de rever um romance de Eça, Ramalho escreveu a Luiz de Magalhães:

> eu procurei desempenhar-me o melhor que pude sobre um daqueles caudalosos e terríveis manuscritos de primeiro jorro, que Queiroz produzia quase estenograficamente, destinando-os a toda uma recomposição ulterior na revisão de consecutivas provas.[6]

A letra era o inferno dos tipógrafos, o terror dos editores. Mas, como mudar se ele era medularmente assim? Certa vez, a seu editor Chardron, que dele reclamava as sucessivas alterações de originais, Eça diria sem meias palavras: "é-me tão impossível mudar esse método de trabalho como mudar a forma do meu nariz". E acrescentava categórico:

> J'ai beau corriger le manuscrit: somente vendo a cousa impressa é que me dou bem conta dos meus personagens, da ação, do que falta para interessar o público e tornar a obra original e forte. Há escritores que não podem trabalhar senão com esse método — é mau e fatigante, mas é assim: isso acontecia a Balzac — e é mesmo o único ponto de contato e semelhança que tenho com ele.[7]

---

5 ORTIGÃO, Ramalho. Carta a D. Guiomar Torresão. *Almanaque das Senhoras para 1893*.
6 Carta inédita de Ramalho Ortigão a Luiz de Magalhães, Lisboa, 28.3.1901, B.N.L.
7 Carta de 21.10.1883. Arquivo de Lello & Irmão.

Era modesto e franco: Chardron devia suportá-lo tal qual era.

Já passara o tempo em que Batalha Reis o vira escrevendo com extrema facilidade, e emendando muito pouco:

> As imagens, os epítetos ocorriam-lhe abundantes, tumultuosamente, e ele redigia rápido, insensível a repetições de palavras e rimas ou a desequilíbrio de períodos, sem exigências críticas de forma, aceitando comovido o que tão espontaneamente, tão sinceramente lhe ocorria.

Mas, à medida que se formou a consciência do escritor, dominou-o a preocupação da forma. E Eça fez imenso esforço para superar as imperfeições. A Batalha Reis, quando este preparava o Prefácio para *Prosas Bárbaras*, escreveu Luiz de Magalhães, que se tornara um dos mais chegados amigos do romancista: "É preciso também mostrar as suas deficiências, as suas fraquezas, para se ver o esforço que ele posteriormente fez para as vencer". E *O crime do Padre Amaro*, nas versões que o aprimoraram, é dessa fase marcada pela ânsia de perfeição, e na qual o romancista precisava ter o texto impresso sob os olhos para conseguir ver com nitidez a própria obra. Mais tarde ele confessará: "O meu mal é o amor da perfeição".

***

Em setembro, justamente quando terminava a publicação do *Mistério da estrada de Sintra*, no *Diário de Notícias*, Eça submeteu-se ao concurso no Ministério dos Estrangeiros. Antes, para arrematar e polir conhecimentos em companhia de Batalha Reis, também inscrito no concurso, ele fora a Lisboa: "um período que me lembra", escreveu n'*As Farpas*, com uma melancolia feliz, "oito dias que eu passei estudando com o meu amigo Batalha Reis".[8] A casa era em São Pedro de Alcântara, e da paisagem divisada, quando abertas as janelas, Eça deixou bucólica lembrança: "via-se apenas um quadrado de folhagem, que se amarelava suavemente nas primeiras fraquezas outonais da seiva, e no fundo, através do entrelaçamento da folhagem, o doce azul aparecia, meigo, com toques de índigo e delicadezas de cetim". Era um toque romântico. E, para completar a grata camara-

---

8 ORTIGÃO, Ramalho. "Eça de Queiroz". *As Farpas*, novembro de 1871.

dagem, ali estava Antero de Quental, havia pouco chegado da viagem à América do Norte, donde regressara traduzindo Goethe.

Para Eça, tido como mais voltado para Flaubert e Heine, do que para Ortolan ou Silvestre Ribeiro, o concurso representou vitória completa — classificara-se em primeiro lugar, restando-lhe apenas aguardar em Leiria, entre as guitarradas e as histórias do amanuense Júlio Teles, a ocorrência da vaga que o tornaria cônsul de primeira classe. Esquecera-se, porém, de que entre ele e o Consulado existia o Ministério do marquês d'Ávila e Bolama, pouco afeiçoado àqueles jovens desejosos de reformarem o mundo. E, vago o consulado da Bahia, Eça se viu preterido por outro candidato, Manuel Saldanha da Gama. A decepção era grande, e exigia réplica vigorosa. Eça, entretanto, em uma prova de prudência e pragmatismo, preferiu calar. Paciente, ele esperaria a queda do Ministério para futuro ajuste de contas. Por enquanto, de braço dado com Ramalho, ele se vingaria n'*As Farpas*, golpeando sem piedade "a alimária pesada e temerosa". Foi o que fez: Josué continuaria com suas tubas ante as muralhas de Jericó.

Por acreditar que o riso aluiria as instituições, Eça contentava-se com *As Farpas*. Para Antero, no entanto, o ataque devia ser frontal e rijo, pois somente assim viria a Revolução. No íntimo ele não acreditava nas sutilezas da ironia de Eça, como instrumento revolucionário. "Eu sempre ardentemente me ofereci para ser o seu São Paulo", diria Eça, "afrontar os gentílicos, derramar o Verbo. Mas, Antero receava que, como artista, eu materializasse as suas idéias em imagens — imagens floridas, cinzeladas, pitorescas e arrepiadoras portanto para quem como ele abominava o Pitoresco".[9]

Dentro daquele espírito foram concebidas as rumorosas *Conferências do Cassino*. Na ocasião, o *Cenáculo* mudara-se para a rua dos Prazeres, e, havendo Batalha Reis adoecido, Antero as adiara um pouco. Breve intervalo, pois, ajudado pelos companheiros, ele não demorou em anunciá-las e realizá-las. *Antero a Teófilo Braga*:

> Temos resolvido, eu e alguns rapazes, novos e independentes (dos quais o Teófilo conhece, por exemplo: Eça de Queiroz, Adolfo Coelho, Manuel Arriaga, Oliveira Martins, José Falcão, Batalha Reis, respondendo

---

9 QUEIROZ, Eça de. "Antero de Quental". *Notas contemporâneas*, p.406.

eu pela seriedade dos outros, que não conhece), abrir em Lisboa uma Sala de *Conferências livres*, livres em todo o sentido da palavra..."[10]

E aí se tratariam "as grandes questões contemporâneas, religiosas, políticas, sociais, literárias e científicas, num espírito de franqueza, coragem, positivismo, numa palavra, com *radicalismo*". Para Antero era a ante-sala da Revolução, e a ela logo acorreram os companheiros. Ao estudar as idéias de Eça de Queiroz, o professor Costa Pimpão colocou esta pergunta: "Que pretendia, pois, o pobre homem de Póvoa de Varzim?". A resposta:

> Esse homem, míope e débil, mesmo abotoado na sua sobrecasaca preta e de botoeira florida, queria simplesmente a Revolução, como a queria o seu Mestre, amigo e camarada Antero, e como a queriam outros do grupo. Queria-a com aquele ar janota que lhe conheceram os contemporâneos, mas também — não o duvidemos — com uma ardente, e, em certo momento, quase incendiária convicção.[11]

E com esse ar janota, a botoeira florida, ele viria de Leiria alistar-se entre os apóstolos da Revolução. Trazia o ressentimento da preterição, e via as Conferências como a "aurora de um mundo novo, mundo novo e puro".

No velho palacete do largo da Abegoaria, sede do Cassino Lisbonense, Antero deu início às Conferências, explicando-lhes as finalidades. Era o desdobramento do prospecto distribuído pelos promotores das palestras, entre os quais o próprio Antero, Eça, Batalha Reis, Adolfo Coelho, Soromenho, Guilherme de Azevedo, Oliveira Martins, Manuel Arriaga, Salomão Saraga e Teófilo Braga. Em meio à notória transformação política e social que ocorria no mundo, eles pregavam a necessidade de se preparar o país para as idéias, que presidiriam a Revolução. Quanto ao advento desta não punham dúvida. E por isso pretendiam "agitar na opinião pública as grandes questões da Filosofia e da Ciência Moderna; estudar as condições da transformação política, econômica e religiosa da sociedade portuguesa. Tal é o fim das conferências democráticas", concluíam. Era o dedo de Antero, reconhecido como o *primus inter pares*. Os apóstolos reuniam-se em torno do messias.

---

10 QUENTAL, Antero de. *Cartas*, p.278.
11 PIMPÃO, Costa. *Gente grada*, p.79.

Eça de Queiroz fez a quarta das conferências: "A afirmação do realismo como nova expressão de arte". Alguns a denominaram "A Nova Literatura", e as idéias aí expendidas se resumem neste trecho: "O espírito do tempo é a revolução, que anda por baixo de tudo, convulsionando e abalando, sem que nenhuma cousa nem alguém possa eximir-se a ela... Ela é a alma do século XIX".[12]

Em verdade, sentando praça entre os realistas com as ilusões dos 25 anos, o conferencista aliava a arte à Revolução. E fê-lo sem renunciar à habitual elegância, tendo o *Diário Popular* acentuado que ele se apresentara com "a toilette de um gentleman e o modo grave e distinto de um fidalgo". Nisso não transigiria. Também a indumentária era impecável: "O representante do realismo na sala das conferências democráticas trajava diplomaticamente uma irrepreensível sobrecasaca abotoada, colete branco, *plastron* de cetim, sapatos envernizados, luvas cor de chumbo e colarinho alto".[13]

Mas, se trazia a sobrecasaca conservadora, as idéias eram revolucionárias. Aliás, de antemão, por artigo que dias antes publicara n'*As Farpas*, sabia-se o mau conceito em que tinha a literatura de então em Portugal, resumia-a nesta frase: "Como nas águas imóveis e escuras da lagoa dos mortos, apenas nela se retratam sombras". E em um contraste entre o lirismo dos poetas e a realidade, dizia: "No entanto operários vivem na miséria por essas trapeiras, e gente do campo vive na miséria por essas aldeias!". Agora, falando no Cassino, desejava colocar a literatura a serviço da Revolução. E durante duas horas, ante uma assistência na qual se viam, com surpresa, várias senhoras, tanto era largo o seu círculo de relações entre elas — Eça discorreu sobre a nova literatura, com "espontaneidade e vigor". Ainda uma vez ele se inspirava em Proudhon, cujo livro *Du Principe de l'Art et de sa destination sociale* [Do princípio da arte e de seu papel social] seria seu ponto de apoio. Em verdade não buscara uma escola literária, mas uma doutrina política, e nada mais adequado a seus objetivos do que o realismo, ou seja, a negação da arte pela arte.

Pronunciada de improviso, e não havendo sido publicada, são esparsos os dados sobre a conferência. Embora ignorado como orador, Eça

---

12 CHAVES, Castelo Branco. *Estudos críticos*, p.64.
13 SALGADO JUNIOR, Antônio. *História das conferências do cassino*, p.48.

impressionou o auditório. Nos dias seguintes, alguns resumos, inclusive um do irmão Alberto de Queiroz, outro do escritor Luciano Cordeiro, apareceram na imprensa. "A arte", lia-se num deles,

> não deve ser destinada a causar impressões passageiras, visando simplesmente o prazer dos sentidos. Deve visar um fim moral: deve corrigir e ensinar... É no realismo que se pode fundar a regeneração dos costumes. Deve, pelo menos, tentar-se a regeneração dos costumes pela arte.

Não escrevera ele ser o romance, em Portugal, a apoteose do adultério? Ao que aduzira: "nada estuda, nada explica; não pinta caracteres, não desenha temperamentos, não analisa paixões". O romancista parecia preparar-se para escrever *O Primo Basílio*. Por sinal invocara Flaubert, que tinha como um de seus mestres. Mais tarde, ao crítico Silva Pinto, que o filiara ao "realismo psicológico", ele confessara: "Eu procuro filiar-me nestes dois grandes, Balzac e Flaubert".

Imbuído da importância das conferências como instrumento revolucionário, ele comentara sobre a de Antero: "É a primeira vez que a Revolução, sob a sua forma científica, tem em Portugal a palavra".[14] E, lúcido, ele adivinhara as resistências: "A Revolução aparece ao mundo conservador como o cristianismo ao mundo sofista", dissera em uma advertência. Mas, certamente, não imaginara tão imediata e tão forte a reação do governo. Adolfo Coelho discorrera sobre o *Ensino* e já se anunciara, para 26 de junho, Salomão Saraga, a quem se seguiriam Batalha Reis e Antero de Quental, que falariam, respectivamente, sobre *O Socialismo* e sobre *A República*.

Inesperadamente, próximo à hora da conferência de Saraga, o Cassino foi fechado por ordem do governo, que, informado das "preleções, em que se expõem e procuram sustentar doutrinas e proposições que atacam a religião e as instituições políticas do estado", resolvera não consentir "as referidas reuniões e conferências". Aos jovens idealistas restou o direito de protestarem — foi o que fizeram. Reunidos no Café Central, próximo ao Chiado, Antero, em nome da liberdade do pensamento, redigiu o documento, que assinou com Adolfo Coelho, Batalha Reis, Saraga e Eça de

---

14 QUEIROZ, Eça de. *As Farpas*, maio de 1871.

Queiroz. Na realidade era o fim das Conferências.[15] Da Espanha, onde se encontrava, Oliveira Martins enviou sua solidariedade. E Bordalo Pinheiro, que tinha a arte da caricatura, publicou n'*A Berlinda* uma *charge* na qual os conferencistas apareciam com rolhas na boca. Era o símbolo do silêncio a que ficavam obrigados, apesar dos pronunciamentos da imprensa.

A única voz a apoiar o governo foi a de Pinheiro Chagas, sempre desentendido com os liberais de sua geração. E, ofendidos com expressões que usara, Batalha Reis e Antero mandaram-lhe Eça e Saraga como testemunhas de um duelo, caso não recebessem explicações. Pinheiro Chagas deu-as completas.

Antero comunicou a Teófilo Braga: "Os padres e os judeus estavam de mãos dadas contra nós: é um casamento incestuoso muito significativo. Deixá-los! lamento-os, porque não têm o que a nós nos consola de tudo: a boa consciência".[16] E iludido, embora reconhecendo o erro cometido, dizia-lhe em outra carta: "As Conferências hão de continuar; concordo que a forma nos fez mal, e que foi imprudente dar-lhes exteriormente um caráter revolucionário". E com a famosa *Carta ao Exmo. Sr. Antônio José d'Avila, Marquês d'Avila, presidente do Conselho de Ministros* Antero encerrou o assunto. Em seguida viajou para o Porto.

Feito um balanço, o episódio havia sido favorável a Eça — adquirira maior notoriedade, e podia preparar-se para novos rumos. Teófilo Braga viu o lado favorável: "A proibição das Conferências democráticas deu mais energia de resistência a Eça de Queiroz; o romance apareceu-lhe como meio de pôr em relevo a sociedade portuguesa".[17] Era a marcha batida para o realismo.

Quando terminaram as Conferências, também o *Cenáculo* acabou. Antero partira para o Porto; e Batalha Reis fora para sua quinta de Carvalhal. Oliveira Martins, em plena fase socialista, fixara-se na Espanha. E assim, cada um seguindo seu destino, dissolveu-se aquele grupo alegre e sonhador. Ramalho Ortigão nos legou esta página sobre o crepúsculo do *Cenáculo*:

---

15 SALGADO JUNIOR, Antônio. *História das conferências do cassino*.
16 QUENTAL, Antero de. *Cartas*, p.282.
17 BRAGA, Teófilo. "Eça de Queiroz". *Eça de Queiroz visto pelos seus contemporâneos*, p.41.

Pouco depois da partida de Via-Láctea (o famoso empregado incumbido de acompanhar a evolução do Universo), o *Cenáculo* todo dispersava. Os belos dias alegres da mocidade, que marcam indelevelmente o destino e a vida do homem, terminavam para Antero de Quental e para os seus amigos. Destes, uns casaram e voltaram à família, outros partiram. Batalha Reis entrou no professorado. Oliveira Martins foi para a Espanha. Lobo Moura seguiu a carreira administrativa. Salomão Saraga casou. É assim que a mocidade acaba... De repente, num dia, numa hora, num minuto, como acaba um patrimônio imenso de que se gasta afinal a última libra![18]

O pior foi divergirem os integrantes do *Cenáculo*. Mais ou menos nessa ocasião, Oliveira Martins publicara *Os Lusíadas*, e criticara a recente *Teoria da História da Literatura Portuguesa* de Teófilo Braga. Antero inclinou-se por aquele e Teófilo, sentindo-se ferido por ambos, respondeu-lhes desabridamente. A gente do *Cenáculo* dividia-se, e Antero e Oliveira Martins afastaram-se definitivamente do grupo republicano. Agora, diziam-se apenas socialistas, e com eles, isolados, ficaram Eça, Ramalho e Guerra Junqueiro. As letras turvavam a política.

Por esse tempo, Ramalho e a mulher, D. Emília Vieira, senhora de grande fé, haviam-se instalado em Lisboa, na calçada dos Caetanos, defronte do velho Palácio dos Condes de Ficalho. E Eça de Queiroz, a saúde sempre débil, espairecia em S. Ovídio, com os Resende. *Eça a Ramalho, de S. Ovídio*: "Eu continuo a passar vida de doente; regime de ferro, passeios, etc. A minha única agitação tem sido escrever para *As Farpas*. Tenho-o feito a *petites plumées*, com o vagar de um colecionador e o pouco espírito de um anêmico".[19] E, sempre às voltas com a falta de dinheiro, ele dizia a Ramalho em outra carta: "Os médicos prescrevem-me impreterivelmente, urgentemente, o uso dos banhos de mar. Para os nervos, para a anemia e para a vista". E acrescentava adiante: "Mas, para regular a minha vida e fazer cálculos, preciso que Você me diga — se tem algum dinheiro meu das nossas *Farpas*".[20] Sem recursos, o enfermo batia às portas d'*As Farpas*.

---

18 ORTIGÃO, Ramalho. *Farpas Escolhidas*, outubro de 1874.
19 Carta s. d. *Cartas de Eça de Queiroz*, p.15, ed. Aviz.
20 Ibidem, p.17.

Exonerado, em junho, do Conselho de Leiria, restava-lhe aguardar que o governo o mandasse para algum consulado.

Mas, enquanto esperava, devia permanecer no Rocio, às custas do velho José Maria.

Não durou muito o Ministério do marquês de Ávila e Bolama: em setembro ele entregou o poder a Fontes Pereira de Melo, e José de Andrade Corvo ocupou o Ministério dos Estrangeiros. Para Eça era um alívio. Durante quase um ano ele permanecera prudentemente silencioso — agora podia falar livremente e sem risco. O humorista ia rir e fazer rir, levando ao ridículo o ministro que o preterira sob a alegação — dizia — de ser ele chefe republicano, orador de clubes, organizador de greves, agente da Internacional, Delegado de Karl Marx, e quanto mais o incompatibilizavam para o serviço público, Eça desforrava-se exagerando o que lhe haviam imputado e de tudo se despojava com bom humor. Não esquecera sequer de lembrar do motivo *galante* da nomeação do concorrente para a Bahia: "segundo me foi revelado eu não fora despachado porque se quisera fazer a vontade a uma dama ilustre". Agora, derrubado o marquês de Ávila e Bolama, Eça ria do Ministério a bandeiras despregadas. Cavalheirescamente, omitira o nome da ilustre dama, mas não dispensara pequeno perfil: "nada há mais graciosamente fino, nem mais gentilmente nervoso: ela não tem a beleza terrível das Junos antigas, nem o *mignon* descorado das figurinhas cloróticas de Gavarni. Ela é toda moderna; e é o tipo flexível das belezas inquietas e magnéticas". Lisboa ria.

E sobre o republicanismo, que lhe teriam atribuído, não foi menos mordaz:

> quando me disseram, sem me prevenir, que eu era o chefe do partido republicano em Portugal — vieram-me as lágrimas de comoção! Bom Deus! Vi-me logo sob o esvoaçar da bandeira vermelha, entre restos de barricadas, domando uma plebe irritada, condenar os reis aos desterros e os palácios ao saque...

Por toda a vida Eça conservaria o sarcasmo, para atacar ou para se defender. Agora, vingando o *Cenáculo*, ele investia contra o pobre marquês. E a ironia servia para esconder quanto sofrera com a preterição.

Deveria, porém, aguardar algum tempo antes de ter um Consulado. E, dissolvido o *Cenáculo*, dispersos os velhos amigos, Eça — conta Ramalho

— cuidou de se aliar ao grupo do engenheiro João Burnay, que vivia paredes-meias com aquele, e "abominava a ênfase, a retórica, o convencionalismo"."O seu único inimigo pessoal era Hegel."[21] Eça aproximou-se assim de Carneiro de Andrade, da Escola de Minas de Paris, e de Diogo Macedo, engenheiro da Escola de Nancy, "colosso de bondade". A curiosidade do novo realista queria devassar a alma humana, e Ramalho teve motivo para esta observação: "Como escritor, Eça de Queiroz encheu a sua paleta das tintas mais variadas". Em breve ele as usaria como poucos.

Nomeado cônsul em Havana, Eça deixou *As Farpas*. Separava-se de Ramalho, que, em novembro de 1872, dedicou-lhe um artigo de despedida: era o adeus do companheiro. E diria entremostrando o coração: "Está-me vendo um pouco pálido ao separar-me de ti, e sentes decerto, ao abraçar-me, que me deixas apreensivo e nervoso. Que se te não comunique a impressão deste derradeiro contato do mundo literário e artístico de que te vais desquitar!". E na esperança de que o amigo retornaria, Ramalho concluía: "Se um dia voltares, cá encontrarás guardadas por mim, em troféu, as tuas delicadas bandarilhas, e sobre a nossa porta, para sinal, o teu nome encruzado com o meu — como duas espadas num muro".[22] Eça continuaria lembrado.

---

21 ORTIGÃO, Ramalho. *Farpas escolhidas*, outubro de 1874.
22 ORTIGÃO, Ramalho. Eça de Queiroz, *As Farpas*, novembro de 1872.

6
O cônsul

Afinal José Maria d'Eça de Queiroz, cônsul de primeira classe, começava sua carreira. Após alguns dias em Cadis à espera do vapor, por inexistirem linhas diretas entre Lisboa e as Antilhas Espanholas, ele partiu para Havana, onde chegou em 20 de dezembro de 1872, assumindo o cargo pouco depois. O governo não lhe fixara vencimentos, e durante quatro anos viveria dos incertos emolumentos do Consulado. Contudo, pelo trabalho realizado, pelos ofícios ao Ministério, não há dúvida de ter vindo para ser um laborioso representante de Portugal, disposto a suportar dura experiência, longe do Rocio, perdido em uma remota ilha do Caribe. Aliás, partira "tão estonteado" — escreveu a Batalha Reis — que dele e de Antero, amigos tão queridos, sequer se despedira.

Agora ali estava, naquela "estufa verdejante, que o estrangeiro não chega a amar, sempre extenuado do calor e da apreensão constante de uma morte inglória pelo vômito negro".[1] Realmente, não era um paraíso. Eça estava, porém, dominado pelo dever, e seu primeiro cuidado foi informar Lisboa da situação dos chins, nominalmente portugueses quando embarcados no Porto de Macau, mas na realidade infelizes escravos nas plantações de cana-de-açúcar, onde substituíam negros. E, lembrado do que vira no Oriente, Eça comunicou ao Ministério: "eu não conheço, a não ser o felá no Egito e na Núbia, ninguém mais infeliz que o cule". Sensível

---

1 PRADO, Eduardo. "Eça de Queiroz". *Revista Moderna*, novembro de 1897.

ao sofrimento alheio, impregnado das idéias humanitárias do socialismo, ele se dispôs a uma batalha para minorar os sofrimentos dos chins. E durante meses, mantendo-se acima da corrupção, que lavrava por toda parte a fim de conservar os colonos chineses virtualmente escravizados, Eça tratou de convencer as autoridades de Lisboa da necessidade de nova convenção com a Espanha.

O cônsul dera férias à pena do artista. *Eça a Ramalho Ortigão, Havana 1873*:

> Enquanto a mim, meu amigo, que lhe direi que Você não tenha concebido? Estou longe da arte e portanto longe da serenidade e do contentamento. Saí da minha atmosfera e vivo inquieto, num ar que não é o meu. Além disso estou longe da Europa e Você sabe quão profundamente somos europeus, Você e eu... Eu preciso de política, crítica, corrupção literária, humorismo, estilo, colorido, palheta: aqui, estou metido num hotel, e quando discuto é sobre câmbios — e quando penso é sobre *coolies*.[2]

Certamente, para quem acalentara sonhos literários, não era existência invejável. E, saudoso de Lisboa e dos amigos, Eça continuava:

> Portanto, oh, querido amigo, Você alegre-se em poder continuar nesse *obscuro e velho armário* que se chama Portugal, relampejando a sua prosa e ferindo lume com a sua originalidade. Que há de melhor do que sentar-se o ser vivo a uma mesa — de ébano ou de pinho — e aparando a pena compor, às linhas e *à petites plumées*, alguma fina sutileza de arte ou de crítico?

Para o artista seria a paixão de toda a vida. Mas, além de encontrar-se "longe da arte", Eça sentia a ausência dos amigos, e a Antero e a Batalha Reis, que se casara em setembro, pedia lhe escreverem. *Eça a Batalha Reis*: "O que pensas, em que trabalhas, que preparas, o que estudas, em que te fixas?".[3] A distância isolava-o e parecia tirar-lhe o estímulo ou a inspiração de que necessitava.

Não fosse a publicação pelo *Diário de Notícias*, no fim de 1873, da novela *Singularidades de uma rapariga loira*, que se admite escrita em

---

2 Carta de Havana, 1873. *Correspondência*.
3 REIS, Beatriz Cinatti Batalha. Carta de Havana, 15.4.1873. Op.cit.

Havana, e incorporada às grandes composições literárias de Eça de Queiroz, e se poderia imaginar que ele aí vivera unicamente voltado para o problema dos *coolies* e da revolução que inquietava a ilha. Sobre os *coolies*, para sensibilizar Lisboa, ele examinara todas as faces do problema. Desde a viagem, que durava três meses, e na qual o iludido viajante — "uma mercadoria preciosa que se acondiciona com carinho" — era cercado de cuidados, para chegar vigoroso e valorizado, até os infectos "depósitos", onde, findo o prazo do primeiro contrato, permanecia prisioneiro: "um intervalo escravo entre duas escravidões", escreveu. Em um estudo sobre a emigração, depois redigido em Lisboa, Eça diria com uma ponta de piedade: "A viagem era um *trowning*. Prepara-se pela boa alimentação, pelo descanso, pelo ar puro, um *cooli*, como em Inglaterra se engorda um carneiro para um prêmio de exposição."[4] E para estar seguro do que transmitia para o Ministério, Eça visitara navios destinados ao transporte de chins. Dos grandes navios fretados pela Casa Habanez & Cia., forte importadora, ele deixou depoimento: "Fui a bordo daqueles transportes à sua chegada a Havana: encontrei um asseio escrupuloso, um rancho abundante e sadio, uma farmácia perfeitamente organizada, dormitórios cômodos e arejados, médicos chinos e europeus". Prova de ser o cônsul vigilante. Para o *cooli* a desgraça chegava quando punha o pé em terra, momento em que passava a ser "uma simples máquina, viva, indefesa e servil, a que se procura arrancar por bem ou por mal a maior soma de trabalho e de utilidade, enquanto ela pode respirar e mover-se". Contra isso o cônsul Eça de Queiroz bateu-se sem descanso. Como esquecer o espírito do *Cenáculo*?

***

O tempo e o trabalho jamais o conciliariam com a terrível cidade. Detestava-a. E cheio de tédio e de horror, Eça escreveu a Ramalho:

> De mim que quer que lhe diga? Estou aborrecido, doente e estúpido, as famílias com quem convivi aqui, no Inverno, e que eram de Nova Iorque, voltaram para Nova Iorque; os livros não os abri, desde que deixei Portugal; a saúde o verão abrasador e implacável está-me perturbando. Estou tão

---

4 QUEIROZ, Eça de. *A emigração como força civilizadora*, p.135.

só que a minha conversação ordinária é com o meu criado; estou tão imbecil que leio Paulo de Kock! (É a verdade exata.) Por isso, amigo, não creia que eu deva julgar-me feliz por me achar longe da infecção do Chiado! Ah! como Madame de Stäel, eu tenho saudades do enxurro do Rocio. — Você não compreende decerto este sentimento, porque nunca esteve exilado.

E com o coração voltado para a pátria, Eça continuava:

> O exílio importa a glorificação da pátria. Estar longe é um grande telescópio para as virtudes da terra onde se vestiu a primeira camisa. Assim, eu, de Portugal, esqueci o mau — e constantemente penso nas belas estradas do Minho, nas aldeotas brancas e frias — e frias! — no bom vinho verde que eleva a alma, nos castanheiros cheios de pássaros, que se curvam e roçam por cima do alpendre do ferrador.[5]

A distância fazia emergir o romântico. Mas, quando se voltava para Havana, a indignação inundava-lhe o peito:

> Oh! a estúpida, feia, suja, odiosa, ignóbil cidade. Oh! a grosseira gente! Oh! as ridículas calças que usam! Oh! a infecta prosa dos jornais! Oh! o ar de suor que tudo tem! — Ah! meu amigo, esta Havana, esta gloriosa e ardente e pálida terra das cantigas de zarzuela — que miserável aldeia é, com todos os seus palácios... Detesto-a, esta cidade esverdeada e milionária, sombria e ruidosa — este depósito de tabaco, este charco de suor, este estúpido paliteiro de palmeiras! Ah! meu amigo quem me dera a rua dos Caetanos!

Eça de Queiroz transbordava de tédio, e Havana incompatibilizava-o até com os poetas da América Latina. "Eu conheço-os", escreveria a Ramalho,

> vivi entre eles! Puras bestas, tendo só de simpático uma certa generosidade hospitaleira, comum de resto a todas as raças que vivem em descampados. Na Havana, um dos seus grandes centros, havia apenas um livreiro para meio milhão de habitantes; e nesse livreiro só romances de Montepin, que se vendiam por causa da encadernação.[6]

---

5 Carta s. d., 1873. *Correspondência*, p.22.
6 Carta de Paris 26.11.1888. *Novas cartas inéditas de Eça de Queiroz*.

Certamente, o ministro Andrade Corvo, homem de letras, amigo do furioso cônsul, não ignorava aquele estado de espírito. Também "a estufa verdejante" fora maléfica à saúde de Eça, que ansiava por descansar longe de Havana, e o ministro não demoraria em dar-lhe a oportunidade desejada. Mas, enquanto não lograva ausentar-se, Eça estudou a discutida revolução. E as informações sobre a rebelião, que considerava sem ímpeto, confinada nos extremos do Distrito Oriental, revelam um espírito objetivo, capaz de analisar os fatos friamente, não se deixando influenciar pela variedade das notícias que invadiam Havana. Longos, minuciosos, claros, os ofícios ao Ministério são cheios de interesse, e apontam os múltiplos fatores de corrupção, muitos deles sediados em Madri e em Nova York, alimentadores da rebelião, que acreditava poder ser "sufocada em 15 dias com uma campanha sabiamente organizada". Poucos desejavam, porém, estancar tão abundante fonte de lucros.

Também não escapou a Eça a profunda divergência, a antipatia, que separava espanhóis e norte-americanos: "Os Estados Unidos", informou ao Ministério,

> não têm (excluída a escravatura) um pretexto legítimo para intervenção, nem creio que no seu egoísmo de nação rica e cética procurem uma perturbação armada. Existe, é verdade, nos Estados, um forte partido que advoga a intervenção, é o partido de especuladores da alta administração, que depois de ter devorado as riquezas do sul esperam que uma intervenção em Cuba tivesse por consequência uma anexação da Ilha à União — e houvesse ocasião de se estabelecer sobre o rico território de Cuba um largo sistema d'exploração administrativa: é um partido, que, como os antigos Prefeitos em Roma, precisa ter sempre uma província a devorar — e como esgotaram a Luisiânia e o Mississipi e outras províncias do sul, voltam os olhos para as opulências de Cuba.[7]

Estava-se próximo da Guerra de Secessão, que subvertera valores, suscitara cobiças, e a vida norte-americana ainda não voltara à normalidade. Eça, no entanto, em meio àquele mundo conturbado, via com nitidez os ódios e ambições postos entre as duas nações:

---

7 Ofício ao ministro e secretário de Estado dos Negócios Estrangeiros, 18.3.1872, arquivo do mesmo Ministério.

a idéia de uma guerra com os Estados Unidos é tão geral e bem aceita em Cuba como era em França a idéia de uma guerra com a Prússia. Todas as classes são concordes neste ódio gratuito e tenho ouvido declarar a espanhóis influentes que perderiam de boa mente a riqueza da Ilha para reduzir os americanos: e a verdade é que a antipatia e reserva se acentuam cada vez mais entre Cuba e Estados Unidos.[8]

No fundo preparava-se a Guerra da Independência e a própria intervenção norte-americana.

Andrade Corvo não tardou em dar a Eça a ocasião para descansar do inóspito clima de Havana. Concedeu-lhe uma licença e mandou-o verificar as condições de vida de portugueses em Nova Orleans. Em junho, possivelmente, Eça partiu para Nova York, e não faltou quem dissesse haver viajado atrás de uma norte-americana, por quem se apaixonara, em Cuba. Seria próprio da idade. O certo é que em 20 de julho ele comunicou ao "querido e bom Ramalho" estar em Montreal, tendo saído havia vinte dias de Nova York, e visitado a Pensilvânia, o Niágara, o lago Ontário e o rio St. Lawrence. O turista respirava. E, disposto a conversar com o bom amigo, Eça passou para o papel a narrativa da pequena excursão pelos Estados Unidos:

> Saí, pois, de Nova Iorque e fui aos centros operários da Pensilvânia. Não imagine preocupações sociais não: os nervos misteriosos que vibravam constantemente em mim com um rebate tão revolucionário adormeceram. Os pesados dias de Cuba, os americanos, três mil léguas de mar, Nova Iorque, tudo isso se tem combinado para acalmar, sossegar o meu temperamento de conspirador! Vejo capitalistas sem empalidecer...

Dispersos, distantes uns dos outros, impossibilitados de se inflamarem reciprocamente, os revolucionários do *Cenáculo* viam, aos poucos, esmaecidas as antigas idéias. De algum modo, o tempo os acalmava. E, temeroso do julgamento dos companheiros diante daqueles nervos adormecidos, Eça pedia a Ramalho: "Oculte este ponto ao sanguinário Batalha!". De certo modo, enganava-se: pronto para entrar no serviço público, Batalha também esfriava os ardores revolucionários.

---

8 Ibidem.

Depois, Eça estivera em Pittsburgo, a "cidade das grandes fábricas de ferro", e daí visitara o Niágara, onde passara "uns dias excessivamente nervosos e romanescos", até alcançar Montreal, que verdadeiramente o encantou: "Montreal é uma pequena cidade que se desejaria pôr numa *étagere*". E continuava a descrição do ignorado paraíso:

> Pode-se dizer que em Montreal não há ruas — mas alinhamentos de jardins. Toda a casa, com a sua grade à frente, está escondida numa matazinha de árvores e trepadeiras; há mesmo uma rua — Shorbroke — que se pode considerar como digna de uma melhor sorte — porque não é destino para uma rua tão grandemente formosa estar perdida nas alturas do Canadá, quase na intimidade do Pólo.[9]

Contudo, nenhuma das cidades que visitou proporcionou-lhe sentimentos tão contraditórios quanto Nova York. Simultaneamente, ele a amara e odiara. "Nova Iorque", dizia,

> com o seu suntuoso ruído, com o romantismo dos seus crimes por amor, com os seus parques extraordinários que encerram florestas e lagos — como outros encerram arbustos e tanques —, com a sua originalidade, com a sua caridade aparentosa, com as suas escolas simplesmente inimitáveis, os seus costumes, os seus teatros (aos quatro em cada rua), é uma tão vasta nota no ruído que a humanidade faz sobre o globo — que fica para sempre no ouvido!

Era inesquecível.

Após meses de repouso e passeios, livre da detestada Havana, Eça retornou ao consulado — era mais um Natal entre estranhos. Um tanto quixotescamente retomava a batalha em favor dos desgraçados *coolies*. No consulado era a sua luta e também a sua honra: Eça podia orgulhar-se da firmeza com que recusou enriquecer à custa das gordas propinas, que teria recebido para silenciar diante dos sofrimentos e das injustiças que esmagavam os indefesos chins. Mais tarde, em carta a Ramalho, ele resumiu aqueles tristes dias: "eu na Havana era apenas pago pelos chins, pelos serviços que lhes fazia; pagavam-me bem, honra seja feita

---

9 Carta de Montreal, 20.7.1873. *Correspondência*.

aos chins, e deram-me uma bengala de castão de ouro! É verdade que eu, pelo menos por alguns anos futuros, garanti-lhes mais pão e menos chicote!"[10] E ele sabia quanto custara enfrentar os cúpidos negociantes e fazendeiros de Cuba.

Foi breve a permanência de Eça no Consulado. Por volta de março, Andrade Corvo chamou-o a Lisboa, onde esperaria novo posto. E se o artista se mantivera em férias, o cônsul fizera-se notado pela coragem, pelos ofícios ao Ministério e a melhor recompensa era encontrar-se no Chiado revendo velhos amigos. Ramalho se imortalizava n'*As Farpas*. Antero e Batalha preparavam-se para lançar a *Revista Ocidental*. Oliveira Martins, tendo publicado *Portugal e o socialismo*, estava às vésperas de fixar-se no Porto, na acolhedora mansão das Águas Férreas. Mas, nem tudo eram esperanças. José Fontana, o pobre Fontana da Revolução, gravemente doente, caminhava célere para o suicídio. E o conde de Resende, o admirável amigo da viagem ao Oriente, que para Ramalho "reunia todas as qualidades que dão a superioridade e a distinção", tendo regressado de uma estação em Vichy, estava desenganado. Frio, altivo, imperturbável, ele se recolhera para esperar a morte, que chegou em agosto.

***

Em Lisboa, que Ramalho dizia ser para Eça "o seu laboratório de arte", o romancista renasceu. Depois dos tristes anos vividos às voltas com os *coolies*, longe da arte, Eça recuperava a alegria da vocação, e novamente imaginava ajudar a Revolução com sua pena. Batalha o convocara para colaborar na Revista, e ele se dispusera a ajudar o amigo, chegando a esboçar o plano de um romance, *Uma Conspiração em Havana*. Estava nessa fase inicial quando, inesperadamente, foi nomeado cônsul em Newcastle, devendo partir sem demora. Doía-lhe não atender ao amigo, pois não tinha tempo para concluir um "trabalho bom e sério", e escreveu a Batalha:

> Que hei de eu fazer, que havemos de fazer? Custa-me extraordinariamente que vocês se vejam em embaraços: pensei em condensar num conto o romance planeado — mas não só não é possível literária e esteticamente

---

10 Carta de Newcastle, 28.11.1878, *Novas cartas inéditas*.

— mas eu nem tempo tenho em cinco dias — para improvisar essa condensação![11]

Que fazer? a indagação e a vontade de atender a *Revista Ocidental* levaram à precipitada publicação d'*O crime do Padre Amaro*. Escrito em 1871, possivelmente em Leiria, dentro das linhas da "Arte combate", revolucionário, e lido no ano seguinte a alguns amigos, entre os quais Batalha Reis, Eça esquecera-o entre seus papéis, considerando-o não mais que um "borrão", que, como habitual, reveria, mudaria, reconstruiria nas "provas". Com essa idéia ele, antes de partir, confiou o "borrão" a Batalha.

Em Newcastle-on-Tyne, onde se instalou, Eça, mergulhado no *spleen* provocado pelo clima, "horrível hostilidade exterior da Natureza", aguardou as "provas". *Eça a Ramalho*:

> Sim meu querido Ramalho, estou lutando, desde que deixei a nossa linda Lisboa, com esse monstro impalpável — o *spleen*. Aqui tudo tem *spleen*: o céu, as almas, as paredes, o lume, os chapéus das mulheres, os discursos dos oradores, e os entusiasmos. Imagine V. uma cidade de tijolo negro, meio afogada em lama, com uma atmosfera de fumo, penetrada de um frio úmido, habitada por 150 mil operários descontentes, mal pagos e azedados, por 50 mil patrões lúgubres e horrivelmente ricos — eis Newcastle-on-Tyne.[12]

E a Batalha, companheiro do *Cenáculo*, ele informava: "Saberás que Newcastle, onde há perto de 100 mil operários, é o centro socialista de Inglaterra. Estou no foco. É desagradável o foco".[13] Intelectual, janota, Eça preferia o socialismo como um sonho distante. Perto, sentia-o incômodo.

***

Preocupado com a sorte do romance, que sabia incompleto, Eça mandou capítulos suplementares, para serem introduzidos na composi-

---

11 Carta de Newcastle-on-Tyne, 6.1.1875. REIS, Beatriz Cinatti Batalha. Op.cit., p.18.
12 Carta de Newcastle-on-Tyne, 1.2.1875. *Correspondência*.
13 Carta de Newcastle-on-Tyne, 6.1.1875. REIS, Beatriz Cinatti Batalha. Op.cit., p.19.

ção, facilitando a revisão final. O romance, entretanto, não estava de boa sorte, e constatava a impossibilidade de conciliar a data do aparecimento da Revista com a devolução das "provas". Ramalho, mais familiarizado com o estilo do autor, ofereceu-se para a revisão e "dar algumas indicações sobre o corte dos períodos e a disposição dos parágrafos". A sugestão contrariou Eça frontalmente. Havia pouco, ele escrevera a Batalha:

> É *indispensável, é absolutamente necessário* — que eu reveja uma segunda prova — ou as provas de páginas. As emendas que fiz são consideráveis e complicadas: e se a um trabalho — onde o estilo já de si é afetado e amaneirado, todo cheio de pequenas intenções e todo dependente da pontuação — ajuntamos os erros tipográficos — temos um fiasco deplorável.[14]

Em seguida, para evitar maiores embaraços, autorizou a supressão dos capítulos suplementares, e insistiu na remessa das provas.

A Revista, entretanto, tinha pressa. Pressa, muita pressa. E, com o apoio de Antero, resolveu-se divulgar o romance tal como o tinham, sem os capítulos suplementares, apenas feitas as correções e adaptações de Ramalho; em fevereiro, no primeiro fascículo da *Revista Ocidental*, apareceu: *O crime do Padre Amaro*. Para Eça representou um "desastre literário". E cheio de indignação, ferido na vaidade literária à flor da pele, traído, ele se atirou contra Batalha e Antero.

Eça a Batalha:

> Vocês sacrificaram o meu trabalho ao desejo de encher a revista de matéria — sem atenção a que a matéria fosse boa ou má: há decerto algumas desculpas do vosso lado, reconheço-o, mas é incontestável que eu tenho montes de razão. Se vocês publicaram a primeira parte — tal qual eu a li — nas provas que me mandaram — podem-se gabar de que publicaram a maior borracheira de que a estupidez lusitana se pode gloriar.[15]

E, sempre no mesmo tom, ele prosseguia nas objurgatórias: "Ora V.V. pilham-me numa ocasião em que eu não penso nem cismo senão em arte, em estilo e em cor: estou portanto com a vaidade literária em brasa — e

---

14 Ibidem, carta de 8.2.1875, p.21.
15 Ibidem, carta de 26.2.1875, p.24.

para mim neste momento cometer infâmias é como beber copos de água...". E dizia-se capaz de tudo para vingar-se: "o artista é um ser nefasto — que não é responsável pelas suas fantasias, nem pelas suas vinganças. Sou ofendido na minha estética — vingo-me... Estou doente de indignação. Se aqui tivesse o Antero, estrangulava-o". Não tinha medida a indignação do romancista, que se voltava contra Antero, talvez o responsável pela publicação: "O Antero é o maior crítico da península mas entende tanto de arte — como eu de mecânica. O Antero dirigindo a publicação do *Padre Amaro* é simplesmente hórrido".

Na realidade era terrível e irremediável, e Eça não sabia o que fazer. Resolveu consultar Ramalho, o antigo companheiro, e este o aconselhou conformar-se, silenciar, e refazer o romance para o editar. Era o melhor. Eça respondeu a Ramalho: "a sua carta convenceu-me, um pouco *à contrecoeur*, de que a melhor maneira de aceitar o desastre literário preparado por B... era calar-me, emendar, refazer tranqüilamente o romance, e publicá-lo num volume — *que se pertença e responda por si*". Foi o que fez, na solidão de Newcastle. O inverno acabava, partira Carneiro de Andrade, cuja visita lhe dera dias de alegria, e desaparecera a figura feminina, que lhe abrandava o isolamento. *Eça a Ramalho*:

> Umas certas mangas de seda preta, juntas com uma rendinha de Irlanda sobre uma mão *mignonne* — mangas tão esquivas como amadas — ai de mim! — também elas — por circunstâncias em parte cômicas, em parte melodramáticas — estão longe da minha mesa, e não mais, por algum tempo, as verei agitarem-se com um fru-fru lascivo, a passar-me a mostarda e a paixão!

Era triste. E, perdido aquele amor passageiro, Eça preferiu espairecer em Hyde Park.

Descuidada, incorreta, a versão da Revista justificava as queixas do desesperado romancista: "cada fascículo que me chega da revista — escreveu ele — é uma nova facada!". Fialho de Almeida leu ainda adolescente essa publicação do *Padre Amaro*, e dela deixou estas impressões: "A forma literária desse esboço era de um desleixo como nunca vi, mas tão pitoresca e tão música que, palavra de honra, embriagava quem lia... Era o primeiro livro de arte nova, que chegava à desconsoladora penumbra, em que eu então vivia".[16] Durante meses o artista aprimorou sua obra, e em maio comunicou a Ramalho estar quase concluída a revisão para a edição em livro. Restava o problema do editor, pois Ernesto Chardron, que Eça preferia, recusara inicialmente a publicação do romance. Era curiosa, aliás, a história desse editor vindo da França, por muito tempo caixeiro da livraria Moré, e que havendo tirado uma sorte de oito ou dez contos numa loteria, montou a casa editorial logo tão famosa quanto sua mesa de rico celibatário. Dele, quando morreu, em 1886, escreveu Ramalho Ortigão haver sido o homem "que melhor comeu na cidade do Porto", nos últimos vinte anos.[17]

Possivelmente orgulhoso do filho, vendo despontar do antigo romântico um jovem realista, o velho José Maria providenciou a publicação, que ficou a cargo do Chardron, sob a condição do autor pagar a impressão. Edição de oitocentos exemplares, nela Eça de Queiroz gastou quanto recebeu pela colaboração na revista. Em uma carta da qual salta a generosa alegria do pai, o velho José Maria disse ao editor:

> Procure promover a saída do livro, e se meu filho lhe escrever para saber como vai a venda, não o desanime, pois ele tem "geiteira" para as letras; de resto, eu tomo a responsabilidade por qualquer prejuízo que o seu insucesso ocasione.[18]

Sinal de que, além de o ajudar, não queria que o filho, com *geiteira* para as letras, se decepcionasse com a notícia de um malogro.

Tendo retornado à Revolução, Eça desejava colocar a arte a seu serviço. Possivelmente, está em uma carta a Rodrigues de Freitas, agradecendo-lhe uma crítica, a melhor síntese desse pensamento de Eça: "Os meus romances", dizia ele, "importam pouco; está claro que são medíocres; o que importa é o triunfo do Realismo — que, ainda hoje *meconnu* e caluniado, é todavia a grande evolução literária do século, e destinado a ter na sociedade e nos costumes uma influência profunda". No fundo desejava-

---

16 ALMEIDA, Fialho de. "Eça de Queiroz". *O Contemporâneo*, n.108 (1882). Artigo publicado sob o pseudônimo de Valentim Demonio.
17 ORTIGÃO, Ramalho. *As Farpas*, III, p.149, ago. 1886.
18 Apud DA CAL, Ernesto Guerra. *Lengua y Estilo de Eça de Queiroz*, Apêndice, t.I, p.22.

se fazer uma fotografia, quase uma caricatura do velho mundo, "devoto, católico, explorador, aristocrático", apontando-o ao escárnio do mundo moderno. E concluía: "Uma arte que tem este fim — não é uma arte a Feuillet ou a Sandeau. É um auxiliar poderoso da ciência revolucionária".[19] Era a aspiração do romancista.

Graças à ausência do autor, que permanecia em Newcastle, a impressão durou mais de ano. Eça suprimira o primeiro capítulo da revista — "Era em Leiria..." — e dele nunca mais se teve notícia. E pacientemente, com vagar e cuidado postos em todos os seus romances, ele reconstruiu o pequeno mundo provincial que se move à sombra da Sé de Leiria, e do qual emergem personagens, costumes e sentimentos, que se não confundem com os de qualquer cidade. Era um "livro de pura arte na mais alta acepção desta palavra", afirmaria Ramalho. Para Fialho, seria a obra-prima do romancista. Nada, entretanto, evitaria o doloroso silêncio da crítica. Um silêncio angustiante, e ele apelou para Ramalho: "Que me diz V. à nossa 'Crítica' que não teve uma palavra para o *Padre Amaro*? Que vergonha! — Não tem V. uma Farpa, uma das melhores para lhes rachar os cachaços? — Peço-lhe isso, amigo, escache-os...". A vingança, contudo, não bastava. O que Eça desejava sofregamente era saber o que pensavam do livro, e ele pediu a Ramalho: "Pegue no *Padre Amaro*, e escreva sobre ele, com justiça, sem piedade, com uma severidade férrea — o seu juízo — e remeta-me. Tenho absoluta necessidade disto...". Com modéstia, ele reconhecia não saber se estava ou não no caminho certo, e isso era-lhe essencial:

> Preciso conselhos, direções, preciso "conhecer-me a mim mesmo"[20] — para perseverar e desenvolver o bom, evitar o mau, ou modificá-lo e disfarçá-lo. Mas há lá cousa mais difícil? Que se conheça o homem a si mesmo —, o homem que não tira os olhos de si mesmo...

Na verdade, embora tratando-se do romance que "Eça trouxera no ventre", conforme Oliveira Martins, ele se sentia inseguro no rumo que o devia levar ao realismo, a Flaubert, a Balzac.

---

19 Carta de Newcastle, 30.3.1878. *Cartas de Eça de Queiroz*. Ed. Aviz.
20 Carta de 7.11.1876. *Novas cartas inéditas*, p.1.

Antes da crítica, coube ao público descobrir o romancista. Mariano Pina, destacado crítico, fez estas observações:

> Não aludo ao *Crime do Padre Amaro*, porque esse romance, na sua forma primitiva, a mais sincera e a mais pitoresca sem dúvida, passou despercebido... *O crime do Padre Amaro* foi o bilhete de apresentação à literatura... O que é de notar é que a literatura não adivinhou no primeiro romance o artista notável... foi o público quem o compreendeu e quem o sentiu, sem precisar que lh'o impusessem com um trovejar de reclamos...

E é idêntica a opinião do autor de *A Nova Geração*: "só quando em 1874 apareceu *O crime do Padre Amaro*, anunciado desde 1872, é que enfim os olhos do grande público de vez se fixaram, redondos, abertos, no eminente artista". Em verdade o escritor era até então desconhecido. Os próprios colegas de universidade não se haviam apercebido das virtudes literárias de Eça de Queiroz, o que levou José Pereira de Sampaio a escrever que "ainda para os seus velhos companheiros de Coimbra, foi uma inesperada revelação. Na sua discreta reserva, ninguém lhe havia adivinhado o talento de escritor... circunscrevendo-se-lhe a iniciativa literária à capacidade de produzir na palestra dois ou três ditos de espírito por noite". Sem dúvida, o escritor crescera muito.

Teófilo Braga, que disse haver ele "conquistado de assalto a preeminência literária" e o felicitou pelo *Padre Amaro*, também registrou a surpresa dos colegas, que lhe não haviam suspeitado as veleidades literárias: "da sua geração acadêmica ninguém foi capaz de adivinhar que ele rabiscava papel, e quando apareceu na imprensa jornalística apresentou-se com um estilo definido, como quem estava adestrado nesse torneio de todos os dias; tinha o poder da linguagem".[21] Como adivinharem, o artista e o escritor, no tímido que se escondia na "coelheira", e gastava noites com as sardinhas das tias Camelas?

A crítica permaneceu muda e inabalável, e Ramalho deu esta acre explicação:

> Este livro foi recebido pela imprensa periódica com um silêncio que pode parecer o resultado de um *mot d'ordre*. Creio, para honra do jornalis-

---

21 BRAGA, Teófilo. *As modernas idéias*, II, p.304.

mo, que a razão do aparente desprezo de que foi objeto este romance está no simples fato de que a crítica se considerou incompetente para o julgar... *O Crime do Padre Amaro* é efetivamente difícil de sentenciar, porque constitui um caso novo, não previsto nas ordenações por que se regulam as audiências gerais do folhetim e do noticiário.[22]

Imputava-se à crítica surpresa e incapacidade para comentar o romance, que na realidade era simples, e do qual Ramalho nos dá esta boa síntese:

> Em uma pequena cidade de província, na Estremadura portuguesa, o velho pároco morre, o novo pároco chega com o seu capote eclesiástico e o seu baú, apeia-se da diligência de Chão-de-Maçãs, sobe aos quartos que lhe estão preparados, calça uns chinelos de ourelo, veste o casaco velho, e o drama principia, desdobra-se e termina de um fôlego, caminhando para o seu desfecho reto, implacável, como um traço riscado pela fatalidade através daquela estreita vida de província, com a sua intriga local, as suas personagens mesquinhas, os seus padres, as suas beatas, os seus tristes aspectos sujos, tortuosos, compungidos, pretensiosos, miseráveis.
>
> Deste fundo sombrio, espesso, pesado como o tédio, a ação destaca-se luminosamente, e penetra-nos com a nitidez poderosa dos espetáculos vivos. É a vida mesma com toda a sua trivialidade real que nessas páginas perpassa aos nossos olhos, como aquelas florestas que andam no sonho de Macbeth. Nunca artista português desenvolveu na sua obra maior poder de execução.

Impresso pela tipografia de Castro & Irmão, *O crime do Padre Amaro* ia correr mundo. A nova versão era bastante diferente da publicada na Revista, e nela Eça de Queiroz anotara:

> este esboço de romance em que a ação, os caracteres e o estilo eram uma improvisação desleixada — hoje aparece em volume, refundido e transformado. Deitou-se parte da casa velha para erguer a casa nova. Muitos capítulos foram refundidos linha por linha, capítulos novos foram acrescentados, a ação modificada e desenvolvida, os caracteres mais estudados e completados: toda a obra, enfim, mais trabalhada.

---

22 ORTIGÃO, Ramalho. *As Farpas*, jan. 1877.

Diante desta nota poder-se-ia acreditar estivesse contente com a própria obra. Mero engano. Sempre insatisfeito, torturado pela ânsia da perfeição, os poucos aplausos conquistados pelo O *crime do Padre Amaro*, que por muito tempo insistiria em proclamar seu melhor livro, Eça de Queiroz já imaginava corrigi-lo, refundi-lo, criar novos personagens. Ainda uma vez ele poria a casa abaixo, para levantar outra no lugar. E não demorou em escrever a Chardron sobre a reconstrução realizada: "Como vê as últimas duzentas páginas foram inteiramente refeitas. De resto é um romance novo".[23] E em outra carta: "O livro assim emendado parece outro: tem frescura e o picante d'um trabalho recente, e não d'um trabalho requentado".[24] E era verdade.

---

23 Carta de 7.12.1879. Arquivo de Lello & Irmão.
24 Carta de 12.10.1878. Arquivo de Lello & Irmão.

7
A lebre corrida

Há pássaros que não cantam fora da floresta. Abatido pelo clima, saudoso dos amigos, angustiado pelo problema dos *coolies*, o romancista quase nada produziu em Havana. Fora um tempo perdido, e agora queria recuperá-lo rapidamente. Trabalhador infatigável, Eça, apesar dos problemas de saúde, as freqüentes nevralgias de que tanto se queixava, o cansaço que por vezes o invadia, não parava. E à menor demora na correspondência logo explicava a Chardron: "tenho porém passado incomodado e uma tal lassidão de espírito que uma carta torna-se um esforço que assusta".[1] Os romances, entretanto, reanimavam-no. Mariano Pina, que tão bem o conheceu, dele deixaria essa expressiva lembrança:

> Completamente arruinada a sua constituição, possuindo nevroses até no estômago, eu creio que Queiroz teria morrido há muito se não fosse o romancista que é, se nele o artista não fosse mais forte que o homem. Uma noite num hotel de Paris, torturado por nevralgias horrorosas que lhe corriam todo o corpo fazendo-lhe ranger e estalar os ossos, julguei-o perdido... Logo de manhã muito cedo ei-lo à banca trabalhando febrilmente... e quando entrei para o acompanhar ao almoço, já ele tinha enegrecido várias dezenas de papel Wattman.[2]

---

1 Carta de 30.9.1879. Arquivo de Lello & Irmão.
2 PINA, Mariano. "Eça de Queiroz". *A Ilustração*, 5.5.1887.

Seria sempre assim. Agora, mal concluída a revisão d'*O crime do Padre Amaro*, Eça, que se encontrava em Lisboa tangido pelo inverno londrino, atirara-se a novo romance, e, em fevereiro, comunicara ao editor Chardron:

> Estou terminando os últimos retoques de um novo romance — e antes mesmo que os jornais falem e o anunciem — como já tivemos uma negociação literária — desejo dar-lhe algumas informações sobre este novo livro, para o caso de ser possível algum acordo a este respeito....

Em verdade, fora má a experiência com a edição do *Padre Amaro* por conta própria, e o romancista desejava encontrar editor ao qual se vinculasse definitivamente, pois tinha a cabeça cheia de projetos sobre outros romances, que acreditava capazes de propiciarem bons lucros a ambos.

Eça não guardava segredos: "O que eu desejo", continuava a carta,

> é vender o manuscrito, e é neste sentido que desejo saber se V.Sa. me quer fazer alguma proposta. Eu tenho muita vontade de ter um editor certo: e tendo-o estou convencido que dando Deus vida e saúde — haveríamos de lucrar ambos e muito.

E desenrolando o que lhe ia na cabeça, prosseguia:

> Eu tenho mais trabalhos em preparação: o romance *realista* em Portugal tem, como em toda parte, futuro certo enorme, tem um sucesso certo, assim por exemplo é que eu desejo publicar para o ano, querendo Deus — *Os vícios da linda Augusta*... Por conseqüência — o Editor que se entenda comigo não faz o negócio sobre uma obra isolada, mas explora uma série toda, um gênero de literatura — e de que tem hoje... *a orelha do público*.

Sinal de que o realista exultava.

Ao romance faltava o título. E sobre a lacuna é curioso ver-se o pensamento de Eça: "Não tenho ainda título", dizia a Chardron,

> isto é tenho alguns — mas nenhum deles tem bastante relevo, precisa-se um título — que além de seu vigor literário, seja bom na venda. No título deve haver sempre um bocadinho de charlatanismo — talvez lhe ponha — *O Primo João Carlos* ou *O Primo Basílio*: melhor este último.

E, numa síntese, dava as linhas do enredo: "uma mulher que tem um amante, que é espreitada e seguida por uma criada — a qual se apodera das provas do adultério e estabelece uma tirania de todos os instantes sobre a ama: tirania longa, cruel, horrorosa, um verdadeiro drama íntimo". Ao que acrescentava, dando o tom da publicação: "O assunto do romance são costumes contemporâneos — não da província desta vez —, mas de Lisboa. E um trabalho realista — talvez um pouco violento e *cru*, mas não é para fazer dele leitura de serão nos colégios que o escrevi".[3] Escrevera-o, sim, para invectivar os erros da educação burguesa. De algum modo, era o antigo revolucionário. Em 1871, ao tratar n'*As Farpas* da decadência geral do país, ele dissera sem meias palavras: "O romance, esse é a apoteose do adultério, nada estuda, nada explica, não pinta caracteres, não desenha temperamentos, não analisa paixões. Não tem psicologia, nem ação". Agora, tendo como tema o adultério, ele o explicaria e puniria.

Embora tivesse pressa em concluir, Eça não se furtava às sucessivas alterações, que nele se tornariam um hábito: "até a última emendo e remendo",[4] confessaria. E, reconhecendo a razão da tipografia, inconformada com as mudanças intermináveis, buscava justificar-se:

> Mas, é quase impossível para um escritor não fazer alterações nas provas, quando ao reler um trabalho impresso se vê uma palavra ou uma frase falsa — é absurdo não a substituir bem assim, é absurdo não introduzir ou alterar quando acode uma palavra ou uma frase de mais efeito. Isto acontece sempre, desde que se imprimem livros.[5]

Era a insatisfação do artista, em busca da perfeição, e que até ao fim tatearia, entre dúvidas, na ânsia de dar à língua uma forma nova, simples, na qual a nitidez do pensamento correspondesse à beleza da frase. Nas menores cousas vivia o artista. E pedindo a Chardron uma edição "coquette", dizia-lhe com humor: "Uma capa bonita — é essencial num livro — como um vestido numa mulher".

***

---

3 Carta de 21.2.1877. Arquivo de Lello & Irmão.
4 Carta de Newcastle, 17.5.1877. Arquivo de Lello & Irmão.
5 Carta de Newcastle, 2.8.1877. Arquivo de Lello & Irmão.

Nesse ano, a nota triste das férias em Lisboa foi a saúde de Antero de Quental há algum tempo combalida. Ele diria na autobiografia: "Nesse mesmo ano de 1874 adoeci gravissimamente, com uma doença nervosa de que nunca mais pude restabelecer-me completamente". Oliveira Martins, amigo perfeito, fora buscá-lo em Ponta Delgada, mas não tivera êxito. Um raio alcançara o gigante, que os amigos tinham como o maior e o melhor de todos — era doloroso. Mais tarde, quando lhe fez o perfil, monumento dedicado ao "Gênio que era um Santo", Eça recordaria como o encontrara ao retornar de Havana:

> Quando, volvidos dois ou três anos, regressei a Lisboa encontrei o meu amigo estirado numa cama, no quarto mais remoto duma casa remota, quase uma trapeira, para que não lhe chegassem os ruídos da cidade morbidamente intoleráveis à sua sensibilidade nervosa. Ali, em solidão e imobilidade, Antero estava travando com o seu pensamento uma luta de que os *Sonetos*, de 1874 a 1880, são a notação magnífica e dolorosa.

E, envolvido no mais negro pessimismo, Antero, mais tarde, incapaz de encontrar a razão de viver, escreverá inspirado no próprio sofrimento: "De tudo, o pior mal é ter nascido!".

Mas, ele queria viver. E, esgotados os recursos de que se dispunha, aconselharam-no a procurar o grande Charcot, que, em Paris, fazia milagres. Antero partiu levado pela esperança. Foi benigno o diagnóstico: "*on s'est trompé*", dissera-lhe Charcot, "*vous n'avez rien a l'épine: vous avez une maladie de femme, transportée dans un corps d'homme; c'est l'histerisme*". Prescreveu hidroterapia, e Antero se internou numa clínica de Bellevue, perto de Paris, donde escrevia ao seu amigo João Lobo de Moura: "Eu cá vou indo. Cada vez mais místico, e penso daria um sofrível monge, se não fossem estes nervos miseráveis, inimigos da paz de espírito".[6]

Em Bellevue, se não encontrou a cura, conheceu uma nobre francesa, também hospitalizada, que aguardava um divórcio, e pela qual se apaixonou. E ante o amor impossível, que imaginou impossível, logo pensou em suicídio, nele sempre tão presente, e então não consumado por haver Oliveira Martins, no último instante, lhe arrebatado o revólver com que se ia matar.

---

6 QUENTAL, Antero de. *Cartas*, p.336. Carta de Bellevue, 17 de julho.

Infelizmente, a doença era incurável. Após algum tempo, Antero tornou a Portugal, e viveria entre períodos melhores e piores, incapaz de suportar as indagações sobre a vida.

***

Tendo se fixado no título O primo Basílio, ao qual juntara o subtítulo de Episódio Doméstico, Eça ainda copiava o manuscrito quando, em abril, partiu para Newcastle. Aos poucos, o livro tomara corpo, avolumara-se, e, em maio, ele comunicou ao editor: "O Romance tem sofrido tais refundições e aumentos que duma *novela que eu vendi* a V.Sa. fiz o que hoje remeto — um romance". De fato, ao tratar da venda do manuscrito, pelo qual pedira f. 60, "justo e eqüitativo preço", conforme escreveu, Eça fizera este esclarecimento: "Não lhe oculto — dissera a Chardron — que eu pediria muito mais se este romance tivesse o desenvolvimento maior — como o que tenho em preparação".[7] De antemão, Eça era incapaz de avaliar a dimensão dos romances que imaginava, e, aos poucos, iam crescendo irresistivelmente, até que simples novelas se transformavam em opulentos romances. Contudo, certo do mérito do trabalho, assegurava a Chardron: "Espero que lhe agrade. Se for devidamente anunciado e espalhado creio que há de excitar alguma curiosidade, se não algum escândalo".

Eça trabalhara como um mouro. Em 12 de outubro ele informou a Chardron:

> O *Primo Basílio* deu-me um trabalho dos demônios. Eu não sou um gênio, como sabe, e trabalho devagar: talvez não acredite, mas cada folha da revisão do *Primo* levou-me de dois a três dias: fui por isso forçado a choutar quando a sua impaciência me exigia que eu galopasse. Enfim, graças a Deus, o *P. Basílio* está pronto.

Somente em outubro o manuscrito ficou concluído, e Eça comunicou ao editor: "Esta lebre portanto está corrida".[8] Sim, a lebre estava corrida, mas a imaginação do romancista ardia na concepção de novos trabalhos, e novelas. Jamais ele acalentaria o repouso. E na mesma data em que dava

---

7   Carta de Lisboa, 5.3.1877. Arquivo de Lello & Irmão.
8   Carta de Newcastle, 5.10.1877. Arquivo de Lello & Irmão.

conta do fim d'*O Primo Basílio*, ele anunciava a Chardron um vasto plano de publicações. *Eça a Chardron*:

> Eu tenho uma idéia que, penso, daria excelentes resultados. É uma coleção de pequenos romances, não excedendo a 180 ou 200 páginas, que fosse a pintura da vida contemporânea em Portugal. Lisboa, Porto, as províncias, políticos, negociantes, fidalgos, jogadores, advogados, médicos, todas as classes e todos os costumes entrariam nesta galeria. A coisa poderia chamar-se *Scenas da Vida Real* ou outro qualquer título genérico mais pitoresco. Cada novela teria depois o seu título próprio.[9]

Era o que ele pouco depois diria a Teófilo Braga ser a pintura da sociedade portuguesa.[10]

O tempo fora amadurecendo a idéia, e em novembro Eça deu a Chardron ampla visão da obra que pretendia realizar:

> Cada um dos romances tem a sua ação própria e desenlace próprio: mas sendo estudos dos fatos mais característicos da nossa sociedade, formam, no seu todo, um quadro geral da vida contemporânea. A obra é uma espécie de *Galeria de Portugal no século 19*. Para produzir porém um alto grau de interesse é necessário dar-lhes diversidade: assim alguns pintarão costumes gerais da sociedade: *O Prédio n. 16* será o jogo; *A Linda Emilinha* a prostituição; *O Bacharel Sarmento* a educação e as escolas, etc. Outros serão o estudo especial de alguma paixão ou drama excepcional — assim *A Genoveva* é o incesto; *A Soror Margarida* — a monomania religiosa, etc. Teremos *O Milagre do Vale de Roriz* para se mostrar o fanatismo das aldeias; *O Bom Salomão* dar-nos-á a agiotagem, etc. Como vê — seria absurdo dar a uma obra de arte o caráter fixo de uma publicação mensal.[11]

O esboço sofreria, porém, sucessivas modificações. Lembrara-se até do nome de *Estudos Naturais e Sociais*, e logo observara: "mas é um pouco frio".[12] Na verdade era anódino.

---

9 Ibidem.
10 BRAGA, Teófilo. *Quarenta anos de vida literária*, p.92.
11 Carta de Newcastle, 3.11.1877. Arquivo de Lello & Irmão.
12 Carta de 16.1.1878. Arquivo de Lello & Irmão.

De certo modo seria uma réplica da *Comédia humana* de Balzac, que ele tão bem conhecia. Eça vibrava de entusiasmo: "A mim esta idéia das novelas encanta-me. Há uma quantidade de assuntos escabrosos, que se não podem tratar num longo romance — e que se dão perfeitamente nas novelas...". Que pensaria Chardron? Uma das novelas já estava pronta: chamava-se o *Desastre da Travessa das Caldas* ou talvez o *Caso atroz de Genoveva*.

Em boa parte eram as naturais ilusões do artista, pois, tal como as concebeu inicialmente, as *Scenas* jamais seriam publicadas. A idéia continuou, porém, a rodar na cabeça do romancista, e o tempo suscitava alterações. Em outubro pensara mudar o título para *Crônicas do Vício*,[13] mas Ramalho achara o título estúpido, e Eça recuara. O que não mudava era o encanto pela série de novelas, e Eça dizia a Chardron: "quanto mais rondo esta idéia mais brilhante me parece — *como arte e como especulação*: parece-me pois que antes de lhe dar execução se deve estudar com cuidado o sistema de a tornar mais proveitosa...". E depois dissera não achar título melhor que *Scenas Portuguesas*. E acrescentara: "Pode também ser *Scenas da Vida Portuguesa*".[14] A indecisão dominava-o. E, como freqüente, imaginava socorrer-se da boa opinião de Ramalho. Pediu então a Chardron: "Se tiver ocasião de escrever ao Ramalho, consulte-o sobre isto: para popularidade dos livros, o título da coleção é importante".[15] E já em preparação de *A capital*, que muito estimava — "é, creio, o romance melhor e mais interessante que tenho escrito até hoje" —, ele dava conta dos que lhe iam pela imaginação: "eis os títulos dos contos", dizia, "se Deus quiser que tudo corra bem: I — *A capital*. II — *Milagre do Vale de Roriz*. III — *A linda Augusta*. IV — *O rabecão*.[16] V — *O bom Salomão*. VI — *A casa n. 15*.[17] VII — *O Gorjão, primeira dama!* VIII — *A ilustre família Estarreja*.

---

13 Carta de 26.10.1877. Arquivo de Lello & Irmão.
14 Carta de Newcastle, 28.1.1878. Arquivo de Lello & Irmão.
15 Ibidem.
16 Em que pese haver o sr. José Maria d'Eça de Queiroz, no prefácio de *A capital*, atribuído o título de *O Rabecaz* ao IV dos contos anunciados por Eça de Queiroz, este, na carta mandada a Chardron, de Newcastle, em 28.1.1878, escreve *O rabecão*.
17 Em carta para Chardron, de Newcastle, em 3.11.1977, Eça de Queiroz, que pensava então no título "As Crônicas da Vida Sentimental" para a coletânea de novelas, dizia ao editor: "o prédio nº 16 será o jogo".

IX — *A assembléia da Foz*. X — *O conspirador Matias*. XI — *História dum grande homem*. XII — *Os Maias*".[18]

A extensa relação dá medida da ebulição em que andava a imaginação do romancista. Sem dúvida, era uma catadupa, e Eça estava convicto de que em pouco tempo teria em circulação esse punhado de livros, que lhe dariam fama e fortuna. Mas, de todos, o único que teria o prazer de ver impresso seria *Os Maias*. No íntimo o que ele desejava era pôr um ferro em brasa sobre aquela sociedade que acreditava decadente. Dessa intenção ele deu conta a Teófilo Braga:

> A minha ambição seria pintar a Sociedade Portuguesa, tal qual a fez o Constitucionalismo desde 1830 — e mostrar-lhe, como num espelho, que triste país eles formam —, eles e elas. É o meu fim nas *Scenas da Vida Portuguesa*: é necessário acutilar o mundo oficial, o mundo sentimental, o mundo literário, o mundo agrícola, o mundo supersticioso — e com todo o respeito pelas instituições que são de origem eterna, destruir as *falsas interpretações* e *falsas realizações*, que lhe dá uma sociedade podre.[19]

Realmente, ninguém o faria melhor do que ele, que pintava com as tintas da Revolução. Nesse objetivo ele seria *perfeito*.

O que nem sempre marchou bem foram as relações com o editor, conforme se depreende desta carta de Eça a Chardron:

> Recebi a sua carta que, confesso, me surpreendeu por não encontrar nela a sua habitual amabilidade. A minha proposta não era de modo nenhum um *ultimatum*; não significava — isto ou a guerra! Era uma simples proposta: se ela fosse aceitável eu, decerto, estimaria ter as vantagens que ela continha, mas se a norma do seu negócio ou as condições do mercado ou outra qualquer razão concludente a tornarem inaceitável ela ficava *ipso facto* retirada, e passávamos a entendermo-nos sobre as bases da sua primeira proposta.

Sinal de que o escritor era cordato, possivelmente desapegado às vantagens materiais. E a carta continuava: "Eu desejo muito que o Sr. Chardron seja meu editor, e creio que esta união nos pode ser a ambos

---

18 Carta de Newcastle, 28.1.1878. Arquivo de Lello & Irmão.
19 Carta de Newcastle, 12.3.1878. BRAGA, Teófilo. *Quarenta anos de vida literária*.

vantajosa: não creio natural portanto que me pusesse a exigir, a ter condições intratáveis". E possivelmente com um laivo de ironia ou de humor ele aduzia: "Eu pinto agiotas nos meus romances — mas não sou eu mesmo um". E, disposto a encerrar a pequena guerra, Eça concluía: "As divergências entre autores e editores, dizem os franceses, são como arrufos entre amantes. Terminemos pois este arrufo — e não estraguemos uma bela idéia financeira e artística — A Crônica".20 O sonhador continuava a iludir-se embevecido na concepção das novelas. "O encanto destas novelas", diria,

> que são mais difíceis de fazer que um romance é que não há digressão, nem declamação, nem filosofia: — tudo é interesse e drama — e rapidamente contado: lê-se numa noite e fica-se com a impressão para uma semana.[21]

Ele ficaria com assuntos para uma dezena de anos.

Quando possível, Eça dava um pulo até Portugal, e isso fizera no inverno de 1877. Fialho de Almeida, que não morreria de amores pelo romancista, escreveu em 1882:

> De ano a ano, Eça de Queiroz vem a Lisboa observar de quantos séculos Portugal retrogradou, desde a última visita que lhe fez. Traz sempre a lente do mesmo grau, a fim de se não atribuir a efeitos do vidro a mesquinhez da imagem obtida. E das suas janelas do Rocio vê arrastar-se embaixo a miserável gente, amarela e morna, que vai para o emprego público, ou vem de casa de penhores.[22]

Entretanto, talvez procurasse alguma coisa mais. Tímido, necessitando do afeto dos antigos companheiros, incapaz de improvisar amizades, ele buscava principalmente o calor da boa convivência e das longas e descontraídas conversas. "O que eu desejava", confessou um dia a Ramalho, "era subir as escadas da Calçada dos Caetanos, sentar-me ao pé da chaminé, receber a minha chávena de chá, e dizer: — Querido Ramalho, ouça lá... — E falar três dias."[23] A realidade, no entanto, era diferente e amarga, e ele,

---

20 Carta de Newcastle, 21.11.1877. Arquivo de Lello & Irmão.
21 Carta de 5.10.1877. Arquivo de Lello & Irmão.
22 ALMEIDA, Fialho de. "Eça de Queiroz". *O Contemporâneo*, n.108, 1883.
23 Carta de Newcastle, 15.3.1878. *Novas cartas inéditas*, p.21.

pouco depois, escrevia ao próprio Ramalho: "*Há um ano que não converso*". Era o exílio e o tédio. E entreabindo o coração angustiado ele deixava escorrer o sofrimento: "A família não se substitui senão pela paixão. Eu não tenho aqui família, nem paixão". E dando conta de duas breves aventuras sentimentais, dizia: "De modo que a minha vida — é comer e fazer prosa". Sem dúvida, um nada para apaziguar uma alma ávida de afeto e amparo.

Torturado pela solidão, Eça começou a admitir o casamento como solução para aquele mar de tristezas.

> Não há senão um meio: esse meio é casar-me. Eu não tenho hoje pelo casamento aquele horror de outrora, comparável ao horror do cavalo selvagem pela manjedoura. Bem ao contrário: tenho corrido tanto pelo descampado da sentimentalidade, que uma manjedoura confortável em que mãos benévolas me serrotem uma palha honesta — sorri-me como uma entreaberta paradisíaca. Eu precisava de uma mulher serena, inteligente, com uma certa fortuna (não muita), de caráter firme disfarçado sob um caráter meigo... Esta doce criatura salvaria um artista de si mesmo, que é o pior abismo de um artista — e faria uma daquelas obras de caridade que outrora levavam gente ao Calendário. Mas, ai! Onde está esta criatura ideal? Onde está esta luz no mar, esta torre de segurança, esta fonte de caridade?[24]

O artista ainda demoraria até a encontrar. Por algum tempo a "criatura ideal" seria apenas sonho distante. Mas, se ainda não encontrara o amor, a amizade vivia no caminho de Eça de Queiroz. Nesse ano de 1878, por exemplo, conheceu ele Bernardo Pindela, conde de Arnoso, uma das mais encantadoras criaturas do seu tempo, e a quem o ligaria recíproca e perfeita afeição. Poucos anos mais moço do que Eça, descendente da alta nobreza de Portugal, culto, prestimoso, mais inclinado a admirar do que a ser cortejado, integrara-se no grupo do romancista, de quem se tornaria possivelmente o mais suave dos amigos. Recém-casado com uma filha do terceiro conde de Murça, Eça costumava chamá-lo "Bernardo, o doce, o bom...". E assim seria por toda a vida. A verdade é que pela delicadeza das maneiras, a amenidade no trato e a cintilação das frases, a distância nunca faria esquecido o artista dos que dele se haviam aproximado. Ramalho ao comentar então O primo Basílio rejubilava-se da velha amizade da qual

---

24 Carta de Newcastle, 8.4.1878. *Correspondência*.

As Farpas haviam sido um vínculo inesquecível. Mais do que o escritor, Ramalho estimava o homem. E o diria em alto e bom som: "em Eça de Queiroz eu prezo ainda mais do que o eminente homem de letras o homem de coração terno e de imaculado caráter que nele se conjunta, o alegre compadre, o jovial companheiro, o elegante conviva, o primoroso camarada e leal amigo".²⁵ Eça era sedutor.

***

21 de fevereiro de 1878. Nesse dia *O primo Basílio* foi posto à venda, em Lisboa. Havia tempo que o autor mostrava-se impaciente pela publicação, e em novembro dissera a Chardron: "Há vontade de o ver: mas a vontade que se não satisfaz, é como *cognac* que se destapa — perde a força e evapora-se". E Eça não desejava que o romance perdesse o ímpeto. Aliás, a julgar pela carta então escrita a Ramalho, a quem já anteriormente afirmara tratar-se de uma "obra falsa, ridícula, disforme, piegas, e *papoulosa*", poder-se-ia acreditar que o romancista não estava satisfeito: "Como verá", dizia a propósito do romance, "é medíocre. A não ser duas ou três cenas, feitas ultimamente, o resto, escrito há dois anos, é o que os ingleses chamam 'rubbish', isto é, inutilidades desbotadas, dignas de cisco".²⁶ Seria sincero? Em verdade Eça estava ávido por conhecer a repercussão do livro, do qual Ramalho logo escrevera com franqueza: "As cenas d'alcova são reproduzidas na sua nudez mais impudica e mais asquerosa". E dizia adiante: "Este livro, concebido com amargura e com misantropia, deixa no espírito de quem o lê uma triste impressão de melancolia e desalento".²⁷ De certo modo era o começo de um confronto interminável entre os dois romances.

Eça conhecia Lisboa como a palma da mão, e logo tratou de buscar os meios mais adequados para mobilizar a propaganda. *Eça a Chardron*: "Artigos de crítica: isto é difícil, não há quem os faça, nem sabem fazer, V. Sa. poderá escrever ao Chagas: eu escreverei ao Júlio Machado, ao Guerra Junqueiro, etc. Será necessário dar volumes a estes". E bom conhecedor do meio, perspicaz, ele continuava:

---

25 ORTIGÃO, Ramalho. *Figuras e questões literárias*, II, p.19.
26 Carta de 3.11.1877. *Novas cartas inéditas*.
27 ORTIGÃO, Ramalho. "Cartas Portuguesas". *Gazeta de Notícias* (Rio de Janeiro), 25.3.1878.

> Opiniões de pessoas autorizadas: esta é uma reclame especialmente lisboeta. Há em Lisboa 4 ou 5 pessoas que quando dizem no Grêmio ou em São Carlos, ou numa soirée: *tal livro é bom* — levam logo as 40 ou 50 pessoas aos ouvidos de quem chega esta opinião a comprá-lo no dia seguinte, e a aconselhá-lo a todas as suas relações. É uma das reclames mais certas e mais eficazes. É pois necessário mandar também volumes a estes dispensadores de glória.[28]

Certamente, ele não se desejava privar desta distribuição de glória.

Contudo, ainda desta feita, e a exemplo do ocorrido com o Padre Amaro, a crítica se mostrou extremamente avara nos comentários sobre o romancista. "A crítica, ou o que em Portugal se chama a crítica — queixava-se ele a Teófilo Braga —, conserva sobre mim um silêncio desdenhoso."[29] E o silêncio feria-o. O Comércio Português, que falara do livro, fizera-o sublinhando semelhanças entre passagens d'*O primo Basílio* e livros de Emile Zola. Era como se levantasse a ponta de um véu sobre uma suspeita de plágio. Para Eça, que aspirava uma alta e nobre crítica, tudo isso era mesquinho e angustiante. "Não creio", dizia,

> que o *P. Basílio* tenha muito quem fale dele: há um sistema — que é a *Conspiração do Silêncio*, que consiste em não dar parte dum livro cujo mérito pode fazer sombra aos livros existentes.[30]

E entre magoado e irritado, ele prosseguia sem meias palavras: "Este vergonhoso sistema ainda existe em Lisboa — e segundo me escrevem hoje de lá o mundo literato está pouco disposto a fazer ruído em torno dum livro que o público estaria disposto a procurar". Consolavam-no, porém, os comentários nas pequenas rodas: "No entanto, dizem-me que se tem falado dele verbalmente bastante, e excitado curiosidade". De longe, Eça lutaria para vencer o "vergonhoso sistema".

O silêncio da crítica não impediu o imenso êxito d'*O primo Basílio*, cujo sabor ficava entre a arte e o escândalo. Era picante.

---

28 Carta de Newcastle, 20.2.1878. Arquivo de Lello & Irmão.
29 Carta de Newcastle, 12.3.1878. *Correspondência*.
30 Carta de Newcastle, 5.3.1878. Arquivo de Lello & Irmão.

Afetuoso, Eça jamais descurou de pedir aos editores a remessa dos seus livros ao velho José Maria, que também estranhou a omissão da crítica: "Não sei", dizia,

> pois se os periódicos se têm conservado silenciosos pelo motivo de lhes não ter o Chardron mandado o romance (se é que não mandou), ou se o fazem de propósito como fizeram com o *Padre Amaro*, e como fazem com qualquer publicação que eclipsa o falso brilho da literatura de papel pardo, que é a literatura destes literatos das dúzias.[31]

Sinal de que a guerra continuava. Contudo não impediria que se falasse desabaladamente d'*O primo Basílio*, e, na carta então escrita ao filho, o velho José Maria continuava:

> Quanto às opiniões verbais que haja do romance, nada te posso dizer, porque, como sabes, eu não ando na roda dos que se ocupam da crítica literária. Quem te pode informar disso é o Alberto. Consta-me apenas que o romance tem tido grande venda, que o acham muito bom como obra d'arte, mas d'um realismo exagerado: isto mesmo apenas sei pelo ouvir ao Alberto que lida com a gente que faz literatura.

E, depois de falar dos comentários alheios, o velho José Maria externava as próprias impressões:

> A minha opinião franca é a seguinte. O romance é magnífico, e como obra d'arte acho-o superior ao *Padre Amaro*; porque trabalhaste num campo mais limitado, ocupando-te unicamente duma questão doméstica, enquanto no *Padre Amaro* tratavas no fundo a grave questão social do celibato do clero. Os tipos estão bem tratados. O do conselheiro por si só vale um romance...

Era a rápida consagração do imortal Conselheiro Acácio, que pelo tempo afora simbolizaria a presunçosa ignorância a que o Estado emprestava algum título pomposo. André Maurois, ao escrever sobre Proust, lembrou haver este notado que toda a grande obra deve conter uma parte

---

31 Carta do velho José Maria ao filho, 26.2.1878. *Obras de Eça de Queiroz*. Livros do Brasil. *O primo Basílio*.

de grotesco. Também o criador do Conselheiro Acácio não o dispensaria nos seus grandes livros. Depois, o pai falava da infeliz Luiza: "O tipo da Luiza", dizia, "está superiormente descrito, e a culpa que cometeu resgatada afinal por um modo sublimemente trágico. Ainda não li nada que tanto me comovesse".

Não paravam ali as observações paternas:

> No ponto de vista da escola realista que te domina, o romance é uma obra d'arte perfeita. Entretanto eu creio, que, mesmo nessa escola, há um ponto além do qual não é permitido, ou pelo menos não é conveniente passar. Pode mostrar-se a chaga, e o realismo está nisso; mostrar, porém, toda a podridão não dá mais caráter à escola realista, e leva ao exagero, que é um defeito em todo o gênero de composição. Nesta parte lembro-te como espécime o que se lê à pág. 320 do romance. Hás de concordar em que é um realismo cru!

No fundo era a maneira de evitar referência direta à famosa "sensação nova", que tanto escandalizara, e talvez não deva ser omitida:

> Basílio achava-a irresistível: quem diria que uma burguesinha podia ter tanto *chic*, tanta queda? Ajoelhou-se, tomou-lhe os pezinhos entre as mãos, beijou-lhe-os; depois, dizendo muito mal das ligas "tão feias com fechos de metal", beijou-lhe respeitosamente os joelhos; e então fez-lhe baixinho um pedido. Ela corou, sorriu, dizia: "não! não!". E quando saiu do seu delírio tapou o rosto com as mãos, toda escarlate, murmurou repreensivamente: "Oh Basílio!". Ele torcia o bigode, muito satisfeito. Ensinara-lhe uma sensação nova: tinha-a na mão!

Seria o realismo tão chocante para as gerações românticas? O poeta Luiz Guimarães Júnior, que partira para Roma como Cônsul do Brasil, dali escreveu a Machado de Assis: "É pena que um talento da ordem do Eça de Queiroz se filie numa escola brutal como um murro e asquerosa como uma taberna".

Para incentivar e orientar o filho, o velho José Maria concluía: "De resto deixa falar, ou não falar os invejosos, e vai por diante. Recomendo-te só que em tudo o que escreveres evites descrições que senhoras não possam ler sem corar". O final da carta era simples: — "*Teu pai J.*"

Entre as coisas que Alberto informou ao irmão sobre *O Primo Basílio*, estava a de haver Ramalho Ortigão corado ao ler o romance. E Eça logo escreveu ao seu "melhor amigo": "Corou inocente? E não cora então regalando-se do *Assomoir*..." Na verdade o livro escandalizara, e Fialho de Almeida fez esta observação: "Este livro foi lido por toda a gente, e reputado obsceno, pelos moralistas da alta literatura". Sim, toda a gente o lera, tanto em Portugal como no Brasil. Entrara em todas as casas, e Guilherme de Azevedo escreveu n'*O Ocidente*: "Tal é o *Primo Basílio* de Eça de Queiroz, esse livro excepcional que, mesmo por conter o que quer que seja de embriagador e venenoso, penetra nesse momento em todos os *boudoirs*...". Na realidade, era assim, e três mil exemplares haviam-se esgotado rapidamente. E, radiante pelo êxito alcançado, o autor escrevia ao editor:

> Recebi hoje um jornal do Porto em que numa correspondência do Rio de Janeiro se fala longamente no *Primo Basílio*: parece que a sensação causada ali tem sido enorme: há grande discurso na imprensa — e o correspondente começa por dizer: "Nunca se viu nestas regiões um tal sucesso literário. *Não há um só exemplar à venda* — e todos os que vierem serão logo absorvidos". É d'isto — que vai sublinhado — que desejo preveni-lo: se os brasileiros têm fome do Primo Basílio — dê-lhes Primo Basílio.[32]

No Rio de Janeiro, principalmente, a polêmica entre o *Cruzeiro* e a *Gazeta de Notícias* despertara invulgar interesse.

Aos poucos se quebrara o gelo da crítica. Ramalho, n'*As Farpas*, foi dos primeiros a louvar o livro, cuja tese, a dissolução dos costumes burgueses, que uma defeituosa educação alimentava continuamente, acentuou com a amizade e a clareza de que tinha o dom. Também Guerra Junqueiro, o antigo companheiro do *Cenáculo*, não tardou em trazer as suas flores: "*O Primo Basílio*", escreveu, "é um livro extraordinário". Ao que acrescentou: "Eça de Queiroz é um grande romancista porque é ao mesmo tempo um grande poeta". Em verdade o grande poeta era Junqueiro, cujos versos sobreviveriam para sempre.

Das críticas publicadas, a de Teófilo Braga, "um dos camaradas de outrora no combate pela Boa Idéia", como o chamará o próprio Eça, terá sido das que mais sensibilizaram o romancista, para quem a crítica valia como luz em meio à escuridão. *Eça a Teófilo*:

---

32 Carta de Newcastle, 4.6.1878. Arquivo de Lello & Irmão.

> É de você que tenho recebido, depois das minhas claras tentativas d'arte, as cartas mais animadoras e mais recompensadoras. É você, como o nosso grande e belo Ramalho, que mais me tem *empurrado para diante*... A sua última foi para mim um grande alívio. Eu estava-lhe com receio. Como todos os artistas, creia, eu trabalho para três ou quatro pessoas, tendo sempre presente a sua crítica pessoal. E muitas vezes, depois de ver o *Primo Basílio* impresso, pensei: — o *Teófilo não vai gostar!* Com o seu nobre e belo fanatismo da Revolução, não admitindo que se desvie do seu serviço nem uma parcela do movimento intelectual, era bem possível que você vendo o *Primo Basílio* separar-se pelo assunto e pelo processo da arte de combate a que pertencia o padre Amaro, a desaprovasse. Por isso a sua aprovação foi para mim uma agradável surpresa ...[33]

Em seguida, Eça justificava, explicava o ataque à família lisboeta:

> um pequeno quadro doméstico, extremamente familiar a quem conhece bem a burguesia de Lisboa; — a senhora sentimental, mal-educada, nem espiritual (porque o Cristianismo já o não tem; sanção moral da justiça, não sabe o que isso é), arrasada de romance, lírica, sobreexcitada no temperamento pela ociosidade e pelo mesmo fim do casamento peninsular que é ordinariamente a luxúria, nervosa pela falta de exercício, e disciplina moral, etc. etc., — enfim a *burguesinha da baixa*...

E falando ao antigo companheiro do tempo em que ambos sonhavam com a Revolução, Eça continuava: "Uma sociedade sobre estas falsas bases não está na verdade: atacá-las é um dever. E neste ponto o *Primo Basílio* não está inteiramente fora da arte revolucionária, creio". O socialista sobrevivia. E, eterno insatisfeito, Eça escreveu a Teófilo lamentando-se:

> Pobre de mim — nunca poderei dar a sublime nota da realidade eterna, como o divino Balzac — ou a nota justa da realidade transitória como o grande Flaubert! Estes deuses, estes semideuses da Arte estão nas alturas — e eu, desgraçadinho, rabeio nas ervas ínfimas.

Embora dizendo serem os romances de Eça de Queiroz de primeira grandeza, Teófilo sentira a falta da tese revolucionária, tão presente no *Padre Amaro*: "No *Primo Basílio*", escreveu ao apreciá-lo,

---

33 Apud BRAGA, Teófilo. *Quarenta anos de vida literária*, p.92.

nota-se o que o próprio autor disse de si com grande verdade: *Sinto que possuo o processo como ninguém mas faltam-me teses*. Eça de Queiroz revela nesta frase em que se retrata os elementos primários de toda a obra de arte, a sensação e o intuito... O grande artista precisa de ser fecundado pela crítica, e não o devemos enervar com o elogio banal, que é mais perigoso do que a indiferença estúpida.[34]

Radical nas suas idéias, Teófilo mostrava seus caminhos. Por último, resumia o nítido objetivo moral, que inspirara o romancista: "A morte profundamente trágica da mulher que esqueceu o seu dever, e a frase cínica com que é apreciado o seu sacrifício e com que se termina o romance do *Primo Basílio*, dão-nos a intenção plena de Eça de Queiroz".

Aos poucos a crítica ressaltava os verdadeiros contornos do romance, fazendo esmaecer os traços que o haviam apontado como obsceno. Camilo Castelo Branco foi um dos que vieram a campo para enaltecer-lhe o fundo moralizador: "O romance mais doutrinal que ainda saiu dos prelos portugueses. *Doutrinal*, escrevi como sinônimo de *moralizador*. Em minha consciência entendo que se já houve livro que pudesse e devesse salvar uma mulher casada, na aresta do abismo, é o *Primo Basílio*".

O conceito era tanto mais expressivo quanto Camilo, notoriamente, sempre fora infenso à escola realista. Aliás, não era a primeira vez que ele aplaudia o romancista. Em carta ao seu amigo Visconde de Ouguela, dissera-lhe Camilo: "Já leste o *Crime do Padre Amaro*, de Eça de Queiroz? Li alguns capítulos na *Revista Ocidental* e achei excelente. Este rapaz vem tomar a vanguarda a todos os romancistas". Via longe.

Pouco depois de publicado *O primo Basílio*, Eça foi transferido para Bristol, onde permaneceu dez anos. Não era o céu. Punha-o porém perto de Londres, onde podia reencontrar amigos, e fazer novas relações entre portugueses e brasileiros da roda diplomática dos dois países, principalmente depois que Luís do Soveral, o futuro marquês, passou a servir aí, em 1885. Ao contrário de Eça, que jamais morreu de amores pela Inglaterra, Soveral seria um devoto da civilização inglesa. Eça a D. José Câmara:

> Logo que cheguei estive com o Luís. Não está tão interessante como aí. Vive quase exclusivamente no clube de *St. James*, que é o clube dos diplomatas e caiu, portanto, no puro feitio diplomático — tesura convenciona-

---

34 BRAGA, Teófilo. "Eça de Queiroz e o realismo". *A Renascença*, 1878.

lidade, frases vagas sobre a situação da Europa e champagne ao jantar. Está de resto, como todos que aqui chegam, encantado com tudo o que é inglês. Londres embebeda ao princípio.[35]

Eça não se esquivava de transmitir essa impressão ao próprio Soveral:

> Meu caro Luís. Estas curtas linhas têm o louvável fim de saber como passa Vossa Uma. e Exma. Snria. Naturalmente bom, espapado pelas poltronas de St. James, e achando deliciosa e perfeita a civilização que o cerca — porque V.Sa. é ainda dos que acreditam, como percebi em Londres, no encanto e na perfeição da civilização inglesa.

Ao que acrescentava com ironia: "Isso há de lhe passar com a idade, e com o estudo. Não é de modo algum o resultado de deficiência intelectual, é apenas uma falsa idéia do que é a Civilização".[36] Em contraste com a euforia do encantado amigo, Eça lhe dava conta do desencanto em que vivia:

> Pois eu, meu bom Luís, em lugar de satisfeito, aborrecido. Não estou tão bem de saúde devido à cozinha de John Bull; e estes melancólicos arredores de Bristol oprimem-me tanto que mal posso trabalhar há dias, atacado de extrema *burrice*...

Para fugir ao tédio, Eça esteve algum tempo em Londres, metido no Museu Britânico. Ir a Londres tornar-se-ia um hábito. E, amigo da boa mesa, ele escreveu a Soveral: "Estou acariciando a idéia de voltar aí ao arroz do Paganini e aos sorrisos lambuzados de macaroni de Mme Paganini". Desejava também a visita de Soveral, a quem escreveu esperançoso:

> Na primeira ocasião devias vir a estes bosques... Tens aqui um ar puro e honesto; o champagne do Hotel creio que é bom; há um Circo e outros prazeres; e de resto, como sabes, as viagens feitas com discernimento completam a educação.

Dificilmente Soveral estaria interessado em conhecer os bosques de Bristol.

---

35 Carta inédita, de 8.6.1885. Arquivo do marquês de Soveral, na Quinta da Vigia (Sintra).
36 Carta inédita, Bristol, 10.9.1895. Arquivo do marquês de Soveral, na Quinta da Vigia (Sintra).

8
O Padre Amaro

Certa vez, Eça dizia a Mariano Pina: "As abelhas só sabem fazer mel, e eu só sei fazer romances".[1] Era a maneira de assinalar que cada qual seguia a própria vocação — ele continuaria a escrever romances. Na flor dos trinta e cinco anos, havia pouco mais de dez que, a partir dos folhetins da *Gazeta de Portugal*, iniciara a árdua escalada do escritor. Agora talvez já divisasse os primeiros contornos do cume onde esperava encontrar a imortalidade.

1878 foi trabalhoso. Torturado pelas dívidas cada vez maiores, Eça desenvolvia imenso esforço para equilibrar o orçamento. *Eça a Ramalho*:

> As minhas dívidas — que eu quero pagar este ano — são este ano a minha despesa. Os meus vencimentos e recursos são — os meus ordenados: 37 libras mensais; mais 10 a 15 libras mensais de representação; a minha correspondência da *Actualidade*, 7 libras mensais; o meu contrato com o Chardron para a novelazinha mensal — 22 libras mensais. Soma, 80 libras mensais. — As minhas dívidas são um pouco mais de metade desta soma.[2]

Podia parecer pouca. Para o romancista era fardo insuportável, e ele se lamentava ao "melhor amigo": "Pois bem, a minha situação é desgraçada".

---

1 PINA, Mariano. "Eça de Queiroz". *A Ilustração*, Paris 5.5.1887.
2 Carta de Newcastle, 17.1.1878. *Novas cartas inéditas*.

E pedia que lhe encontrasse um *homem compassivo* capaz de emprestar-lhe 800 mil-réis. Era o desalento: "Salve-me — de uma situação que me arruína, me enterra cada dia mais, me preocupa a ponto de me tornar estúpido".

E, para amenizar esse tom quase patético, lembrava Balzac: "As dívidas", dizia,

> serviram a Balzac para aprofundar o mundo bancário, agiota, notário e forense: mas eu nem tenho essa consolação, que as minhas dívidas me tragam a revelação de tipos essenciais: elas só servem para me envelhecer e me bestificar.

Teria Ramalho obtido o empréstimo? O certo é haver Eça continuado a trabalhar incansavelmente. Mais tarde ele escrevia a Chardron: "tenha visto o meu tempo tão ocupado, que para satisfazer as suas justas reclamações tenho de prolongar as minhas horas de trabalho até a fadiga".[3] Na realidade, Chardron parecia desejar inesgotável aquela mina de ouro, e de quando em quando criou aborrecimento para o romancista. Em certa ocasião, havendo o editor insistido por novos trabalhos, Eça respondera-lhe agastado:

> Que eu esteja doente, ou tenha afazeres, ou esteja sem *verve* — é-lhe perfeitamente indiferente: as minhas conveniências, ou as minhas condições de espírito — não lhe merecem a menor consideração: o essencial é que eu produza tantas folhas de prosa por dia como um negro deve cortar uma certa porção de cana-de-açúcar![4]

Na verdade ele preferia andar lentamente: era a maneira de cinzelar o que lhe saía das mãos. E, sem descobrir as razões do artista, dizia ao editor:

> É necessário não fatigar o público com os meus livros: se lhe atirarmos três ao mesmo tempo eu perco como escritor a grande qualidade da novidade e da raridade. Um autor que escreve muito é como uma mulher bonita que se mostra por toda a parte: o público termina por não se impressionar.[5]

---

[3] Carta de Newcastle, 12.10.1878. Arquivo de Lello & Irmão.
[4] Carta de Newcastle, 5.2.1879. Arquivo de Lello & Irmão.
[5] Carta de Newcastle, 12.10.1879. Arquivo de Lello & Irmão.

Por que lançar de uma vez *O primo Basílio*, *O Padre Amaro*, e *A capital*? Mas, desejoso de evitar um tom acre para o assunto que o feria, Eça comentava com bom humor:

> Eu digo-lhe isto, meu prezado amigo, em perfeita harmonia e a rir: mesmo se V.Sa. relesse as cartas que às vezes me escreve riria também, a sangue-frio, do despotismo com que me impõe tarefas como se eu não fosse um homem livre, num país livre. Quem me dera, meu amigo, que eu pudesse satisfazer os seus desejos! Quem me dera ter uma natureza de ferro...

Na realidade, Eça estava longe de possuir uma natureza assim. Débil, enfermiço, tinha, entretanto, energia extraordinária. De outra feita, a propósito de um contrato, cujo cumprimento Chardron reclamava de maneira pouco delicada e cortês, Eça, que sempre fora polido, replicou-lhe magoado: "tenho o direito a estranhar e a lamentar que V.Sa. não use da mesma cortesia para comigo". E, acentuando o esforço para atender aos compromissos com o editor, lamentava-se: "Trabalho noite e dia!". A escalada era penosa. Contudo, as fadigas e as dificuldades não o faziam menos desprendido dos interesses materiais. E dizia a Chardron a propósito da nova edição do romance: "Em quanto ao preço da revisão do *O Padre Amaro*, deixo isso a sua proposta".[6] Quando se tratava de direitos autorais, Eça mostrava-se tímido e cordato, cheio de cuidados. *Eça a Chardron*:

> Lembro-me de que combinamos ou V.Sa. propôs que o pagamento das *Scenas* devia ser feito em três prestações: para mim seria mais favorável que cada romance fosse pago à entrega — isto é: desejaria receber o preço de cada um ao dar o manuscrito. Creio que isto não causa diferença a V.Sa. — e se realmente não causa, obsequiar-me-ia acedendo nesta forma de pagamento.[7]

Certamente, era o reflexo das permanentes dificuldades financeiras, das dívidas, e o romancista explicava: "Ela é para mim, nesta ocasião, a mais vantajosa".

---

6 Carta de Newcastle, 12.8.1878. Arquivo de Lello & Irmão.
7 Carta de 2.5.1878. Arquivo de Lello & Irmão.

Nessa época, atendendo a um pedido da *Renascença*, revista muito em voga, escreveu Eça de Queiroz pequeno ensaio sobre Ramalho Ortigão. Elaborado com alegria, é um modelo de observação, de justiça, e de bom humor. E, lembrando o velho companheiro d'*As Farpas*, escreveu: "Diz-se geralmente Ramalho Ortigão, autor d'*As Farpas*; não seria inexato dizer *As Farpas*, autoras de Ramalho Ortigão".[8] É quase inexplicável não se encontrar no artigo a menor referência ao tempo do Colégio da Lapa, no qual se diz haver sido Ramalho professor de Eça, que assim lembra quando se conheceram: "Eu conheci-o antes d'*As Farpas*. Já tinha então as qualidades eminentes de corpo e do coração: era forte, era são, era bom, era alegre; mas dos cabelos aos bicos dos sapatos, era, em cada polegada, um literato, mais — era um janota". Aí estava o fiel retrato da "ramalhal figura", tal como, cheios de afeto e admiração, lhe chamavam os companheiros.

Fazendo o elogio do amigo, Eça fazia o elogio do riso, "a mais útil forma da crítica, porque é a mais acessível à multidão". Que havia feito ele? Que fazia Ramalho senão ensinar os lisboetas, desde a educação dos filhos, a escolha da esposa, e o conforto da casa? Sem dúvida Lisboa devia-lhe uma estátua. E, para justificar o pouco que dissera, Eça lembrava haver escrito o ensaio num sábado, numa típica cidade industrial da Inglaterra. O dia em que "uma imensa multidão, brutal, rude, barulhenta, enche" as largas ruas cruamente alumiadas dos renques fulgurantes do gás. Olhando para a suja Newcastle ele pensava na pátria distante — como português somente aspirava "uma aldeia do Minho ou à paz dum convento". Afinal, ele se sentia um exilado enquanto o seu "melhor amigo", imponente, vigoroso, desfilava no Chiado.

Ao contrário do que se poderia supor, o imenso êxito do O *Primo Basílio* dobrou o trabalho do romancista, que não conhecia o repouso. Para aproveitar os bons ventos, Chardron desejou logo publicar nova edição. E, embora se propusesse a nada alterar — inclusive os escândalos —, limitando-se a aprimorar o estilo e fazer do livro "uma obra de arte mais harmoniosa, mais completa"[9] a revisão consumiria meses. Em outubro, concluída a tarefa, Eça informou ao editor:

---

8 QUEIROZ, Eça de. "Ramalho Ortigão". *Notas contemporâneas*.
9 Carta de Newcastle, 15.6.1878. Arquivo de Lello & Irmão.

> *O Primo Basílio* deu-me um trabalho dos demônios. Eu não sou um gênio, como sabe, e trabalho devagar: talvez, não acredite, mas cada folha da revisão do *Primo* levou-me de dois a três dias: fui por isso forçado a choutar quando a sua impaciência me exigia que eu *galopasse*. Enfim, graças a Deus, *O Primo Basílio* está pronto.[10]

Desse apego à perfeição ele, tal como Flaubert, jamais se afastaria. Quando este morreu, pouco depois, Eça debuxaria este perfil: "Era verdadeiramente um monge das letras. Elas permaneceram sempre o seu fim, o seu centro, a sua regra". Tal como o seu ídolo, Eça possuía inesgotável paciência na procura da palavra que lhe parecesse mais adequada. De Mariano Pina é este depoimento sobre Eça:

> Para descobrir a forma mais exata d'uma observação que se há de transformar em axioma, é tão implacável com o seu estilo como o era Sthendal. Para obter que um descritivo lhe dê a imagem exata do indivíduo que ele observou através do cristal do seu monóculo — passa uma noite em claro, numa luta terrível com a frase, como sucedia com Flaubert, de quem ele é tão brilhante continuador.[11]

Agora, de permeio com *A capital*, na qual despenderia anos até a pôr definitivamente numa gaveta, ele se propunha a fazer grande alteração no *O Padre Amaro*. Um livro novo, diria, contrariando o editor, que pensava deixar aquelas mudanças para uma edição ilustrada.

> Agora, quanto ao *Padre Amaro*: a sua idéia de fazer agora rápidas emendas, e de reservar a revisão radical para a edição ilustrada — é inexeqüível sob o ponto de vista d'Arte, e contrário aos seus interesses. *O Padre Amaro* editado novamente por V.Sa. deve sair completo, e ficar de uma vez para sempre: alterar um livro todos os semestres é uma trica que enfastia o público e que lhe embota a curiosidade.[12]

Na verdade iria quase virar o romance pelo avesso, talvez inconformado com a superioridade por muitos proclamada, no confronto com *O Primo*

---

10 Carta de Newcastle, 12.10.1879. Arquivo de Lello & Irmão.
11 PINA, Mariano. "Eça de Queiroz". *A Ilustração*, 5.5.1887.
12 Carta de Newcastle, 12.10.1878. Arquivo de Lello & Irmão.

Basílio. Não era *O Padre Amaro* o livro que "trouxera no ventre"?

Da preferência por este último Eça jamais fez segredo. De Dinan, na costa francesa, onde passara o verão, ele escrevia a Chardron: "*O Padre Amaro*, tal qual vai, é uma obra nova — a minha melhor obra".[13] Tencionava, aliás, mudar-lhe o título para *O Sr. Pároco*. E, depois, ao recomendar boa propaganda para o livro, tal como se fora um romance novo, dizia: "Pode sem receio anunciá-lo como tal: mas, é um romance *bien autrement interessante* que *O Padre Amaro*". Sem dúvida, era o livro da sua paixão. E bastava saber da inexistência do romance em Madri, logo escrevia ao editor, pedindo-lhe remeter "uma porção d'exemplares do *O Padre Amaro*, para o tornar conhecido em Espanha". Ao que acrescentava: "*O Primo Basílio* é lá popular; o outro ignorado, e é o melhor".

O tempo não mudaria as preferências do autor. Bem mais tarde, em 1890, escrevendo a Oliveira Martins, ele diria inconformado: "*O Primo Basílio*, esse *fait-Lisbonne*, foi traduzido em inglês, alemão, sueco e holandês, nestes últimos seis meses! Que atroz injustiça para o pobre *Padre Amaro!*".[14]

Nessa estada em Dinan, Eça escreveu *O Conde d'Abranhos*, que ficaria entre os livros deixados inéditos. E a Chardron, dando idéia do romance, dizia:

> *O Conde d'Abranhos* é um estadista, orador, ministro, presidente do Conselho, etc. — que sob esta aparência grandiosa é um patife, um pedante, e um burro. O fim do livro, pois, é — além duma crítica de nossos costumes políticos — a exposição das pequenas estupidezes, matreirices e pieguices que se ocultam sob um homem que um país inteiro proclama grande. O Zagallo, secretário, é tão tolo como o ministro: e o *piquant* do livro é que, querendo fazer a apologia do seu amo e protetor, o idiota Zagallo apresenta-nos numa crua realidade a mediocridade do personagem. Mas, para se avaliar este elemento cômico é necessário ler...[15]

Ainda uma vez, Eça usava o grotesco na criação de um personagem. Mas, como aconteceu com outros romances, este também acabou esquecido e

---

13 Carta de Dinan, 23.6.1878. Arquivo de Lello & Irmão.
14 Carta de Paris, 28.1.1890. *Correspondência*.
15 Carta de Dinan, 23.6.1878. Arquivo de Lello & Irmão.

inédito: jamais o artista abriria mão da perfeição ambicionada. A última vez em que se sabe haver falado com Chardron sobre o romance é nesta carta, de Dinan:

> Não compreendo o que me diz quando, falando do *Conde d'Abranhos* exprime surpresa de que ele não apareça com o meu nome! Um livro meu sem o meu nome! Que quer V.Sa. dizer? — Em todo o caso vejo que tem apenas um desejo moderado de o publicar. Pois eu creio haver nele mais elementos de sucesso ruidoso n'ele que em nenhum dos livros meus — ou alheios. Em todo o caso, n'*en parlons plus*.[16]

A caricatura seduzia o romancista. Este, no entanto, sepultou o pobre *Conde d'Abranhos* entre seus papéis.

Esquecido o *Conde d'Abranhos*, prendeu a atenção de Eça o romance que chamou a *Batalha de Caia*. Tanto quanto uma obra de arte acreditava-o fonte de dinheiro, para pagar dívidas que o angustiavam. Como imaginara o romance, numa imprevista e momentânea inspiração, ele informou Ramalho, o antigo confidente: "Concebi o livro uma tarde, em casa de uma senhora, estando só com ela; ela tocava uma 'gavota' favorita de Maria Antonieta — e eu ao pé do lume acariciava". A cena era romântica, e a carta continuava:

> De repente, sem motivo, sem provocação — lembrou-me, ou antes flamejou-me, através da idéia, todo esse livro, tal qual o descrevo: singular, não? Fiquei aterrado, supus ser um bom pressentimento, ou uma visão. Depois a minha segunda exclamação mental foi esta: — *Que escândalo no país!*[17]

De fato, o romance punha a nu a fraqueza, a anarquia, a covardia em que mergulharia Portugal em conseqüência de maus governos. Em meio a uma guerra continental, a Espanha invadia um Portugal aviltado, que se deixava dominar facilmente, enquanto as tropas estrangeiras cometiam toda sorte de tropelias voluptuosas. A brutalidade arrepiaria os leitores. E Eça dizia a Ramalho: "O burguês gosta da rica cena de deboche? Há de

---

16 Carta de 10.7.1879. Arquivo de Lello & Irmão.
17 Carta de Newcastle, 10.11.1878. *Novas cartas inéditas*.

tê-la: somente desta vez é a sua filha violada, em pleno quintal, pelo brutal catalão dos dragões de Pavia".

Seria a maneira de despertar o país do torpor em que vivia? Acordaria o porco adormecido? Eça ia direto ao assunto: "E simplesmente o que eu quero fazer: é dar um grande choque elétrico ao enorme porco adormecido (refiro-me à pátria)". E, pensando no imenso escândalo que o romance suscitaria, ele prelibava os bons lucros que auferiria. Dizia francamente: "Além do escândalo, quero dinheiro". E para o alcançar, concomitantemente com o romance concebera escrever a Andrade Corvo, ministro dos Estrangeiros, admitindo não publicar o romance escandaloso, e aventando ser justo nessa hipótese que o Ministério o indenizasse, pagando-lhe o valor do trabalho.

Dessa carta, depois de lê-la, devia ser Ramalho o fiel portador. Também a Chardron, Eça informou sobre o romance, e enquanto aguardava ansioso a resposta de Ramalho, Eça dizia-lhe, prelibando o êxito da publicação: "Há vagas esperanças que eu possa publicar o *livro* de que lhe falei: seria uma grandiosa especulação".[18] Iludia-se. E enquanto continuava a esperar a resolução do Ministério, voltava a escrever a Chardron:

> Aguardo com impaciência uma resposta de Lisboa sobre a *Batalha de Caia*. Do Brasil fizeram-me uma brilhante proposta para um romance — ainda não dei resposta definitiva. Todo meu empenho é desembaraçar-me do *Amaro* e *Capital* o mais depressa possível — e se a cousa se resolver bem, dedicar-me à *Batalha*: isso é que é negócio — e isso é que é livro! [19]

O romancista sonhava.

Afinal veio a resposta — era cruel. Fundamente ferido, Eça escreveu a Ramalho depois de a receber.

> É porém evidente que se V. entreviu na carta ao Corvo uma *chantage* em tentativa, então o seu dever era, na impossibilidade de me quebrar uma bengala nos rins, mandar-me uma "desanda" pungente e o meu dever paralelo era prostrar-me de reconhecimento diante de um tão nobre uso da amizade.[20]

---

18 Carta de 10.11.1878. Arquivo de Lello & Irmão.
19 Carta de 23.12.1878. Arquivo de Lello & Irmão.
20 Carta de Newcastle, 28.11.1878. *Cartas de Eça de Queiroz*, Ed. Aviz.

Talvez involuntariamente, ou por errônea interpretação da proposta, Ramalho lançou por terra todas as esperanças do amigo. Agora, em vez de acordar o "porco adormecido" ele sentia necessidade de se defender a todo transe da insinuação de *chantage*. Esta pareceu-lhe absurda, pois jamais condicionara a destruição do romance ao recebimento de qualquer importância do Ministério, condição essencial para caracterizar o crime, dizia. E, não permitindo sombra de dúvida no espírito de Ramalho, Eça justificou-se longamente:

> O meu caso é simplesmente um *excesso de cautela*: eu produzi uma obra d'arte, sendo cônsul e escritor: como cônsul, não quero que o Governo, julgando esse livro inconveniente, me trate como tratou o Barão Sant'Ana, *autor de um livro impatriótico*, e pretendendo obter, com o consentimento prévio de S. Exa., a certeza de que depois da publicação eu não serei incomodado, e, em segundo, como escritor, desejo que o governo, se não lhe convém, por motivos puramente d'Estado, que a minha obra se imprima, m'indenize, considerando que um volume é um capital, da perda que me faz sofrer — porque eu, não pertencendo ao Estado, não quero ser vítima da razão d'Estado![21]

Menos feliz do que o *Conde d'Abranhos*, que ressuscitou após a morte do autor, da *Batalha de Caia* não se teve mais notícia. "Além do escândalo, quero dinheiro", escrevera Eça a Ramalho. Não teria nem uma cousa, nem outra. Guerra Da Gal, na sua portentosa pesquisa, encontrou em Tormes duas magras folhas de papel "J. Whatmann", das que usava o romancista, e onde aparecem traços da catástrofe, a invasão de Portugal por Afonso XII, em 1881, a mutilação do território, a perda da independência, o domínio de Castela. "Queime isso! Queime isso!", dissera a Eça um *attaché* da Legação de Portugal em Londres, a quem ele lera um esboço do romance. Teria Eça queimado o romance de tantas esperanças? Um mistério cobriu a *Batalha de Caia*.

O renome abria oportunidades, e Eça informou a Ramalho: "Meu pai escreveu-me há dias, falando-me do desejo que tinha Gonçalves Crespo (é um rapaz que faz versos, muito engenhosamente trabalhados, não é verdade?) em me convidar para mandar correspondências ao *Jornal*

---

21 Ibidem.

do Comércio". Sim, era o Príncipe dos Parnasianos. Pelos seus versos, e, depois, por ele próprio, apaixonara-se a escritora Maria Amália Vaz de Carvalho, fascinada pelas poesias aparecidas, em 1870, sob o título de *Nocturnos*. "Foram os versos da sua mocidade" escreveu Maria Amália, "coligidos debaixo daquele título, que m'o fizeram conhecer e admirar".[22] À admiração seguira-se o amor e o casamento. E, depois de morar algum tempo em Pinteus, o casal se instalara em Santa Catarina, onde Maria Amália seria o centro de um salão reunindo o que a inteligência tinha de mais expressivo em Portugal. "Ali", lembra o memorialista conde de Sabugosa, "Eça de Queiroz em noites concorridas encantava as senhoras com as suas paradoxais fantasias, ou, nas de maior intimidade, lia trechos dos seus romances que representava ao mesmo tempo com a voz e o gesto".[23] Às vezes renascia o ator dos tempos de Coimbra.

O convite era amável, simpático, talvez rendoso. Entretanto, talvez por influência de Ramalho, colaborador da *Gazeta de Notícias*, jornal em plena evidência no Rio de Janeiro, Eça preferiu a proposta vinda por intermédio de um irmão de Ramalho, que morava no Brasil, para escrever nesse jornal. Além da correspondência quinzenal, oferecia o romance mais tarde transformado n'*A tragédia da Rua das Flores*. Eça a Ramalho: "O assunto é grave — incesto; mas tratado com tanta reserva, que não choca. *Os amores de um lindo moço*, título pretensiosamente medíocre. Poderei *pour la circonstance*, chamar-lhe: *O Brasileiro*; o herói é-o".[24] Era mais um romance a entrar no rol dos que Eça jamais publicaria. No Brasil seria imenso o público da correspondência. A fama atravessara o Atlântico.

***

Após a publicação de 1876, Eça pensou em uma edição ilustrada do *Padre Amaro*, e imaginou confiá-la ao famoso artista Manuel de Macedo, a quem escreveu modestamente:

> escuso de te dizer, grande artista, o orgulho que teria em que cimentasses, com o teu lápis, a minha pena. Não sei se leste o *Crime do Padre Amaro*: não

---

22 CARVALHO, Maria Amália Vaz de. *Alguns homens do meu tempo*, p.3.
23 Conde de Sabugosa. *Embrechados*, p.162.
24 Carta de 28.11.1878. *Cartas de Eça de Queiroz*, Ed. Aviz.

é um bom livro, certamente, mas oferece pitoresco bastante para uma série de desenhos: é um romance *ilustrável*: a vida da pequena vila devota, o grupo de padres e beatas da casa da S. Joaneiro, o mundo grotesco e *baroque* que se agita em torno da velha Sé, etc. — são ampla matéria desenhável.

Eça desvendava um pouco da própria visão sobre o romance.

A idéia, entretanto, não vingara pelo receio de expor o ilustrador ao ódio das sacristias, onde se acreditava suscitasse o livro imensas reações. Contudo, com surpresa para o autor, o romance fora recebido com benignidade. E de Newcastle Eça voltou ao assunto:

> Lembras-te que há anos falamos em fazer uma edição ilustrada d'o *Crime do Padre Amaro*? Havia então dificuldades: uma era que sendo o romance revolucionário trazia ao desenhista, bem como ao autor, a maldição e o ódio dos conservadores devotos: e se me era indiferente a mim ser maldito não te convinha a ti ser odiado![25]

A conclusão, entretanto, fora precipitada, e Eça prosseguia entre satisfeito e surpreso:

> Esta dificuldade desapareceu. O romance foi publicado, a primeira edição esgotada — e, ou lido na *Revista Ocidental*, ou lido depois em livro, não provocou nem na imprensa católica-apostólica, nem nas sacristias, nem em Braga, nem nos cidadãos que usam opa, nem nos *boudoirs* das beatas chics — um murmúrio sequer de indignação... leram, gostaram. Recebi parabéns de gente que freqüenta o *mês de Maria*. O crime do Padre Amaro, sem ter atravessado a polêmica partidária, entrou na tranqüilidade clássica. Não corres, portanto, ilustrando-o agora o perigo de excomunhão.

Para Eça era o inesperado. De algum modo a tolerância desarmara-o, e isso talvez explique as tintas mais amenas com que pintou os novos padres introduzidos no romance. E no mesmo dia ele informou a Chardron sobre as velhas cogitações da edição ilustrada:

> É já entre mim e o Macedo uma idéia antiga: o que impediu sua realização foi que antes da publicação do *Padre Amaro* nós pensáramos que esse livro extremamente revolucionário trazia não só ao seu autor, mas ao seu

---

25 Carta de Newcastle, 2.5.1878.

desenhista todo o ódio do mundo conservador e devoto. Santas Missões! Reacionários e beatos leram o livro com deleite — ninguém me ganhou ódio e alguns deram-me os mesmos parabéns.[26]

Sinal de que o autor dificilmente avalia exatamente as reações da própria obra. E o *Padre Amaro* seguia sem bulha o seu caminho. Agora quem o desejava alterar, mudar, transformar, era Eça de Queiroz: estava insatisfeito com o livro. E durante um longo ano ele pacientemente tonsuraria o *Padre Amaro*, criando personagens, mudando episódios, ou introduzindo outros, até fazer o que considerou um novo romance.

Para os leitores da edição anterior era uma surpresa. Certamente, lembravam-se do prefácio:

> Hoje *O crime do Padre Amaro* aparece em volume — refundido, e transformado. Deitou-se parte da velha casa abaixo para erguer a casa nova. Muitos capítulos foram reconstruídos linha por linha, capítulos novos acrescentados; a ação modificada, e desenvolvida; os caracteres mais estudados, e completados; toda a obra enfim mais trabalhada.

E concluía: "Assim *O crime do Padre Amaro* da *Revista Ocidental* era um rascunho, a edição *provisória*; o que hoje se publica é a obra acabada, a edição *definitiva*". Essa edição definitiva o romancista ia alterar fundamente.

Enquanto cuidava do *Padre Amaro*, Eça também pensava nas *Scenas*, e destas na *Capital*, que sonhava concluir. "Elas vão rapidamente", informava Chardron, "a *Capital*, creio, estará brevemente pronta."[27] Era a habitual ilusão do romancista. E durante os anos de 1878 e 1879 ele trabalhou nos dois livros, que imaginava terminar. Aliás, em maio daquele ano ele já anunciava num tom de vitória: "A *Capital* está copiada em três quartas partes. Logo que a termine — remetê-la-ei". Na verdade nunca a publicaria. Também não demorara em convencer-se da impossibilidade de cuidar de dois livros concomitantemente, e, em outubro, ele confessava ao editor sobre a *Capital*:

> Eu tenho o manuscrito pronto até a última linha: mas preciso revê-lo com minuciosidade: e se revejo o *Padre Amaro* não posso ocupar-me

---

26 Carta de Newcastle, 2.5.1878. Arquivo de Lello & Irmão.
27 Carta de Newcastle, 20.2.1878. Arquivo de Lello & Irmão.

da *Capital*: eu não sou um homem como César para escrever duas cartas — ou dois livros — ao mesmo tempo. Parece-me pois que o melhor e mais prudente, o mais hábil, será fazer toda a força sobre o *Padre Amaro* — e deixar a *Capital* para o fim do ano.

No fundo era pretexto para adiar a *Capital*, como o faria repetidamente. João Gaspar Simões, ao estudar "as razões que levariam Eça de Queiroz a repudiar a *Capital*" acredita residirem na circunstância de ser um romance *à clef*, no qual desfilavam caricaturas de amigos do romancista, entre os quais Antero de Quental, José Fontana, Batalha Reis e Salomão Saraga. Sem falar no próprio Eça, que, segundo Gaspar Simões, ter-se-ia auto-retratado no personagem Artur Corvelo. Ao escrever a Ramalho sobre o romance, Eça o tinha como "violenta condenação de toda a sociedade constitucional!". E perguntava-lhe pouco adiante:

> Você leu o primeiro capítulo da *Capital*? Que lhe parece? A mim pareceu-me mau, e o resto do livro, você verá, pior; é frio, é triste, é artificial; é um mosaico laborioso; pode-se gabar a correção mas lamenta-se a ausência de vida; os personagens são todos empalhados — e tenho-lhes tanto ódio, que se eles tivessem algum sangue nas veias, bebia-lho.

Como sempre o encanto de Eça estava no *Padre Amaro*, e ele dizia a Ramalho: "Talvez a segunda edição do *Padre Amaro* lhe agrade, todavia; é mais humana, é mais quente".[28]

Com aquelas idéias sobre o romance, e com a natural incapacidade de julgar os próprios livros, compreende-se que Eça acabasse por não o publicar. Jean Girodon, crítico francês, diria mais tarde ser ridículo tomar ao pé da letra aquelas lamentações do romancista, "pois as obras-primas aí estão para nos mostrar quanto Eça era injusto consigo". O que não impede se encontrar na *Capital* larga influência das *Ilusões perdidas* e d'*A educação sentimental*. Valery Larbaud, que leu a *Capital* de um trago, ao viajar no *Sud-Express* entre Guarda e Alsácia, reconhece com entusiasmo ser o romance um grande e belo painel da sociedade portuguesa no fim do século XIX.[29] Para a condenar Eça precisara pintá-la.

---

28 Carta de 28.11.1878. *Cartas de Eça de Queiroz*. Ed. Aviz.
29 GIRONDON, Jean. "Eça de Queiroz et Flaubert". *Bulletin des Études Portugaises et bresiliens*, t.41. Paris, 1980.

Autor e editor desejavam correr. *Eça a Chardron*:

> também quero pressa, muita pressa na publicação d'*Amaro e Capital*. Mais pressa ainda que a que V.Sa. tem. Portanto: estou revendo a galope *Amaro*... Poderá o *Padre Amaro* estar pronto num mês? Eu repito — desejo que ele seja anunciado como um trabalho quase novo: as emendas que eu faço tudo alteram — os caracteres, os episódios, o estilo, e a intenção do livro. Tenho idéia de lhe introduzir dois capítulos d'*escândalo*: já que me picam respondo.[30]

De fato ele mudaria fundamente o romance, ora retirando algo doloroso, ora pondo um traço de bondade humana. Ao anunciar a nova edição, a *Bibliografia portuguesa e estrangeira*, de 1880, chamou a atenção dos leitores para novos personagens como o padre Silvério, o boticário, a odiosa Totó, o administrador do Conselho, e o abade Ferrão. E dizia que o autor parecera afastar-se dos processos do realismo.

O aparecimento do abade Ferrão, notou Helena Cidade, que tanto estudou o romance, "é uma lufada de ar fresco no ambiente abafante e paralisador em que se enfronha todo o romance". E Luiz Magalhães, que de perto conheceu os sentimentos de Eça, deu este testemunho:

> A sua ironia era a de um cético bondoso, não de um pessimista amargo, sombrio, esvurmando bílis. Tanto que um dia, parecendo-lhe que a soberba galeria de tipos eclesiásticos do *Padre Amaro* podia ser tomada como o propósito de denegrir toda uma classe, refundiu o seu magistral romance e em frente dos padres dissolutos e hipócritas pôs essa admirável flor de crença e piedade cristã, que é o abade Ferrão.

Mas, no desejo de amenizar a amargura, nada se compara à supressão do brutal infanticídio. Como esquecer aquele final em que Amaro, posta uma grande pedra ao lado da criança, entrouxa tudo em um pesado fardo, que deixa cair na água escura? "Aquilo fez pchah!". E ele matara o próprio filho. Diferente é o desfecho da nova edição. Nesta, mais humana, Amaro quer salvar o filho. E o forte sentimento paterno ressalta do breve diálogo, no momento em que sabe da morte da criança:

---

30 Carta de Newcastle, 10.11.1878. Arquivo de Lello & Irmão.

— Mente! — gritou Amaro. — Quero ver.
— Entre, senhor, se quer ver.
— Mas, que lhe disse eu ontem, mulher?
— Que quer, senhor? Morreu. Veja...

Ao passo que se recusara a retirar as cenas de escândalo do *Primo Basílio*, agora ele derramava sobre o *Padre Amaro* um pouco do leite da bondade humana.

Eça jamais correria com os romances. Contudo, a revisão andava, e Chardron pensou acrescer um prólogo e a biografia do autor, que era pouco simpático a ambas as idéias. Por que revolver um passado que certamente preferia esquecido? Pensara-se, aliás, em publicar-se o artigo de Guerra Junqueiro e Eça escreveu a Chardron para contornar o assunto: "Em quanto à biografia — a do Junqueiro no Ocidente não convém: nem é uma notícia da minha vida, nem um estudo sobre o livro: é uma brilhante página de prosa a propósito da minha pessoa".

Preferia "uma simples notícia biográfica, sem elogios, nem vitupérios, dizendo dum modo claro os principais traços da minha carreira literária". E, para evitar de uma vez com a possibilidade de alguma indiscrição, propunha-se a fazer ele próprio a nota biográfica: "Escusa mesmo de levar assinatura. Se quer eu lh'a faço".[31] Era a maneira de eliminar qualquer risco. E, para ter uma porta entreaberta, admitia Ramalho, que sabia ausente: "O Ramalho", dizia, "era o nosso homem — se não estivesse em Paris".

A idéia, entretanto, não morrera. E havendo Ramalho regressado, Eça escreveu-lhe com humor, escondendo o receio que o dominava:

Conhece Você, nos juncais do Porto, um tigre por nome Chardron? Essa fera escreveu-me há tempos, dizendo d'*un ton paternel* que ia encomendar a minha biografia a um literato da capital. Fiquei gelado. Vê Você daí o Gervásio Lobato fazendo variações sobre o meu nascimento?

A hipótese fazia Eça tremer. E para descartar-se do próprio Ramalho, o romancista advertiu-o:

Se Você aceitar a encomenda, minha biografia — não se esqueça de que ela é publicada num livro meu, e que o país todo e as terras de Santa-Cruz

---

31 Carta de Newcastle, 12.8.1878. Arquivo de Lello & Irmão.

sabem que nos liga uma amizade fraterna. Qualquer elogio — seria incitar o leitor — *di cá* ou *di lá* a rosnar, mostrando o dente: — Compadres![32]

Temia o ridículo do elogio mútuo. Não escrevera ele há pouco um artigo sobre Ramalho? Por fim, informava com modéstia: "Dados para a minha biografia não lhos sei dar. Eu não tenho história, sou como a República do Vale de Andorra". Continuava a enganar-se.

Afinal, a nova edição apareceu com breve prefácio do autor, abordando as críticas que apontavam o *Padre Amaro* como imitação do romance de Zola, *La Faute de l'Abbé Mouret*, e agradecendo a benévola atenção da crítica, em Portugal e no Brasil. Eça chegara, aliás, a escrever um estudo sobre *Idealismo e realismo*, e que imaginara como prólogo da edição. Depois, avesso às polêmicas que o tema suscitaria, preferiu recolhê-lo a uma gaveta, donde somente sairia após a sua morte. Era o elogio da escola naturalista, e a exposição dos motivos que o haviam levado a refundir o romance:

> Quando publiquei pela primeira vez *O crime do Padre Amaro*, eu tinha um conhecimento incompleto da província portuguesa, da vida devota, dos motivos e dos modos eclesiásticos. Depois, por uma freqüência demorada e metódica, tendo talvez observado melhor, eu refiz simplesmente o meu livro sobre estas novas bases de análise.[33]

O romancista não considerava, porém, completa e perfeita a observação posta no romance. E confessava sem desaire:

> Quer isto significar que *O crime do Padre Amaro*, publicado agora, dá em absoluto, na sua realidade complexa, o padre e a beata, a intriga canônica, a província em Portugal nesse ano da graça de 1879? Oh! certamente que não!

Por mais que houvesse fixado o famoso monóculo sobre o mundo da Sé de Leiria, o romancista não julgava completa e perfeita a sua obra. O trabalho era árduo, mas dava-lhe alegria. Não fazem as abelhas o mel? E cheio

---

32 Carta de Newcastle, 10.11.1878. *Novas cartas inéditas*.
33 QUEIROZ, Eça de, "Idealismo e Realismo". *Cartas inéditas de Fradique Mendes*.

de entusiasmo, confiante como um tecelão que via sair-lhe das mãos um belo pano, Eça comunicava a Chardron: "Vou, pois, dedicar-me (estou me dedicando) a uma transformação do *Padre Amaro*: como pode ver pelas folhas impressas, o livro assim emendado parece outro".[34] E por todo o ano de 1879 Eça teceria o que chamava a sua "melhor obra".

***

Em outubro, o cônsul foi removido para Bristol: depois de três anos ia deixar a feia e escura capital do carvão. Também se aproximaria de Londres. Contudo, preso pelas obrigações do consulado, somente em abril do ano seguinte estaria de mudança para as alegres margens do Avon, tendo ficado em Newcastle durante o rigoroso inverno, que lhe abalou a saúde. Ele se queixava: "a minha saúde não me permitindo fazer excessos de trabalho, tive de retardar alguns dias a remessa do *Amaro*".[35]

Como sempre andaria devagar. Mas, tudo marcharia bem não fossem as desavenças com Chardron, a quem escreveria cartas como esta:

> Permita-me que classifique o seu procedimento de uma ingratidão atroz. Eu tenho feito pelos interesses de V.Sa. cousa que ninguém acreditaria e poucos aprovariam. Em lugar de me limitar a corrigir por alto o *Amaro* estou lhe fazendo um livro novo, de que V.Sa. pode tirar lucros iguais aos do *Basílio*... E como me paga V.Sa.? Tratando-me como se eu fosse um escrevinhador assalariado, que deve produzir tantas páginas por dia — sob pena de ser repreendido!.[36]

Eça de Queiroz transbordava. Havia pouco, aliás, que Chardron perdera um irmão, do qual era também sócio, e Eça escreveu-lhe pesaroso: "A vida é feita de perdas sucessivas, e cada dia morre alguma cousa de nós mesmos, ou, o que vem a ser o mesmo, algum dos que amamos". Na verdade Eça acreditava renascer nos romances que fazia.

O ano acabava quando o *Padre Amaro* foi concluído. De Bristol, em 7 de dezembro, Eça comunicou ao editor: "Creio que já deve ter recebido

---

34 Carta de Newcastle, 12.10.1878. Arquivo de Lello & Irmão.
35 Carta de Newcastle, 23.11.1878. Arquivo de Lello & Irmão.
36 Carta de Angers, 21.10.1879. Arquivo de Lello & Irmão.

todo o original. Ei-lo pois acabado o romance, e bastante trabalho me deu. Creio que está interessante e digno de atenção".

E num balanço de quanto lhe custara refazer o romance, dizia: "A tolice foi grande em reconstruir assim uma obra já julgada — mas enfim é tolice que está feita". E sempre preocupado com as aparências, e o noticiário, dizia: "Peço uma capa bonita e *distinguée*. E peço, imploro *reclame*. O livro merece-o".[37]

Embora previsto para outubro, o romance somente apareceu nos últimos dias do ano. E, sempre atento aos pormenores, Eça, depois de perguntar a Ramalho se via Antero, e onde este morava, recomendou a Chardron: "Para o Antero de Quental o melhor é entregar o volume ao Oliveira Martins, com pedido de lh'o remeter".[38]

Diante dos dois *Amaros* as opiniões se dividiriam. Fialho de Almeida, por exemplo, tendo escrito que "*O crime do Padre Amaro* é uma obra-prima, igual às melhores que a admiração universal tem consagrado", não se furtaria a esta opinião franca: "Eu prefiro-lhe inda assim, salvo num ponto ou outro, a *edição definitiva*, mais sóbria e por isso mais lúcida, onde não predomina, como na última, a intenção de deslumbrar por detalhes escusados e multiplicidade de tipos".[39] João Gaspar Simões dirá que "Só na segunda versão de *O Crime do Padre Amaro* Eça surge inteiro e original". Pensamento que completa afirmando que das três versões "só a primeira corresponde a um desejo, consciente ou inconsciente, de sublimação de algo pessoal do próprio escritor". Por detrás do *Padre Amaro* estaria o problema do nascimento do romancista. E Camilo Castelo Branco anotara que lera a primeira edição com prazer e a segunda com fastio.

O debate é naturalmente interminável. Mas, de quanto se disse ou escreveu sobre a nova edição do *Padre Amaro*, podemos acreditar que nada proporcionou a Eça alegria igual à carta de Antero de Quental. Após longo silêncio, a voz do *Cenáculo* fazia-se ouvir pelo mais admirado dos seus integrantes, então residindo em Lisboa, na Calçada de Sta. Ana. A carta é simples, nítida e bela:

---

37 Carta de Bristol, 7.12.1879. Arquivo de Lello & Irmão.
38 Carta de Angers, 10.1.1880. Arquivo de Lello & Irmão.
39 ALMEIDA, Fialho de. "Eça de Queiroz", *O Contemporâneo*, n.108, artigo publicado sob o pseudônimo de Valentim Demonio.

Meu caro Eça de Queiroz:

Teve V. uma excelente, sete vezes excelente idéia, refazendo o seu *Padre Amaro*. Conseguiu assim fazer uma obra, que eu considero perfeita, e comigo quem entender um pouco destas coisas. Há muito tempo que não leio coisa que me dê tanto gosto, e o que é melhor, que me fizesse *pensar*. O seu livro é o melhor exemplar de psicologia social portuguesa contemporânea, e para lhe dizer todas as reflexões que me sugeriu tinha de lhe escrever várias folhas de papel. Fica para quando V. vier a Lisboa, se quiser arrostar com estas ladeiras, onde habito. Dir-lhe-ei somente que V. adquiriu finalmente a segurança, a facilidade e aquela espécie de bonomia superior, que é própria dos mestres. Está já acima das escolas; aquilo não é realismo, nem naturalismo, nem Balzac, nem Zola; aquilo é a verdade, a natureza humana, e é o que faz as obras sólidas, não os sistemas, as escolas. O outro *Amaro* está muito longe disto: além das tendências literárias visíveis, havia as tendências voltarianas, uma espécie de hostilidade do autor contra os personagens, que ele descrevia com intenções extra-artísticas; para concluir, para provar tese. Havia não sei que azedume misantropo. Agora é outra cousa. Agora está V. na região serena da contemplação pura das cousas, cheio de longanimidade, imparcial, vendo só os homens e os corações dos homens, pelo interesse que neles há, pela verdade natural, e não como argumentos para teses. Isto quanto a mim é o que é verdadeiro realismo, verdadeiro naturalismo, isto é que é a grande Arte. Assim fizeram Molière e Shakespeare, Balzac e Goldsmith. Seu livro deixou de ser uma obra de tendências para ser uma obra humana. A longanimidade, a indiferença inteligente com que V. descreve aquela pobre gente e os seus casos encantou-me. Com efeito aquela gente não merece ódio nem desprezo. Aquilo no fundo é uma pobre gente, uma gente boa, vítimas da confusão moral no meio de que nasceram, fazendo o mal inocentemente, em parte porque não entendem mais nem melhor, em parte porque os arrasta a paixão, o instinto, como pobres seres espontâneos, sem a menor transcendência. Isto é a verdade, em geral, de todos os homens, por isso a grande Arte é sempre serena, tolerante, magnânima...

Ainda se lembraria Eça dos dias em que dissera a Batalha Reis que Antero "entende tanto de arte — como eu de mecânica"? Eram tempos distantes, certamente esquecidos. E, depois de tão bem haver falado do romance e dos seus personagens, Quental voltava-se para o artista e o estilista:

Quanto ao artístico, V. não precisa que eu lho indique. É um artista consciente, sabe muito bem o que faz. O seu estilo à parte alguma incorreção e uma certa pobreza de vocabulário (V. nunca quis ler os clássicos) é admirável. Já há muito eu tinha notado que é V., entre nós, o único que nunca é banal. Nos seus períodos não há nunca uma palavra para encher, para arredondar, mandada por ali pelo ouvido e pela imaginação. Ali, cada palavra está porque deve estar: pinta, descreve, explica. É isso o ideal do estilo. O seu é vivo, tem, deixe-me assim dizer, o magnetismo da vida, *empoigne*. A gente vê.

Certamente, o autor dos *Sonetos* dizia tudo. E concluía com afeto: "Vivo monasticamente, ou antes, cenobiticamente. Já leu a *História de Portugal* do Oliveira Martins? Leia. É o que se chama uma revelação. Adeus do C. *Antero de Quental*".[40]

---

40 Obras de Eça de Queiroz. *O crime do Padre Amaro*. Ed. Livros do Brasil.

9
O bosque dos rouxinóis

Sempre às voltas com dificuldades financeiras, Eça de Queiroz passou a vida engendrando planos que lhe proporcionassem recursos. Entre eles, um dos mais persistentes foi a da fundação de revistas, alimentado até o fim. De Coimbra trouxera a malograda idéia da revista com Anselmo de Andrade, "um jornal cheio das modernas tendências espirituais, na ordem política, na ordem literária e na ordem social". Era o sonho do reformador desejoso de semear novos tempos.

Concluída a revisão d'*O Padre Amaro*, Eça pensava uma espécie de *Farpas* universais, e, de Angers, escreveu a Chardron:

> Tenho uma idéia (para depois da *Capital*) que espero em Deus, pode tornar-se uma bela especulação para ambos. É uma Revista mensal do Estrangeiro — política, arte, literatura, costumes, escândalo e *causerie* — editada por V.Sa. e publicada e escrita por mim! Um jornal de sessenta páginas mensais, que levaria a Portugal e ao Brasil a história mensal do que se passa aqui nos países da civilização: de fato uma espécie de *Farpas* do estrangeiro.[1]

Como freqüente, o plano perdeu-se na fecunda imaginação do escritor, que substituía uma concepção por outra. A própria *Capital*, cuja conclusão prometera firmemente, mais uma vez foi posta à margem para

---
1 Carta inédita de Angers, 10.1.1880. Arquivo de Lello & Irmão.

atender a pedido de Lourenço Malheiro, velho amigo, que fundara o *Diário de Portugal*, e necessitava popularizá-lo. De Lisboa, Eça comunicou a Chardron:

> Logo que aqui cheguei, um amigo meu, amigo de infância, a quem eu não podia recusar nada, insistiu instantemente comigo para que eu escrevesse uma novela para o jornal de que ele é proprietário... Eu não podia recusar este serviço e tenho passado este tempo a trabalhar como um Hércules, para lhe fazer a novela.

A novela estava pronta, devia começar a aparecer dentro de dez ou quinze dias, e Eça, oferecendo ao editor a prioridade da publicação em livro, dizia-lhe: "O assunto é essencialmente dramático — o incesto — e trabalhado para produzir a mais intensa sensação. Eu estou contente com a execução".[2] E para aguçar o interesse do editor anunciava ter recebido outras propostas.

Na verdade Eça trabalhava como um Hércules, apesar dos hábitos boêmios retomados na vida lisboeta, pois não raro levantava-se quase com o sol posto, trabalhando até tarde, quando saía para cear com amigos em algum restaurante famoso, e conversava até dia claro. Ao boêmio não eram indiferentes as mulheres. Conta João Pinto de Carvalho, na *Lisboa de Outrora*, que

> na rua Nova Trindade, defronte do Teatro do Ginásio e num prediozito em que morava a Pepa Ruiz, antes de ser atriz, habitava a Luiza, galharda sevilhana que Eça de Queiroz trouxera de Espanha, em tempo, e depois abandonara. Com as faces picadas e oleosas de *cold-cream*, alta, esguia, elegantemente vestida à inglesa, topamo-la numa noite de verão de 1880, às dez horas, de braço dado com Eça de Queiroz, rindo, cavaqueando e descendo a rua do Alecrim.[3]

Era a maneira de esquecer o exílio.

Foi por esse tempo, "num gabinete de *restaurant* onde ia cear todas as noites com rapazes", que Fialho de Almeida o conheceu, fazendo-lhe um

---

[2] Carta de Bristol, 29.4.1880. Arquivo de Lello & Irmão.
[3] CARVALHO, João Pinto de. *Lisboa de Outrora*, p.246.

perfil, clássico entre os muitos suscitados pela inconfundível imagem do escritor, alto, esguio, o monóculo pendurado sobre o peito:

> É verdadeiramente um homem de raça, com a impressionabilidade multíplice requerida pela literatura que faz, e uma paciência e probidade admiráveis, que lhe permitem transformar, refazer e destruir mil vezes uma página, sempre que pressinta não traduzir ela nitidamente a idéia a fixar ou desenvolver.

A Antônio Nobre, por exemplo, Eça diria que *A relíquia* representava três "Relíquias", pois "três vezes a refundiu, três vezes a emendou para, afinal, vir a dar uma só". Estava-se, porém, ainda longe do cruel Fialho de 1900, e o retrato de Eça continuava:

> Tudo nessa figura de cartilagem, franzina e pálida, trai o espírito depurado em requintes sutis, à custa de uma espécie de tortura física, que o rala, ao mesmo tempo que o transfigura. Olhem bem essa *masque* de face cavada e nariz astuto, com olhos de míope alternadamente coriscantes e doces, boca fina, que sob as asas do bigode, aos cantos se atormenta numa ironia que faz na sua conversa e na sua prosa, um cintilar de espadas em duelo.[4]

Quem o esquecerá, tendo-lhe ouvido a palavra simples, chistosa, que sublinhava com a eloqüência dos gestos? O conversador corria parelha com o escritor. Daí observar Jaime Batalha Reis:

> Ficará para sempre o prazer delicado de ler os livros de Eça de Queiroz; mas perdeu-se o prazer talvez ainda maior de o ouvir, quando ele conversava, quando ele contava, quando ele representava algum personagem que quisesse imitar ou a que quisesse dar vida.

Em Lisboa, era freqüente as rodas literárias se reunirem em restaurantes, e Eça os freqüentou assiduamente. Do *Augusto*, um dos mais notórios, escreveu ele curiosa carta ao seu amigo Luís de Soveral, o futuro marquês, graças à qual conhecemos aspectos daquelas reuniões boêmias.

---

4 ALMEIDA, Fialho de (Valentim Demonio). Eça de Queiroz, *O Contemporâneo*, n.108.

Depois de dizer haverem celebrado a chegada do Novo Ano "com uma canja aguada e uma perdiz burguesa", Eça, inclinado ao grotesco e à caricatura, dá-nos rápida imagem do ambiente:

> Vicente Pindela, dizia, viera tomar conosco o chá da boa amizade e a torrada da simpatia: falava-se de amores, de ti (nota a vírgula de separação), da Inglaterra, da sociedade, de mulheres que se amam entre si, da Maria (Mendoza), da Carta Constitucional... e muchissimas cosas más: Vicente saíra. Num gabinete ao lado do nosso... Noutro gemia-se uma canção dolente e queixosa em que se tratava de Ave Maria de Cadix. Mais ao longe sussurrava, vago e sensaborão, o *Sr. Alcaide Maior*. Nisso houve um silêncio. Conheces tu o silêncio que precede as furiosas tormentas, as terríveis tramas d'amor, os supremos ganidos da eloqüência, e outras extremas efusões humanas? Pois houve um desses silêncios. O corredor estava um pouco escuro. O próprio gás esmorecera. Pois foi nesse instante que, de repente, sem que dentro do *Augusto*, nem dentro do prédio se achasse o Tomaz Ribeiro, nem houvesse em todo o restaurante a menor instigação ou tentação poética — que presenciamos isto: o criado mais novo, o de bigode, o que tem o ar triste, caminhava ao longo do corredor, de guardanapo ao ombro, as mãos cheias de pratos sujos, o olhar terno, a perna frouxa, gemendo alto e com uma ternura infinita, estas linhas:
>
> Dormes? E eu velo, sedutora imagem
> Grata miragem que no ermo vi;
> Dorme — impossível — que encontrei na vida
> Dorme querida que eu descanto aqui.

Postas estas tintas, Eça, realista, continua a picaresca narrativa:

> Quando vens tu, vinhateiro do Douro? José (da Câmara) está-se comportando com uma lubricidade que lembra os antigos sátiros, Priapo, o insaciável, Tibério, o obsceno, o infame Luís XV... e os excessos do *Grand Seize* durante os dezoito anos da orgia Napoleônica. Neste momento mesmo uma pobre mulher acaba de vir espreitar ao nosso gabinete, suavemente atraída por um aroma de *bonne compagnie*. O torpe José arrojou-a sobre o sofá, esfarrapou-a, mordeu-a, beijou-a, lambuzou-a, usou-a como um capacho... Agora mesmo está, entre gritos, e estremeções, e urros, e coices, violando a Sarah Pimentel. Que vergonha!

Para não haver dúvida quanto à exatidão da narrativa, a carta continha este *post-scriptum*: "Atesto a verdade supra. *D. José da Câmara*".[5] Plantado na Travessa das Portas de Santa Catarina, o *Augusto* tinha em Eça um dos seus freqüentadores. "Neste gabinete — lê-se na *Lisboa de Outrora* —, em célebres ágapes, faiscava o espírito de Eça de Queiroz." Aí o boêmio parecia sentir-se em casa.

***

Nas visitas anuais a Lisboa o conversador continuava a encantar amigos, enquanto a celebridade do escritor suscitava curiosidade. Tinham passado os tempos tranqüilos do anonimato. Certa vez, reconhecido pelos estudantes de Coimbra quando passava para Ovar, vira-se saudado pelo entusiasmo juvenil. Antecipando-se à posteridade, a mocidade ovacionara o reformador.[6] De outra feita, surpreso ante um desconhecido, que dizia conhecer-lhe os passos, ele escreve aos amigos Pindela: "Quem lho tinha dito? A Fama, a de grandes asas, soprando com as suas cem bochechas nas suas cem cornetas!".

José Veríssimo, renomado crítico brasileiro, estando em Portugal mais ou menos por esse tempo, deixou lembranças de um espetáculo, no Teatro da Trindade, a que Eça assistira:

> Apareceu-me ao lado de Ramalho Ortigão — recorda Veríssimo — como no frontispício d'*As Farpas*, alto, esguio, menos magro do que ficaria depois, apuradamente vestido à inglesa, o seu monóculo fixo entre o nariz de águia e o olho bem aberto, penetrante, impondo-se à minha juvenil admiração matuta, de provinciano brasileiro recém-chegado. Reconheci-o, e, ao seu *fidus Achate*, pelas caricaturas de Bordalo... Seu nome figurava no programa do sarau, sem indicação da parte que faria nele. Ele e Ramalho estavam de pé, junto à parede lateral do salão, à direita do destinado aos atores daquela festa de beneficência literária. Um com as suas grandes lunetas, outro com o seu monóculo inspecionavam a sala. Notei que a entrada de Eça despertara a atenção geral das mulheres, que eram numerosas, da

---

5 Carta inédita, s.d., escrita do restaurante *Augusto*. Original no arquivo do marquês de Soveral, na Quinta da Vigia, Sintra. A carta, provavelmente, é do começo da década de 1880.
6 CABRAL, Antônio. *Eça de Queiroz*, p.105.

alta roda lisboeta, e o examinavam com uma curiosidade especial. Decididamente o autor do *Primo Basílio* excitava-lhes aquele sentimento bem feminino.

Depois, Veríssimo vira uma senhora baixar o binóculo sobre Eça e dizer à vizinha: "Sabes? O Eça também fala". E a outra, consultando o programa, com leve emoção na voz, retrucava: "Que irá ele dizer?...".[7] Eça, entretanto, acreditou não ter o que dizer.

A julgar pela aparência do retrato com que *O Contemporâneo* ilustrou um artigo de Fialho, o romancista conservava hábitos de elegância da primeira juventude. A pesada casimira cinza era bem talhada, o paletó, de quatro botões, fechado até a pequena gola, mal deixava ver-se o nó da gravata larga. E como um toque de distinção, a ponta do lenço branco aparecia do bolso superior do paletó, de cujas mangas saíam punhos duros e folgados, ao tempo em que, a meia altura, preso a discreta fita, pousava o conhecido monóculo. Embora os amigos o dissessem vibrátil, a fisionomia era tranquila e ao alto da ampla testa caía curta mecha de cabelos negros. No fundo um janota polido na Inglaterra. Ainda jovem, célebre, elegante, solteiro, não admira provocasse o interesse das mulheres.

Do antigo *Cenáculo* cada qual parecia tomar o seu rumo. Antero de Quental aceitara ser candidato a deputado pelo partido operário socialista, e diria numa carta aos eleitores: "Para exprimir o pensamento do Proletariado só o Proletariado é competente".[8] Estava em pleno socialismo. E não havia muito que, sobre Batalha Reis, escrevera a um amigo, João Lobo de Moura: "Diz ele que quer ser rico e feliz! É deplorável!".[9] Desprezava o dinheiro.

***

Quando Eça dizia estar um romance concluído era difícil não estivesse apenas a meio — a imaginação ia-o desdobrando, e multiplicando. *Os Maias* não fugiram à regra. Em abril, ele informara que a novela estava pronta. E em maio, ainda de Lisboa, pedia a Chardron resposta urgente,

---

7 VERÍSSIMO, José. *Homens e cousas estrangeiras*, p.347.
8 *In Memoriam de Antero de Quental*, p.XXIX.
9 QUENTAL, Antero de. *Cartas*, p.346.

pois devia decidir-se sobre proposta para a edição do livro. Custava-lhe, aliás, mudar de editor: "tendo começado com V.Sa., desejaria não conhecer *caras novas*". Seguiam-se as condições:

> *Os Maias*: romance de 300 páginas. A começar a publicar desde já mas não pode ser vendido em Portugal senão depois de publicado no *Diário de Portugal*; podendo, porém, ser remetido logo para os pontos do Brasil.[10]

Chardron queria mais esclarecimentos e explicações antes de decidir. Eça as enviou, sem êxito. E de Angers, onde pousara a caminho da Inglaterra, voltou a cobrar uma solução sobre os *Os Maias*, e a delonga foi fatal à novela, transformada num grande romance em dois volumes. *Eça a Chardron*:

> Angers, 11, junho, 1880. Exmo. Sr. Propus a V. Exa. a aquisição dum romance — *Os Maias*. V. Exa. exigiu-o para formar uma decisão d'esclarecimentos e explicações — que eu lhe dei, longamente, numa carta. A esta carta nunca V. Exa. respondeu. V. Exa. é muito cortês para cortar desta maneira uma negociação. Portanto deve haver uma razão qualquer para seu silêncio. Estimarei que não seja falta de saúde. Tenho esperado como esperei em Lisboa, uma palavra sua. Venho agora reclamar essa resposta porque o romance vai entrar em pouco em publicação.[11]

Por fim se entenderiam. Mas, oito anos correriam antes d'*Os Maias* aparecerem.

Conforme explicou a Ramalho depois, Eça empolgara-se pela novela, e anteviu ter em mãos enredo fabuloso, que não devia dispersar perdendo-o em folhetins de jornal. *Eça a Ramalho*:

> *Bristol, 20 de fevereiro de 1881...* Apenas o trabalho ia em meio, reconheci que tinha diante de mim um assunto rico em caracteres e incidentes, e que necessitava um desenvolvimento mais largo de "romance". Comuniquei isso ao Malheiro, que se alegrou — e para fazer pacientar os leitores do jornal, *presenteei o Diário* com uma novela: o *Mandarim* (grátis!!).[12]

---

10 Carta de Lisboa, 11.5.1880. Arquivo de Lello & Irmão.
11 Carta inédita. Arquivo de Lello & Irmão.
12 *Novas cartas inéditas*.

Era a protelação d'*Os Maias*.

Em verdade, ainda em Angers — o que mostra a capacidade de escrever a jato — Eça concluiu *O mandarim*, logo remetido para Lourenço Malheiro. Nasceu assim o controvertido romance, considerado por alguns como secundário, embora Câmara Reys o tenha talvez como "a sua obra-prima". Inspirou-se o romancista em uma indagação que Balzac atribuiu a Rousseau, mas pertencente a Chateaubriand: "Se puderes, por um só desejo matar um homem na China e herdar a sua fortuna na Europa com a convicção sobrenatural que nunca se saberia, consentirias em formular esse desejo?". Em torno dessa pergunta, envolvendo tantos e tão variados sentimentos humanos, desdobra-se o romance a que Eça de Queiroz emprestou as belezas da sua pena, para terminá-lo com este nobre e alto conceito: "Só sabe bem o pão que dia a dia ganham as nossas mãos: nunca mates o mandarim!".

Pura fantasia, o romance contrasta com o realismo em que Eça mergulhara ao escrever *O primo Basílio* e *O Padre Amaro*. Ele mudava. E a Chardron, interessado na edição do romance, escreveu francamente: "Eu reservava o *Mandarim* para com dois ou três contos fazer um volume de *fantasia* contrastando com a obra de *realismo*; mas isto para mais tarde e nada impede que se imprima esse livro, O *mandarim*".[13] A exemplo de seu mestre Balzac, ele seria tanto realista quanto romântico e de algum modo confirma Maurois, para quem nenhum grande artista pode ser inteiramente clássico, ou inteiramente romântico. Certamente, Eça afastava-se do realismo.

De Lisboa, em 2 de agosto de 1884, Eça, por sugestão de Oliveira Martins, escreveu a Ladislau Mickiewics, diretor da *Revue Universelle*, que publicara uma tradução d'*O mandarim*. Era a oportunidade para professar os novos rumos, e Eça, falando do seu novo livro, dizia tratar-se de "um conto fantasia e fantástico, onde se vê, ainda, como nos bons velhos tempos, aparecer o diabo, embora em redingote, e onde ainda há fantasmas, embora com boas intenções psicológicas". E, depois de acentuar a preferência dos portugueses pelas emoções excessivas, Eça continuava:

---

13 Carta de Angers, 15.7.1880. Arquivo de Lello & Irmão.

Espíritos assim formados devem afastar-se necessariamente de quanto seja realidade, análise, experimentação, certeza objetiva. O que os atrai é a fantasia, sob todas suas formas, desde a canção até a caricatura; também, em arte, nós produzimos principalmente líricos e satíricos.

Contudo, fora impossível fugir ao naturalismo triunfante na França: "impusemo-nos então o bravo dever de não mais olhar o céu — mas a rua". Atitude passageira, pois ao artista eram irresistíveis as exigências do público: "se ele não pudesse algumas vezes fugir para o azul, morreria depressa da nostalgia da quimera". E Eça confessava: "Eis porque, mesmo depois do naturalismo, ainda escrevemos contos fantásticos, autênticos, desses onde há fantasmas e onde se encontra, no canto das páginas, o diabo, o amigo diabo, esse delicioso terror da nossa infância católica".[14] Era a razão de existir d'*O mandarim*.

Fatigado da opaca paisagem de Newcastle, Eça se instalou em Bristol num quieto e arborizado arrabalde às margens do Avox. Chamava-se Clifton. E Ramalho aí o visitou e escreveu dizendo situar-se ao pé de um braço de floresta conhecido pelo poético nome de Bosque dos Rouxinóis. Era um "pequeno *genteel cottage*, rodeado de maciços de flores, vestido de trepadeiras nessa úmida profundidade de musselina sobre a qual se esfumam em cor de pérola os esguios perfis das construções de luxo no campo inglês". Aí viveria Eça quase dez anos, parte deles isolado, apenas voltado para as letras e Consulado, talvez indiferente à pequena multidão concentrada em função do porto, que dominava as atividades da cidade.

A melhor distração eram as raras visitas, que, de quando em quando, chegavam para alegria do solitário. Em 1881 viera Alberto, possivelmente o irmão dele mais próximo, e Eça largou a pena para ser obsequioso cicerone. Juntos, eles poderiam lembrar os dias das Conferências do Cassino, das quais Alberto fora corajoso e entusiástico cronista. Em poucos anos tudo parecia perdido no tempo — o *Cenáculo* dispersara-se definitivamente, e com ele os ideais que o haviam aquecido.

Outro dileto visitante foi Ramalho Ortigão, que, em um pequeno volume de viagem, *John Bull*, recordou os dias passados com Eça no Bosque dos Rouxinóis. Apreciadores ambos da boa mesa, não os inibiu

---

14 QUEIROZ, Eça de. Prefácio a *O mandarim*.

a frugalidade do domingo inglês. Bons hereges, eles se banquetearam no acolhedor *cottage* à borda do Avox. A narrativa é de Ramalho:

> Nunca também em dias da minha vida, tanto como nessa noite me tocou o amorável e delicado conforto de uma linda casa de jantar. Nunca poltrona estendeu para mim tão afetuosamente e tão convidativamente os seus braços como aquela que me esperava em Clifton, nesse domingo, em cima da pele d'urso no canto do biombo, ao bafo consolador do fogão atulhado de carvão...

Afetuoso, Eça abria os braços para receber o seu melhor amigo. Era como se *As Farpas*, irreverentes, irônicas, sarcásticas, voltassem a reunir os seus criadores naquele tranqüilo domingo de Bristol. Ramalho assim continua as suas lembranças: "Comemos e bebemos ali sozinhos, os dois, frente a frente, no meio de sepulcral silêncio de um domingo protestante, com a mesma devoção íntima com que faríamos a vigília de um dos nossos santos populares...". Patrioticamente, hasteava-se a bandeira de Portugal. E, para celebrar o grato encontro afogaram num Bourgogne as saudades da pátria. "Três vezes armados da lanterna do sicário", conta o visitante,

> descemos da casa de jantar à adega. Queiroz diante, eu atrás, levados pelo pretexto de que ainda não era aquele que acabara de ser o Bourgogne de que se tratava; três vezes subimos da adega à casa de jantar, Queiroz atrás, eu adiante, trazidos pela necessidade de vir discutir mais um Bourgogne novo.[15]

Momentos fugazes na vida do escritor, que logo retoma a pena para continuar o árduo dever de ganhar o pão de cada dia, pois ao lado das fadigas do romancista estão as do cronista.

Por esse tempo, em 1880, ele se tornara colaborador da *Gazeta de Notícias*, jornal em plena ascensão no Brasil e no qual escrevia Ramalho Ortigão. Este redigia as *Cartas portuguesas*, Eça as *Cartas de Inglaterra*, mais tarde reunidas em alguns volumes. Financeiramente, fora um achado; e até o fim da vida ele permaneceu ligado ao jornal, que, pouco depois, em 1882, anunciou a breve publicação d'*A relíquia*. Mas, no dicionário

---

15 ORTIGÃO, Ramalho. *John Bull*, cap. XI, p.215.

do romancista, as designações de tempo não tinham o sentido corrente: somente cinco anos depois apareceu o romance. As idéias brotavam-lhe rápidas, mas a forma, da qual se manteve escravo, seria sempre morosa: ele jamais abandonaria o buril do cinzelador. Ao seu amigo Luiz de Magalhães ele escrevera: "O sentimento mais artificial, posto num verso maravilhosamente feito, é uma obra de arte; o mais verdadeiro grito de paixão, num alexandrino desajeitado, é uma sensaboria". Para ele, a forma era tudo.

Dessa época, pois datado de abril de 1885, é o conto "Outro Amável Milagre", matriz d'"O Suave Milagre", das mais belas e delicadas páginas de Eça de Queiroz. Nelas é nítida a presença do místico. Aparecido em *Um feixe de penas*, volume publicado em benefício de um asilo de raparigas abandonadas, Eça dera-o à escritora Maria Amália Vaz de Carvalho, então ferida pela morte do marido, Gonçalves Crespo. "Era o melhor de todos nós", dirá Guerra Junqueiro ao recordá-lo. E Maria Amália jamais se conformará não haver a morte permitido que o Poeta, por cujos versos se apaixonara ainda adolescente, "subisse até onde podia subir"! Nunca mais ela o ouvirá declamar a meiga dedicatória de *Nocturnos*:[16]

> A ti, ó boa e rara e fiel amiga,
> A mais santa e a melhor das companheiras,
> A ti, ó flor mimosa e alma antiga
> ....

Para mitigar a dor da querida amiga, Eça, em quem Ramalho dizia prezar acima de tudo "o homem de coração", trouxera-lhe como bálsamo o doce conto, flor de esperança para uma hora de amargura.

***

Ao retornar de Lisboa e Angers, o romancista se engolfou n'*Os Maias*, que imaginava acabar sem demora. Em agosto de 1880, havia informado a Chardron: "Logo que termine *Os Maias*, que estão por dias, estou livre para me entregar todo a concluir *A Capital* que irá depressa desta vez, espero em Deus". Não lograria nem uma coisa, nem outra.

---

16 CRESPO, Gonçalves. *Nocturnos*.

Em fevereiro do ano seguinte, ele se queixaria a Ramalho: "interrompi *A Capital*, estragando-a para sempre, creio eu, porque vejo agora que não poderei recuperar o fio de veia e de sentimento em que ela ia tratada".[17] E enquanto tecia o romance, que continuava a ampliar, Eça cuidou da edição. Desentendera-se com Chardron, e, por fim, Malheiro apareceu com brilhante proposta: uma empresa editora oferecia-se para editar, dividindo o produto ao meio com o autor. Ainda uma vez a miragem da fortuna aparecia no horizonte:

> Imagine Você, querido Ramalho, a minha alegria: escrevi ao Malheiro uma carta de reconhecimento comovido: e como via nessa proposta uma pequena fortuna decidi logo fazer não só um romance, mas um romance em que se pusesse tudo o que tenho no saco. A ocasião, confesse, era sublime para jogar uma enorme cartada.[18]

A fortuna continuava a iludir o escritor.

Inconformado por não publicar *A capital*, cujos direitos adquirira, Chardron escreveu a Eça agastado. A resposta:

> V. Exa. tem razão em tudo o que diz a respeito do seu direito de editar *A Capital*. Esse direito adquiriu-o V. Exa. tendo de fato começado uma impressão duma espécie de novela que tinha esse título, e que originou a idéia do romance. É certo, porém, que eu tenho procurado indenizá-lo da pequena despesa que fez com esse começo de impressão — já oferecendo-lhe *O Mandarim*, o que não era realmente *une aflaire*, já oferecendo-lhe a propriedade d'os *Maias*, grosso romance de sensação em dois volumes — que V. Exa. se recusou a editar.[19]

Depois dizia esperar que Chardron editasse o romance. Contudo, não falava em data, e esta jamais chegaria.

As decepções substituíam as esperanças. Confiada a impressão à tipografia Lallemant, de Lisboa, Eça remeteu os capítulos iniciais, e passaram-se meses sem lhe mandarem as provas. Mais um ano se escoara quando, estando em Lisboa, fora com Ramalho à tipografia, onde o encheram de

---

17 Carta de Bristol, 20.2.1881. *Novas cartas inéditas*.
18 Ibidem.
19 Carta do Rocio, 16.3.1883. Arquivo de Lello & Irmão.

promessas. Entretanto, mais um ano correu e *Os Maias* permaneciam encalhados: para o autor o efeito era desastroso. Ele se lamentava a Ramalho: "tem sido um efeito desastroso; como artista, tem-me enervado, tem-me desmoralizado. Estou terminando o romance sem paixão, quase sem gosto, e portanto sem veia". Naturalmente exagerava, pois a essa altura o romance ia apenas no primeiro volume, e, como habitual, a insatisfação dominava o artista: "Eu não estou contente com o romance", dizia; "é vago, difuso, fora dos gonzos da realidade, seco, e estando para a bela obra d'arte como o gesso está para o mármore".[20] Contudo, pior do que o romance andava a saúde: "a nevrose está comigo, creio eu", escreveu para Ramalho, a quem dizia: "O que me incomoda mais é uma falta de alegria, de espaço e de ar adiante de mim, é aquela atmosfera de esperança e desejo que azula o futuro; vejo tudo pardo, má condição para trabalhar". Em uma palavra era o desencanto. Seriam sintomas da "terrível moléstia", que levara os irmãos do velho José Maria, e não tardaria a se instalar no Rodo? Realmente, Eça tinha a saúde abalada, e, ao passar então por Paris, *A Ilustração* registrou-lhe a viagem informando que "não obstante achar-se ainda um tanto enfermo e os médicos proibirem-lhe qualquer trabalho aturado", prometera tornar-se assíduo colaborador da revista, que, no mesmo dia, dele publicou uma das suas melhores páginas de ironia — "A Inglaterra e a França julgadas por um inglês".[21] Escrevera-a nos dias de repouso, em Angers.

Além da saúde angustiavam-no as invencíveis dificuldades financeiras. E do Grande Hotel do Porto, ele apelou para o fiel Ramalho: "Estou com receio de não ter bastante dinheiro para a minha pousada... Se V. me pode mandar, dentro de um subscrito registrado, quarenta mil-réis em duas notas —, ótima cousa!". A glória era pobre. Geralmente alegre, jovial, as frases de espírito a lhe saírem aos borbotões, Eça, agora, estava triste.

***

Em boa hora, o destino acendeu uma luz no caminho do solitário. No verão de 1884, Eça estava em Lisboa quando os amigos Bernardo e

---

20 Carta do Hotel du Cheval Blanc, Angers, 3.6.1882. *Novas cartas inéditas*.
21 QUEIROZ, Eça de. *A Ilustração*, 5.6.1884.

Vicente Pindela, aos quais se afeiçoara, o convidaram para a quinta que possuíam perto do Porto. A princípio Eça pareceu vacilar, e escreveu a Luiz de Magalhães, jovem amigo, filho do famoso orador José Estêvão, que estreara com os *Primeiros Versos*: "Dizem-me que o Porto está deserto como o coração sem esperança. Parece que as senhoras de Santo Ovídio se acham numa dessas praias políticas...".[22] Teria o coração as suas razões? Depois, aceitou o convite — afinal as "praias políticas" ficavam perto do Porto, e, em caravana, Eça, o conde Ficalho e os irmãos Pindela partiram para o Minho. Ramalho, que espairecia na Foz, noticiaria n'*As Farpas* a excursão:

> O meu amigo Eça de Queiroz, que tem andado comigo, com uma maleta, e com uma resma de papel, a procurar pelo reino um sítio limpo de massadores, de moscas e de cozinheiros afrancesados, para aí acabar de escrever *A relíquia*, chega-me hoje.

As viagens não paravam o romancista.

Salvo uma "sublevação intestinal", correu feliz a estada no Porto a cuja volta estavam velhos e novos amigos de Eça. Um dos primeiros visitados em companhia de Ficalho, já noite alta, foi Oliveira Martins, a quem chamava afetuosamente Joaquim Pedro. Fiel à idéia socialista do *Cenáculo*, ele se recolhera ao "lindo covil filosófico de Águas Férreas", e aí, até que lhe batesse à porta a política, "disfarçada, trazendo sobre a face torpe a máscara nobre do Civismo," escreveu Eça, ele reconstruiria patrioticamente a história de Portugal.

Afetuosa e recíproca admiração unia o romancista ao historiador. Sob o pseudônimo de *Viriathe*, Oliveira Martins fizera nesse ano, na *Revue Universelle*, o elogio de Eça que disse "na plena pujança de um talento que o faria célebre se escrevesse em um dos idiomas lidos na Europa". Eça certamente se sentia à vontade naquela casa tranqüila, própria para longas conversas. Sem filhos, Oliveira Martins tinha a velar por ele a mulher, D. Vitória, de origem inglesa, sempre com um rosário nas mãos, que conquistara o respeito e a estima daqueles ateus que lhe freqüentavam o lar acolhedor. Era amena a mansão do querido Joaquim Pedro: uma casinha

---

22 Carta de Lisboa, 26.8.1884. *Correspondência*.

oitocentista de dois pisos, toda branca, rasgada de janelas nos quatro lados, cercada de um jardim romântico, cheio de sombras, ao fundo do qual uma fonte, com a sua bocarra de mármore, um leão ou um grifo, alimentava de água cantante e clara um tanque onde nadavam pequenos peixes. Nesse ambiente tranqüilo passaria Oliveira Martins a fase mais fecunda da existência. Eça, depois, recordaria: "Se houve em Portugal um delicado e grave retiro de estudo e de trabalho, sereno, hospitaleiro, superiormente polido e culto, forte em afeições, fecundo em obras, belo pela consciência e pela ciência... foi essa saudosa casa das Águas Férreas". Por vezes chamavam-na a *Casa de Pedra*.

De outras feitas, Joaquim Pedro ia ao Grande Hotel, onde Eça se hospedara, e, juntos, eles revolviam a Antigüidade. A Ficalho, Eça deu notícia dessas visitas: "como o presente nos causa algum nojo, conversamos da antiguidade romana". Assunto adequado ao romancista, para quem "a História será sempre uma grande Fantasia".

No Porto revivia o pequeno Cenáculo. Antero de Quental, assíduo freqüentador das Águas Férreas, morava na Vila do Conde, em uma casa "simplificada até ao cenobitismo, e onde por único adorno, além de livros numa estante de pinho, havia flores das sebes em púcaros de barro". Aí o visitaram Eça e Oliveira Martins. "Preciosa surpresa" aguardara aquele, que escreveu com o coração em festa: "avistei na estação um Antero gordo, róseo, reflorido, com as lapelas do casaco atiradas para trás galhardamente, e meneando na mão a grossa bengala da Índia que em Lisboa eu lhe dera para amparar a tristeza e a fadiga".[23] Agora amparava uma saudável figura. Era de acreditar-se que o autor dos *Sonetos* adquirira tranqüilidade e saúde. "Antero encontrava aí", recordou Eça,

> alguns dos seus companheiros de Coimbra, mais amadurecidos, disciplinados pelo trabalho, cada um ancorado da sua pequena Ithaca, mas conservando todos o gosto das viagens incertas pelos mares da Fantasia.

E o próprio Eça, retocando *A relíquia*, viajava pelos mesmos mares. Antero comunicara a seu velho amigo João Machado de Faria e Maia: "Participo-

---

23 QUEIROZ, Eça de. "Um gênio que era um santo". *In Memoriam de Antero de Quental*, p.505.

te que fixei atualmente a minha residência em Vila do Conde, terrazinha antiga, plácida e campestre, muito ao sabor dos meus humores de solitário. Vivo aqui como um verdadeiro eremita".[24] Na realidade, acreditava "tudo perdido em Portugal".

Outro cético era Guerra Junqueiro, que habitava perto, em Viana do Castelo. De pequena estatura, o andar firme e rápido, exaltado, ainda não tinha as longas barbas bíblicas com que passou à posteridade. Preparava-se para a República. Deputado em 79, fizera-o famoso *A velhice do padre eterno*, dedicado ao seu amigo Eça de Queiroz, e era também dos chegados ao círculo das Águas Férreas, onde Oliveira Martins despontava como um centro de esperanças. Mordido pela política, este ia fundar um jornal, *A Província*, e Eça o advertiu, de Bristol: "Trata de fazer um bom jornal, e lembra-te que a sensualidade moderna, que é o fundo do gosto moderno, gosta sobretudo de qualidades de forma e de plástica... Fá-lo ligeiro e vibrante".[25] O jornal seria a tribuna da Vida Nova, movimento liderado por Oliveira Martins, que sonhava reformar e salvar o país... A dois passos do Porto, na Quinta de Frades, morava Luiz de Magalhães, a quem a barba aparada à maneira de Eduardo VII dava aspeto senhorial. Tendo estreado aos vinte anos começava a escrever *D. Sebastião*. Bem mais moço do que Eça, dele se tornara devotado admirador, e este, inclinado a ajudar os amigos, o estimulara: "trabalha-me esta forma! Pule-a, cinzela-a, cristaliza-a!". A forma, como sempre, fascinava-o.

Retido no Porto por "uma verdadeira montanha de provas", Eça recusou convite de Luiz de Magalhães para palmilhar as areias da Costa Nova e os pinhais da Gafanha: o coração talvez o chamasse para a Granja, onde veraneavam "as senhoras de Santo Ovídio". E, a pretexto de encontrar Manuel Castro, conde de Resende, irmão de Luiz Resende, o inditoso colega da viagem ao Oriente, ele foi para a Granja, elegante estação de veraneio, pequena povoação com o aspecto de grande quinta, "as ruas de jardim cuidadosamente varridas e areadas; moitas de hortênsias floridas ornando as escadas exteriores de cada prédio; maciços de rosas e de gerânios florindo os caminhos; outeiros artificiais tapetados de relva", conforme a descreveu Ramalho. Aí pousavam Emília e Benedita Castro,

---

24 QUENTAL, Antero de. *Cartas*. Carta de Vila do Conde, 2.1.1882.
25 Carta de Bristol, 5.5.1885. *Correspondência*.

e ambas não esqueciam o jovial amigo dos irmãos, pouco mais velho do que elas, mas sempre pronto a alegrar as reuniões do antigo solar. Havia pouco, ao encontrar no *birthday book* a data do aniversário de Eça, haviam-lhe escrito para Bristol, enviando-lhe parabéns, para que soubesse, diziam, "que não é esquecido em S. Ovídio, como podia parecer pelo nosso silêncio".[26] A amizade é a véspera do amor. Depois, todos juntos, partiram para a Costa Nova.

Havia vinte anos, ainda estudante, ele se habituara a freqüentar o solar dos seus amigos Resende, bela construção do século XVIII, propriedade do quarto conde de Resende, D. Antônio Benedito de Castro, décimo almirante do reino, senhor do Morgado de Resende, e por cuja morte passara para a viúva, D. Maria Balbina Pamplona de Souza Holstein. Muitas vezes Eça aí se hospedara, convivendo na intimidade da família, que vira crescer. Das filhas, quatro se recolheram à Ordem das Dorotéias, ao passo que Emília e Benedita continuavam a alegrar o velho palácio dos Figueiroas, e Eça vira-as desabrochar na fragrância da juventude. Em Canelas, em uma visita a Manuel Castro, ele começara a se interessar por Emília; já não era a criança de outros tempos. Alta, elegante, o porte altivo, os louros cabelos a combinarem com os olhos de um azul-claro, jovial, inteligente, ela despertara a atenção do romancista. O botão fazia-se flor. Agora, em uma doce intimidade, Emília e Eça caminhavam ao longo das alvas praias, e à mulher de Luiz de Magalhães não passaram despercebidas as afetuosas relações entre os seus dois visitantes. Na verdade Eça imaginava começar o seu próprio romance. Emília, entretanto, dissuadiu-o — era melhor continuarem apenas como bons amigos. Para o tímido foi a suprema desilusão amorosa, e ele decidiu nunca mais se casar. E novamente solitário, o coração vazio de esperanças, retornou para o Bosque dos Rouxinóis. Por algum tempo, amargaria o desencanto.

Eça não esqueceu, porém, esses dias de ventura e ilusão na Costa Nova, e bem mais tarde ele os recordará numa carta a Emília: "eu considero", dizia, "esse um dos mais deliciosos pontos do globo. É verdade que estivemos lá em grande alegria e no excelente *chalet* Magalhães".[27] A alegria, no entanto, fora breve.

---

26 Carta da Costa Nova, 1883. Original no arquivo de Tormes.
27 Carta de Paris, 15.7.1893. B.N.L.

10
O seu próprio romance

Paris encantava Eça de Queiroz. "Paris é ainda o sítio em que bate mais largamente o coração da humanidade", escrevia ele ao querido Bernardo. Era o natural desdobramento da velha admiração pela França, em cujos escritores se abeberara desde a adolescência. "Os meus romances, no fundo, são franceses, como eu sou, em quase tudo, um francês — exceto num certo fundo sincero de tristeza lírica, que é uma característica portuguesa",[1] diria a Oliveira Martins. E ao regressar de Lisboa para o Consulado, na Inglaterra, ele freqüentemente parava um pouco na cidade que amava.

Ao retornar das longas férias entre 1884 e 1885, o crítico Mariano Pina, fundador, em Paris, d'*A Ilustração*, esperou-o com agradável surpresa — Emile Zola, o famoso criador do naturalismo, autor de *Les Rougon-Macquart*, desejava conhecer o criador do realismo em Portugal. Mariano Pina contaria largamente a visita ocorrida em "um soberbo domingo de primavera, um domingo festivo, cheio de sol", no apartamento da rua de Boulogne.

Ainda não eram onze horas, e apesar do reumatismo de que ele se queixava, já estava ao trabalho como um operário corajoso e metódico, com o seu costume de veludo preto, as pernas embrulhadas em peliças, e sobre a

---

[1] Carta do Hotel du Cheval Blanc, Angers, 10.5.1884. *Correspondência*.

mesa, à sua esquerda, debaixo daquele Cristo de velho marfim, várias dezenas de quartos de papel cheios da sua letra enérgica e vigorosa..."[2]

Para Mariano Pina, a imagem do romancista, que ano a ano publicava um romance, contrastava com a lenta produção do autor d'*O crime do Padre Amaro*. Eça respondia-lhe com o exemplo de Flaubert:

> Reparem vocês em Flaubert, no mestre! dizia. Quantos anos para escrever a *Salambô*... quantos anos arquivando notas e documentos para escrever a *Madame Bovary*... quantas noites e quantos dias perdidos no trabalho de burilar uma frase, de descobrir uma palavra justa e musical para finalizar um período...[3]

Ninguém o faria correr.

O calendário marcava 3 de maio de 1885. E, embora falasse freqüentemente em Balzac e Flaubert, que chamava de mestres, Eça alegrava-se por encontrar Zola, que o acolheu "de mãos estendidas, contente e satisfeito por apertar a mão do arauto, em Portugal, do credo naturalista". Zola — conta Mariano Pina — "não ocultou a sua surpresa a Eça de Queiroz, quando viu diante de si um lisboeta que mais parecia um filho do 'boulevard', falando e escrevendo com imensa facilidade e elegância a língua francesa". Também a juventude do romancista, que beirava os quarenta anos, admirou Zola, e da conversa Pina fixou parte do diálogo:

> — Mas que novo que é! — exclamava Zola. — O que eu vejo é que no seu país se interessam prodigiosamente pelas questões literárias?...
>
> — O nosso país é um país de literatos! — respondeu espirituosamente Queiroz. — Toda a gente escreve, toda a gente faz prosa ou faz versos... A literatura interessa muito mais que a política. E a mocidade que outrora tinha por suprema aspiração pegar num touro ou meter um ferro, transformou-se numa mocidade que só pensa em escrever um soneto ou escrever um conto. É uma verdadeira epidemia!...

Nada, entretanto, mais sensibilizara a vaidade do visitante do que ser visto como um jovem. E, pouco mais tarde, ele ainda repetiria, em

---

2 PINA, Mariano. *A Ilustração*, 5.6.1885.
3 Idem, *A Ilustração*, 5.1.1887.

carta a Emília, a exclamação de Zola: "*Ah! quoi, s'est vous. Mais vous êtes un enfant!*".[4]

Eça falava pela geração surgida em Coimbra, a famosa geração de 70. Foi longa a visita. E já passava de uma hora — conclui Pina — "quando Eça de Queiroz e eu nos sentávamos para almoçar em uma mesa de Duchesne, sobre o boulevard des Capucines".

De Bristol, Eça escreveu a Mariano Pina, recordando o inesquecível encontro: "Mil agradecimentos pelos jornais franceses e pela *Ilustração* com a nossa visita a Zola. Como Você apanhou bem todas as coisas características que ele disse e em que se pintou a si próprio, tal como ele é, largo, fecundo, luminoso e entusiasta!". De fato, Zola seria lembrado como exemplo de vigor e de bravura na defesa do que lhe pareceu a verdade. Será ele o autor do famoso *J'Accuse!* Mas, a carta continuava:

> Eu desejei mandar-lhe, em reconhecimento da sua amabilidade: uma pequena cousa sobre Hugo. Mas, confesso que, tendo tomado a pena, não achei nada, neste momento, a dizer de original e de justo. Eu, como Você sabe, sou um Hugolatra: tenho a paixão do mestre, e nesses dias, depois da morte dele, não me sentia capaz de o criticar: apenas podia deitar flores sobre o seu caixão.[5]

Dissipadas as tristezas do primeiro momento, Eça deixou vazar, numa carta para a *Ilustração*, a devoção pelo gênio desaparecido: "Eu admirava Vitor Hugo, meu amigo, justamente como ele admirava Shakespeare — *Comme une brute*. Amo-o em toda a sua luz solar". Na verdade fora o grande mestre de toda uma geração, se não de sucessivas gerações, que havia comovido e estimulado com a sua pena e a sua bravura. E sobre o que Hugo representara para ele, Eça disse-o enfaticamente:

> Eu quase aprendi a ler nas obras de Hugo: e de tal modo que cada uma delas me penetrou, como outros podem recordar épocas da vida ou estado de espírito por um aroma ou por uma melodia, eu revejo de repente, ao reler antigos versos de Hugo, todo um passado de paisagens, casas que habitei, ocupações, sentimentos mortos... Fui criado dentro da obra do Mestre — como se pode ser criado numa floresta.

---

4 Carta de 22.1.1886. B.N.L.
5 Carta de Bristol, 7.6.1885. *Correspondência*.

E, sensível, a alma voltada para humildes e sofredores, Eça não esqueceu o autor d'*Os miseráveis*:

> Uma grandeza de Hugo, bem francesa, é a sua larga clemência, a sua infinita piedade pelos fracos e pelos pequenos... E nisto a sua ascendência pesou consideravelmente sobre o século. Hugo decerto não inventou a misericórdia; mas popularizou-a.

E, fiel ao mestre, Eça jamais esqueceria os pobres e oprimidos.

Também o velho Chardron morreu nesse ano. Para Eça fora surpresa, pois embora adoentado havia algum tempo, acreditava-se ainda demorar na terra. Para *Os Maias* era novo contratempo a retardar a publicação. Antigo caixeiro da Casa Moré, conceituada livraria do Porto, tornara-se possivelmente o mais acatado editor do seu tempo, e dele Ramalho Ortigão, seu editado, traçaria o perfil, acentuando o "coração largo".

> Aqueles cujas obras ele editou, e que lidaram com ele, recordarão por muito tempo a sua jovial fisionomia, como a de um desses raros homens alegres, saudáveis e bons, que sabem adoçar a vida no que ela tem de mais áspero, tratando de negócios como se tratam os prazeres....[6]

A vida corria rápida. E se parasse para olhar em volta e meditar sobre a própria existência, Eça, ao lado da fama encontraria a solidão. Era triste.

O destino, como os romancistas, tem os seus personagens e as suas versões. Manuel Castro, conhecedor do ocorrido entre a irmã e o seu amigo Eça de Queiroz, resolveu representar o papel do "amigo indiscreto", e a decisão recomeçou o romance no qual o romancista passou de autor a protagonista. Embora perdida a carta do "amigo indiscreto", ficou-nos a elucidativa resposta, e por ela temos os passos iniciais dessa história de amor.

> *Londres, 28 de julho de 1885.* Meu querido Manuel. A tua carta veio encontrar-me em Londres, e podes bem imaginar quanto ela me surpreendeu e me comoveu. Como tu queres generosamente ser o "amigo indiscreto" é meu primeiro dever fazer-te uma confidência completa.

---

6 ORTIGÃO, Ramalho. "Ernesto Chardron", *As Farpas*, agosto de 1886.

Eça abria o coração:

> A minha afeição por tua irmã não foi improvisada o ano passado, na Granja e na Costa Nova. Data d'uma ocasião mais antiga, de quando eu te fui ver em Canelas. Mas, o acolhimento que ela então me fazia era de mera amizade...

Apesar de não saber que não estava só entre os cortejadores da formosa Emília, o tímido se retraíra. Ele próprio confessaria:

> Eu ignorava inteiramente o que se tinha passado com S. O rumor dessas cousas não me podia ter chegado à Inglaterra: nas poucas semanas que passei em Lisboa, antes d'ir ao Porto nada ouvi sobre isso nem diretamente nem por alusões, mesmo conversando com amigos comuns como o José Câmara e outros".[7]

Quem seria S., o misterioso personagem, não se sabe ao certo: mas alguns indícios apontam Luís Soveral, o futuro marquês, então jovem diplomata, que iniciava a vitoriosa carreira. No romance não ficava mal uma ponta de mistério. Mas, bastara perceber "uma nuance mais afetuosa", e Eça logo externara os ternos sentimentos. Colheu uma decepção: "Ela desiludiu-me logo — diria ele a Manuel Castro —, com muita lealdade, muito tato, muita dignidade — quase poderia dizer muita caridade". Certamente, era o fim. E, propenso a ver o lado cômico dos episódios, Eça, com bom humor, informou a Manuel Castro:

> mal o comboio em que acabávamos de trocar as últimas palavras a este respeito parava na Granja, eu abro a portinhola, e caio nos braços de S.! Se eu pusesse isto num romance censurava-se logo o episódio e o contraste por ser muito *naivement* e muito *gauchement* arranjado.

O acaso, e não apenas os romancistas, tinha a sua imaginação. E, esclarecedora, a carta continuava:

> Nessa mesma noite, se bem te recordas, tu fizeste-me a primeira confidência sobre essa dificuldade. Eu disse-te o mais lealmente que pude o que

---
7 Original na B.N.L.

então pensava, e o que penso ainda, sem me deixar influenciar pelo meu desgosto pessoal — ainda que, decerto, as minhas palavras tiveram então um desnecessário excesso de azedume. Mas, nestes casos, é-se sempre humano e nunca angélico.

Era a recordação da amargura e da decepção. A carta é longa, franca, e não deve ser interrompida:

> Depois disto nada havia a fazer — senão recolher a Lisboa e continuar a minha vida regular. E aqui julgo dever-te, lealmente, uma explicação. Tu não ignoras decerto que durante o inverno eu convivi muito com S. De volta a Lisboa encontrei-o instalado no grupo dos meus amigos: a camaradagem era inevitável.

Em seguida Eça falava nobremente do que restara do infeliz episódio:

> não está na minha natureza o conservar rancor a um homem por ele ter sido a causa indireta d'um desgosto meu: por outro lado a explicação que eu tivera com tua irmã forçava-me a ignorar inteiramente tudo o que se passara entre ela e S. e além disso considerar como não tendo existido a declaração que eu lhe fizera dos meus sentimentos.

Até aí era o passado, e Eça queria enterrá-lo solene e inteiramente. A correspondência voltou-se então para o futuro:

> Agora recebo a tua carta, e tu perguntas-me qual é o meu estado psicológico. Tu por instinto deve-lo ter em parte adivinhado, pois que me escreves com tanta amizade e tanta generosidade. O amor, querido Manuel, como tu sabes, é feito de muitos sentimentos diferentes. Alguém escreveu, creio até que fui eu — que era uma bela flor com raízes diversas. Ora quando uma dessas raízes é a estima absoluta pode ela até ao fim de longos anos secar pelas outras raízes, mas permanece viva por essa.

Na verdade, Eça ardia por saber como andava o coração de Emília; "o que importa", dizia ao indiscreto confidente, "é o estado psicológico dela. Tu pareces inclinado a crer que se ela não tivesse por mim uma viva simpatia não abandonaria outros projetos — com o fim de me evitar um desgosto". Mas, ainda inseguro, Eça perguntava a Manuel Castro: "Mas, não será isso simplesmente um rasgo de generosidade exaltada? Tua irmã merecia que os seus amigos lhe dessem familiarmente a alcunha de *Mademoiselle D. Quixote*". Mademoiselle D. Quixote... Na realidade, nada mais distante da personalidade de Emília. Eça, entretanto, queria-a inteiramente livre para resolver o seu próprio destino: "Ela não deve ter a menor consideração com o meu sentimento".

O romancista parecia experimentar o personagem. Como se comportaria Emília ante a franqueza de Eça? Possivelmente era o que o torturava. E sem meias palavras ele dizia a Manuel Castro: "Se eu soubesse que algumas palavras que lhe disse permaneciam como um estorvo eterno entre ela e outras possíveis felicidades do seu destino — tinha nisso um terrível desgosto. Era um contínuo remorso". No fundo do quadro pairava a sombra de S. e Eça, para se sentir seguro no seu amor, desejava varrê-la de uma vez, e a carta continuava: "Se ela abandonasse ou repelisse planos que lhe aconselham os seus amigos — por sentir que o seu coração, desanuviado d'outras ilusões, se volta enfim definitivamente para o meu como mais congênere que nenhum outro com o dela —, isso seria para mim a felicidade suprema". O amor sobrevivia intensamente. E, agradecido, o enamorado concluía: "Em todo caso, seja qual for o resultado, uma cousa ficará — e é a minha imensa gratidão pela tua nobre, generosa intervenção". E assinava-se: "Teu muito do C. *Queiroz*".

O "amigo indiscreto" reatara o laço desfeito. E Emília não demorou em tranqüilizar com uma carta o aflito coração do enamorado. S. saía da cena para sempre. Exultante com o feliz desfecho, Eça respondeu a Emília — a carta, cerimoniosa, não exprimia tudo quanto ia no coração venturoso do romancista:

> *Londres, 15 de agosto, 1885.* Minha Senhora. A sua carta não diz "nem de mais nem de menos". E se bem interpreto a sua natural e delicada reserva ela exprime um consentimento que me enche duma incomparável felicidade e da mais absoluta gratidão. E neste momento, no meio desta grande emoção que me causa a repentina possibilidade que se unam os nossos destinos, eu só posso responder, sem mais palavras ofertando-lhe a afeição e a dedicação duma vida inteira. *Eça de Queiroz.*[8]

---

8 Ibidem.

A emoção represada na carta a Emília, Eça deixou-a extravasar abundante na que, no mesmo dia, mandou para Manuel Castro, a quem chamava "o amigo sublimemente indiscreto".

> Peço-te, dizia-lhe, que entregues essa carta a tua irmã. Sabes decerto que ela me escreveu e a adorável generosidade com que o fez. Não te posso dizer neste momento mais do que lhe digo a ela. Todas as belas palavras seriam supérfluas. Sinto-me muito feliz e muito grato. Se eu pudesse escutar só o desejo do meu coração — partia para aí amanhã.

E, como se ainda surpreso ante o que acontecera, ele dizia a certa altura: "Isto foi tão repentino, tão inesperado!".[9]

As nuvens haviam passado, e com elas a tristeza: a felicidade voltara ao coração do romancista, que, aconselhado pelo "amigo indiscreto", escreveu à condessa de Resende, pedindo-lhe consentir o noivado.

***

Eça a Manuel: "*Bristol, 30 de agosto de 1885*. Meu querido Manuel. Em obediência ao teu telegrama remeto-te essa carta para tua mão. Pareceu-me correto mandar-lha por ti, que és o chefe da família". E, mal refeito da alegria, dizia jubiloso:

> Por ora isto tem-me o aspecto dum desenho luminoso traçado no ar. Luminoso, sim; mas flutuante no ar, e indefinido... como tu sabes isto caiu-me do céu, de surpresa. Quando saí de Lisboa estava tão longe de me casar com quem quer que fosse neste mundo (desde que o não podia fazer com a única pessoa que o meu coração desejava) como estava longe de ser Rei d'Inglaterra ou mesmo das Ilhas Sandwich, reino bem mais modesto.[10]

Para o coração amoroso, Emília era uma dádiva do céu.

***

Restava pequeno problema: como explicar que o noivado somente ocorresse agora quando estavam tão distantes, justamente depois de

---

9 Carta de Londres, 15.8.1886. B.N.L.
10 Original na B.N.L.

haverem passado meses, lado a lado, entre a Granja e o Porto? Deveria confessar aos amigos que estivera à beira do malogro? A hipótese feria-lhe a vaidade, e para Ramalho ele inventou breve e inverossímil história, segundo a qual somente ao se separarem, após "longa intimidade de três meses", durante os quais haviam falado de tudo, se deram conta de terem esquecido o principal: "de repente, dizia ele a Ramalho, batendo cada um por seu lado na testa, exclamamos a toda esta distância: é verdade, esqueceu-nos dizer que devíamos unir os nossos destinos!".[11] A fantasia escondia o amor-próprio ferido. E a cada amigo ele mandou uma palavra diferente, transmitindo a notícia supreendente. A Bernardo, por exemplo, escreveu cheio de humor:

> Pois é verdade, bom e querido Bernardo — *il etait temps de faire un commencement*. De todos os seres que atulham a terra e tanta honra fazem a Jehovah, o inimigo íntimo do nosso bravo Guerra Junqueiro — o homem é o único que permanece sistematicamente solteiro: e nisso, portanto, como no usar chapéu alto, pratica uma violação da Natureza. O solteirismo é uma herança social do Misticismo, Cenobitismo e Romantismo, tudo como anti-humano.

Como enfileirar-se o naturalista entre os que contrariavam a natureza? Eça, conforme dizia a Bernardo, conciliava-se com a sua escola: "O fim do Naturalismo é chamar o homem, por meio da Arte, a uma consciência mais completa da realidade natural: ora, eu não podia continuar a ter a minha vida em flagrante contradição com a minha filosofia". Em seguida, deixando entrever o que lhe ia na alma, acrescentava: "Não vás, porém, imaginar que foram *só* estas altas razões que me levaram a casar; tu conheces a minha noiva — e portanto vês logo claramente que eu não fui unicamente influenciado pelo *amor dos princípios*".[12] Mais do que os princípios, ele amava Emília, por quem estava apaixonado.

Com a imaginação espicaçada pelo amor, Eça encontrou maneiras diversas para anunciar o passo decisivo, surpreendente para os que lhe não conheciam a solidão. A Ficalho:

---

11 Carta de Londres, 4.10.1885. *Novas cartas inéditas*.
12 Carta de Londres, 20.10.1885. Arquivo do conde de Arnoso.

Esta carta devia ser realmente impressa em letras góticas, sobre pergaminho, com uma iluminura no alto, onde se visse, entre o enredado das folhagens de acanto e carvalho, um trombeteiro barbudo, de tabardo recamado de ouro e mão arrogante na cinta, soprando alto o seu clarim: porque ela é realmente um documento quase oficial, anunciando ao bom amigo o ajuste do meu casamento com a Emília Resende.[13]

Sem dúvida era original. Mas, das participações conhecidas nenhuma com o sabor da enviada à Condessa de Ficalho, senhora de famoso salão de Lisboa, centro de intelectuais, inclusive Eça "com a espiritualidade zombeteira", conforme recordaria o Conde de Sabugosa.[14] Aí, na rua dos Caetanos, era ela uma rainha, e Eça, súdito reverente, escreveu-lhe dizendo haver-se sentido tão abandonado pelos amigos de Lisboa que, "se possuísse uma canoa e um papagaio, podia considerar-se realmente como um Robinson Crusoé, desamparado na sua ilha".[15] Que importava haver em roda dele milhões de seres humanos? Eram como as ondas agitadas em torno do rochedo de Crusoé, que nem por isso deixara de ser o "modelo lamentável e clássico da solidão". Diante disso ele se perguntara que lhe restava fazer. Viajar? Não lhe aprazia. Meter-se na sociedade? Como fazê-lo se não sabia jogar *whist*, nem valsar, e já lhe não era fácil flertar? Também os companheiros de mocidade lhe faltavam — "todos, pouco a pouco, tinham criado o seu ninho e viviam fechados dentro dele". A arte? Esta também exigia um fogão e uma caçarola. "Nada, pois, me restava — queixava-se — a não ser a solidão...". E dela quisera fugir. Cheio de verve, ele concluía: "Estava eu assim refletindo no meu rochedo, e refletindo alto, num monólogo, como é costume dos que fazem romances — quando aconteceu que uma pessoa, de todo o ponto excelente e cheia de caridade, ouviu os meus queixumes...". O amor de Emília Resende tomaria o lugar da dolorosa solidão: Eça de Queiroz, pela mão de Cupido, ia descer do triste rochedo de Robinson Crusoé, para começar o seu próprio romance.

---

13 Carta de Londres, 20.10.1885. *Correspondência*.
14 Conde de Sabugosa. *Neves d'Antanho*, p.259.
15 Carta de 21.10.1885. *Correspondência*.

11
Um padre e uma tipóia

Pouco antes de morrer, Chardron transferiu a dois compatriotas, Jules Genelioux e Mathieu Lugan, a tradicional Livraria Internacional. Para Eça, que dissera preferir não ver "caras novas" entre seus editores, era um transtorno. Exigente na composição dos livros, para os quais, além de emendá-los repetidamente, solicitava atenções quanto às capas, ao papel, e até aos tipos de impressão, ele acabara se entendendo com o velho editor, que o suportava pacientemente. Não havia muito que, a propósito de *Os Maias*, ele escrevera a Chardron:

> Recebi já do Sr. João Diniz provas que vêm com aquela nitidez e boa ordem que honram a sua tipografia: somente noto, com surpresa, que o tipo é diferente do do 1º volume. V. Sa. tinha-me dito que o Sr. Teixeira podia fazer um volume exatamente igual. Peço-lhe diga na tipografia que desejo sempre as provas com margens largas: nestas que agora recebo há alterações a fazer, mas quando as haja, margens largas são essenciais assim como as provas em duplicatas.[1]

O escritor era assim: minucioso, atento ao aspecto material dos seus livros. Contudo a maior dificuldade diante dos sucessores de Chardron era saber como proceder. Como seriam os seus prováveis novos editores? E mais uma vez solicitou também a ajuda do bom Ramalho: "O meado de

---
1 Carta do Hotel du Cheval Blanc, Angers, 10.5.1884. Arquivo de Lello & Irmão.

agosto, quando V. for ao Porto, é amplamente o tempo para falar e tratar as cousas com o novo gerente do Chardron...".[2]

E, prova de quanto vacilava, dizia:

> Eu estou quase decidido a não admitir a teoria de que os arranjos particulares que eu fiz com o Chardron, por meio de cartas e em conversas particulares, lhe sobrevivam e passem, com todas as vantagens da "Librairie" e todas as desvantagens minhas, para os seus herdeiros ou sucessores. A meu ver eu retomo os direitos de propriedade...

Por fim as cousas se arranjariam, e Mathieu e Lugan seriam por muito tempo os venturosos editores de Eça de Queiroz. No momento, aliás, ele se debatia na elaboração de dois livros, simultaneamente — *Os Maias* e *A relíquia*, erro que não tardou em confessar a Genelioux, para explicar o silêncio em que se escondera: "*Je me suis refugié dans le silence prudent de ceux que ont tort. Par tort voluntaire cependent! J'ai subi les consequences de me être embarqué dans l'étrange entreprise de écrire deux romans en même temps!*".

Além dos novos editores e dos romances que escrevia, Eça preocupava-se em ajudar o querido Joaquim Pedro, a braços com as dificuldades de um jornal em começo. A Mariano Pina ele pedira, em Paris, para colaborar n'*A Província*. Também pensara em Guerra Junqueiro, que podia mandar de quando em quando uma "curta sátira", idéia complementada com esta observação: "O português gosta de picuinhas em versos e para a boa causa mesmo Juvenal deve trabalhar". E Santo Antero? Não colaboraria? Quanto a ele próprio, Eça pensou em levar a termo uma idéia que há muito devia andar-lhe na cabeça: publicar a *Correspondência de Fradique Mendes*. E, para tranqüilizar o amigo, que não participara da época em que ele, Antero, e Batalha Reis haviam criado o poeta satânico, dizia-lhe:

> Não te lembras dele? Pergunta ao Antero. Ele conheceu-o. Homem distinto, poeta, viajante, filósofo nas horas vagas, diletante e voluptuoso, este *gentleman*, nosso amigo, morreu. E eu, que o apreciei e tratei em vida e que pude julgar da pitoresca originalidade daquele espírito, tive a idéia de recolher a sua correspondência, como se faz para Balzac, Madama de

---

[2] Carta de 19.7.1885. *Novas cartas inéditas de Eça de Queiroz*.

Sévigné, Proudhon, Abelard, Voltaire e outros imortais — e publico-a ou desejo publicá-la na *Província*.³

Também Jaime Batalha Reis não esquecera Fradique. Mais tarde, ao recordar Antero e os tempos da *Revolução de Setembro*, ele diria que "pensando na apatia chinesa dos lisboetas, imobilizados, durante anos, na contemplação e no cinzelar de meia idéia, velha, indecisa, em segunda mão", haviam imaginado criar um poeta satânico. "Foi assim — escreveu — que apareceu Carlos Fradique Mendes." Agora, depois das poesias, Eça desejava divulgar-lhe as cartas.

Esboçou-se, assim, a *Correspondência de Fradique Mendes*, e, no futuro, um mar de dúvidas quanto a saber-se quem teria servido de modelo para o personagem. O próprio Eça? A indagação ainda subsiste. Mas, como usual, anos se passariam até se concretizar o desejo transmitido a Joaquim Pedro. Fradique ainda não amadurecera.

***

O amor dominou o coração do romancista. Intensa e apaixonada correspondência atenuou a terrível distância entre Bristol e Santo Ovídio. De certo modo era curiosa a situação criada pelo inesperado noivado, e Eça dizia a Emília:

> a nossa situação é tão original! Há meses apenas, separamo-nos meros amigos, aparentemente. (Digo aparentemente porque, do meu lado, os meus sentimentos, fosse qual fosse a reserva que eu lh'os impunha, não podiam decerto ser definidos por essa grave e regelada palavra amizade.). E eis que, quase de repente e sem transição como nos sonhos, nos encontramos com os nossos destinos ligados um ao outro para sempre!⁴

A carta era um primeiro passo: "um desses primeiros encontros, encantadoramente embaraçados, em que o muito que se sente é sobretudo expresso pelo pouco que se diz".⁵ Eça desejava "briser la glace".⁶ Para Emí-

---

3 Carta de Bristol, 10.6.1885. *Correspondência*.
4 Carta inédita de Bristol, 14.9.1885. B.N.L.
5 Ibidem.
6 Carta inédita de Santo Ovídio, 19.9.1885. Arquivo de Tormes.

lia tudo parecia fantástico — um sonho. E dias depois daquela carta, ela escreveu ao noivo: custava-lhe convencer-se de que tudo "não foi um sonho como tantas vezes me pareceu".

Quebrado o gelo, constante correspondência, carinhosamente preservada, é o testemunho dos dois corações. Eça queria cartas sempre mais longas e menos frias: "Carta sua", dizia,

> só me satisfaz uma bem longa, bem franca, em que, pondo de parte toda a inútil reserva, me abrisse o seu coração. Eu é que não preciso fazer o mesmo. O que eu sinto não seria para si uma cousa nova de que necessitasse uma clara afirmação: é o mesmo que eu sentia quando passeávamos ambos nas areias da Costa Nova.

Na verdade mudara bastante, e o próprio missivista confessava adiante:

> não é o mesmo sentimento: é outro, mais belo, mais completo — porque tendo, apesar de tudo, ficado comigo desde que nos separamos, e tendo sido o doce e fiel companheiro da minha vida desde então — esse sentimento penetrou-me dum modo mais absoluto e mais absorvente, exaltou-se e idealizou-se e de tal sorte m'invadiu todo que eu cheguei a não ter pensamento, idéia, esperança, plano, a que não estivesse misturada a sua imagem.[7]

Que mais poderia dizer o homem apaixonado?

O amor costuma ser ciumento e desconfiado. Depois de expor como o sentimento nele se havia transformado, Eça desejava saber o que acontecera com o coração de Emília:

> Feliz seria, se assim como ele cresceu e se completou — a sua amizade, a amizade que então me mostrou tivesse também tido uma transformação, e no silêncio destes meses todos d'intervalo, tivesse pouco a pouco tomado no segredo do seu coração um caráter mais... Como direi? É a si, minha querida amiga, que o compete dizer.

E, embora lhe escrevesse estar seguro de que "havia no fundo do seu coração, bem no fundo, alguma cousa que tendia para mim", logo acrescentava duvidoso: "Mas não estou certo. Será pedir-lhe muito — o pedir-lhe que

---

[7] Carta inédita de Londres, 28.9.1885. B.N.L.

me diga numa pequena palavra que seja, se eu acertei?". Durante meses o coração amoroso se debateu entre dúvidas e incertezas sopradas pelas chamas do amor. E como se o inibisse dizer na própria língua quanto sentia, Eça concluía em inglês: *"And dont be long in writting, my darling, let me call you so. With deep, deepest love your own José".*[8]

Não somente pedia cartas longas e francas, como as escrevia extensas e sentimentais. Uma delas de 29 de setembro, viera de Londres, Langham St., 36, e provocara-a a imprudência de Emília, que, ao se referir a seu recente passado, ressuscitara a sombra de S., que acreditava motivo de permanente desconfiança do noivo, a quem escrevera angustiada: "essa idéia apoquenta-me horrivelmente... Faz-me bem falar-lhe de uma maneira tão triste". Ela sofria, imaginava-se "doente", e súplice pedia ao enamorado distante: "veja se quer ser o meu médico e curar-me". Médico da alma, certamente. E disposta a desvendar-lhe o coração inquieto, dizia-lhe: "faça-me todas as perguntas que quiser".[9] Eça não perdeu a oportunidade. E em uma carta minuciosa ele afastou as sombras inquietadoras:

"Começa por me dizer," escreveu Eça a Emília,

> o estado d'inquietação em que está por causa *desse tempo da sua vida* — que, duas palavras de minha carta lhe provaram que me *preocupa* também! Ora eu não posso naturalmente ter presentes e textuais as palavras todas que lhe escrevi: duma cousa estou certo, certíssimo porém: — é que, fosse qual fosse a particular construção dessas palavras, ou o sentido aparente que elas casualmente aparentarem, nada estava mais *absolutamente* longe da minha idéia do que aludir a esse passado. E a razão é simples: é que eu não penso nesse passado. Não só não me preocupa; mas não se oferece mesmo jamais ao meu pensamento. É como uma cousa que não tivesse realidade, como um sonho esquecido, como uma sombra que passou. E posso dizer-lhe que desde que trocamos as primeiras cartas, ele desvaneceu-se de todo na minha memória — até hoje, até ao momento de hoje, em que minha amiga, tão singularmente, e não sei porque estranho erro, alude a ele e mo faz ressurgir diante dos olhos. Chame a isto leviandade, chame-lhe vaidade; atribua-o a uma resignação quase santa ou a orgulho verdadeiramente infernal — eu mesmo não sei o que é — mas creia, por tudo quanto há que esse *seu* pas-

---

8 Ibidem.
9 Carta inédita de Santo Ovídio, 22.9.1855. arquivo de Tormes.

sado influi tão pouco em mim, como deve influir pouco em si o meu passado que a Deus provera, ai de mim, que fosse tão puro e inocente como o seu!

Depois falava o antigo conhecedor do coração humano:

> Quem melhor do que eu sabe que o coração, depois de despertar, tem hesitações e tem enganos — até que se fixa? Ora eu pensava que tudo quanto ficara *para trás não existia* — desde que os nossos corações se tinham fixado e entendia que verdadeiramente a nossa vida moral só datava desse momento em que, esquecido tudo mais, nos tínhamos livremente prometido pertencer um ao outro.[10]

Era curioso — por caminhos bem diversos Emília e Eça buscavam o mesmo objetivo: conhecer o coração do outro. Eça censurava-a por remexer cousas velhíssimas, extintas, que apenas serviam para perturbar a paz de ambos. E perguntava-lhe em seguida: "O que significa além disso dizer-me que eu não posso *ter uma grande confiança em si?*". E ele respondia:

> Onde estava o seu critério, o seu conhecimento de mim, e sobretudo o seu conhecimento de si própria, quando escreveu essa cousa absurda? Não ter confiança em si! Mas então não lhe estava escrevendo, nem lhe tinha escrito ontem, nem jamais! Conhece-me bem pouco ainda. Eu se não pudesse dar a minha confiança não dava o meu coração...

Sem dúvida atingira o alvo, e Emília desejosa de atirar o passado na vala do esquecimento, respondeu reanimada: "Passemos uma esponja sobre tudo isto e falemos sobre um assunto mais agradável".[11] E no dia seguinte ela buscou colher o fruto da véspera: "Agora diga-me se está satisfeito comigo, mas francamente, ainda que muito gostava de receber uma carta sem nuvens!". Emília sonhava com um céu escampo e azul, disposta a conquistar tranqüila felicidade.
Parecia adivinhar o coração do noivo, que respondeu pressuroso:

> É necessário que digamos com a maior clareza os nossos sentimentos — para nessa certeza aumentar a nossa felicidade futura... Mas foi a sua

---

10 Carta inédita de Langham St., 29.9.1885.
11 Carta de 2.10.1885. Arquivo de Tormes.

carta de hoje, que, criando não sei que estranha incerteza me força a pedir-lhe a completa confissão dos seus sentimentos. O meu sentimento por si conhece-o já, disse-lho ontem o mais claramente — é o de um extremo amor... Não diga que eu lhe quero *arrancar* uma confissão! Foi o tom da sua carta, verdadeiramente *triste e cansada*, que me leva a implorar-lhe uma certeza. Também eu estou triste — seja compassiva.[12]

Depois, veio o arrependimento: Eça reconheceu haver-se exaltado em demasia. A impaciência impedira-o de meditar, e o impulso não levara a melhor resposta. Contudo, eram águas passadas, e delas ficara o remorso:

> É certo que eu não disse senão o que sentia; e tudo o que disse *é bom que fosse dito*; mas o tom não era talvez o melhor, e não tive, no meu primeiro impulso, aquela *delicatesse de touche* que pedia o seu espírito impressionado e *adoentado*.

O romancista, entretanto, justificava-se: "Aqui está, minha querida amiga, o que é uma mulher lidar com homens de imaginação! Eles vibram facilmente demais e são de sua natureza tempestuosos". Certamente, ele era assim, e assim devia ser amado. E, como se desejasse mostrar um contraste, Eça dizia a Emília:

> Ah se eu fosse mulher eu bem sei o homem que escolhia! Escolhia-o grave e fleumático, tão meticuloso nas suas palavras como no arranjo das suas gavetas, sem a menor possibilidade d'exaltação nem a menor pontinha d'ideal, medindo os sentimentos a compasso correto, ligeiramente majestoso, e leitor convencido dos artigos de fundo do *Ilustrado*. Tal seria o meu doce bem-amado. Que lhe parece? Não me arrebataria ao céu nas rajadas de uma paixão, bem sei; nem me faria jamais palpitar divinamente d'emoção.[13]

Qual dos dois preferiria Emília? O romancista exaltado, ou o personagem fleumático e medíocre? E antes que ela pudesse decidir, a carta continuava: "Ora se eu fosse como esse noivo ideal não lhe teria escrito ontem num tom arrebatado, e *un peu tragique*. É verdade que por outro lado, também não a adorava com a mesma adoração". Por toda a carta o romancista

---

12 Carta de 29.9.1885, B.N.L.
13 Carta inédita de Londres, 30.9.1885. B.N.L.

semeara o arrependimento. "E esta", dizia, "é a moral do caso: é que me impressionei tanto com as suas menores palavras — por que a adoro. *Et il faut toujours pardonner bien a qui nous aime bien.*"* Era a maneira delicada de pedir perdão. No fecho da carta vinha a confissão amorosa: "bem sabe o que quero que me diga. *Je vous le demanderais tout bas, tout bas... Il faut me dire si vous m'aimer un peu.* Seu noivo que a adora *José*".** Não pedia muito — apenas uma palavra de amor, fonte de alegria e segurança.

***

Por mais que desejasse voar para Sto. Ovídio, devia esperar algum tempo. Tendo passado quase um ano em Portugal, longe do Consulado, era impossível pretender uma licença para retornar: um intervalo se impunha, e Eça devia aguardar em Bristol. Na realidade, dada a proximidade das duas cidades, ele permanecia dias e dias em Londres, donde são datadas várias cartas para Emília.

O tempo, aliás, cumprira seu papel, fazendo desaparecer a cerimônia entre os noivos distantes. Emília substituíra o "Sr. Queiroz" pelo afetuoso "Meu querido noivo". E Eça, por seu lado, em vez do hierático "Minha Senhora" adotara o carinhoso tratamento de "Minha querida Emília". Cupido trabalhava sem parar. Nem lhe faltava o que fazer, pois o ciúme rondava o amoroso, como se vê das cartas à boa Emília.

Eça a Emília:

> Cavendish Square. London, 27 Outubro, 1885. Minha querida Emília... Em quanto a sentimentos... Saberá que, pela primeira vez desde que sou seu noivo — vi o seu retrato. Foi por acaso, há dias, nos quartos de Guilherme (Sandemann). Era de resto um retrato que eu não conhecia — retrato de pé, grand air, pose naturelle tres élégant, *tres élégant, avec un leger voile de melancholie...* Fingi heroicamente que não me perturbara. Disse apenas com um ar muito negligente, *du bout des levres: — ah, não está mau! Mais au fond tout au fond, j'étais, tres emu, oh tres...* Isto de sentimento, minha querida, vai mal![14]

---

* "É preciso perdoar sempre quem nos ama". (N.E.)
** "Eu vou lhe pedir. É preciso me dizer se você me ama um pouco". (N.E.)
14 Carta inédita de Londres, 27.10.1885. B.N.L.

Era o ciúme, o ciúme, irmão gêmeo do amor, que aflorava do coração apaixonado. E o consolo do noivo distante estava em receber palavras de amor, das quais Emília parecia-lhe sempre avara, enquanto ele insistia em pedir-lhe *Loving words*. A carta continuava:

> Diz-me numa das suas cartas — *para que quer que eu lhe diga que gosto de si?* Para quê?! Para o saber — porque a esta distância a única maneira que tenho de o saber é lendo-o nas linhas que me escreve. E o sabê-lo é-me indispensável — porque é a condição da minha felicidade, quase da minha vida.

Um adolescente apaixonado não seria diferente do escritor famoso, próximo dos quarenta anos. Certamente, o amor desconhece a idade. E a carta prosseguia no mesmo tom:

> Admira-se, pois, que eu lhe peça a *few words* que me dão a maior alegria que eu posso ter? Dir-me-á que — por isso mesmo que casa comigo — o amor subentende-se. Sim, decerto, mas... Enfim quem jamais se contentou com um *amor mudo* — um amor que, por se ter manifestado por um primeiro fato, julga poder, para sempre, calar-se, fechar-se em si mesmo e não tornar a ter uma expansão, uma palavra, uma confissão, um abandono? Um amor assim seria excessivamente solene e *stiff*. Seria, por assim dizer, um amor de uniforme e grã-cruz. *Very prudish and very majestic*. A minha amiga gostaria de um amor assim, tão impertigado e oficial? Eu, não!

Fantasia de romancista, ou natural expansão de um coração amoroso? Eça seria ruidoso em seu amor, e escrevia sem reservas: "... eu pelo menos, *em quem o sentimento existe*, começo por aproveitar este bocadinho de papel, para dizer com toda a paixão e sem cerimônia — *je t'adore, je t'adore, et ... Et je t'adore encore*".[15]

Emília devia sentir-se lisonjeada com o amor do escritor famoso. E, modesta, entregue ao seu amor, pedia-lhe, modificando o provérbio inglês: "love me much, love me long". Fizera-se humilde, e com humildade escrevia ao amado José: "Deve cansá-lo imenso esta minha eterna afirmação — não mereço! — mas quando leio as suas palavras tenho vontade de bater no peito e dizer 'mea culpa', nem sei por quê". Depois ela se assinava

---

15 Em francês no original: "Eu te adoro, eu te adoro, e ... Eu ainda te adoro".

com ternura: "Your loving noiva *Emília*".[16] Dia a dia ela parecia mais submissa e apaixonada.

Em certas ocasiões o humorista aparecia, e Emília recebia cartas como estas, cheias de verve:

> Minha adorada noiva. Ontem, depois de lhe escrever, tornei a ler a sua carta — e não fiquei pouco surpreendido ao verificar que ela não continha a *single little loving word*. Reli-a novamente. Sacudi o papel pensando *the little word* teria ficado emaranhada nas linhas entrecruzadas; rebusquei sobre a mesa, que ela se não tivesse extraviado entre os papéis; procurei pelo tapete; olhei o teto, que ao abrir o envelope, ela não tivesse voado e pousado no estuque; esquadrinhei os cantos do sofá; voltei para fora o bolso do peito, não a tivesse eu distraidamente guardado sobre o coração; — Alah! *the poor little loving word was not found!*[17]

Eça evitava a monotonia. E a abundante correspondência tomava formas sempre novas, originais, nas quais é marcante a presença de espírito do escritor. Esta, por exemplo:

> Cavendish Square, 17 de outubro, 1885. Minha querida noiva. Tenho lido em almanaques muitíssimos casos de *ingratidões célebres*, mas nenhum (sem mesmo excetuar o da serpente, que acalentada no seio, etc.) iguala ao seu. Tem lá maços de cartas minhas, in-fólios, material para uma obra rivalizando com os quinze tomos da correspondência de Cícero — e eu não tenho uma resposta sua, nem um seco *bonjour monsieur*. Não sendo experiente em *cousas de noivas*, eu, para avaliar bem a extensão da sua culpa, perguntei a uma pessoa entendida o que se pensaria em Inglaterra duma noiva, nova, bonita, cheia de inteligência (foi assim que eu me exprimi, mas sem pensar) que não escrevesse todos os dias ao seu noivo, um noivo que... (deixo-lhe a si imaginar as radiantes qualidades com que me dotei, à larga). A pessoa entendida disse-me que a Inglaterra ainda não tinha formado opinião a esse respeito — porque isso nunca sucedera desde Guilherme, o Conquistador!

Envolvidas pelo amor, as lamentações tornavam-se amenas.

***

---

16 Carta inédita de 16.10.1885. Arquivo de Tormes.
17 Carta inédita de Londres, 14.10.1885. B.N.L.

Foi difícil libertar Emília do passado, que nela tomava proporções angustiantes, pois não o conseguia esquecer, e ele lhe aparecia negra sombra a persegui-la. Era a luta contra o que imaginava uma leviandade do coração, e essa lembrança a atormentava sem parar. Eça, inicialmente, não dera importância a esses fantasmas do passado: depois compreendeu que devia ajudar Emília a se desvencilhar do pesadelo. Realista, muitas vezes ele havia observado o coração humano, conhecendo-lhe os enganos e ilusões. O assunto era-lhe familiar. E para desanuviar o coração da noiva, escreveu-lhe extensa carta cheia de observações. *Eça a Emília*:

Londres, 8 de outubro, 1855. Minha querida noiva... As suas cartas, as duas primeiras, agradam-me em tudo e em cada palavra — mesmo sem excetuar as alusões renovadas a esse *remorso*, que a minha querida amiga sente pelo *passado*. Ainda que eu, realmente, apesar de todos os meus esforços, não posso dar a esse seu *caso de consciência* toda a atenção e toda a importância que (Jesus, que língua difícil para quem se não trata por tu!) que *si* desejaria que eu lhes desse. O seu sentimento é excelente, é adorável — e provém dessa *idéia* que o coração humano deve apenas sentir uma *única* afeição, sempre moça e sempre imutável, preenchendo toda a vida, e sendo, por assim dizer, a vida ela mesma. Somente essa idéia é *puramente literária*: isto é — é uma idéia criada por nós outros artistas, e pelos poetas, para apresentar a vida, não *como ela é*, mas como *deveria ser* para que tivesse uma beleza absoluta e quase divina. É pois verdadeiramente uma idéia ideal: — e não corresponde de modo nenhum aos fatos da natureza. Nunca houve numa *vida única* uma afeição *única*: e se nos parece que há casos em que houve é que essa vida não durou o bastante para que a desilusão e a mudança se produzisse, ou quando se produziu ficou orgulhosamente guardada no segredo do coração, que a sentiu. Desde que há mundo a história de todo o coração *forte e leal* é sempre a mesma. O coração começa por despertar, e necessitar afeição, como o resto do corpo precisa alimento: à primeira emoção que sente, ou *que lhe fazem sentir*, fica deslumbrado d'alegria, vê chegado o alimento apetecido, triunfa, imagina que vai ficar satisfeito *para sempre* e que *c'est fini*. Depois, à menor desilusão, que sente um belo dia, ou que lhe fazem sentir, sente uma estranha mudança em si e fica pasmado, fica aflito vendo que esse sentimento que parecia eterno, que parecia ter raízes até às profundidades do ser (e que não tinha raízes nenhumas) se evapora, desaparece como um pouco de fumo. Lágrimas: vontade de morrer: juramento sincero de nunca mais amar; etc.

Certamente — Eça sabia-o perfeitamente — não fora diferente o acontecido à Emília. Mas, passada a desilusão, outro amor renascia; depois da noite vinha a alegria da manhã. E a carta continuava desvendando o outro lado do coração:

> Depois, uma manhã, por *qualquer motivo*, o coração que se julgava tristemente uma folha seca, percebe que tem ainda em si vida, calor, capacidade de *querer*. Começa a *nova afeição*. Somente esta não aparece com os mesmos sintomas da primeira: não vem com a mesma exaltação, o mesmo *fogacho*, o mesmo ardor de sacrifício: pelo contrário, parece serena e ordinariamente apresenta-se com as formas da amizade e da simples admiração. O coração mesmo às vezes diz para si, baixinho e desconsolado: — *ce n'est plus la même chose!*... Espera, um bocadinho, coração e tu verás! E com efeito essa calma, fria afeição vai penetrando, vai se enraizando, vai se aquecendo e aquecendo tudo em roda, torna-se forte, torna-se dominante, mistura-se a cada pensamento, enlaça-se a cada emoção, abrasa a alma — e essa é que dura, e que acompanha a vida toda.

Na verdade, dizia-lhe que podia estar tranqüila, pois somente agora encontrara o amor que duraria por toda a vida. E, para mais lhe apaziguar os sentimentos, o analista do coração humano concluía:

> Perdoe, minha amiga, esta longa lição de filosofia do sentimento. Mas *si* necessitava-a, por que estava sentindo *remorso* por lhe ter *acontecido* um fato natural, um fato fatal que a minha querida amiga imaginava que *nunca acontecia* senão aos corações *levianos*. Porque esta no fundo é a verdade: a minha querida amiga estava *sofrendo por se supor leviana*. Ora eu entendi que lhe devia mostrar de uma vez para sempre — que no seu caso não havia *leviandade*, nem *inconstância*, — mas unicamente a natural ação d'uma lei fatal do coração.

Emília podia respirar. E agradecido à boa e tranqüila carta, Eça deixava vazar os sentimentos:

> Como lhe disse, tudo me agradou na sua carta — mas sobretudo a tranqüila alegria que a enche, e uma certa *serenidade de sentimento* que me encanta. Quando eu lhe fiz uma pergunta *tout bas, tout bas* — não foi para que me respondesse confessando um sentimento *exaltado* e *apaixonado*. Eu

não poderia esperar isso — nem sei mesmo se o desejaria. Sim, desejava-o talvez... Mas, por outro lado, parece-me que me agrada mais esse sentimento que me confessa, que diz que é profundo, e que eu sinto que é refletido. *Love me little, love me long* — há muita verdade neste lindo provérbio inglês. O que é violento é perecível. O que é calmo é duradouro.

E para mostrar quanto confiava em um amor que crescesse lentamente, Eça lembrava S. João ao ver, em Patmos, uma semente fazer-se, em poucos momentos, uma grande árvore para lhe dar sombra — "Esta árvore", dissera o santo, "que não leva tempo a nascer não levará tempo a morrer". E ainda ele não acabara já a árvore perdera todas as folhas... Confiante no tranquilo amor de Emília, o noivo continuava:

> De sorte que se a parte mais imperfeita da minha natureza lamenta um pouco que o seu afeto por mim não seja ardente e apaixonado — a parte mais perfeita e mais elevada da minha natureza não pode senão alegrar-se e ser profundamente feliz, vendo que esse afeto é calmo, grave, sério, sólido, profundo, refletido — ainda que um *bocadinho sereno de mais*.[18]

Ao escrever esta carta tão cheia de afeto, Eça mostrou-se modesto. Merecia ele, porventura, o amor de Emília? Ele próprio respondia:

> Às vezes mesmo chego a duvidar se não houve da minha parte *egoísmo*, ou antes *irreflexão* em lhe oferecer para ligar o seu destino ao meu. Que lhe posso eu dar, eu *half worn-out man of letters* em troca do seu coração que merece tanto cuidado e carinho?

E como se chegada a hora de uma confissão ele continuava:

> Tenho muitos defeitos: e ainda que felizmente o mundo não me *ressequio*, nem me tornou artificial como ele geralmente torna todos os que vivem nele, ainda que conserve em mim, graças a Deus, bastante *of human nature* — falta-me todavia, receio, esse brilhante e formoso e quase divino entusiasmo da mocidade que doura e aquece tudo, e que é a mais deliciosa chama em que uma mulher pode deixar queimar à vontade o seu coração.

---

18 Carta inédita de Londres, 8.10.1885. B.N.L.

A mocidade passara, mas Eça permanecia num mar de felicidade, que as cartas para Emília refletem intensamente. Mais alguns dias e ele lhe escrevia embevecido:

> Por que não posso eu ter, ai de mim, essa sua suave tranqüilidade? Por que não serei eu também pacífico e inexcitável? Por que não sei eu escrever essas cartas serenas, sossegadas, onde nenhuma palavra treme de emoção e onde se revela uma natureza tão límpida e calma como a água de um copo?

E, curioso, ele perguntava:

> Donde provirá esta diferença? Talvez da educação. Foi Sto. Ovídio, e a sua paz de convento, que a fez assim *quiet and composed*. E foi este mundo agitado em que eu tenho vivido, esta Inglaterra onde o sangue ferve, que me fez, assim eles dizem, *a man of excitment passion*.[19]

Aos poucos ele descobriu as belezas de um caráter medido, sereno, desprovido de exageros. Mas, isso não fazia menor a paixão, e a ausência a tornava maior. *Eça a Emília*:

> Em quanto à beleza material... Infelizmente para mim, parece-me que a minha noiva é uma das mais lindas mulheres que tenho conhecido, é a *mais mulher*: — e todo o encanto feminino reside nisso. Eu disse *infelizmente para mim* porque estou quase receando a sua extraordinária influência sobre mim. Estou temendo que o seu raro e singular encanto me enleie para sempre, e numa dessas completas paixões, semelhantes a escravidões que penetram a existência inteira e quase a governam absolutamente.[20]

Não precisava dizer mais: o amor dominara-o irremissivelmente. E, entre triunfante e vencido, ele confessava:

> Um tal amor representa a felicidade suprema, perfeita, quando ele é correspondido com igual intensidade. Mas isso raras vezes acontece. Nos amores, desde Eva, há sempre *um que ama e outro que se deixa amar*. O que se deixa amar é feliz, como todos os ídolos. O que ama *por si só* é geral-

---

19 Carta de 18.10.1885. B.N.L.
20 Carta inédita de Londres, 18.10.1885. B.N.L.

mente o mais desgraçado dos mortais: vive numa perpétua inquietação: a sua paz, a sua alegria dependem duma palavra, dum olhar, dum gesto; e a mesma serenidade do outro é uma origem d'incessante tormento.

E, sempre ansioso por alguma palavra de amor, ele não se conformava com a maneira discreta de Emília. E dizia-lhe a propósito de uma carta:

> ela respira em cada linha, querida noiva, adorada noiva — o mais feroz egoísmo! Isto não teria importância se fosse uma carta escrita *au hasard*, mas, sendo como é, uma resposta à minha solene explicação de sentimentos — tem uma cruel importância. Ela cifra-se em vós, querida, me dizeres, pouco mais ou menos — "Meu caro senhor, consinto e desejo que me adore ardente e humildemente: continue a esfolhar-me aos pés toda a sorte de flores raras; atenda bem a que no seu incensador nunca falte incenso fresco, e balance-o regularmente, cante-me todos os cânticos, ofereça-me todos os votos; em quanto a mim, eu permanecerei tranqüila e fria, em cima do meu pedestal, prometendo apenas não voltar o rosto quando sinta passar-me sobre ele o calor da sua doração!" É o que dizeis.

A fantasia é evidente. Mas, quem poderá conter a imaginação do romancista, nas horas de exaltação e devaneios? E Eça continuava:

> há um grande sutil encanto em adorar uma deusa de mármore — quando não seja senão pela deliciosa esperança de ver enfim correr no mármore um leve estremecimento humano, e perceber que lá dentro há, como em nós outros, os mortais de carne e osso, um pequenino bocadinho de coração vivo.

E para que não imaginasse que a desejava perfeita, advertia-a:

> estimo tanto os seus defeitos, como as suas virtudes. A absoluta perfeição é uma cousa anti-humana — e eu detesto tudo o que não é verdadeiramente e fragilmente humano. Se a minha querida fosse realmente *perfeita* e tivesse asas de anjo, — não é natural que eu a amasse... Fraco e pecador eu mesmo — gosto de viver com quem tenha fraquezas e pecados. Os anjos são para o céu. E se eu descobrisse que ia casar ou tinha casado com um anjo, idealmente perfeito — apressava-me em pedir-lhe que recolhesse ao céu (onde não devia ter baixado) e que me deixasse viver tranqüilamente...[21]

---

21 Carta inédita de Londres, 22.10.1885. B.N.L.

O missivista deixava-se arrastar para o mar alto da fantasia, afastando-se da realidade. Em verdade, o que queria instantemente, e por mais que o devesse conhecer, era apenas devassar o coração da querida amiga, de quem reclamava inconformado: "não me basta realmente saber que tem o cabelo louro e que é alta: isso é um detalhe, adorável decerto, mas detalhe; o que anseio por saber é o que está por *trás*, os sentimentos, os pensamentos". E dizia sem reservas: "Eu bato incessantemente à porta do seu coração: mas nem uma janelinha se abre: — e eu todavia sinto que há lá dentro cousas bem interessantes a ver e a conhecer". Quando se disporia Emília a abrir-lhe de par em par, como ele almejava, a janela do coração?

***

Somente em fins de outubro veio a licença para Eça partir ao encontro de Emília. Devia, porém, concluir trabalhos do Consulado, e o dever retardou a viagem. Pouco antes lhe haviam chegado às mãos as provas dos *Azulejos*, livro de contos de Bernardo Pindela, que ia prefaciar, e ele escreveu ao bom amigo: "Eu passo pois, em breve, Dieu voulant, a manufaturar essa prosa laudatória e explicativa — que o deve preceder como o clarim adiante do triunfador". Na verdade faria um prefácio rumoroso, fonte de ruidosa polêmica. Eça, no entanto, não deixou de opinar sobre a aparência do livro, e, do Porto, ele advertiu o autor:

> Um livro de contos é um livro ligeiro de emoções curtas: deve portanto ser leve, portátil, fácil de se levar na algibeira para debaixo de uma árvore e confortável para se ter à cabeceira de cama... O feitio do teu livro deve, pois, parecer-se um pouco contigo — breve, magro, airoso. Tal como está, os *Azulejos* teriam *tout au tout* meia polegada mais que a *Holanda* do Ramalho!! Ora a *Holanda* já é excessiva, e tem um ar de queijo espapado. Não seria um livro — seria um tabuleiro de xadrez. Não, amigo, os *Azulejos* devem ser apenas um pouco mais longos que *um azulejo*.[22]

Era a permanente vocação de ajudar os amigos, falando-lhes com franqueza.

---

22 Carta de Bristol, 8.9.1885. Arquivo do conde de Arnoso.

À medida que o tempo passara, Eça cogitou do casamento, e as dificuldades financeiras avultaram como pedras no caminho da felicidade. Escreveu então a Emília: era "o desabafo n'um seio amigo", dizia. E em seguida ele deixou tudo claro:

> Trata-se dessa cousa eminentemente prática — a data de nosso casamento. Eu desejava que ela fosse próxima, bem próxima, próxima dentro da possível possibilidade: e segundo a razão é que me parece ser socialmente um erro o deixar arrastar um noivado até ao ponto em que os conhecidos começam a perguntar, franzindo o nariz: "Mas quando casa esta gente?". Ora, as cousas parecem definir-se para que essa data desejada seja recuada, tenha de ser recuada desagradavelmente. Tudo provém das condições repentinas e inesperadas em que se desenlaçou o nosso romance. Se eu me tivesse decidido d'antemão e pausadamente a casar — tinha começado por pôr em ordem os meus negócios materiais: e só depois deles organizados é que calçaria as costumadas luvas brancas e iria pedir a minha noiva; e nada impediria então que eu a trouxesse logo comigo para uma ordem de cousas bem arranjadas e claras. Mas, como sabe, não foi assim. Eu achava-me instalado na minha melancolia de solteirão do conto, com o meu cão a olhar para mim, o meu cachimbo aceso, e todos os meus negócios em redor em confusão. É assim que eu estava quando me chegou a carta abençoada do nunca assaz louvado e nunca suficientemente amado Manuel.

Eça cuidara tardiamente de arrumar os seus negócios, pagar as dívidas para depois casar. Mas, como arrumá-los se não dispunha de qualquer soma? Restava encarar o infortúnio com bom humor, e Eça continuava:

> A minha querida sabe que não é permitido pelas leis entrar no Banco d'Inglaterra, cumprimentar à direita e à esquerda com polidez, escolher a mais recheada saca d'ouro, metê-la debaixo do braço, e tornar a sair cumprimentando respeitosamente.[23]

Calculara então que tudo se resolveria em seis ou sete meses, tempo razoável, pois, dizia, "hoje as cousas fazem-se pacatamente: já lá vão os tempos em que, ao fim d'um baile, o Cavalheiro tomava o seu par à garupa *and rode straight away to be married*".

Infelizmente, enganara-se: o tempo imaginado era escasso e nada havia a fazer. Ele comunicou a Emília, desolado:

---

23 Carta inédita de Holles St., 19.10.1885.

Hoje, porém, e daí o meu estado melancólico, o meu *homme d'affaires* veio-me dizer que, tendo examinado as cousas melhor, acha que os meus negócios são na verdade simples e fáceis de liquidar somente (este somente é que é terrível), somente o tempo que eu calculara é insuficiente, e são necessários pelo menos dez ou doze meses. Horror, infinito horror!

A dilação atordoara-o. E, enquanto procurava encurtar os intermináveis doze meses, Eça, pondo de lado quanto pedira ou reclamara da serena noiva, limitava-se a uma súplica: "Mas, deixe-se amar". Era tudo o que pedia.

Não somente o tempo preocupara o noivo. Tímido, modesto, ele desejava fugir ao faustoso, e, antecedendo-se aos acontecimentos, ele dissera a Emília: "O ideal seria que sem ninguém saber, um belo dia, déssemos o braço um ao outro e fôssemos tranqüilamente para o nosso ninho". Era romântico e impossível, pois como ele próprio o reconhecia a vida tinha os seus cerimoniais. Emília, aliás, advertira-o da impossibilidade de um casamento quase sem alarde e ele lhe responde esperançoso:

> Por uma frase da sua carta vejo, querida noiva, que não será fácil impedir que o nosso casamento seja *entouré de bruit*. As suas idéias nesse ponto concordam de resto plenamente com as minhas, e a minha esperança toda está em que *si*, pouco a pouco e com a habilidade as fará prevalecer. Nada seria mais desagradável à modéstia do nosso bom gosto, que *un mariage éclatant*. Essas cousas porém é necessário prepará-las de longe e com tempo: porque custa muito a desarranjar uma idéia que se funda em antigo costume e antiga tradição. Mas, nesse ponto não deve transigir: a vontade mais forte prevalece sempre, *et vous êtes la plus forte*: uma boa maneira de conseguir essas cousas é o velho, universal, útil, e sempre vitorioso sistema de pôr os pés à parede. Tudo o que nós precisamos é um padre e uma tipóia: tudo o mais seria e é demasia, *tapage*, publicidade e não duvido dizê-lo — indiscrição.[24]

Um padre e uma tipóia — para a felicidade de Eça e de Emília seria tudo.

Em 2 de novembro de 1885, Eça de Queiroz chegou a Lisboa a caminho da Santo Ovídio. Para quem olhasse as cousas superficialmente, poderia parecer que se unindo a Emília, bela, educada, inteligente, rica, e da melhor nobreza de Portugal, fazia não apenas uma boa união, mas vantajoso casamento. Aparências... Modesta, indiferente à riqueza, apaixonada, Emília estava certa de lhe caber a melhor parte e dizia ao noivo:

---

24 Carta inédita, 20.10.1885. B.N.L.

"Não me julgue egoísta por ter querido ligar-me a si". Na realidade, ela era um modelo de renúncia e abnegação, e, justamente ao partir de Londres, recebera as cartas em que ela, alegremente, se propunha a partilhar da boa e da má fortuna, se necessário da pobreza, que lhe oferecia o romancista. A renúncia tocou o coração de Eça, que respondeu encantado:

> As suas duas cartas sobre *affaires*, recebia-as, minha boa e adorada noiva, em Londres. Mal sei dizer quanto elas me comoveram até ao mais profundo do meu coração. Elas são as mais belas, nobres, dignas, amantes, queridas cartas que um noivo pode desejar receber. Deus a abençoe, e recompense de as ter escrito — quero dizer de as ter sentido — o que é o mesmo, porque eu sei quanto todas as suas palavras vêm genuinamente da sinceridade do seu coração. Elas não são, talvez, mundanamente muito práticas: mas foram práticas e úteis por me terem dado uma alta lição moral, e ter-me feito pensar quanto os pequenos egoísmos materiais são mesquinhos e quanto realmente devem ser desatendidos, perante o supremo, divino e encanto da afeição partilhada. O seu espírito d'absoluto renunciamento é mais que adorável — e como lhe poderei eu pagar, que novo carinho, ia quase dizendo que novas carícias seria necessário inventar para poder pagar uma tão santa dedicação?

Afinal, Emília abria a janela do coração, e Eça ficara rendido pelo que entrevira. A carta continuava no mesmo tom de encantamento:

> Está claro que eu não a devo aceitar ou que devo hesitar antes de aceitar, ou que devo fazer tudo para que não tenha de a aceitar: — em todo o caso a sua oferta de ser pobre ficará como um traço infinitamente belo e luminoso nas nossas cartas de noivos. Se o espírito do ato em si me enterneceu — o perfeito e raro gosto com que o fez, a boa alegria, a boa simplicidade, enfim o delicioso *beautiful good-taste of the thing ravished me*. Não me queira mal, meu amor! Pobre de mim, eu permaneço em tudo, em todas as cousas, um mero artista! E se me comovo, decerto, com a beleza de uma ação moral — não me interesso menos, nem me encanta menos, a maneira linda exterior como ela é apresentada. E a sua carta era uma perfeição de gosto.[25]

A um só tempo, simples, sutil, feminina, Emília conquistava o homem e o artista: cada vez mais, Eça estava louco para alcançar Sto. Ovídio. Emília não estava menos ansiosa por tê-lo aí. E mal soube que chegara a Lisboa, escreveu-lhe: "Faz-me uma tal impressão sabê-lo em Portugal, saber que

---

25 Carta inédita de Rocio, 3.11.1885. B.N.L.

d'um dia para outro pode estar aqui —, o meu noivo, realmente o meu noivo! ... é preciso que venha depressa para nos convencermos que é uma verdade e uma feliz verdade...".[26]

Foram idílicos os meses vividos em Portugal antes do casamento realizado em fevereiro. No Porto, Eça hospedou-se no Hotel de Paris, donde escreveu a Ramalho: "Eu por aqui continuo entre Sto. Ovídio — e o Hotel onde trabalho, às gotas, às migalhas. A família é talvez fecunda em trabalho produtivo: a preparação para a família é o tempo mais completo de desperdício e ociosidade que há, fora de ser *político*".[27] *Os Maias* e *A relíquia* arrastavam-se, mas, em compensação, Sto. Ovídio ficava à mão e era agradável receber bilhetes como este: "tenho tenção de levantar às 3 horas, daí por diante pode vir a hora que o coração pedir". E o coração não demorava em pedir-lhe que corresse para junto da adorada noiva. Às vezes, desvelada, escrevia-lhe para saber como passara a noite, e assinava-se ternamente: "Adieu mon cheri. A sua noiva very loving *Emília*". De outras feitas era ele que abria o coração: "Querida Emília. Como o dia está bastante cor de penitência — mande por este veloz mensageiro dizer se ainda tem tenção de ir às Águas Férreas. Talvez fosse melhor esperar azul e sol. Tuus Fidelis *José*".[28] À medida que o casamento se aproximava ambos pareciam mais apaixonados.

Também os amigos enchiam aqueles dias felizes. Em Águas Férreas, dividido entre a *Vida Nova* e a *História*, Joaquim Pedro preparava a edição dos *Sonetos* de Antero de Quental, e freqüentemente este vinha da Vila do Conde para ajudar o dedicado companheiro do *Cenáculo*, ali encontrando Guerra Junqueiro. Com a sombra das árvores e o sussurro da fonte, a mansão era tranqüila, e, de quando em quando, Emília e Benedita apareciam trazendo uma nota de mocidade e alegria. Mais ou menos por esse tempo, Luiz de Magalhães leu para Eça o esboço do romance *O brasileiro*, que este prefaciaria, e escrito na bucólica e quieta Quinta de Frades, antigo refúgio dos Cônegos Regrantes de Santo Antônio que aí preguiçavam no verão. E a casa, escreveu Eça, era "a continuação de uma igreja de freguesia, lisa e sem arte com um adro melancólico, como são os do Minho, assombrado por grossos castanheiros". Uma cruz de pedra encimava o portão, donde pendia "a velha e lenta sineta fradesca".

---

26 Carta de 2.11.1885. *Eça de Queiroz entre os seus*, p.63.
27 Carta de Eça de Queiroz a Ramalho Ortigão, 14.1.1886.
28 Carta de dezembro de 1885. B.N.L.

Foto 1 – No jardim da casa de Neuilly, em Paris. De pé: Domício da Gama e Eça de Queiroz. Sentados: a mulher, D. Emília, a filha de Eça e o conde de Caparica.

Foto 2 – Retrato a óleo do escritor, por Columbano Bordalo Pinheiro. Esse retrato foi exposto em Paris pouco depois da morte de Eça. O quadro não existe mais, pois o navio que o levava de volta a Portugal naufragou na altura do golfo de Biscaia.

Foto 3 – Eça de Queiroz e D. Emília no jardim da casa de Neuilly.

Foto 4 – Eça de Queiroz reunido aos Vencidos da Vida. Em pé, da esquerda para a direita: conde de Sabugosa, Carlos Mayer, Carlos Lobo de Ávila, Oliveira Martins, marquês de Soveral, Guerra Junqueiro, conde d'Arnoso. Sentados, da esquerda para a direita: Ramalho Ortigão, Eça de Queiroz, conde de Ficalho e Antonio Candido.

Foto 5 – Ramalho Ortigão e os filhos de Eça de Queiroz. De cima para baixo: Ortigão, Maria, Antônio, Alberto e José Maria Filho.

Foto 6 – Artigo de Fialho d'Almeida sobre Eça de Queiroz na revista *O Contemporâneo*, 1882.

Foto 7 – Eça de Queiroz trajando uma cabaia de mandarim, presente do conde d'Arnoso.

Foto 8 – Eça de Queiroz no final da década de 1860.

A esse convívio de amizades não faltou, para festejar o aniversário do romancista, a presença de Ramalho. E, em 25 de novembro, Emília, logo pela manhã escreveu a Eça: "Dei-lhe os meus parabéns depois da meia-noite e hei de dar-lhos a valer logo... O bravo Ramalho (vou tomando seu estilo) é uma flor decididamente".[29] Ramalho conquistara Sto. Ovídio. A resposta não tardou:

> Minha adorada Emília. O encantador bilhete não me veio acordar — mas veio me fazer achar o dia mais bonito e a situação de *fazer anos* deliciosa. Merci de tout coeur, ma douce cherie et pour les *parabens* et pour le reste... Como para mim não é novidade dizer que *je vous aime*, nem mesmo que *je vous adore*, nem mesmo que *je vous rereadore* — direi modestamente que je vous embrasse bien et bien tendrement. tuus fidelis (c'est du latin), em português teu fiel *José*.[30]

Em meio a essas carícias, havia para Emília pequeno senão — o noivo não lhe dizia a idade. Por quê? Muitas podem ser as conjecturas. Mas, em verdade somente às vésperas do matrimônio ela saberia a idade do "querido José".

Nos fins de janeiro, Eça foi a Lisboa. Era a última vez que o faria solteiro. Mal chegado as saudades o assoberbaram:

> estas poucas horas em Lisboa, escreveu para Emília, já me parecem longos meses de solidão e de frio. Felizmente, minha querida, tenho comigo o teu retrato: e tenho andado a passar diante dele, encolhido de friagem, secado, com dois bicos de gás a arder no quarto, e mil lembranças adoráveis ardendo dentro em mim — e pensando que fora duma certa sala que eu sei, e dum certo sofá (que é partilhado por certo cão e por certa pessoa) não há nem calor, nem aconchego, nem felicidade, nem alegria... Se escutasse só o meu coração e o que ele me pede baixo, voltava hoje para o Porto.

E a carta terminava: "Meu amor, um longo, doce, profundo, apaixonado beijo do teu José".[31]

---

29 Carta de 25.11.1885. Arquivo de Tormes.
30 Carta de 25.11.1885. B.N.L.
31 Carta inédita do Rocio, 22.1.1886. B.N.L.

No dia seguinte o apaixonado noivo voltou à carga com uma carta que se cruzou com a que Emília escrevera na véspera, ansiosa por saber a idade de Eça. Dizia-lhe:

> A mamã recomenda-lhe que traga a sua certidão de batismo e de solteiro e não só a mamã lho recomenda mas também eu e a (ilegível) e o Cônego Guimarães, porque sem isso não poderemos casar nem eu satisfazer a minha curiosidade de saber o número exato dos seus anos.[32]

Não demoraria muito a curiosidade, pois Eça a informara no mesmo dia: "Os meus papéis, banhos, etc. estão prontos. Meu pai tinha-mos mandado daqui, justamente no dia em que eu partia daí do Porto".[33] Coincidência? Ou propósito de estar ausente quando Emília desvendasse a idade e as circunstâncias que envolviam o nascimento do noivo? Ninguém o saberá. O certo é que junto aos papéis do casamento seguiu também a singular declaração pela qual o velho José Maria e Carolina Augusta legitimavam o filho registrado como de "Mãe incógnita". Desconheceria Emília tais circunstâncias? De qualquer modo devia ser constrangedor, e Eça diluiu o assunto em uma observação de humor: "A propósito", dizia,

> sei enfim a numerosa quantidade dos meus anos: são muitos! Não chegam aos quarenta e cinco, não chegam mesmo ainda aos quarenta; mas são muitos, muitos, um montão deles! E tirados aqueles em que trabalhei, quase todos inúteis, porque não te conhecia ou conhecia-te apenas pela Sra. D. Emília. Contando, pois, como vida útil só o tempo em que tu és para mim a Emília, eu tenho apenas cinco a seis meses.

A pilhéria encerrava o assunto. Mas não apaziguava o amor e lia-se na carta reveladora:

> Nunca como agora, me sorriu tanto e tanto me encantou a esperança de vivermos sós e um para o outro... Tudo que não seja viver escondido numa casinhola, pobre ou rica, com uma pessoa que se ame, e no adorável conforto espiritual que dê esse amor — me parece agora vão, fictício, inútil, oco, ligeiramente imbecil... Não, positivamente não há nada neste mundo,

---

32 Carta inédita de 22.1.1886. Arquivo de Tormes.
33 Carta inédita de 22.1.1886. B.N.L.

worth to live for senão um cantinho de fogão doméstico, muito Amor junto dele e muita Arte em torno para tornar a vida interessante, poética, distinta. Possa Deus, na sua infinita bondade, permitir que esse seja o nosso Destino! Arte e Amor — com A grande! Eles merecem-no; são as duas expressões supremas da vida, completam-se um pelo outro, e fora deles tudo é nada.

Aos poucos, Eça mudava. E a linguagem, longe de ser a de um cético, deixava entrever a alma de um romântico.

Na realidade, ele lutava para apressar o casamento, e, convidado Ramalho para o assistir, comunicou a Emília: "Eu anunciei-lho para muito breve. Como vão esses casos d'enxoval?". As dificuldades não estavam, porém, no enxoval, e sim nos problemas financeiros que o romancista precisava resolver. A glória continuava pobre.

Ainda desta vez, Ramalho foi o cirineu. Em janeiro obtivera um empréstimo de duzentos mil-réis, e Eça mandara-lhe a letra correspondente, que dizia nunca saber onde assinar devido à aparatosa complicação de riscos e desenhos, bem diferente da simplicidade dos documentos ingleses. E, para o começo de fevereiro, Eça esperava conseguir duzentas libras do Banco do Povo. "Dessas 200", escreveu, "75 eram para pagar a nossa letra que se vence a 9 ou a 11. O resto para a mão".[34] Como casar sem ter algum dinheiro para os primeiros dias? Por fim, Genelioux, o editor, de quem se aproximara gradativamente, contribuiu com pequeno adiantamento de direitos autorais, e pôde ser marcado o casamento para 10 de fevereiro.[35] De Sto. Ovídio os noivos viajariam para Madri e Londres, e daí para Bristol, onde, como em um sonho, o amor os tomaria nos braços.

Chegou-se assim aos preparativos finais do casamento, que os noivos almejavam modesto, sem alarde. O velho José Maria, doente, desculpou-se por não comparecer: "A minha saúde não me permite sair de Lisboa". O Rodo seria representado pela mãe do romancista, que levou para a nora uma pulseira de rubis e brilhantes, e pela irmã Aurora, geralmente conhecida como Miló. Esta visitara recentemente a Granja, onde se encantara pela futura cunhada, dela tecendo largos elogios ao irmão. Eça escreveu

---

34 Carta de 3.2.1886. *Novas cartas inéditas*.
35 Carta de Eça para Jules Genelioux, Hotel de Paris, Porto, 30.11.1885. Arquivo de Lello & Irmão.

então a Emília: "É quase uma pena que não seja ela que case consigo. C'est une passion".

Emília dava a última demão. Não esqueceu sequer que o noivo deveria confessar. Para o irreverente autor d'*O crime do Padre Amaro* devia ser, possivelmente, a última capitulação imposta pelo amor: "Já falei com o Cônego Guimarães", escreveu-lhe Emília,

> que deu todas as licenças para o padre José nos casar. Vou-lhe escrever dizendo-lho — vais tu fazendo o exame de consciência e mesmo bem-feito para te confessares amanhã de tarde. Temos também amanhã de assinar não sei o que em Cedofeita. Podemos ir das 9 às 3, mas se não for possível o padre manda os livros. Adeus meu querido José, até logo your very loving *Emília*.[36]

Iam distantes os tempos do *Cenáculo*. Eça de Queiroz, submisso, escrevia à noiva: "Minha querida Emília. Desejo saber se temos de ir ao Pe. Guimarães, para assinar os registros ou se basta que eu aí apareça às 3 e meia, para ir à outra devoção. Estou em plenas malas. With love *José*".[37] Nada lembrava o escritor apontado como anticlerical. E, certo de dever ganhar o pão com as próprias mãos, Eça continuava a trabalhar — era premente concluir *Os Maias*, e, na véspera do casamento, escreveu a Genelioux: "*Je laisse les épreuves corrigés par Teixeira et a peu prés trois feuilles d'original. Je tiens, comme je vous l'ai dit à finir au plutôt avec les braves Maias — et vous pouvez compter sur ma bonne volonté*".[38] Às vésperas do casamento Eça continuava a trabalhar. Dedicava-se inclusive ao prólogo dos *Azulejos* e, a Bernardo ele, em 7 de fevereiro, escreveu agradecido pelo presente recebido: "Interrompo o prefácio que desde ontem te estou fabricando, lentamente, sem finura, e sem veia para te agradecer avec une plumeé emue o teu lindo, utilíssimo, gracioso, amável e bem acolhidíssimo presente". E queixando-se de que a pena não lhe corria fácil, dizia: "Estas vésperas de casamento não são favoráveis à Arte: e o espetáculo é realmente raro: um noivo de rabona de trabalho e lápis na mão, fazendo e refazendo considerações sobre a influência da literatura na sociedade". Em seguida

---

36 Carta de 9.2.1886. Arquivo de Tormes.
37 Carta de fevereiro de 1886. B.N.L.
38 Carta de 9.2.1886. Arquivo de Lello & Irmão.

comunicava a data do enlace: "Meu casamento creio que sabes, é no dia 10. Perdoa a pouca solenidade com que to anuncio, querido amigo, neste papel barato, e por entre notícias de provas e de prosas". Em seguida, temeroso de não concluir o prefácio, ele tranqüilizava o amigo:

> Eu no mesmo dia em que caso parto para Biarritz, a seguir, e sem flanar, tomo o comboio como se toma uma carruagem, para recolher a casa. E logo que chegue o meu primeiro cuidado será pôr a limpo, a refundir o Prefácio, e remetê-lo, tendo-lhe metido todas as considerações de literatura, que me ocorrer por essa velha Europa adiante... Mas nada há de discordante ou de desagradável, pelo contrário, em casar e recomeçar logo a cinzelar frases d'Arte....[39]

Nada detinha o cinzel do artista.

***

Como desejado pelos noivos, o casamento foi simples, mas a simplicidade não lhe tirou a beleza e a emoção, que dominava especialmente a velha mãe de Emília, e a irmã Benedita, ambas antevendo o vazio que a ausência deixaria em Sto. Ovídio. A capela do antigo solar, onde se realizou a cerimônia, "abria para uma grande sala de passagem, em frente à casa de jantar", e estava atapetada de flores, enquanto o altar "desaparecia sob azaléias brancas, e decerto camélias, flores que enchiam a quinta". Em uma evocação das lembranças de família, Maria Eça de Queiroz escreveu volvidos muitos anos:

> A noiva devia estar linda! Do seu vestido, ainda se conserva na família uma amostra: era de cetim brocado de veludo, cor de marfim, macio e rico. Devia ajustar-se à sua figura elegante, cair em pregas nobres, e fazer realçar aquela beleza séria de cabelos louros e olhos escuros.[40]

E vendo a noiva aproximar-se do altar pelo braço do irmão Manuel, o venturoso noivo devia transbordar de alegria. Mais um pouco e estariam unidos por toda a vida.

---

39 Carta inédita do Hotel de Paris, Porto, 7.2.1886. Arquivo do conde Arnoso.
40 Apud *Eça de Queiroz entre os seus*, p.85.

O padre José Cosgia celebrou o ato, e por parte do noivo foram padrinhos Ramalho Ortigão, que trouxe para Emília delicada lembrança da mulher, e o cunhado Manuel Castro. Aquele representava os companheiros de mocidade, e este era o "amigo indiscreto", a quem, afinal, tudo se devia. Por parte da noiva, assinaram como testemunhas a cunhada Maria, condessa de Resende, e a condessa de Cova, prima dos Resendes.

Tudo transcorreu em discreta intimidade. Havia meses que Eça dissera a Emília precisarem apenas de "um padre e uma tipóia". Agora, depois da bênção nupcial, restava-lhes tomar a tipóia. Emília e José Maria partiam para um mundo encantado.

12
A arte é tudo

Para a lua-de-mel os noivos escolheram Paris, onde permaneceram algumas semanas, antes de seguirem para o Consulado. Em Bristol se instalaram num arrabalde, Vashni Lodge, que por ter árvores e não possuir canalização de gás, Eça chamava de *campo*. Possivelmente, o "ninho" de que ele falara a Emília. Pelo *croquis* do conde de Ficalho, sabemos que era pequeno *chalet* de dois andares, três janelas debruçadas sobre o telhado do acolhedor alpendre, tomando toda a frente da casa. Antes mesmo de casar Eça escreveu a Ficalho, dizendo-lhe do prazer que teria em hospedá-lo em Bristol, onde não lhe faltaria "o talher e o cachimbo hospitaleiro".

Havendo acompanhado o rei D. Luís na visita deste a Afonso XII, em Madri, Ficalho e Bernardo Pindela resolveram continuar a viagem pela Europa, prolongando-a até Bristol. Ciente da decisão, Eça apressou-se em escrever aos amigos:

> Como vos agradecer suficientemente, oh generosos amigos, a vossa tocante lembrança de nos virdes ver?... O vosso quarto vos espera, quarto de hóspede, já preparado com duas camas, como se estivesse prevista a vossa bem-vinda visita.[1]

Chegaram no fim de abril de 1886. Naturalmente uma festa o encontro dos amigos distantes da pátria. E, no verso do desenho da casa hospita-

---
[1] Carta de Vashni Lodge, Bristol, ao conde Ficalho, 15.4.1886. *Correspondência*.

leira, Bernardo, "o doce, o bom", como o chamava Eça, anotou com emoção: "É certo, façamos esta concessão, que há muita casa boa na Inglaterra; entretanto a ótima e deliciosa é este alegre cantinho do Portugal que aqui vimos encontrar!...". Seriam eles os primeiros a levarem notícias do casal. Tendo encontrado Bernardo no Chiado, Benedita comunicou à irmã: "Deu-me muitas notícias suas. Parece vir encantado com a sua casa, consigo, com o seu jantar e o seu bacalhau. Disse-me que a achou bem bonita, animada, enfim uma mulher em todo o ponto digna do seu José Maria".² Era o mundo encantado do romancista.

Ficalho viera depois de entrar na história da literatura portuguesa com o livro sobre Garcia da Orta, autor do *Colóquios dos Simples e Drogas da Índia*. Lendo-o, Eça entusiasmara-se: "estilo é excelente, largo, sereno, límpido, grave, e tendo, aqui e além, um toque de pitoresco, de ornamentação, que é sempre justo, nunca de mais, e que dá cor e vida a tudo",³ escrevera ao amigo, estimulando-o a fazer outras monografias. E observara: "A nossa história é uma mina de *heróis*, que estão pedindo que os ressuscitem". Enquanto Ficalho sobraçava o *Garcia de Orta*, Bernardo aguardava os *Azulejos*. A época era fecunda: Oliveira Martins terminava os *Sonetos de Santo Antero*, e Eça escreveu-lhe ávido: "Há almas sôfregas desse alimento espiritual".⁴ E entre estas estava a dele. Para o *Cenáculo*, Antero permanecia sem igual: "meigo como uma criança, sensitivo como uma mulher nervosa", diria Oliveira Martins, para quem era ele "a natureza mais complexamente bem-dotada".⁵

Iam distantes os tempos do "Distrito de Évora", quando Eça informou a João Penha que ficara dois anos "a voltear sobre a corda bamba da política e da literatura".⁶ A política passara — restava a literatura. Agora, Eça era todo arte, e a ela pertencia. Não dissera a Emília serem o amor e a arte as duas "expressões supremas da vida"? Malgrado os vínculos com o apóstolo da "Vida Nova", a política desaparecera da vida do escritor, e o prólogo aos *Azulejos* permitiu-lhe divulgar idéias sobre a arte e sobre o naturalismo.

---

2 Carta de Benedita Castro à irmã, Emília. Arquivo de Tormes.
3 Carta ao conde de Ficalho anteriormente referida.
4 Carta a Luiz de Magalhães, Bristol, 16.7.1886. *Correspondência*, p.130.
5 MARTINS, F. A. Oliveira. Prefácio aos *Sonetos* de Antero de Quental.
6 CABRAL, Antonio. *Camilo e Eça de Queiroz*, p.267.

O prólogo é longo, e nele está a frase que ficaria como uma legenda: "A Arte é tudo — tudo o resto é nada". E dizia, justificando o pensamento:

> A Arte é tudo porque só ela tem a duração — e tudo o resto é nada! As Sociedades, os impérios são varridos da terra, com os seus costumes, as suas glórias, as suas riquezas: e se não passam da memória fugidia dos homens, se ainda para eles se voltam piedosamente as curiosidades, é porque deles ficou algum vestígio de Arte...

E, não satisfeito em proclamar a perenidade da arte, acentuava a precariedade da glória política, perguntando ao bom Bernardo:

> Mas, concebes tu a possibilidade de que daqui a cinqüenta anos, quando se estiverem erguendo estátuas a Zola, alguém se lembre dos Ferry, dos Clemenceau, dos Canovas, dos Brights? Podes-me tu dizer quem eram os ministros do Império em 1856, há apenas trinta anos, quando Gustavo Flaubert escrevia *Madame Bovary*?

A fagulha provocou um incêndio. O primeiro a sair a campo foi o querido Joaquim Pedro: pela *Província*, numa carta a Eça de Queiroz, ele rebateu as idéias do prefácio: "Querido amigo: então acreditas, positivamente, que só a Arte nos pode dar essa sua suprema ambição da Imortalidade pela fama? Então, pensas que a Arte é tudo, e que só ela tem duração? O resto é, portanto, nada?".[7] A réplica era vigorosa, erudita, mas preservava a velha amizade. E, no mesmo dia, Guerra Junqueiro, lido o artigo de Oliveira Martins, escreveu-lhe secundando-o:

> Ia deitar-me. Conversemos dez minutos. O prólogo de Queiroz é a rapsódia brilhante e pitoresca das fatuidades imbecis com que, no *Figaro*, o Sr. Millaud, o Sr. Wolff e o Sr. Muquard me atormentam diariamente um bicho que mora no meu ouvido, e que se chama o bom senso... Na opinião deles Danton ou o Cardeal Richelieu são incomparavelmente inferiores a Flaubert ou Alfredo Musset.[8]

Azedo, Guerra Junqueiro não perdeu a oportunidade para alfinetar as idéias de Eça. A verdade é que tanto Oliveira Martins quanto Guerra

---

7 Artigo, *A Província*, 11.12.1886.
8 Apud MARTINS, F. A. de Oliveira. *Notícias à margem de duas biografias*, p.14.

Junqueiro, ambos políticos, apaixonados pela política, seriam, no futuro, mais lembrados pelas suas obras de escritores. No momento, porém, ao contrário de Eça, não acreditavam na imortalidade pela arte.

Quem apareceu defendendo o prólogo foi Mariano Pina. Amigo e admirador do romancista, jamais se conformara com a lenta produção de Eça. "Ter talento às carradas" — escreveu n'*A Ilustração* — "ter idéias, ter um ideal, ter uma imaginação viva e uma observação prodigiosa, e não trabalhar todos os dias, não estar todos os dias na brecha, não produzir todos os anos um volume, como Zola, como Daudet, não é viver, é morrer." Quem lograria, porém, mudar a lenta busca da perfeição? Certa feita, havendo publicado uma das suas melhores obras, perguntou-lhe Magalhães Lima se estava satisfeito, e Eça respondeu-lhe simplesmente: "Se fosse hoje teria feito cousa melhor".[9] Pina justificou o prólogo:

> permitam-me que eu não ache razão ao Sr. Oliveira Martins insurgindo-se contra o seu amigo Eça de Queiroz, quando este trata tão de resto os homens políticos, reconhecendo que só os artistas são dignos de serem reproduzidos em bronze, povoando, depois de mortos, as praças públicas.[10]

No fundo, uma tempestade em copo d'água. A batalha seria entre o realismo e o romantismo, do qual era Camilo Castelo Branco a maior figura, e a quem a doença abrira o caminho da decadência. Infelizmente ele já experimentava o começo da cegueira. Na ocasião, Ana Plácido informou a um amigo sobre os padecimentos do marido: "Camilo com a entrada da primavera sofre um recrudescimento das dores nevrálgicas, e há 10 dias que está de cama a gemer...". E, agravados os sofrimentos, ela voltaria a escrever algum tempo depois: "O horror da cegueira tortura-o de maneira que não sossega nem de dia nem de noite".[11] O ânimo, porém, permanecia o mesmo.

Com sarcasmo — o que mostra quanto ferido pelas críticas contra o realismo do *Padre Amaro* e do *Primo Basílio* — Eça considerava inútil explicar à "nossa suave Lisboa, acocorada à beira do Tejo a ver correr a água

---

9 LIMA, Magalhães. *In Memoriam de Eça de Queiroz*, p.266.
10 PINA, Mariano. *A Ilustração*. 5.1.1887.
11 Carta de 31.3.1886. Original de propriedade do sr. José Lello.

— o que significa Naturalismo". E dizendo que os românticos tinham o naturalismo como *grosseria* e *sujidade*, acrescentava, numa clara alusão ao *Euzébio Macário*, de Camilo:

> Depois, erguendo bem alto as capas dos seus livros, onde escreveram em grossas letras este letreiro — *romance realista* — parece dizerem ao Público com um sorriso triste na face mascarada: "Olhem também para nós, leiam-nos também a nós... Acreditem que também somos muitíssimos grosseiros e que também somos muitíssimos sujos!"[12]

Camilo tomou o pião na unha: "Deus nos acuda!", escreveu. "Ora aquilo é comigo. O Sr. Eça de Queiroz desembestou aquela frecha apontada ao meu peito inocente." E com a habitual inclemência, que o fez famoso e temido, atirou-se contra o autor do prólogo, de quem dizia com amargura:

> O forte cérebro do autor do *Crime do Padre Amaro* pode convulsionar-se doentiamente em epilepsias de desconchavos; mas ameaçar desabamento, isso não. Ninguém se cansa em jornada plumitiva tão curta como tem sido a do Sr. Eça.

O ataque pedia resposta. Eça escreveu ao seu amigo Luiz de Magalhães:

> Não sei se Você leu nas *Novidades* uma prosa de Camilo com frases muito janotas e arrebicadas, todas pelo figurino de Filinto Elisio, em que ele se queixava ferozmente de mim. Eu respondi-lhe numa epístola, destinada às *Novidades*, que (para ser modesto) não deixava de ter alguma pilhéria. Mas, era muito longa, toda a lápis, tinha de ser copiada... e não tive paciência de a pôr em tinta limpa: de modo que guardei um discreto silêncio.

Por que, àquela altura, uma polêmica com o desmedido Camilo? O silêncio era prudente, e a resposta encontrada no espólio do romancista, somente muito mais tarde — já mortos Camilo e Eça — viria a luz. Realmente, a carta era ferina e Eça dizia com pertinente ironia:

---

12 Carta de Bristol, 12.7.1887. *Correspondência*.

Suponha que um dia, numa novela, V.Exa. descreve, com seu vernáculo e torneado relevo, certo animal de longas orelhas felpudas, de rabo tosco, de anca surrada pela albarda, que orneia e que abunda em Cacilhas... E suponha ainda que ao ler essa colorida página, eu exclamo, apalpando-me ansiosamente por todo o corpo: "Grandes orelhas, rabo tosco, anca pelada... É comigo". Que diria V. Exa. meu prezado confrade?

Recolhida a carta, a tempestade passou. Para Eça era uma guerra entre "realistas e idealistas", tão desinteressante e sediça quanto a dos clássicos e românticos, ou a das Duas Rosas. E ele preferiu esperar a publicação d'*A relíquia* — somente a arte o interessava.[13]

Enquanto aguardava *A relíquia*, Vashni Lodge recebeu duas gratas visitas — Benedita, que morria de saudades da irmã, e Alberto, o irmão de Eça, então trabalhando na África, em Luanda. A casa enchera-se da alegria da mocidade, e longos passeios pelos arredores ocuparam os dias dos visitantes. Em outubro ambos regressaram, e, de Lisboa, Alberto escreveu à cunhada lembrando o "belo tempo que passei em Vashni, o qual nunca esquecerei e que oxalá se repita muitas vezes e em pouco tempo". Era a eterna ilusão da vida. Como imaginar que nunca mais se encontrariam? Pouco depois de embarcar para a África, Alberto retornou gravemente enfermo. Era a tuberculose que voltava, cobrindo o Rocio de luto. A família, no entanto, se iludia, e Eça confessou a Vicente Pindela: "eu nunca supus senão que ele tinha uma pertinaz e severa bronquite". Como imaginar que a tuberculose também o rondava? Em julho do ano seguinte, ainda em plena mocidade, Alberto deixou o mundo. E recordando a alegre temporada em Bristol no ano anterior, Eça diria a Pindela, cheio de tristeza: "E tudo acabou para ele!".[14]

***

Em agosto de 1884, Eça escreveu a Chardron:

Hotel du Cheval Blanc Angers.... Os diretores da *Gazeta de Notícias* do Brasil pediram-me muitas vezes contos, uma novela, ou um romance, seja

---

13 QUEIROZ, Eça de. *Últimas páginas*, p.337.
14 Carta de Bristol, 28.8.1887. *Correspondência*.

o que for, a qualquer preço. Muito ocupado nos *Maias* nos últimos tempos nada lhes pude enviar. Eles acabam de me pedir instantemente uma pequena novela, dispostos a cobri-la de ouro. Gosto muito da *Gazeta* e dos seus diretores, e na intenção deles acabo de mandar copiar uma pequena *machine* que eu tinha feito há algum tempo, para me distrair. O manuscrito estava tão rasurado e entrelinhado que eu não tinha idéia da importância da coisa como quantidade. E vejo com espanto que isso daria bem 150 páginas, talvez 180. Quer editar isso? Faz parelha com o *Mandarim* como volume, embora literalmente seja inteiramente outra cousa. É um *conte drolatique* bastante curioso.

Depois sugeria a edição em livro após o aparecimento em folhetins na *Gazeta*, e, pedindo f.45 pelos direitos autorais, anunciava o título da novela: "Ça s'appelle A relíquia".[15] Assim, graças à insistência de Ferreira de Araújo, amigo de Eça, e diretor da *Gazeta de Notícias*, a novela seria concluída. De certo modo era a maneira de Eça recordar a viagem ao Oriente. No prefácio, ele atribuiu ao personagem Teodorico Raposo esta evocação: "Esta jornada à terra do Egito e à Palestina permanecerá sempre como a glória superior da minha carreira; e bem desejaria que dela ficasse nas Letras, para a Posteridade, um monumento airoso e maciço".

Como sempre o romancista andou devagar, principalmente agora que trabalhava também nos *"braves Maias"*. Nessa ocasião, havendo seu amigo Joaquim de Araújo lhe pedido um prefácio para um poemeto sobre Luís de Camões, Eça recusou polidamente:

> Se eu tivesse a divina faculdade improvisadora de Ariosto ou essa colossal facilidade à Dumas, que cria uma obra entre dois cigarros — não deixaria decerto, pela simpatia que V. me merece, de satisfazer o seu pedido... Infelizmente, para mim o trabalho não é um doce deslizar pela corrente serena do ideal — mas uma subida arquejante por uma dura montanha acima.[16]

Era penoso galgar o topo da perfeição.

Em outubro de 86, Eça informou a Genelioux: *"Maintenant que je suis un peu plus degagé de la Relíquia et que les Maias marchent plus rapidement*

---

15 Carta inédita a Jules Genelioux. Arquivo de Lello & Irmão.
16 ARAÚJO, Joaquim de. *Luís de Camões*, prefácio de Eça de Queiroz.

j'ose rompre ce silence prudent".[17] Os romances avançavam mais ou menos juntos. Mas, em fevereiro de 87, Eça, de Sto. Ovídio, voltou a escrever a Genelioux: "*Comme je vous ai dit la campagne de la Relíquia étant presque finie je suis tout aux Maias*".[18] Realmente, em abril a novela circulou na *Gazeta*, no Rio de Janeiro. Também a edição em livro não demorou. Genelioux tinha pressa e não esperou sequer o aviso sobre a conclusão da novela no jornal, e a precipitação causou mal-entendido que Eça precisou contornar, pois Ferreira de Araújo ficara seriamente aborrecido. A pressa também prejudicou a publicidade, que o romancista julgava essencial. *Eça a Genelioux*: "O romance foi lançado em segredo", queixava-se.

> Nada de anúncios, nada de pequenos artigos que aguçam a curiosidade, nada de preparação. E contra essa ausência de tambores e trombetas não há nome de autor que resista. O próprio Zola deles necessita.

Em verdade, Genelioux desconhecia Lisboa, seus críticos literários, os donos de jornal, em uma palavra as pessoas que teciam a opinião. Eça devia fazer tudo. Na ocasião ele estava em Sintra, e ao editor estranhou que se enviasse o romance ao *Economista*, jornal financeiro, e se não o remetesse ao *Jornal do Comércio* ou ao *Correio da Manhã*, jornais literários e críticos. Por que mandá-lo ao *Notícias da Noite*, que mal tirava trezentos exemplares? Meticuloso, Eça nada omitia. E escrevera, numa recomendação a Genelioux: "É de cortesia mandar um exemplar ao Camilo".[19] Sinal de haver esquecido o episódio dos *Azulejos*.

Ainda uma vez, e agora com mais razão, pois Emília esperava um filho, Eça passou o inverno em Portugal: instalou-se em Santo Ovídio. Além da companhia da nova família, era o convívio com os amigos, e isso alegrava o romancista. Tido como homem do mundo, espírito cosmopolita, na verdade o que aprazia ao antigo janota era viver "no seu mundo", naquele que ele via por fora, mas conhecia por dentro. Certa feita ele dissera a Bernardo só haver de interessante no mundo "o Homem e a Vida". E logo explicara:

---

17 Carta a Jules Genelioux, Paris, 3.10.1886. Arquivo Lello & Irmão.
18 Idem, Santo Ovídio, 16.2.1887. Arquivo Lello & Irmão.
19 Carta de 8.5.1887. Arquivo Lello & Irmão.

Mas, para gozar da vida de uma sociedade é necessário fazer parte dela e ser um ator em seu drama: de outro modo, uma sociedade não é mais do que uma sucessão de figuras sem significação que nos passa diante dos olhos... Já o bom Flaubert falava da *melancolia das multidões estranhas*. Essa melancolia é a mesma que se sente em vir de longe, para olhar para uma porta fechada. Quem for de Marco de Canaveses e queira gozar a vida, que fique em Marco de Canaveses, na Assembléia, na botica, e nos chás das Macedo![20]

No Porto — com o pequeno mundo que lhe girava em torno — Santo Ovídio, Águas Férreas, a Granja, a Quinta de Frades —, Eça estava no seu Marco de Canaveses, conhecendo-lhe a gente, as suas grandezas, paixões e ambições. A porta abria-se para o monóculo do romancista, que podia ver as almas por dentro, saciado na curiosidade do impenitente observador.

Havia pouco que Oliveira Martins publicara os *Sonetos* de Antero de Quental, precedendo-os de um estudo sobre o poeta e os seus versos, que dizia conterem "as tempestades de um espírito". Versos que lhe brotavam da alma "como soluços e agonias". Responsável pela coletânea, Joaquim Pedro exultava por haver preservado a glória poética do amigo, a quem o ligava um afeto fraterno de quase vinte anos. E no prefácio aos *Sonetos* ele externou a imensa admiração: "Eu não conheço — dizia — fisionomia mais difícil de desenhar, porque nunca vi natureza mais complexamente bem-dotada... É um poeta que sente, mas é um raciocínio que pensa. Pensa o que sente; sente o que pensa".[21] O tempo não desbotara a forte amizade do *Cenáculo*.

Ao contrário de Eça, entregue apenas à sua arte, Joaquim Pedro dividia-se entre as letras e a política. A *Vida Nova* outorgara-lhe uma liderança, e muitos confiavam nele como se pudesse ser um salvador. O próprio Eça, na véspera de partir para Bristol, acompanhara-o ao Teatro do Príncipe Real, onde se lançou o programa da *Vida Nova*. Entretanto, recusara participar do ministério organizado em fevereiro por José Luciano, e, em julho, não aceitara a pasta da Agricultura, que diziam criada especialmente para ele. Por enquanto, contentava-se em ser acatado redator da *Província*.

---

20 Carta de Bristol, 24.5.1885. *Correspondência*.
21 QUENTAL, Antero de. *Sonetos*, prefácio de Oliveira Martins.

Em Santo Ovídio, Eça de Queiroz sonhava com os seus romances, que avançavam lentamente. Era a eterna tortura da perfeição. Conta Luiz de Magalhães, que com ele conviveu longamente, que, ao trabalhar na *Relíquia*, Eça dissera-lhe certo dia: "Quero fazer um livro em que tudo seja dito com lábio marmóreo". E Magalhães explicava:

> Daí o seu lento labor — que muitos erroneamente atribuíam a uma falta de espontaneidade na locução. Ao contrário, a *primeira forma* era nele sempre pronta, fácil, correta, elegante. Os seus manuscritos tinham páginas e páginas seguidas, onde se não encontrava uma *rature* ou intercalação de um termo... E assim iam para a imprensa.

Nas provas surgia o tormento da invencível consciência do escritor em busca da perfeição. Seguiam-se as conseqüências da insatisfação: "Períodos, parágrafos, páginas inteiras caíam, em grande derrocada, para dar campo a novas edificações da imaginação ou da palavra".[22] Agora, ele lutava para terminar *A relíquia*, começada em Angers para se distrair. Dela, como frase lapidar, ficaria para sempre a que inscreveu no frontispício da novela: "Sobre a nudez forte da Verdade — o manto diáfano da Fantasia". O realista libertava-se.

Os longos intervalos entre um romance e outro aumentavam a curiosidade em torno do escritor. Antes de publicada *A relíquia*, Mariano Pina escreveu n'*A Ilustração*, que dirigia, em Paris: "Neste momento em Portugal apenas se fala dos dois novos romances de Eça de Queiroz — *Os Maias* e *A relíquia*... Eça de Queiroz é de novo o assunto do dia em Portugal e no Brasil".[23] A demora criava a expectativa, e Eça sabia disso. Não dissera ele a Chardron que "um autor que escreve muito é como uma mulher bonita que se mostra por toda a parte: o público termina por não se impressionar"? Certamente, ele não desejava vulgarizar-se. Em maio, aparecida a novela, ele advertiu Genelioux:

> *Les Maias marchent. Mais ne croyez vous pas que juillet est un peu trop tôt pour les publier? La Relíquia n'a pas encore eu le temps de se caser et prendre*

---

22 MAGALHÃES, Luiz de. "Eça de Queiroz". *A Tarde*, 17.9.1900.
23 *A Ilustração*, 5.5.1887.

rang. *Et voilá déjà un autre romano. Ils marchents ainsi sur les talons l'un de l'autre et ils se nuissent tout deux dans sa marche.*[24]

Era preciso dar tempo ao tempo: os *Maias* ficaram para o ano seguinte.

Eles haviam sido sucessivamente adiados. Era a maneira de ser do romancista, e não havia como mudá-lo. É de Luiz de Magalhães esse depoimento:

> Arrancar um livro a Eça de Queiroz não é empresa fácil. Um plano, uma idéia, um episódio, rendem nas suas mãos, de um modo extraordinário. Há meia dúzia de anos, numa das suas visitas a Portugal, perguntei-lhe eu em que altura se achavam *Os Maias*: quase prontos: faltam apenas dois capítulos, respondeu-me ele. No ano seguinte fiz-lhe igual pergunta: a resposta foi a mesma. Como? estranhei eu; mas isso V. me dizia o ano passado!
> — Ah!- tornou o romancista, assestando-me o monóculo. Tem V. razão! Mas do ano passado para este o romance deitou mais um volume.[25]

Em breve, porém, eles viriam à luz.

Em janeiro, antes de chegar *A relíquia*, imensa alegria encheu o solar de Santo Ovídio: Emília deu à luz uma filha, que recebeu o nome de Maria. Para os pais, completava-lhes a felicidade, e para eles seria sempre "a menina". Observou Eduardo Prado, tão íntimo de Eça nos seus anos derradeiros, que Deus lhe entrara em casa "sutil e inesperado como o roubador a quem Deus se compara na Escritura", fazendo-se anunciar "pelas criancinhas a quem sempre amou". Maria foi a primeira dessas criancinhas anunciadoras. E o antigo demolidor parecia recolher as su'*As Farpas*. Para Raul Brandão, memorialista e amigo de Eça, sentia-se na segunda fase da sua vida a influência feminina: "Alguém o levou pela mão até à ternura....". *A relíquia*, embora em grau menor do que o *Padre Amaro*, suscitou escândalo pela irreverência com que abordava assuntos religiosos. Eça, aliás, atenuara a realidade. Contou um amigo do pintor Columbano, a quem se deveu bons retratos do romancista, que havendo pedido àquele impressões sobre quem mais o impressionara, obteve esta resposta:

---

24 Carta a Jules Genelioux.
25 MAGALHÃES, Luiz de. "Os Maias", *Província*, 21.8.1888.

Eça de Queiroz. Não se podia ser mais pontual, mais delicado, mais afetuoso; mas estava sempre a falar, a fazer comentários, e a sua graça infinita distraía-me constantemente, a ponto de deixar, por vezes, cair a paleta e os pincéis.

E como houvesse no *atelier* um exemplar d'*A relíquia*, Eça começou a folheá-lo enquanto Columbano lembrava o escândalo que produzira em certos meios a cena em que Teodorico, em vez de santos, entregara à devota Tia Patrocínio a impudica camisa de Mary. Eça ouviu, acendeu um cigarro, e explicou o equívoco:

> Sim, acredito que tenha feito escândalo. E eu ainda procurei atenuar o caso, embora falseando a história. Porque a verdade é esta, Columbano: não foi uma camisa de Miss Mary que o Raposão trouxe daquela virtuosa viagem — uma camisa é sempre uma camisa — foram umas calças! O que é pior, muito pior![26]

Dificilmente Eça seria acreditado pelos clericais, que não lhe perdoavam as irreverências. O próprio Oliveira Martins escreveu n'*A Província*: "*A Relíquia* é um livro ímpio, sem ser um livro mau. Assim as obras do realismo contemporâneo são cruas sem serem obscenas".

***

Ao editar-se *A relíquia*, a Academia das Ciências abriu inscrições para o "Prêmio D. Luiz I", do montante de um conto de réis, e destinado a obra literária ou científica. Imprudente, Eça inscreveu seu novo livro. Se para o grande público era uma águia de alto vôo, admirada, certamente, em alguns círculos, ainda não atravessara o Rubicão dos mesquinhos despeitos. No íntimo, aliás, suspeitava não ganhar o prêmio. E, na carta de Bristol, 14 de junho, pedindo a Ramalho para cumprir as formalidades da inscrição, dizia-lhe, revelando a desconfiança:

> eu pretendo entrar nesse concurso com *A relíquia*: não porque haja sequer a sombra fugitiva de uma probabilidade mais magra do que eu, de que me seja dado o conto, entre o clamor das turbas de Temístocles — mas porque desejo gozar a atitude da Academia diante do D. Raposo!

---

26 Artigo de L.O.G., "Columbano e Eça de Queiroz", *Diário de Notícias*, 21.11.1957.

Na verdade não ficaria sobranceiro diante do malogro.

Pinheiro Chagas foi escolhido relator do concurso: desde o tempo d'*As Farpas* não era dos afeiçoados a Eça de Queiroz. Jornalista, deputado, marcadamente conservador — era o oposto do revolucionário das Conferências do Cassino. João Luso chamou-o "hierofante das glórias nacionais". Entre abundantes elogios ao "grande romancista, o escritor potente e original que se revelou de um modo deslumbrante no *Crime do Padre Amaro*", Pinheiro Chagas trucidou *A relíquia*. E dizia a certa altura do parecer:

> Mas será a *Relíquia* um desses grandes livros de Eça de Queiroz, diante dos quais desapareceriam todas as competências? Não é. *A Relíquia* foi, segundo a expressão francesa, uma *reprise* do autor. Imaginou, supomos, que seria original e estranho fazer contemplar e descrever a paixão de Cristo, por um pateta moderno, um devasso reles, vicioso e beato, mantido por uma tia no culto piegas de Nossa Senhora da Conceição...

Atribuiu-se o prêmio ao *Duque de Vizeu*, que o tempo sepultou silenciosamente.

Como revidar os golpes de Chagas? Em uma época em que as polêmicas tiveram grande moda, Eça de Queiroz sempre as evitou. Diz-se que enquanto Ramalho julgava dever responder ao vadio que o insultasse debaixo da janela, Eça preferia fechar a janela.[27] E não fosse o artigo de Mariano Pina, n'*A Ilustração*, protestando acremente contra o voto da Academia, e, provavelmente, Eça teria silenciado. Agora, porém, devia agradecer a Pina. Fê-lo em uma carta que correu mundo como modelo de ironia: Chagas iria sentir o florete do humorista. E dizendo a Mariano Pina ter enviado a *Relíquia* à Academia com "a mais maciça certeza de não empolgar essa apetecível inscrição de Conto", acrescentava:

> A isto V. exclamará surpreendido: que foi então a *Relíquia* fazer à Academia? *A relíquia*, meu caro Pina, foi à Academia, como V. pode ir à casa de madame de Trois-Étoiles, senhora, feia, de caracóis e laçarotes amarelos, que cita Marmontel e La Harpe.

---

27 LUSO, João. *Polêmicas*.

Era o quinhão da Academia. Adiante vinha a parte de Chagas: "O que indignou Pinheiro Chagas", dizia,

> o que ele designa à Academia como imperdoável, é ter Teodorico visto a Paixão na sua comovente possibilidade histórica — em lugar de a ter visto, como ele textualmente escreve, *sob as formas dum Evangelho burlesco!* Quer dizer: para que a *Relíquia* agradasse a Pinheiro Chagas e merecesse a coroinha da Academia, eu devia ter mostrado Jesus de chapéu coco e lunetas defumadas, Pilatos deixando cair o pingo de rapé sobre o *Diário de Notícias...* Portanto, em resumo, o que revolta Pinheiro Chagas neste infeliz livro — é que nele Jesus de Galiléia não aparece suficientemente burlesco, e que nele Teodorico Raposo não aparece suficientemente sério. Nunca numa Academia se disse nada tão extraordinário![28]

Eça sempre usara o riso como arma de ataque: agora ele o provocava, cobrindo Pinheiro Chagas de ridículo: "E aí tem V., pois, caro Mariano Pina! Se eu dependuro da túnica de Jesus um grande rabo de papel — era o laureado!".

Tendo começado com aparente bom humor, desejoso de gozar a atitude da Academia diante de D. Raposo, Eça se retirava agastado. Não se encerrou aí a pequena polêmica — houve réplica e tréplica, e Chagas acusou o autor da *Relíquia* de desleal graças a "um despeito infantil". Eça não quis, porém, levar longe o debate, e, na resposta publicada n'*A Ilustração*, concluiu sem azedume: "se eu procuro atirar pelos ares a estouvada pena de Pinheiro Chagas — é só, só, para mais livremente poder apertar a sua mão honrada e amiga". Podia parecer a paz — na verdade, apenas um armistício: pouco adiante eles novamente se defrontariam.

***

Foi áspero o caminho d'*A relíquia*. Fantasia realista, tendo como tema a hipocrisia, assunto aliás adequado à pena do ironista, representou, depois d'*O mandarim*, novo passo do romancista no caminho de se libertar das limitações do naturalismo, que pareceu confranger a larga imaginação do romancista. Para Guerra Da Cal, *A relíquia* é romance picaresco e cer-

---

28 Carta a Mariano Pina, apud QUEIROZ, Eça de. *Notas contemporâneas*.

vantesco no qual Eça, "largando todas as algemas e grilhões dos preceitos da escola, ia deixar livre o seu inato pendor para a invenção fantasista, e a sua delicada capacidade para surpreender e plasmar a *verdade cômica da vida*".[29] Dessa verdade cômica nasceu Teodorico Raposo, o Raposão, personagem principal da novela, que, segundo Mariano Pina, era "uma fantasia fora de todas as leis que a estética pode impor ao *romance*". Aos realistas devia soar, porém, como uma espécie de traição do criador do *Padre Amaro*. E a outros, como Camilo Castelo Branco, pareceu absurdo atribuir-se à visão de Teodorico, jovem despido de qualquer cultura, a longa narrativa da condenação e da morte de Cristo. Narrativa que é o ponto alto da novela. Conta-se que Pierre Loti, falando em Paris em uma roda de amigos, não tivera dúvidas em dizer: "A mais bela descritiva da Terra Santa que eu conheço é o *sonho* da *Relíquia*, de Queiroz".[30] Como esquecer a visão final do desfecho que atravessou séculos?

> O corpo branco e forte do Rabi tinha a serenidade d'um adormecimento: os pés empoeirados, que há pouco a dor torcia dentro das cordas, pendiam agora direitos para o chão como se o fossem em breve pisar: e a face não se via, tombada para trás molemente por sobre um dos braços da cruz, toda voltada para o céu onde ele pusera o seu desejo e o seu reino... Eu olhei também o céu: rebrilhava, sem uma sombra, sem uma nuvem, liso, claro, mudo, muito alto, e cheio de impassibilidade...

Nessa evocação, passados quase vinte anos, renascem recordações da viagem ao Oriente na companhia do inditoso Conde de Resende. Lembranças que emergem revestidas das tintas peculiares aos grandes romancistas, tal como acontecera a Flaubert e a Chateaubriand. "*A Relíquia*", escreveu o crítico Moniz Barreto, "contém porventura as páginas mais belas que saíram da pena do sr. Eça de Queiroz e que durarão tanto quanto a língua portuguesa."

Como acontecera anteriormente, aparente indiferença continuou a rondar e a ferir o escritor. Sinal de haver sido infrutífero o trabalho de Eça para alcançar ampla repercussão da novela na imprensa. "Falava-se de uma *multidão de mediocridades*", notou Mariano Pina, "e não se encontrava

---

29 DA CAL, Ernesto Guerra. *A relíquia*.
30 LEITÃO, Joaquim. *Eça de Queiroz e a Academia*, p.35.

duas linhas acerca do Sr. Eça de Queiroz e dos seus belos romances." Era doloroso. E Pina continuava: "é um crime este *silêncio escrito* que eu vejo fazer-se em torno da nova obra de um dos espíritos mais eminentes do nosso tempo".[31] O silêncio magoava mais do que o ataque. E, como se vingado pelo diretor d' *A Ilustração*, Eça agradeceu-lhe num desabafo:

> Bristol, 28 de agosto de 1887. Em primeiro lugar mil admirações e agradecimentos pelo seu interesse, eloquente, generoso, afetuoso, valente artigo sobre *A Relíquia*. O que você diz do livro, tirou-o do fundo da sua amizade e com grande e carinhoso abraço de camaradagem que você me dá de longe, só tenho a baixar os olhos, agradecido. Mas onde passo a aplaudir ruidosamente é nas indignadas palavras que você atira às mãos cheias ao focinho sorumbático da Imprensa.
>
> Esse ataque feroz agradou-me *sobretudo por si* — por sentir aí uma nobre paixão das letras, um alto respeito pelo trabalho e pela arte, que, fora de Paris ou de Londres, é raro e que lhe fica infinitamente bem como jornalista. Obrigado, não por mim — mas pela Arte. De resto neste seu vigoroso e vibrante ataque há alguma injustiça — e por esta razão: porque a Imprensa em Portugal, tal como está organizada, tem tanto que ver com a literatura como as figuras do Arco da Rua Augusta têm que ver com a escultura.[32]

Aliás, nem tudo eram dissabores. Não havia muito que o crítico José Pereira de Sampaio, mais conhecido pelo pseudônimo de Bruno, no livro sobre *A geração nova*, proclamara os méritos do escritor, e no que representara para a evolução da língua. "Aquilo", escreveu sobre o estilo de Eça, "foi uma renovação na nossa literatura; reaprendeu-se ali a fazer ondular o vocábulo, como tudo o que há de quimericamente vago, e a definir o pensamento em lemas frios, corretos e cortantes; a enternecer-se sem declamar e a sorrir numa discreta malícia." Em síntese, "um marco de evolução histórica para a língua". E desvendando a sensibilidade do romancista, acrescentava: "ninguém se comoveu mais dos oprimidos, dos que sofrem; ninguém entendeu tanto os suplícios obscuros; ninguém abriu mais o seu coração à justiça e ao amor".

---

31 PINA, Mariano. *A Ilustração*, 20.7.1887.
32 *Correspondência literária e política com João Chagas*, v.L, p.39.

Afinal, de quando em quando a justiça passava-lhe pela porta, alegrando-lhe o coração.

Dos poucos artigos aparecidos sobre *A relíquia* um dos que mais sensibilizaram o romancista foi o de Luiz de Magalhães, na *Província*. Tendo sempre considerado a crítica fundamental para o trabalho dos editores, Eça aproveitou a ocasião para voltar ao tema, no agradecimento àquele amigo:

> Um artigo de crítica é hoje uma coisa tão rara em Portugal que quando me aparece um, sinto-me penetrado de reconhecimento, como cidadão e como português. É a impressão de um homem ordeiro e honesto, que, no meio de uma suja desordem de taberna, veja, de repente, aparecer à porta um *gendarme*. Com efeito a crítica não é só a consciência escrita de uma literatura, é também a polícia da literatura. Onde ela falta, como entre nós, há logo, como entre nós, anarquia e balbúrdia na cidade literária.

E, modesto, ele dizia a Luiz de Magalhães:

> não admiro pessoalmente *A Relíquia*. A estrutura e composição do livreco são muito defeituosas. Aquele mundo antigo está ali como um trambolho, e só é *antigo por fora*, nas exterioridades, nas vestes e nos edifícios. É no fundo uma paráfrase tímida do Evangelho de S. João, com cenários e fatos de teatro; e falta-lhe ser atravessado por um sopro naturalista de ironia forte, que daria unidade a todo o livro.[33]

Seria sincero? Ou externava a permanente autocrítica a que se reunia o silêncio da crítica?

Na verdade, a decepção transbordava. Eça ainda devia esperar algum tempo até que o reconhecimento da crítica lhe batesse à porta. A vida é de altos e baixos. E, em maio, quando partiu para Lisboa, onde ia apresentar "a menina" aos avós Queiroz, o romancista tinha alguns motivos para confiar no futuro. Ao amor de Emília, que construíra o lar com que ele tanto sonhara, somavam-se as alegrias do nascimento da filha: nenhum pai seria mais carinhoso e desvelado. E por vezes, entre os aplausos dos leitores, ele podia divisar os acenos da glória. Nessa época pediram-lhe para escrever

---

33 Carta de Bristol, 2.7.1887. *Correspondência*.

num *Álbum* no qual já haviam colaborado Guerra Junqueiro e Oliveira Martins. *A vida*, eis o mote. E ele lançou este pensamento, reflexo do que lhe ia na alma: "O amigo Oliveira Martins diz que a vida é *um sonho*; o amigo Guerra Junqueiro diz que é um *punhado de areia*. Se é sonho, é o único que vale a pena sonhar; se é areia, é a única sobre que vale a pena edificar".[34] Afinal, havia algum azul no céu do romancista.

Em Bristol, Eça não voltou para Vashni Lodge — foi morar no St. Vincent's Rock Hotel, onde não demorou. Ele procurava uma praia, que, no verão, acreditava melhor para a "querida menina". Fixou-se assim em Torquay, que tinha um céu claro e se parecia com Sintra: em resumo "uma vilazinha muito *neat* e simpática". Contudo o que lhe estava na cabeça era Londres, compatível com o Consulado, e no fim de novembro aí estava ele, em companhia de Guilherme Sandeman, na exaustiva tarefa de encontrar casa para alugar. Era fatigante andar de um lado para outro na cidade coberta de névoa e chuva. Com humor ele escreveu a Emília: "O que já vês de tudo isto é que escolher casas aqui — não é como conquistar a Gália, o que, segundo te deves lembrar dos teus livros de escola, César fez num só dia, *chegando, vendo e vencendo*". E lamentava-se: "felizes aqueles que têm uma casa fixa, pequena ou grande, e que não precisam andar longe de quem amam, correndo num *cab* através de ruas sem fim".[35] Chelsea... Regent's Park... St. John Wood... Ele andava com a casa às costas. Era, aliás, a primeira longa separação, e a ausência aqueceu o coração amoroso — Eça confessou a Emília o desejo de achar-se "de novo no nosso cantinho, e no calorzinho de uma ternura de que a gente não fala quando a está sentindo, mas que tanta, tanta falta e vazio faz, quando se está longe dele".[36] A distância tornava-o mais romântico.

Não era fácil coadunar o preço dos aluguéis com os desejos da imaginação: "nós temos, infelizmente, o gosto muito mais alto que a bolsa", dizia ele à mulher, cujas preferências por uma casa próxima a uma igreja e a um parque ele bem conhecia. Aliás, desejosa de contribuir para vencer as dificuldades financeiras do casal, Emília imaginara desfazer-se de terras em Carregado, mas o marido mostrava-se cético:

---

34 Apud *A Província do Espírito Santo* (Brasil), 27.3.1887.
35 Carta inédita de Londres, 29.11.1887. B.N.L.
36 Carta inédita de Londres, 1.12.1887. B.N.L.

suponho, dizia, que vinte contos é talvez uma exigência que tornará a venda difícil. A tua idéia de arranjar dinheiro sem vender é genial. Mas, como? No círculo, aliás, encantador, das nossas relações e parentes em Portugal, não há quem tenha três contos para emprestar — nem mesmo para girar. Todavia eu ignoro teu plano. Possa Deus permitir que ele seja realizável.

Evidentemente a nobre família empobrecia, e não há notícia de haver o negócio medrado. Por fim, instalaram-se em Ladbroke Nothinghill, 23.

O ano terminou com uma agradável perspectiva — a possibilidade de se vagar o Consulado de Portugal em Paris. Nessa ocasião chegaram-lhe as primeiras notícias. E, em 29 de novembro, ele informava Emília:

> Disse-me o Guilherme (Sandeman) que lhe dissera alguém que parecia, que constava que o Faria, Cônsul em Paris, ou já não queria estar mais, ou já não queriam que ele lá estivesse. Tudo isto é vago: mas suponho que há um pequeno, muito pequeno fundo de verdade, e tenciono ir amanhã, se Deus quiser, informar-me com o Dantas.[37]

Este era o ministro de Portugal na Inglaterra, e a pequena semente ia crescer.

Dois dias depois, Eça voltou ao assunto:

> Creio que o caso Faria se reduz à extrema vontade que os Valboms têm de se desembaraçar dele; mas pelo que me disseram ontem na Legação (onde todavia não encontrei o Dantas), o excelente Faria está sólido em Paris. Todavia tem por si (quero dizer contra si) o Valbom a miná-lo. Parece que o Valbom o detesta, queixa-se dele, e procura pretextos para o aniquilar; mas por ora não há uma boa razão para o tirar do seu pouso: o homem nada fez de mal senão tornar-se ridículo, com poses de nobreza, etc...[38]

Na verdade o conde Valbom, antigo político, era prestigioso, e insistiu em solapar o Visconde de Faria, enquanto as notícias continuaram a circular.

Eça bem sabia que as coisas não caíam do céu. Por isso mesmo era trabalhador infatigável. E embora não desejasse contribuir para a saída

---

37 Carta inédita, 29.11.1887. B.N.L.
38 Carta inédita de Londres, 1.12.1887.

do Cônsul, também não queria perder a oportunidade. Escreveu então a Oliveira Martins, íntimo de Barros Gomes, ministro dos Estrangeiros. Moralmente, a carta é impecável:

> Acabo de saber da maneira mais segura e autêntica, que a situação social do Faria, nosso cônsul em Paris, está sendo, desde a estada da Rainha em Paris, objeto de discussão e descontentamento... A verdade é que a Rainha, de ordinário muito paciente e tolerante, chegou a exprimir-se violentamente e exigiu a intervenção do Valbom... Tu conheces-me e sabes que, nem por todos os tesouros e bens do Universo, eu consentiria em dar um passo, soltar uma sílaba ou rabiscar uma vírgula — para deslocar um homem que está tranqüilamente colocado. Mas, se o lugar que esse homem ocupa fica vago — nada honestamente me impede que eu peça para o ocupar. Ora, Paris, como sabes, também tem sido o meu sonho...[39]

O visconde Faria tentou resistir inutilmente: a pedra rolava. Mais um pouco e Eça tinha o pé em Paris.

---

39 Carta a Oliveira Martins, Londres, 15.8.1888. *Cartas de Eça de Queiroz*. Ed. Aviz.

13
A bola de neve

Enquanto aguardava, em Londres, a publicação d'*Os Maias*, Eça voltou a acalentar o velho sonho de editar uma revista. Em junho, Mariano Pina, diretor d'*A Ilustração*, estivera em Bristol, onde, em fevereiro, nascera o primogênito do romancista, e conforme tradição da família, se chamou José Maria. Havia, porém, uma névoa de tristeza: em abril, inesperadamente, morrera, no Rocio, Carlos d'Eça de Queiroz. Era o último dos irmãos.

Durante cerca de dois anos, Eça se entregou à revista de corpo e alma. Esquecido das glórias do romancista, ele dirá a Ficalho num arroubo de entusiasmo e ilusão: "a Revista é a minha obra!".[1] E, embora informasse a Ramalho ter como paradigma as revistas inglesas *Contemporary* e *Forthnightly*, rondava-lhe o espírito a *Revue des Deux Mondes*, estando-lhe reservado tornar-se um novo e prestigioso Buloz. "Esta considerável e formidável publicação, de que vou ser o Buloz, é uma aventura da Casa Chardron do Porto", diria ele a Ficalho.

Em julho, escrevera ao editor Genelioux sobre o projeto, que tanto o seduzia. E, depois de se referir a uma nova edição do *Padre Amaro*, acrescentava: "Um outro negócio se apresenta, com muita urgência, muito importante para mim e que também pode tornar-se para a vossa casa da maior importância". E aduzia, numa observação: "Não há em Portugal uma Revista: entretanto o público, em Portugal e no Brasil, está completamente

---
1 Carta de Paris, 26.10.1888. *Correspondência*.

maduro para receber uma — e a prova está em que pequenas publicações insignificantes como a *Ocidente*, e outras, chegam a viver e a prosperar." Agora, ele e Mariano Pina iam fundar uma revista. Seria impressa em Paris, nas grandes impressoras Daloz: "como papel impressão, capa, ela será o que se faz de melhor". E concluía patrioticamente: "*C'est tout a une oeuvre nationale — quelque chose expres pour faire honneur au pays*".[2]

Desiludido da imprensa portuguesa, Eça almejava uma revista na qual os grandes espíritos de Portugal encontrassem abrigo para suas idéias. E, para apoiar as palavras em alguns exemplos, escreveu a Ramalho dizendo-lhe que tanto ele como Oliveira Martins, Antero e Teófilo Braga não tinham "um jornal decente onde decentemente digam o que pensam".

A revista, afirmava Eça, era "até certo ponto um ato patriótico"; "nestas condições, eu decidi sacrificar-me".

O patriotismo literário estuava. Ao descrente Ramalho, Eça escreveu sobranceiro: "Que importa? Isto é um empreendimento de literatura e não de dinheiro — que eu ganharia mais a meu gosto e em maior quantia continuando a fabricar Romances. Mas, tive como qualquer *chauvin* o meu fogacho de patriotismo".[3] Na realidade também imaginava ser bom negócio. A Mariano Pina, numa extensa carta, enviara minucioso balanço do qual emergia a ilusão dos lucros.

Não foi fácil o entendimento com o editor. Este queria a fatia do leão, e Eça escreveu-lhe com franqueza: "*Si telle est votre pensée — vous avouerez, cher monsieur Genelioux, que le contrat serait trés onereux pour nous. Tout le travail, le poids, la responsabilité de l'affaire retomberait sur nous — est vous n'y auriez a faire qu'a rester, les mains a la poche, atendant les benefices.*" E dizia com mordacidade: "*Charmante situation pour vous mon cher ami! Mais nous, pauvres directeurs?*".[4] Eça não queria Genelioux apenas com as mãos nos bolsos, à espera dos lucros. Que papel fariam ele e Mariano Pina, sobre os quais recairia todo o trabalho da revista?

Inesperadamente, Mariano Pina deixou Paris, indo residir em Portugal. Era uma reviravolta, e, conforme comunicou Eça a Genelioux, a

---

2 CAETANO, Marcello. *Cartas de Eça de Queiroz aos seus editores*. Carta de Bristol, 25.7.1888.

3 Carta a Ramalho Ortigão, Paris, 26.11.1888. *Novas cartas inéditas*.

4 CAETANO, Marcello, op. cit. Carta de Londres, 17.8.1888.

impressão far-se-ia em Portugal. Havia, porém, uma boa nova: Oliveira Martins e Casal Ribeiro, que também tinham pensado fundar uma revista, haviam desistido, e Eça comunicou a Genelioux:

> Nós temos um novo elemento de êxito: um personagem que havia tido a idéia de fundar também ele uma Revista, mas não o faz e nos traz seus elementos e sua influência, e sua prosa. Sua prosa, meu Deus, é assaz bela. Mas, sobretudo os seus assinantes devem ser belos!.⁵

Em setembro concluiu-se o negócio com Genelioux. Antes disso Mariano Pina, tendo retornado a Portugal, deixara a revista, e Eça se tornou o diretor único e cheio de esperanças. Contrastava com o ceticismo de alguns amigos, entre os quais Oliveira Martins, que saíra do *Repórter*, e a quem logo abriu as portas da revista: esperava ganhar um bom colaborador. *Eça a Genelioux*: "Vous aurai vu que Mr. Oliveira Martins a quitté de Repórter. C'est une chose excellente pour la Revue — qui l'aura comme un de ses plus forts soutiens pour la collaboration".⁶ De fato, conquistado pelos argumentos do romancista, Genelioux passara também a acreditar na revista. *Eça a Oliveira Martins*: "Os editores sentem-se entusiasmados. Eu começo a crer que o papelucho pode ter futuro".⁷ Na verdade esperava um grande êxito.

A revista não impediu Eça de, novamente, pensar em seu famoso personagem Carlos Fradique Mendes. Ao tempo da "Revolução de Setembro", fora pseudônimo de Antero, Batalha Reis, e Eça de Queiroz, que dele se servira para subscrever poesias satânicas, que tanta impressão haviam causado. Muito tempo correra, mas Eça não esquecera o nome que faria célebre. Assim, em 1885, tendo Oliveira Martins lhe solicitado colaborar na *Província*, ele logo imaginara ressuscitar Fradique Mendes. *Eça a Oliveira Martins*:

> O que eu pensei foi o seguinte: uma série de cartas sobre toda a sorte de assuntos, desde a imortalidade da alma até ao preço do carvão, escritas por um certo homem que viveu aqui há tempos, depois do cerco de Tróia

---

5 Idem, Carta de Londres, 29.8.1888.
6 Carta de Paris, 14.10.1888. Arquivo de Lello & Irmão.
7 Carta de Bristol, 22.10.1888. *Correspondência*.

e antes do de Paris, e que se chamava Fradique Mendes! Não te lembras dele? Pergunta ao Antero. Ele conheceu-o. Homem distinto, poeta, viajante, filósofo nas horas vagas, *diletante* e voluptuoso, este *gentleman*, nosso amigo, morreu. E eu que o apreciei e tratei em vida e que pude julgar da pitoresca originalidade daquele espírito, tive a idéia de recolher a sua correspondência — como se fez para Balzac, Madama de Sevigné, Proudhon, Abelard, Voltaire e outros imortais — e publico-a ou desejo publicá-la na *Província*.[8]

Precederia a *Correspondência* um estudo sobre a vida e as opiniões do ilustre missivista. A idéia, entretanto, pareceu morrer. E três anos haviam transcorrido quando Eça voltou ao assunto com Oliveira Martins, já então diretor do *Repórter*, em Lisboa. Fradique, agora, estava mudado. E, em maio de 1888, o romancista escreveu ao querido Joaquim Pedro:

> Se bem te recordas dele, Fradique, no nosso tempo, era um pouco cômico. Este novo Fradique que eu revelo é diferente — verdadeiro grande homem, pensador original, temperamento inclinado às ações fortes, alma requintada e sensível... Enfim, o diabo!

E, anunciando os dez artigos nos quais traçaria o perfil do grande homem desaparecido, dizia: "Que queres tu? Eu conheci tanto este homem, tenho tantas coisas a contar dele, tão curiosas!...".[9]

Em agosto, começou a publicar-se simultaneamente no *Repórter* e na *Gazeta de Notícias*, do Rio de Janeiro, a *Correspondência de Fradique Mendes*. Era a maneira do autor ganhar um pouco mais com a sua criação. Pensara também reuni-la em um volume. E, em novembro de 1888, já em Paris, Eça escreveu a Genelioux:

> Hoje entretanto trata-se de outro negócio. Tenho um novo livro feito pouco a pouco, e do qual pode ser que já tenha ouvido falar alguma cousa, pois publiquei no *Repórter* alguns fragmentos do *Prólogo*. Essa parte também foi publicada na *Gazeta de Notícias*, no Brasil, onde teve muito êxito. A coisa chama-se *Correspondência de Fradique Mendes*. São, como compreendeis, as cartas de um homem notável que jamais existiu, mas que morreu

---

8 Carta de Bristol, 10.6.1888. *Correspondência*.
9 Carta de Bristol, 23.5.1888. *Correspondência*.

e do qual publico todos os papéis íntimos, cartas, bilhetes etc., como hoje se faz para os homens célebres. Não é, propriamente falando, um romance — e no entanto o é pois trata-se da vida e das confidências de um homem que tem muitas aventuras, e muito picantes. Isso faria um volume de 400 páginas e poderia vender-se a 800 réis.

E, confiante, acrescentava:

> Isso poderia bem ter muito sucesso — pois há aí muitas "personalidades" e Fradique, sendo um contemporâneo, fala muito dos seus contemporâneos — e mesmo de suas contemporâneas. Quer publicar isso?[10]

Eça, entretanto, jamais veria o sonhado volume — Genelioux não deve ter acreditado na popularidade de Fradique Mendes.

Por muito tempo variariam as opiniões quanto a saber-se quem inspirara a imortal criação de Eça de Queiroz. Não faltou quem dissesse ser pura e simplesmente a encarnação das qualidades que o romancista desejara possuir. Para outros servira-lhe de modelo o elegante e original Jerônimo Colaço, que habitara o Palácio da Condeixa. E não faltou quem pensasse no Conde de Gobinaux ou em Eduardo Prado. No fundo era o eterno mistério que envolve as grandes criações literárias: quantos não acreditavam haver Fradique existido como qualquer mortal? De Antônio Cabral, que tão bem conheceu as criações do romancista, são estas observações:

> No Fradique, tão apurado e tão perfeito, Eça de Queiroz sintetizou e consubstanciou o que havia de nobre na suprema elegância e na alta distinção do conde de Resende, o que havia de harmonioso e elevado na poesia filosófica de Antero de Quental, o que havia de profundo no saber de Oliveira Martins, o que havia de forte no caráter e no aprumo de Ramalho Ortigão, o que havia de original, de sutil e de irônico no próprio Eça.[11]

Certamente, ninguém teria sido o modelo do extraordinário Fradique, para cuja figura muitos teriam contribuído, inspirando de algum modo o seu criador.

---

10 Carta de Paris, 27.11.1888. Arquivo de Lello & Irmão.
11 CABRAL, Antônio. *Eça de Queiroz*, p.263.

Eça permanecia em Bristol quando *Os Maias* foram publicados. *Eça a Oliveira Martins*:

> Antes que me esqueça: anuncia, peço-te, a aparição de *Os Maias* que se devem pôr à venda a 15 ou a 20 (de junho). Lugan & Genelioux nem habilidade têm, na lançagem de um livro, para fazer imprimir anúncios! É necessário que esses anúncios eu próprio os pedinche!

Era a eterna inconformidade diante da displicência publicitária dos editores. Em seguida o autor falava sobre o romance: "*Os Maias*", confidenciou ele ao querido Joaquim Pedro,

> saíram uma cousa extensa e sobrecarregada, em dois grossos volumes! Mas, há episódios bastante toleráveis. Folheia-os, porque os dois tomos são volumosos demais para ler. Recomendo-te as cem primeiras páginas; certa ida a Sintra; as corridas; o desafio; a cena no jornal *A Tarde*; e, sobretudo, o sarau literário.[12]

Não surpreende que o romance houvesse atingido alentadas proporções. Idealizado, havia mais de dez anos, como uma das breves novelas oferecidas a Chardron, Eça, em 1881, pensara entregá-la a Lourenço Malheiros, proprietário do *Diário de Portugal* que lhe pedira uma colaboração. Seria uma novela de 25 a trinta folhetins. Entretanto, mal o trabalho ia em meio, segundo comunicou a Ramalho, ele, como vimos, sentira ter em mãos "um assunto rico em caracteres e incidentes, e que necessitava um desenvolvimento mais largo de *romance*". Assim a pequena novela cedeu lugar aos dois tomos d'*Os Maias*, que o romancista polira cuidadosamente durante dez anos. Como habitual na atividade do escritor, o romance ampliara-se sobre as provas tipográficas — Eça acrescera-lhe episódios e personagens, à medida que brotavam da fértil imaginação.

Luiz de Magalhães, dos seus íntimos amigos, lembraria o trabalho do escritor:

> Os seus manuscritos tinham páginas e páginas seguidas, onde não se encontrava uma *rature* ou a intercalação de um só termo. E assim iam para a imprensa. Mas, nas provas, é que o tormento da sua meticulosa consciên-

---

12 Carta de Bristol, 16.6.1888.

cia de escritor começava. E, então, era um horror! Períodos, parágrafos, páginas inteiras caíam em grandes derrocadas, para dar campo a novas edificações da imaginação ou da palavra. E até às vezes, como em mais de um livro, eram folhas e folhas já impressas que se repudiavam, se inutilizavam, porque a sua fértil inventiva de romancista e a sua inesgotável fecundidade verbal tinham encontrado novas cenas ao seu drama, novos aspectos ao seu assunto, ou novas formas de expressão ao que já estava escrito e dado como definitivo.[13]

Fora assim desde a juventude — na maturidade revelava-se ainda mais exigente consigo próprio. Não dissera ele ser o seu mal "o amor à perfeição"?

Os Maias não escaparam a esse vezo do romancista. E durante anos ele adicionara cenas e personagens. A demora tanto se dilatara que Mariano Pina, numa crônica sobre o prólogo dos *Azulejos*, pusera esta indagação: "Que será feito dos *Maias?*".[14] O romance burnia-se. Um dos hábitos de Eça era ler aos amigos os seus trabalhos. E a Mariano Pina, certa noite, enquanto caminhavam para o Hotel Choiseul, lera capítulos d'*Os Maias*.

Contou o conde de Sabugosa haver-lhe recitado os dois tomos d'*Os Maias*. Talvez reminiscência do ator do teatro acadêmico, ele, verdadeiramente, os declamava. Daí haver Maria Amália lhe recordado a voz "simpática, bem articulada e em que as *nuances* da ironia, da graça, da doçura melancólica ou da meiguice afetuosa, se distinguiam com uma nitidez perfeita".[15] Era um dos atributos do incomparável conversador.

***

Afinal, Paris! Agosto acabava quando Eça de Queiroz foi nomeado cônsul de Portugal. Era o desfecho dos desentendimentos entre o antigo cônsul, o visconde de Faria, e o ministro Valbom que se apressou em pedir a Eça para assumir o posto imediatamente. De Bristol, este escreveu à mulher, então em Londres:

---

13 MAGALHÃES, Luiz de. "Eça de Queiroz", *A Tarde*, 17.9.1900.
14 PINA, Mariano. *A Ilustração*, 5.1.1887.
15 CARVALHO, Maria Amália Vaz de. *Figuras de ontem e de hoje*, p.3.

Encontrei uma carta do Valbom muito amável, pedindo-me para partir para Paris quanto antes — porque ele está a chegar e não quer ter comunicação alguma oficial com o Faria. De sorte que estou fazendo o possível para ir daqui no sábado querendo Deus, e ir a Paris no Domingo.

Em Paris, certamente, imaginara encontrar um céu aberto — longe disso depararia uma tempestade, pois a viscondessa de Faria, de pé firme, recusava-se a entregar o Consulado.

Para Eça, tímido, avesso às discussões, principalmente com uma senhora, constituiu indizível constrangimento, e, mal a viscondessa lhe comunicou os seus propósitos bélicos, ele se retirou da cena, entregando o assunto à Legação de Portugal.

Pela carta de Eça a Emília é possível avaliar-se o episódio:

> A Leonor (senhora do ministro Valbom) disse-me que te escrevera contando as cenas e calculando que hoje, como ontem e antes de ontem eu não teria oportunidade de o fazer. Por ela sabes de certo que a Faria (a viscondessa) tem feito espantoso escândalo. Na segunda-feira quando me apresentei a tomar posse fez-me uma cena hedionda, recusando a consentir que fosse entregue o Consulado! E desde então têm sido cousas pavorosas que só se podem contar de viva voz. Enfim teve de intervir a Polícia. Nunca se viu nada igual. Imagina pois a minha situação. Eu felizmente não tenho estado diretamente envolvido no escândalo — porque desde que ela se recusou a deixar-me tomar posse, eu retirei-me, passei a ser simples espectador e o conflito foi entre ela e a Legação.[16]

O incidente, para amargura de Eça, durou vários dias, e somente em 20 de setembro conseguiu tomar posse do almejado Consulado. No dia seguinte ele comunicou a Emília: "Felizmente, graças a Deus, agora tudo entrou em caminho regular, o chanceler chega amanhã, penso eu, e talvez possa partir no Domingo... Que dias estes têm sido, tão absurdos, grotescos e maçadores". A realidade superava a imaginação do romancista, e a carta continuava: "Eu ontem, escrevendo às pressas, à mesa de um restaurante, antes da sopa, não te pude dar detalhes nenhuns... É offenbachiano!".

Paris não começava bem. E, como se fora um desabafo, Eça mandou ao querido Joaquim Pedro os pormenores omitidos na carta para Emília. *Eça a Oliveira Martins*:

---

16 Carta de Paris, s. d., B.N.L.

> Escrevo-te à pressa de Paris, e do meio de cenas extraordinárias, promovidas pela gente Faria. Contei-as ao Pina em carta redigida em estilo telegráfico, e realmente não posso afrontar o nojo de t'as contar de novo, com pormenores. Basta saber que quando fui ao Consulado, tomar posse — foi a Viscondessa de Faria que me recebeu como sendo ela o cônsul. Não sei se a conheces. É uma espécie de virago, no gênero *potiche*, com uma voz grossa e arroucada, e o gesto tremendo. Fez-me uma pavorosa cena de berros, de protestos, de imprecações, de ganidos, de murros na mesa — que eu escutei varado, atônito, de chapéu na mão, ora recuando quando ela erguia o punho ameaçador, ora dando um passo para a porta, em movimento de fuga, quando por um instante, ela voltava as costas. Em resumo, a medonha criatura declarou que só ela era o cônsul, aquele consulado era o dela, e não havia ministros, nem legações, nem autoridades que lhe fizessem entregar as chaves. Num intervalo em que ela se interrompeu, esfalfada, dei um salto para o reposteiro, varei a porta, galguei escadas, precipitei-me num fiacre e só parei em casa dos Valbons, como num asilo seguro.[17]

O perfil da consulesa era vingador. E com olhos postos nos aspectos ridículos do incidente, o romancista continuava:

> Detalhe supremo! O escudo de armas, arreado na véspera do alto da porta, estava hoje pendurado por um cordel das grades de um postigo do rés-chão! Confessa, querido, que a Viscondessa de Faria achou aqui um símbolo profundo e engenhoso! As quinas penduradas por uma guita! O velho escudo real por um fio. O emblema dos séculos suspenso por um barbante de arrastado no enxurro de Paris!

O jocoso episódio, inesperado e doloroso, não privara Eça do bom humor — ele continuava a escrever com as tintas da ironia. Na verdade, nova fase se abria para a vida de José Maria Eça de Queiroz: aos 43 anos, e como se realizasse um sonho, ele se instalava em Paris.

A monotonia não pousou sobre as novecentas páginas d'*Os Maias*, que ficaria entre as obras-primas da literatura. Eça de Queiroz alçara-se acima de qualquer escola — abandonara o realismo dos primeiros tempos, e o romance estava longe de ser fantasia, como *O mandarim*. Era, sim, a forte história do amor proibido entre Carlos da Maia e Maria Eduarda,

---

17 Carta de 19.9.1888.

tendo como pano de fundo amplo painel da vida lisboeta, com as figuras que a compunham, algumas grotescas, outras sonhadoras, todas elas vítimas da sociedade em que viviam e se haviam educado. Nenhuma delas inteiramente má, notou Maria Amália, que escreveria ser *Os Maias*, de todos os livros de Eça, "aquele que mais dá a dolorosa impressão da falência moral, intelectual e física de uma geração". Eça pintava a sociedade portuguesa.

Tendo como centro de ação o Ramalhete, a acolhedora mansão do velho Afonso da Maia, e para a qual servira de modelo o Palácio dos Césares, o solar de Sabugosa, em Santo Amaro, o romance era narrativa aprimorada em torno do tema de um amor incestuoso, tal como na *Tragédia da rua das flores*. E a ela se entrelaçavam breves histórias e personagens idealizados pelo romancista ao longo da vida. "Fiel ledor de Homero", ele se quisera tornar um contador de histórias. E aos amigos Sabugosa e Bernardo escreverá:

> Positivamente, contar histórias é uma das mais belas ocupações humanas: e a Grécia assim o comprendeu, divinizando Homero que não era mais do que um sublime contador de contos da carochinha. Todas as outras ocupações humanas tendem mais ou menos a explorar o homem; só essa de contar histórias se dedica amorovelmente a entretê-lo, o que tantas vezes equivale a consolá-lo.

E a essa bela ocupação humana o Eça do *Cenáculo*, desejoso de não explorar os semelhantes, entregava-se com alegria.

Como comum aos romances que atravessam o tempo, várias interpretações suscitaram o romance e os seus personagens. Seria corrente, por exemplo, dizer-se representar João da Ega o Eça do "período boêmio e livre da sua alegre mocidade". E João Gaspar Simões, bem mais tarde, propenso a descobrir raízes freudianas nos trabalhos do romancista, diria haver no livro "em toda a sua complexidade o problema sexual do próprio romancista". Carlos da Maia seria um segundo auto-retrato de Eça de Queiroz, que, antes, se teria retratado na figura de Artur Covelo, n'*A capital*. Antonio Cabral identificaria os modelos do marquês de Souzelas, de Craft, de Damaso Salcede, e alguns outros, para concluir que "não pode-se pôr em dúvida que a cópia de alguns personagens que figuram no romance

Os Maias é feita diretamente de pessoas que Eça bem conheceu...". Reminiscências do realismo.

Os Maias movimentaram e dividiram a crítica: desta feita, o romancista não se poderia queixar do silêncio. Entre os amigos, Mariano Pina, Luiz de Magalhães e Silva Gaio não demoraram em levar-lhe as flores de louvor e da admiração. E, sensível aos elogios, Eça recolhia-as agradecido. Principalmente Luiz de Magalhães, tocara-o sobremodo, e o romancista não lhe escondeu o coração a propósito da crônica sobre *Os Maias*:

> Foi — de todos os artigos sobre este cartapácio — aquele que via com mais finura e altura os lados importantes do romance, como a *desnacionalização dos caracteres, etc*. Era de todos os artigos, aquele que mais me apeteceu comentar e discutir numa longa cavaqueira postal.[18]

E a Mariano Pina: "Muito me alegrou que V. gostasse dos *Maias*. Algumas das observações que sobre eles faz são excelentes, e daquelas que não devem ficar inéditas".[19] Os deuses amam o incenso. E para Ramalho seriam *Os Maias* o livro preferido, entre os do antigo companheiro.

Entre as apreciações sobre o romance, uma das melhores é a de Silva Gaio, que somente o futuro aproximaria do romancista. E como se dissera serem *Os Maias* uma caricatura da sociedade portuguesa, ele fizera esta observação:

> São realmente, em mais de um ponto de vista. Mas, dá-se com esta sociedade o que se dá com alguns indivíduos: são já de si tão caricatos, que o lápis irreverente nada mais faz do que dar-lhes a atitude que lhes convém, a expressão última definitiva do que eles são...

Na verdade fora o que o romancista fizera ao retratar muitos dos que lhe enchem as páginas cheias de ironia. Dos mais novos, talvez nenhum excedesse, em acuidade, a Guilherme Moniz Barreto, para quem Flaubert havia "mostrado a Eça o caminho do romance e o ritmo do estilo". Nascido em Goa, em 1865, viera adolescente para Lisboa, onde fez o curso superior de Letras, não demorando tornar-se crítico literário do *Repórter*, e o mais

---

18 Carta de 26.10.1888. *Correspondência*.
19 Carta de 27.7.1888. *Correspondência*.

íntimo amigo de Antônio Nobre. Era das almas "mais límpidas", escreveria o historiador Oliveira Lima, seu companheiro em Lisboa nos anos de mocidade.[20] Por toda a vida seria um angustiado — "fraco, enfermiço, pobre e orgulhoso". Era um anacoreta sempre voltado para os livros. Eça, de quem viria a se aproximar em Paris, diria a Luiz de Magalhães ser ele "incerto, vago, tardio, misterioso". Mas o admirava. *Os Maias* serviram-lhe de motivo a largo estudo sobre a evolução literária de Eça de Queiroz, cuja obra não mais deixaria de estudar. Para ele *O Primo Basílio* era "o exemplar culminante do romance português". E escreveria um ensaio sobre o romancista, que, desvanecido, pediria a Genelioux:

> Mr. Moniz Barreto, dont vous connaissez le talent et le valeur comme écrivain prépare en ce moment un petit volume sur moi et sur mon oeuvre, qui será trés intéressant. C'est un volume de 150 pages. Il cherche un éditeur, et j'ai pensé qu'il appartenait à votre maison qui a édité tous mes ouvrages d'éditer aussi ce travail qui est le commentaire.[21]

Eça jamais subestimaria as trombetas da fama.

De permeio com as flores viriam alguns espinhos. Entre estes estão os de Fialho de Almeida, cujo visível despeito o separaria progressivamente do romancista. Para Fialho, seria Eça "um gênio falhado pelo mau uso que de si próprio fez na traça do escritor". E, embora dizendo constituir "um dos mais surpreendentes trabalhos de *humour* de que possa orgulhar-se uma literatura", deixando ver em Eça "o fantasista prodigioso que pelo poder da observação e pelo poder da ironia iguala Tacheray", escreveu com azedume:

> *Os Maias*, recente romance de Eça de Queiroz, não acrescentam coisa alguma ao que já sabíamos dos processos do escritor, nem demarcam progresso na psicologia um pouco à *la diable* que o romancista parece ter predileções em cultivar.[22]

A paixão cegava-o.

---

20 LIMA, Oliveira. *Revista do Brasil*, 3ª série, 1897.
21 Carta de 15.10.1890. Arquivo de Lello & Irmão.
22 Apud *Nova Seara*, novembro de 1963.

Antes de responder diretamente a Fialho, Eça escreveu a Mariano Pina: "O artigo do Fialho — *est tout a côté*. Quero dizer — dá grandes golpes, mas caem ao lado do livro e fora do livro — nenhum sobre o livro. Criticar o livro, como ele faz, não pelo que ele é, mas pelo que devia ser — é ridículo".[23] E como notasse Fialho serem os personagens "copiados uns dos outros", Eça mandou-lhe carta cheia de humor. Era como ele sabia ferir:

> Assim diz V. que os meus personagens são copiados uns dos outros. Mas, querido amigo, numa obra que pretende ser a reprodução duma sociedade uniforme, nivelada, chata, sem relevo, e sem *saliências* (como a nossa incontestavelmente é) — como queria V., a menos que eu falseasse a pintura, que os meus tipos tivessem o destaque, a dessemelhança, a forte e crespa individualidade, a possante e destacante *pessoalidade*, que podem ter, e têm, os tipos duma vigorosa civilização, como a de Paris ou de Londres? V. distingue, nos rapazes do Chiado, acha outras diferenças que não sejam o nome e o feitio do nariz? Em Portugal há só um homem que é sempre o mesmo ou sob a forma de um dândi, ou de padre, ou de amanuense, ou de capitão. E é o português verdadeiro. É o português que tem feito este Portugal que vemos.

E aduzia: "Oh homem de Deus, onde habita V.? Em Lisboa ou em Pequim? Tudo isso é visto, notado em flagrante, e por mim mesmo aturado *sur place!*".[24] Eça, malgrado as longas ausências, continuava inteiramente voltado para Portugal, Lisboa, o Chiado...

Mas, do que então se escreveu para ferir o romancista, nada se compara à malícia de Pinheiro Chagas,[25] divulgando ser o poeta Tomaz de Alencar uma "caricatura grotesca e falsa" de Bulhão Pato. E dizia, justificando a venenosa versão: "Apanhou bem a exterioridade de Bulhão Pato e o seu gesto largo, o seu dizer às vezes um pouco solene, uns certos *tics* da sua conversação...". Contestou-o Silva Gaio: "Alguém disse — escreveu numa direta alusão a Chagas — que Alencar era um retrato: mas através dele podem talvez perceber-se as virtudes e os ridículos de grande parte

---

23 Carta de 27.7.1888. *Correspondência*.
24 Apud CORTEZÃO, Jaime. *Polêmicas de Eça de Queiroz*.
25 CHAGAS Pinheiro. "Os Maias", *Jornal do Commercio* (Rio de Janeiro), 1.1.1889.

da geração dita romântica em Portugal". Não foi diversa a visão de Carlos Lobo d'Ávila, para quem genuinamente português era

> o tipo do poeta Alencar, o romântico sonoroso e azedo, de longa cabeleira desgrenhada e frases liricamente piegas, sempre cordial e sempre solene... Este tipo é soberbo, e tão vivo, tão natural, tão humano, tão lisboeta, que os maliciosos quiseram ver nele um retrato quando é mais do que isso, porque é a admirável síntese dos defeitos e das virtudes de toda uma geração que vai quase passada, e que, no meio dos seus ridículos, talvez não valesse muito menos do que a geração nova.[26]

Bulhão Pato tomou a carapuça furiosamente, e em duas sátiras, uma de agosto de 1888, outra de fevereiro do ano seguinte, desancou Eça sem piedade. Talvez por isso seja hoje mais lembrado, pois o romancista revidou numa das mais saborosas páginas das polêmicas portuguesas. E na carta a Carlos Lobo d'Ávila, redator do *Repórter*, confessava Eça, depois de ler o que Pinheiro Chagas (*"sempre esse homem fatal!"*) escrevera numa colaboração de jornal:

> Só hoje, através das amargas repreensões de Chagas, vim a saber que a Sátira me fora vibrada pelo autor da *Paquita*, em desforra, em ostentosa e berrante desforra de eu o ter encarnado na pessoa do Tom de Alencar! E apenas recebi de chofre estas revelações, murmurei comigo, sem hesitar, imensamente divertido e imensamente contente:
> — *Ainda bem!* O que o nosso Pato gozou em se imaginar retratado nos *Maias*.[27]

Eça ria e fazia rir. Mas, onde o missivista alcançava o ponto alto era quando, depois de afirmar não ser Tom de Alencar o poeta Bulhão Pato, pedia-lhe com modéstia: "o meu intuito final com esta carta é apelar para a conhecida cortesia do autor da *Sátira*, e rogar-lhe o obséquio extremo de se retirar de dentro do meu personagem". A réplica correu mundo, e atravessou o Atlântico. Ninguém mais falaria ou pensaria em Bulhão Pato sem o associar ao pedido de Eça para se retirar do jocoso personagem d'*Os Maias*. O ridículo esmagava o autor de *Paquita*.

---

26 D'ÁVILA Carlos Lobo. "Os Maias", *O Repórter*, 7.7.1888.
27 CORTEZÃO, Jaime. Op.cit. p.329.

Dos romances de Eça de Queiroz seriam *Os Maias* o último que ele veria impresso. Era o desfile daquela multidão de personagens, imortais. Desde Maria Eduarda e Carlos da Maia, protagonistas principais, ao lado de cujas dolorosas existências passam o grotesco conde Gouvarinho, Damaso Salcede, o poeta Alencar (irreconciliável inimigo do naturalismo), o sarcástico João da Ega, que Moniz Barreto julgou digno de "ter colaborado *nas Farpas*", até o bom e inditoso Afonso da Maia, o senhor do Ramalhete. Ele, que tanto gostava de invocar Flaubert para justificar a lentidão dos seus livros, estava recompensado pelos dez anos consumidos. Contudo, cético em relação à própria glória, ele que dissera ser a arte tudo, escreverá ao seu querido Joaquim Pedro: "Nós outros, os romancistas, é que edificamos sobre a areia...". Enganava-se. *Os Maias* estavam edificados sobre a rocha.

Em Paris, Eça continuou a luta da revista. Empolgado pela idéia, transpunha todos os obstáculos. A própria mudança de Bristol, que pareceria uma dificuldade, ele a vira bonançosa, tendo escrito a Mariano Pina, mal entrevira a possibilidade do novo Consulado: "A ida para Paris era excelente — mesmo sob o ponto de vista *Revista*... A concentração de serviços na *Revista*, é infinitamente para desejar". E, nas vésperas de partir para Paris, escreveu a Genelioux: "Restam naturalmente pormenores para fixar, mas podem esperar. No momento importa principalmente anunciar a Revista ao Público. Eu começo hoje esse reclame — pelo método da bola de neve, rolando-a, até que se torne montanha".[28] Minucioso, infatigável, obstinado, Eça de Queiroz empregaria todas as suas forças para rolar aquela bola de neve. Lograria transformá-la em montanha? Esse o problema com o qual agora se deparava. Na ocasião, aliás, também cogitava da terceira edição do *Padre Amaro*, e dizia a Genelioux: "O preço que me propondes é muito modesto. Não poderíeis ir até f. 50? Trabalhei tanto nesse livro!". Contudo a necessidade de dinheiro no momento era premente, e Eça escreveu conformado:

> Em todo caso, como tenho muitas despesas com a mudança para Paris e muita necessidade de dinheiro, muito me cativareis enviando-me essa

---

28 CAETANO, Marcello. op.cit. Carta de 12.9.1888.

soma o mais rápido possível. Confio em vós. Todo o dinheiro que venha nesse momento será bem-vindo.[29]

Empenhado em fazer da *Revista de Portugal* — esse o nome escolhido — um grande estuário da cultura portuguesa, Eça cuidou de convocar todos os homens de letras do país, em particular os amigos, para auxiliarem na tarefa patriótica. Aos amigos, da rue Berri, 16, sede do Consulado, ele se dirigiria calorosamente. *A Luiz de Magalhães*:

> Não sei se V. sabe que eu vou fundar uma Revista... Desde este momento, V. compreende tudo. É a sua colaboração para a *Revista* que eu lhe venho pedir com instância e interesse. A *Revista* tem várias seções, em qualquer delas V. é bem desejado e bem-vindo.

E dizia adiante: "A colaboração é paga, termo médio de 1$500 a 2$000 rs. a página".[30]

E ao dileto Bernardo Pindela, dizendo-lhe haver entrado na aventura para que houvesse "nesse malfadado Reino, uma publicação cujo papel não seja pardo, e cuja tinta não seja de graxa, e onde todos os meses alguns espíritos cultos se reúnam, trazendo uma idéia, uma noção, uma fantasia, uma frase", esclarecia:

> Tu não podias deixar de pertencer a esta reunião. Somente tu és dos íntimos do dono da casa, dos que penetram até a cozinha, e portanto tens pela casa uma outra dedicação, e fazes nela uma outra convivência do que os conhecidos de cerimônia que não passam do salão onde peroram.[31]

Para cada qual o novo diretor da revista tinha a palavra adequada. *Eça ao Conde de Sabugosa*:

> V. sabe, ou não sabe, que eu me encontro diretor de uma Revista, uma cousa considerável, chamada *Revista de Portugal*, que a casa Chardron vai editar... Quer V., meu caro conde de Sabugosa, ser desta panelinha de alta literatura?

---

29 Ibidem.
30 Carta de 26.10.1888. *Correspondência*.
31 Carta de 28.10.1888. *Correspondência*.

Ao que acrescentava para conquistar o importante colaborador:

> Na *Revista* V. encontra todos os nossos amigos, desde Bernardo, o Pekinês, até Martins, o Sutil. É como a mesa do Tavares ou do Bragança — com a diferença do champanhe *extra-dry* não ser servido em copos, mas em frases!.[32]

Na verdade, era um toque de reunir. Alguns se mostraram céticos, como Ramalho, que, embevecido pela idéia da *Revue Bleue*, seria dos últimos a aderir, ou Joaquim Pedro, que se tornaria dos mais assíduos colaboradores. Eça de Queiroz, entretanto, permaneceu confiante. A revista, afinal, era "a sua obra". Outro dos solicitados foi Camilo Castelo Branco, sobre quem atirou um punhado de justos elogios: "se a um tal rol de colaboradores, numa *Revista* portuguesa, faltasse o nome tão glorioso de V. Exa. — esse rol ficaria inteiramente incompleto e com uma lacuna que muito lhe faria perder da sua importância e do seu brilho".[33] Camilo chegara, porém, ao ocaso. E o próprio Eça escreveria a Genelioux: "lamento não ter a resposta de Camilo (que está, penso, muito doente em Lisboa)".[34] Outro chamado foi Antero de Quental, então retirado em Vila do Conde, e pouco afeito a trabalhos desse gênero. Inicialmente, ele se recusou a fazer o "Quadro da Sociedade Portuguesa", que lhe pedia Eça. A respeito de Portugal, dizia, somente podia rugir, vomitar amargores, e esses rugidos e amargores, sem o aliviar, magoariam e contristariam outros. Ao que Eça observou: "Era ainda aqui o homem que no meio da grande cólera não esquece a grande caridade".[35] Contudo, Antero não podia faltar ao companheiro da mocidade. E graças a isso as letras ganhariam uma bela página de filosofia. *Antero a Oliveira Martins*: "Para mostrar o meu afeto ao nosso Queiroz, comecei a escrever com destino à *Revista*, um artigo sobre as tendências gerais da Filosofia na atualidade".[36] Aos poucos os colaboradores acorriam para ajudar o amigo, e este acreditava que o fariam de coração

---

32 Carta de 31.10.1888. *Correspondência*.
33 Carta de 18.11.1888. *Correspondência*.
34 Carta de 19.12.1888. Arquivo de Lello & Irmão.
35 Eça de Queiroz, "Um gênio que era um santo". *In Memoriam de Antero de Quental*.
36 QUENTAL, Antero de. *Cartas*, p.259. Carta de 1890.

alegre, conforme escreveu a Genelioux: "Bem sei que todos estarão felizes de nela colaborarem (espero-o, pelo menos), mas falta ainda ter deles o consentimento escrito".[37] Impossível reunir plêiade mais brilhante do que a convocada por Eça para a Revista, que, entre os colaboradores, contaria também com Guerra Junqueiro, Fialho de Almeida, Antonio Enes, Teófilo Braga, Teixeira de Queiroz, Magalhães Lima e Carlos Lobo d'Ávila. Era a nata da literatura portuguesa.

Lentamente, vencendo tropeços, a Revista marchava. Para Eça era uma luta em duas frentes, pois se de um lado precisava conquistar os colaboradores, que desejava numerosos, de outro devia conseguir a concordância do editor para os planos acalentados para a publicação. Em novembro, ele comunicou a Genelioux estar concluído o problema dos colaboradores: "As respostas dos colaboradores — escreveu — chegaram quase todas — e muito desvanecedoras para a Revista".[38] Para o número de estréia, além d'As Minas d'El-rei Salomão, que tinha como obra-prima da literatura estrangeira, Eça anunciou novo romance do qual seria o autor: "O romance original da Revista", comunicou a Genelioux, "para a sua estréia, querendo Deus, será meu, mas ainda não me fixei sobre o título". Idéia que jamais levaria a bom termo.

Na ocasião, é possível estivesse Genelioux mais interessado em nova edição do Padre Amaro. E Eça escreveu-lhe:

> Apresso-me em vos acusar a recepção de f. 40 pela segunda edição do Padre Amaro. Começastes a impressão? Seria útil que eu revisse as provas, para dar um pouco mais de polimento e regularidade à forma — quer dizer que não haveria senão algumas vírgulas a mudar e algumas repetições de palavras a evitar. Nem tenho tempo para fazer mais que isso.[39]

Dificilmente o editor acreditaria no incorrigível emendador de provas.

Exigente — Eça não omitia nenhum pormenor —, agora ele estava a braços com o Prospecto, que seria o rumoroso arauto da publicação. Queria-o como pequena amostra da Revista, e escreveu ao editor:

---

37 Carta de 8.11.1888. Arquivo de Lello & Irmão.
38 Carta de 27.11.1888. Arquivo de Lello & Irmão.
39 Carta de 14.10.1888. Arquivo de Lello & Irmão.

> Peço-vos, esperando que me remetais um espécime do papel que destinais à revista — e também do tipo de impressão. Quatro ou cinco linhas, ou mais, me darão uma idéia. É necessário que o papel seja um pouco mais forte e espesso do que o da *Revue des Deux Mondes*: o tipo pode ser um pouco mais largo e mais *faiado*. Peço isso antecipadamente porque o *Prospecto* deve ser impresso no papel e no tipo definitivo da *Revista*.

Nada escapava à visão e aos cuidados do dedicado diretor. E ele dizia sobre a capa: "Quanto à capa decidi que deve ser simples e sem enfeites. Alguma cousa de sério como a *Revue des Deux Mondes*. Pudéssemos encontrar um papel de tom rosa, um belo rosa, e ficaria muito bom".[40]

Em uma correspondência incessante e insistente, Eça voltava a bater nas mesmas teclas, por certo receoso de qualquer falha naquele plano em que buscara tudo prever para o bom êxito da *Revista*. Em dezembro, por exemplo, ele voltou a tratar do prelibado *Prospecto*:

> Penso já ter suficientemente explicado como desejaria o *Prospecto*. Ele deve ser um espécime perfeito da *Revista*, impresso no tipo, no papel e com a capa definitiva da *Revista*. Após as páginas de impressão, algumas, as que julgueis necessárias, serão deixadas em branco para inscrição das assinaturas. O assunto principal é a capa. Eu fixo-me sempre nesse papel de nuance rosa, que seria admirável. Podeis encontrá-lo?

Genelioux não teria descanso. E, numa prova de quanto estava atento a tudo, dizia-lhe Eça: "Algumas publicações põem para o Brasil preços muito altos. Os Brasileiros detestam isso".[41]

Durante meses, Eça de Queiroz continuaria a rolar a pesada bola de neve.

---

40 Carta a Jules Genelioux, 8.11.1888. Arquivo de Lello & Irmão.
41 Idem, 19.12.1888. Arquivo de Lello & Irmão.

14
O ultimato

Foi curta a estada de Eça de Queiroz em Paris. Reorganizado o Consulado com o auxílio de dois antigos funcionários, Saraiva e Damaso de Moraes, ele cuidou de partir em férias para o Porto. Era a primeira vez que Emília, depois de casada, revia o antigo lar, a florida quinta, "a velha casa afogada em trepadeiras". Retornava com um casal de filhos, para o solar edificado pelos Figueiroas, e pelo qual haviam passado gerações de Resendes. Santo Ovídio era a tranqüilidade, e aí Eça poderia recordar os dias venturosos do noivado. A roda de Águas Férreas desfizera-se, porém, com a ida de Oliveira Martins para Lisboa, agora possivelmente mais sedutora para o romancista. E, após acertar com Genelioux e Lugan pormenores da *Revista*, Eça viajou para a capital.

No Rocio começavam a secar as lágrimas pela morte do irmão, e ele escreveu a Emília: "Encontrei minha mãe triste mas forte de corpo; a Miló com uma sombra de tristeza também, mas mais gorda; e meu pai realmente bem, graças a Deus". O bálsamo do tempo já começara a amainar os sofrimentos. E a carta continuava: "A própria Mana dizia que o tempo tudo acalma, mesmo quando se deseja resistir à influência do tempo".[1] A vida voltava a fluir inevitavelmente. E Eça, reencontrando amigos, Ramalho, Mayer, Batalha, Bernardo, reintegrava-se nos velhos hábitos um tanto boêmios. *A Emília*:

---
1 Carta de Lisboa, 25.3.1889. B.N.L.

> Eu continuo secando-me — tanto mais que me tenho deitado muito tarde, e ainda cansado. Mas, acontece-me ter sempre uma certa necessidade de ceia à meia-noite, e como todos os amigos parecem estar também a essa hora esfomeados, vai-se a uma modesta canja, que se prolonga até altas horas, entre a filosofia e a maledicência. Estou por isso ansioso que venhas não só por motivos de coração — mas de ordem e regularidade.[2]

O noctívago sobrevivia, ao passo que a fama fazia maior a curiosidade em torno do romancista. João Chagas, que o conheceu por esse tempo, pinta-o, como tantos outros, como "um vulto esguio e magro, onde baçamente brilhava o vidro de um monóculo". Não o identificara, porém, com João da Ega ou Fradique: "das minhas relações com ele", escreve João Chagas,

> não me veio nunca essa impressão, e Eça, apesar do seu gosto pela *toilette*, pareceu-me sempre menos o Mefistófeles dos *Maias* e o alto *dândi* da Correspondência, do que uma natureza *bon enfant* e — fenômeno singular em um gênio tão cosmopolita! —entranhadamente lusitana pelas inclinações, pelos apetites, pelos gostos, até mesmo pelas fraquezas.[3]

Na ocasião os jantares dos *Vencidos* estavam em evidência, e ele se apressou a comunicar à mulher:

> Desde o jantar dos *Vencidos* pela minha chegada — este grupo literário-janota está muito na moda e na celebridade: os jornais ocupam-se imenso dele. Hoje o *Tempo* dedica-lhe o seu artigo de fundo. Manda comprar que tem sua graça.[4]

Modesto, não revelava a autoria do artigo, que improvisara em resposta a um comentário de Pinheiro Chagas, no *Correio da Manhã*. Inconformado com a fama descida sobre a mesa dos confrades semanalmente reunidos num restaurante, ou na casa de algum deles, e aos quais Oliveira Martins dera a designação de *Vencidos da Vida*, Pinheiro Chagas atirara-lhes um punhado de alfinetes. Observou Carlos Lobo d'Ávila, que, se reunirem

---

2 Carta de Lisboa, 28.3.1889. B.N.L.
3 CHAGAS, João. *Vida literária*, p.165.
4 Carta do Rocio, 28.3.1889. B.N.L.

em jantares aqueles boêmios ilustres, afrontava tanto o burguês quanto o colete vermelho de Teófilo Gautier. Por que vencidos se eram todos eles, de certo modo, vitoriosos? Eça, como sempre, manejou o estilete da ironia. "De resto", escreveu,

> o sussurro atônito que de cada vez levantam estas refeições periódicas não é obra sua — mas da sociedade que, com tanto interesse, os espreita. Eles comem — a sociedade, estupefata, murmura. O que é, portanto, estranho, não é o grupo dos Vencidos — o que é estranho é uma sociedade de tal modo constituída que, no seu seio, assume as proporções dum escândalo histórico, o delírio de onze sujeitos que uma vez por semana se alimentam.

Chagas não lograria interromper os jantares, cujos pormenores os lisboetas comentavam. E, no dia seguinte àquele artigo, Eça voltou a escrever a Emília: "Ontem, Mayer deu aos *Vencidos* um grande jantar. Era todo à antiga portuguesa — e realmente esplêndido. Esteve muito alegre, e *bon enfant*. Até se dançou. Todos os detalhes da festa os tem de resto no *Tempo*".[5] Era a contribuição de Carlos Lobo d'Ávila, o mais jovem dos comensais, filho do ministro Valbom, e diretor do jornal. Os *Vencidos* estavam em plena moda. E certamente por isso jamais obteriam tranqüilo anonimato. Por algum tempo, na imprensa e no teatro apareceriam os frutos da inveja ou do despeito. E deles não estariam ausentes escritores como Fialho de Almeida e Abel Botelho. O fel extravasava.

Eça não confundia supérfluo com o essencial: no momento seu interesse consistia em pôr a *Revista* em circulação, e a correspondência com Genelioux dá medida de quanto o assunto o ocupava. Em maio, concluído o trabalho para a publicação, ele comunicou ao editor: "A organização da *Revista* está agora completa nos seus mínimos pormenores, faltando apenas o escritório para o Secretário, Sr. Gaio". Não fora fácil a designação de um secretário, que, dada a ausência de Eça, assumia imensa responsabilidade. Mas, confiante na escolha, ele escreveu a Genelioux:

> A *Revista* está perfeitamente montada e o Sr. Gaio um jovem cheio de atividade e de zelo, e do qual muito me orgulho. Ele fará, na minha ausên-

---
5 Carta de Lisboa, 30.3.1889. B.N.L.

cia, para os pequenos detalhes, tão bem quanto eu. Deixo *seis números da Revista* organizados e os artigos encomendados, o primeiro número é que dará mais trabalho; passado este, os outros irão, creio, *sur des roulettes*.[6]

Manuel da Silva Gaio perceberia 30$000 mensais. O escritor era infatigável. Mas, por mais que se empenhasse no êxito da *Revista*, não evitava as inquietações de Genelioux, a quem buscava tranqüilizar: "Toda a parte da vossa carta sobre a *Revista* — escreveu-lhe Eça — é muito desencorajante e muito desencorajada. Creio, entretanto, que a escreveste num desses momentos no qual vemos tudo negro, sem motivo razoável". Por ele a bola de neve continuaria a rolar.

***

No espólio de Antônio Nobre, conservado na Biblioteca Municipal de Matosinho, estão estas notas lançadas num caderno de apontamentos: "Eça de Queiroz, 5, rue Creveaux, prés du bois". E pouco adiante: "Eça de Queiroz. 32, rue Charles Laffitte, Neuilly". São os primeiros endereços parisienses do romancista, que o poeta de *Só* conhecera e freqüentara.

De volta de Lisboa, Eça chegou a Paris, vindo por Madri, em junho de 1889. Trazia as velhas dificuldades financeiras, agora agravadas pelas despesas com a instalação do apartamento da rua Creveaux. Também o governo atrasara pagamentos, e tudo conspirava para o romancista continuar necessitando pequenos empréstimos. Bateu então em duas portas conhecidas — uma a de Ramalho, o constante intermediário junto ao Banco do Povo, e a quem se dirigiu aflito, devido à falta governamental: "Vejo-me, pois, estupidamente embaraçado, com tal falta, no momento de pôr casa, — e peço-lhe que veja se se pode arranjar, com o Banco do Povo, que me empreste umas 80 libras".[7] E a Genelioux, em 6 de junho:

> Eu devia encontrar aqui ao chegar algumas remessas de dinheiro que acabo de saber não chegarão senão no meado de julho. Esse atraso muito me embaraça no momento em que instalo minha casa, e me faríeis um

---

6 Carta a Jules Genelioux, Paris, 16.6.1889. Arquivo de Lello & Irmão.
7 Carta a Ramalho Ortigão, Bristol, 12.9.1888. *Novas cartas inéditas*.

grande serviço emprestando-me alguma cousa como 350$000. Eu posso dar-vos uma promissória de três meses...[8]

A pobreza continuava a afligir o escritor, sempre forçado a recorrer a empréstimos para atender ao modesto orçamento. Certa feita, a Domício da Gama, jovem jornalista brasileiro que conhecera em Londres, escreveu angustiado:

> eu realmente sou como o estrangeiro que acaba de chegar ao hotel! assim agora sucede que eu necessito arranjar em dois ou três dias uma soma de dinheiro, de dois mil a três mil francos. Mas, eu só conheço e convivo com patrícios pobres... ignoro os homens, os meios, os caminhos, através dos quais se pode arranjar uma soma limitada como esta, não tendo propriedades a hipotecar. Vejo anúncios nos jornais, mas suponho que são de horrificar agiotas.

Eça receava cair nas mãos de um Arpagão, ou de algum daqueles vorazes agiotas que povoam os romances do Balzac. E a carta continuava:

> Enfim, não sei! E lembrei-me que o Domício, conhecendo infinitamente o *seu* Paris, tendo um muitíssimo largo círculo de amigos, e não sendo alheio *hélas!* também às necessidades de dinheiro, me saberia dar uma indicação útil, ou pôr no bom caminho, ou mesmo conhecer quem adiantasse essa soma, a juros razoáveis por um mês ou mês e meio a um homem *três solvable et três honneste*.[9]

Domício seria a tábua de salvação.

Os percalços financeiros não impediram que, em pouco, o apartamento da rua Creveaux, no tranqüilo bairro de Passy, se transformasse em acolhedora residência, onde Eça e Emília recebiam encantados amigos de Portugal e do Brasil. Carlos Valbom, ministro de Portugal na França, e pai do mais jovem dos Vencidos, Carlos Lobo d'Ávila, vigoroso jornalista, era dos mais chegados. Na verdade, um pequeno pedaço de chão português, onde todos se sentiam queridos e felizes, entre a amizade do casal, tão unido, e tão perfeito no receber os amigos. Certamente, o público conhecia e admi-

---

8 Carta a Jules Genelioux, 6.6.1889. Arquivo de Lello & Irmão.
9 Carta s. d., *Revista do Brasil*, 15.9.1926.

rava o escritor famoso, mas somente os amigos desfrutavam das encantadoras virtudes do homem. João Chagas, que o conheceu mais ou menos por esse tempo, escreveu a propósito de Eça: "Facilmente avaliamos o gênio, penosamente o caráter".¹⁰ Na verdade, os amigos e companheiros pareciam amá-lo. Ramalho, por exemplo, dizia prezar "ainda mais do que o eminente homem de letras, o homem de coração terno e de imaculado caráter". Conceito mais ou menos repetido por Luiz de Magalhães, o venturoso proprietário da *Quinta de Frades*: "Quem o conhecesse, não podia deixar de o amar".

O poeta Olavo Bilac, levado pelas mãos de Eduardo Prado e Domício da Gama, foi um dos freqüentadores da rue Creveaux. "Era um consolo", escreveu mais tarde,

> de deixar as amplas ruas de Paris, cheias de uma multidão que patinhava na lama gelada, falando todas as línguas... e chegar ao tépido ninho do Amor e da Arte.

Do romancista ele guardava viva lembrança:

> Com o esguio corpo dançando dentro da vasta sobrecasaca inglesa, Eça, nas deliciosas noitadas de conversa íntima, ficava encostado ao pára-fogo de seda chinesa, junto da lareira em que um lume alegre crepitava. Era ele, quase sempre, quem falava. Não que tivesse a preocupação de se tornar saliente — porque nunca falava de si, e tinha, por assim dizer, um recatado e melindroso pudor de virgem, um retraimento envergonhado sempre que, ao acaso da palestra, um de nós se referia ao seu alto mérito de escritor... Eça falava quase sempre porque era um conversador inimitável, porque gostava de conversar, porque se deixava levar pelo curso das próprias idéias.

E como se desejasse deixar bem nítido o retrato, Bilac continuava:

> Alto e magro, com o olhar ardente nas órbitas encovadas sobre o forte nariz aquilino; com o queixo saliente entalado no alto colarinho; de uma sóbria e fina elegância de gentil-homem, sem uma nota espalhafatosa no vestuário, sem uma afetação no dizer — o criador d'*Os Maias* já não era, naquele tempo, o leão da moda, célebre pelas suas gravatas, e *loblagueur* impenitente, célebre pelos seus paradoxos.¹¹

---

10 CHAGAS, João. Op.cit., p.164.
11 BILAC, Olavo. "Eça de Queiroz", *Gazeta de Notícias*, 19.8.1900.

Realmente, Eça mudara muito.

Alberto de Oliveira, que também por esse tempo, talvez pouco depois, dele se faria amigo em Paris, não mais lhe esqueceria a finura, a distinção no trato, o sabor das anedotas. Dele deixaria breve perfil:

> Nunca me foi dado encontrar nem homem mais inteligente, nem homem mais fino, atando as suas gravatas com tão seguro gosto como as suas frases, tendo a conversar o mesmo encanto que tinha a escrever... Ouvi-lo era tão bom, era melhor ainda do que lê-lo.[12]

Vira-o pela primeira vez no Consulado, na companhia de Antonio Nobre, e dessa visita deixaria testemunho:

> Eça de Queiroz acolheu-nos com a cortesia sóbria, requintada, que era um dos seus dotes. Cada gesto seu, cada palavra, era naturalmente e sem intenção nem esforço uma obra de arte. A sua ironia, ao falar, longe de ser contundente ou corrosiva, era sem maldade e, por vezes, quase infantil... A observação vulgar veria em Eça de Queiroz um homem feio, esgrouviado, de feições incorretas, olhos piscos, cor de pouca saúde, córcova incipiente.[13]

Era aquela postura curvada, esguia, e imortalizada na estatueta de Silva Gouveia. E a pequena narrativa continuava:

> A todas estas notas sem agudeza teria uma análise perspicaz de opor grandes erratas. Se aquilo era fealdade nunca a encontrei mais invejável. O criador de Fradique Mendes era em corpo e alma um Fradique.

E completando-lhe o retrato, Alberto de Oliveira, fascinado pelo encanto do romancista, continuava:

> A palavra *fino* é a que mais vezes acode para defini-lo. É a que nos sugere a mecha negra do seu penteado sobre a vasta fronte pálida; o monóculo não automático, mas vivo, falante, que sublinhava e aguçava o olhar... as extremidades aristocráticas, mãos quase femininas e tão ricas de expressão e movimento.

---

12 OLIVEIRA, Alberto de. *Pombos correios*, p.353.
13 Idem, *Eça de Queiroz*, p.30.

A má saúde deixava flagrantes as suas marcas. José Veríssimo, crítico brasileiro, que o havia visto, em Lisboa, nove anos antes, notaria os visíveis sinais da saúde precária, que Eça carregaria pela vida afora. Pareceu-lhe então "mais magro, mais ossudo, como que mais cansado, conservando, porém, a despeito de uma ligeira curvatura, o aprumo da sua fronte inteligente e a fixidez penetrante do seu olhar, que às vezes algum pensamento íntimo amortecia".

De modo geral, o romancista conquistava os que dele se aproximavam: uma das exceções seria Antonio Nobre, que o havendo visitado com uma recomendação de Guerra Junqueiro, não guardaria impressão lisonjeira da acolhida no pobre Consulado, "simples rés-de-chão com duas saletas; uma para o Chanceler e a segunda de estantezitas e sofá e poltronas, couro verde, com duas mesas aqui e ali e o Mapa de Portugal na parede". Ele assim recordaria o encontro, em carta a Alberto de Oliveira:

> — O senhor Eça de Queiroz? — Perguntei assim ao Chanceler, para o *Outro* ouvir, cuja mão branca e longa, reluzindo-lhe um rubi, havia eu surpreendido pela frincha da porta, a procurar uma brochura na estante: o Chanceler nem sequer, talvez, chegou a responder, porque *Padre Amaro* correu logo com as pernas esganiçadas a dar e de monóculo, com a careta arrepiada de engelhas, muito pálido, de olhos pisados, e pareceu-me como que assustado como receando *banquos*... Eu, simplesmente, apresentei-lhe a carta do Junqueiro, que leu a andar e a guiar-me para o seu gabinete onde me indicou uma poltrona, em frente do sofá que era para ele... Leu a carta, sorriu-se de leve, a soltar um Estimo: mas eu para evitar banalidades de parte a parte, desculpei-me de não ter vindo cumprimentar mais cedo, mas que ele bem compreenderia que a minha instalação em Paris, o meu *pouso* me tomava o tempo todo. E por isso... Mais cumprimentos: éramos duas lâminas de Toledo curvando-se uma diante da outra.[14]

No fundo, dois tímidos se encontravam. E Antonio Nobre, embora viesse a freqüentar Eça de Queiroz, não esqueceria o que lhe pareceu a frieza do romancista. E como se espaçassem as suas visitas à casa de Eça, este diria certa vez a um amigo comum: "ledor de Homero, eu bem sei que os deuses custam a descer do Olimpo". Antonio Nobre, tímido, sonhador, talvez orgulhoso, dificilmente deixava o Olimpo.

---

14 *Eça de Queiroz visto pelos seus contemporâneos*, p.229.

Aos poucos, Eça de Queiroz familiarizava-se com a cidade onde desejara morar. Conta Raul do Rio Branco, nas suas *Reminiscências do barão do Rio Branco*, que nessa época, por volta de 1890,

> se improvisaram algumas reuniões no restaurante Durand, na rue Royalle, então o mais em moda, nas quais tomavam parte meu Pai, Eduardo Prado, Domício da Gama, Eça de Queiroz, Ramalho Ortigão, etc.

Era o bom relacionamento com os brasileiros, alguns dos quais entrariam definitivamente na intimidade do romancista. Vários ele os conhecera em Londres: possivelmente na roda de Soveral e Joaquim Nabuco. Agora, em Paris, entre os ecos da Grande Exposição Universal, na qual a Torre Eiffel simbolizara uma época de progresso, eles ainda mais se aproximavam. Nenhum, porém, mais íntimo do que o exuberante Eduardo Prado, nobre e rara figura humana.

Filho de rica família de plantadores de café, em São Paulo, ainda bem jovem saíra para conhecer o mundo. Cruzara os mares, visitara o Oriente, vira a América do Norte, e, por fim, talvez saciada a curiosidade do viajante, convencera-se nada se comparar a Paris, onde se fixara luxuosamente, cercado dos livros de um erudito. De São Francisco, ele escrevera a uma amiga: "Não imagina como estou aborrecido nos Estados Unidos. Decididamente do mundo a Europa, da Europa a França, da França Paris, de Paris todo o perímetro do *pavé de bois!*".[15] E noutra carta: "Decididamente o mundo é — Paris".[16]

Solteiro, estatura pouco acima da mediana, forte, falando rapidamente com os lábios meio cerrados, tinha "a placidez de uma fronte lisa, alta! olímpica", e instalara-se em uma espécie de *garçonnière* na rua Casimir Perier, onde se dizia imperar o severo mordomo Humphry, que teria servido a Charles Darwin. Exuberante, talvez perdulário, ele aí recebia, principescamente, amigos brasileiros e portugueses, muitos daqueles exilados pela República. E mais que tudo era incorrigível notívago.[17] Eça gostava daquele amigo jovial, culto, e que o admirava. Mais tarde, ao

---

15 Carta de 5.8.1886. Original na Academia Paulista de Letras.
16 Carta de 15.8.1886. Original na Academia Paulista de Letras.
17 ARINOS, Afonso. Discurso de posse na Academia Brasileira de Letras, em 18.9.1903.

dedicar-lhe um artigo repassado de carinho e amizade, dizia ao ressaltar a curiosidade como a qualidade nele dominante: "As Fadas benéficas que rodearam o berço de Eduardo Prado, dançando levemente, carregadas de dons, também lhe trouxeram, na almofada mais rica, esse dom fecundo da Curiosidade".[18] E no largo círculo de amigos portugueses de Prado contavam-se Ramalho, Oliveira Martins e Maria Amália, que assim o recordou: "Eu que tanto o conhecia não me lembro de o ter visto nunca triste".[19]

***

Após alguns adiamentos, a *Revista de Portugal* apareceu em 10 de julho. Gaio, confiante, comunicara a Eça que o número faria boa figura, dele ressaltando os artigos de Oliveira Martins e Moniz Barreto. Faltava o *prólogo* de Antero, tão desejado pelo diretor, que, sempre inclinado à propaganda, logo escrevera a Genelioux aconselhando larga distribuição da revista pelos jornais: "il faut en jeter a droite e a gauche".[20]

Surpreende que, após tanto haver meditado sobre a publicação, Eça, antes dela circular, já pensasse em alterá-la para a tornar mais popular. *Eça a Genelioux*:

> Portanto, deve-se considerar que o gosto do público não é sempre muito alto; o que fez a fortuna do *Diário de Notícias* como jornal, e do *Panorama* como Revista (ela apareceu de 1840 a 1850 e chegou a 16.000 assinantes!!) foi a sua honesta mediocridade.

E, dominado por um espírito prático, ele continuava: "Estejais bem certo que se eu perceber que o Público deseja uma Revista suficientemente banal, eu lh'o darei. Fizemos bastante alta literatura — é tempo de fazer um pouco de dinheiro".[21] Às voltas com as constantes dificuldades financeiras, Eça pensava resolvê-las com a Revista, que seria não apenas um ganha-pão, mas a cornucópia da Fortuna. Nisso era enfático:

---

18 Eça de Queiroz. "Eduardo Prado". *Revista Moderna*, julho de 1898.
19 CARVALHO, Maria Amália Vaz de. *Figuras de ontem e de hoje*, p.89.
20 Carta de 25.6.1889. Arquivo de Lello & Irmão.
21 Carta de Paris, 11.7.1889. Arquivo de Lello & Irmão.

Sobre esse ponto estou decidido a tudo: nós estudaremos o gosto do público: e arranjaremos a *Revista* a seu desejo. Se ele quer boas cousas buscaremos lh'o dar: se ele quer *Rocambole* ele o terá. Eis minhas últimas reflexões práticas destes últimos dias.[22]

Sinal de que ele próprio mal se conhecia. Como transigir o aferrado amigo da perfeição com a mediocridade do gosto popular?

Na realidade um pensamento fugaz. Recebido o número de estréia da *Revista*, Eça pareceu cobrar alma nova: "o aspecto material era bom", escreveu ao editor, e "todo mundo a achou muito bem". Faltava apenas a Crônica Política e a Crônica Social, que Ramalho Ortigão deveria ter feito, tratando da sociedade do Rio de Janeiro. Seria o *grand élan*, no Brasil, dizia Eça. Mas, infelizmente, Ramalho perdera um irmão, e o abalo não lhe permitira trabalhar. Contudo, feito um balanço, Eça estava contente com o que chamara "a minha obra".

Na ocasião, atendendo recomendação médica para os filhos, Emília ausentara-se de Paris, partindo para La Bourboule, em Puy-de-Dône. Hospedou-se no Hotel de Russie e, em uma assídua correspondência, Eça a punha ao par da vida parisiense. Sabemos assim que Ramalho, chegado para a casa de Eduardo Prado, não era encontrado — "lançado perdidamente como anda nos prazeres de Paris". Viera também Batalha Reis, e, juntos, ele e Eça haviam visitado a Casa de Vitor Hugo, "que nos fez muita devoção", dizia o antigo admirador do poeta. Outro visitante era Carlos Mayer, e isso significava que à margem do Sena reunia-se boa parte do grupo do *Cenáculo*. A boêmia, entretanto, já não atraía Eça, que escreveu a Emília: "Aborreço-me, e evidentemente, a vida de rapaz em Paris não é divertida — ou antes eu já não a encontro tal".[23] O tempo passava, e com ele o prazer pelos encantos próprios da mocidade.

Sem a presença de Emília, Eça, mergulhado nas saudades, escrevia-lhe bucólico: "Com efeito não há senão o campo! Este campo de cidade, árvores entre ruas, não vale nada. É também no campo, mas no verdadeiro, que eu desejaria viver. Era bom para nós todos". De quando em quando o sonhador iludia-se. Poderá Fradique deixar o coração da civilização?

---

22 Carta de 5.5.1889. Arquivo de Lello & Irmão.
23 Carta de 11.7.1889. B.N.L.

E, talvez fascinado pelo singular personagem que lhe saía da pena, ele dizia à mulher: "A Revista para este mês vem mais interessante. Eu estou trabalhando para o outro número. Se Deus quiser publico *Fradique*".[24] E a idéia encantava-o.

Para encher os monótonos dias de La Bourboule, Emília pedira alguns livros. A resposta:

> A respeito dos livros é verdade. Não me tenho esquecido; já por vezes entrei em livrarias para t'os mandar; mas segundo o costume tenho hesitado, achando tudo uma sensaboria. Como Flaubert já não existe nem Thackeray, e Zola não escreveu nada novo — um pobre homem de letras como eu não se pode decidir a gastar 2 francos no *rubbish* que por aí se vê nas vitrines. Vou, porém, fazer um esforço e remeter-te alguma prosa.[25]

Era exigente o "pobre homem de letras". Emília não teria muito tempo para ler — mais alguns dias e ela retornou a Paris para alegria do marido então exultante com o êxito da Revista: "Dizem-me de Lisboa que a *Revista* tem tido bastante sucesso".[26] Contrastava com a omissão do editor, a quem Eça escreveu:

> Quanto à *Revista* ignoro se ela tem ou não sucesso. Amigos escreveram-me que a venda em Lisboa foi muito grande. Também vi essa boa nova em dois ou três jornais. Mas, é de vós e do Sr. Gaio que eu deveria ter informações positivas: e todos dois guardaram o mais discreto silêncio.

E, preocupado com o gosto do público, dizendo não se poder dar conta do que buscava o leitor, perguntava: "Quer ele aí encontrar literatura e história? Ou antes romances, viagens, variedades divertidas?".[27] Eça parecia inseguro quanto ao rumo a dar à *Revista*.

***

---

24 Carta de Paris, 5.8.1889. B.N.L.
25 Carta de 7.8.1889. B.N.L.
26 Carta de 22.7.1889. B.N.L.
27 Carta a Jules Genelioux, Paris, 26.8.1889. Arquivo de Lello & Irmão.

Emília esperava o terceiro filho, Antonio, nascido nos fins de dezembro de 1889, e Eça sequer pensou em ir a Portugal nesse inverno. A época, aliás, não seria propícia para viagem de recreio, pois o país convulsionara-se numa patriótica explosão após o *Ultimatum* da Inglaterra, em 11 de janeiro, exigindo a imediata retirada das tropas portuguesas das disputadas regiões do Xire e de Maxona. Era um golpe mortal na política colonial de Portugal. Mas, como resistir ao Império Britânico? As tropas saíram e o Ministério caiu ao tempo que uma explosão de ódio contra a Inglaterra sacudiu Portugal de um extremo a outro. Carlos Valbom informara a Eça estar o país "medonho e perigoso". Era uma espécie de *delenda Inglaterra!* — os hotéis não queriam hóspedes ingleses, também repudiados pelos teatros, e os jornais recusavam-se a receber periódicos ingleses. Para Eça, eram atitudes de "um cômico frio e fúnebre", embora o seu patriotismo não estivesse menos exacerbado do que o de todos os portugueses. "Nunca, creio eu", escreveu ele a Oliveira Martins, "houve, antes deste, um momento em que Portugal moderno estivesse tão acordado e atento."[28] E, infenso àquelas reações superficiais, que nada resolviam, Eça almejava algo que mudasse o país. Continuava a acreditar na Vida Nova de Oliveira Martins, a quem, mais tarde, havendo o príncipe D. Carlos ascendido ao trono pela morte do rei D. Luiz, escreveria cheio de ilusões: "É necessário um *sabre* tendo ao lado um *pensamento*. Tu és capaz de ser o homem que pensa — mas onde está o homem que *acutila*? Em antigas cavaqueiras falamos por vezes do Rei. Mas, é ele um *Homem*? Ou é ele simplesmente um *Cetro*?".[29] E, encantado pela rainha, Eça transmitiu a Emília estas impressões:

> Tenho todavia estado muito palaciano. Gosto muito da Rainha. É imensamente encantadora. Mostra-se interessada pelos nossos meninos... É, além disso, muito inteligente. Somente é tão familiar que como é também muito bonita, a gente corre, sem querer, o perigo (de lesa-majestade) de lhe fazer a corte.[30]

No futuro ele lhe faria belo e terno perfil.

---

28 Carta de 7.10.1890 a Oliveira Martins. *Correspondência*.
29 Carta de 7.10.1890. *Correspondência*.
30 Carta inédita de Lisboa, 26.5.1890. B.N.L.

Às tristezas da pátria haviam-se juntado as da família: ainda em janeiro, a senhora de Santo Ovídio deixou o mundo tranqüilamente — "É realmente consolador o saber — escreveu Eça à cunhada Benedita — que o seu fim foi tão doce, tão cheio de paz". E dizia-lhe sobre o sofrimento de Emília, a quem buscara poupar o choque da notícia dolorosa:

> A Emília só soube pouco a pouco a verdade que eu não ousei revelar bruscamente, por a ver ainda fraca e nervosa. Chorou muito, agora vai entrando, ainda que com custo, na natural resignação que é lei humana, e decerto divina.[31]

A morte da sogra mudou os planos de Eça, cuja presença, no Porto, pareceu indispensável, para acompanhar o inventário e a partilha dos bens. Dias depois de chegado, ele próprio daria a Emília estas impressões:

> estes negócios da casa de tua mãe são tristes — e sobretudo porque do que ela deixou ainda se poderia talhar para cada um, não direi uma fortuna, mas uma razoável independência, se à testa destes negócios não estivesse um homem como o Manuel; e um esturrado e um exaltado como o Alexandre. Sob tal direção tudo naturalmente irá ao deus-dará.[32]

Cabia-lhe, pois, zelar pelos interesses dos filhos.

Para fazer companhia à irmã, Benedita partiu para Paris. Por que não a casar com o querido amigo Eduardo Prado? A pergunta tomou conta da imaginação do romancista. Habituado a conduzir os personagens que criara, é possível que acreditasse fácil transformar o devaneio em realidade. Emília também esposou a idéia. E durante meses, até desfazer-se como uma bolha de sabão, a fantasia viveu na correspondência trocada entre Santo Ovídio e a rua Creveaux.

Eça a Emília, em 22 de março: "Falei aqui, sem me poder conter, no caso Prado — e o Manuel inflamou-se no mais vivo entusiasmo. Declara que esse sucesso o faria feliz! Assim pensasse também o nosso amigo Prado". Não eram auspiciosas as notícias mandadas por Emília.

---

31 Carta inédita do Porto, 16.3.1890. B.N.L.
32 Carta inédita de Paris, 28.3.1890. Arquivo de Tormes.

O Eduardo Prado — informou ao marido — esteve cá e não gostei da conversa. A Benedita declarou-o velho e com cabelos brancos; eu depois fiz-lhe uma prédica sobre a arte de agradar sem ser necessário contar ao público os seus fracos, mas não quis dizer os nossos projetos, ainda que julgue que ela os descobre.[33]

Para Eça a cunhada perdia boa oportunidade, e, inconformado, escreveu à mulher:

Lamento que a Resende não se tenha mostrado ao Prado sob o seu aspecto simples e atraente — e que se tenha dado ares pessimistas e desiludidos. Essa rapariga necessitava palmatoadas. Todas as suas qualidades, que são excelentes e sólidas, as inutiliza, tomando atitudes falsas, por uma deplorável e mórbida paixão de *fazer efeito*. Pois no Prado perde, penso eu, a maior *chance* de sua vida.

O coração tem, porém, as suas razões. E, embora parecesse por vezes "menos pretensiosa", escreveu Emília, e, juntos, ela e Prado passeassem no *Bois de Boulogne* e visitassem o túmulo de Napoleão, nos Inválidos, Benedita, jovial, alegre, feliz, não se mostrou inclinada àquele casamento, ao qual estava tão alheia quanto Eduardo Prado. A realidade mostrava-se mais forte do que a fantasia. E, desiludido, Eça confessou a Emília: "Suponho também que tínhamos criado um sonho e que a paixão do Prado só estava a existir nos nossos desejos".

As ilusões costumam ser fortes. Em junho, Eça voltou ao assunto: "Nada direi — escreveu a Emília — do Prado relativamente a Mlle Resende. Há assiduidade? Olhares? Algum dito intencional? Ela já percebeu os nossos desejos? Que esplêndida cousa seria se ele tomasse uma resolução de homem sensato!".[34] Raramente a sensatez é companheira do amor. Na verdade era mais uma comédia do que um romance. E, ao saber que Benedita desvendara o papel que lhe reservavam, o romancista não se conteve:

Acho péssimo que a Benedita surpreendesse as nossas intenções matrimoniais. Vai tomar talvez uma atitude *genée*, que lhe diminua *ses avan-*

---

33 Carta inédita do Porto, 16.4.1890. B.N.L.
34 Carta de 18.6.1890. B.N.L.

tages. Aconselha-lhe que, ao menos por polidez com o nosso amigo (que é inocente em tudo isto), altere *ses bonnes graces*.[35]

Não havia, porém, como esconder que os personagens venciam o romancista — a ilusão acabava como nuvem que passa. Prado e Benedita continuariam apenas bons amigos.

Em Portugal, tudo pareceu triste ao viajante, a começar pela velha casa do Porto: "Santo Ovídio", escreveu, "está incontestavelmente triste, muito triste, acrescendo ainda a tristeza do tempo sombrio e áspero". E ele não demoraria em reiterar a Emília a dolorosa impressão que o dominava: "Dizes bem que a Pátria me tem feito uma melancólica impressão. É verdade. Acho-a pior, e mais estragada em tudo, desde o clima até ao caráter. No entanto, isto vai-se aproximando de uma crise".[36] Na realidade desde o *Ultimatum* uma nuvem de descrença espraiara-se sobre toda a nação — descrença geral, e Eça não podia fugir ao ambiente que o envolvia. Pouco depois de chegar a Lisboa ele não escondia a amargura:

> A idéia geral é que o país está na véspera da ruína. Oliveira Martins não cessa de profetizar catástrofes, com voz sombria. Todas as noites é o mesmo sermão. Sai a gente da casa dele aterrado. Não é só pelos males do país, mas pelos males individuais, que se devem seguir como conseqüência dos males públicos. Segundo esse O.M. à bancarrota pública vai seguir-se a miséria de todos. E compreendes que ouvir todas as noites este salmo lúgubre não é *cheerful*.[37]

Enquanto resistiu às seduções da política, Oliveira Martins viveu "na sua linda e recolhida casa", da qual escreveu Eça que

> se já houve em Portugal um delicado e grave retiro de estudo e de trabalho, sereno, hospitaleiro, superiormente polido e culto, forte em afeições, fecundo em obras, belo pela consciência e pela ciência... foi essa saudosa casa das Águas Férreas.

---

35 Carta do Porto, abril de 1890. B.N.L.
36 Carta inédita do Porto, 9.5.1890. B.N.L.
37 Carta de 5.5.1890. B.N.L.

Durante algum tempo não mudou o tom da correspondência de Eça, que, em maio, advertira Emília:

> De política — tudo cada vez pior. O.M. cada vez mais pessimista: de vez em quando vai conversar com o rei; ambos eles concordam que tudo isto é uma *choldra* e que não pode durar, e depois, muito tranqüilamente, o rei vai caçar e o O.M. vem filosofar!.

Sem dúvida, o país mergulhara numa onda de pessimismo da qual não sabia como emergir.

Ao tempo em que sacudia o país, o *Ultimatum* dispersou os *Vencidos*. Insopitável no ódio à monarquia, Guerra Junqueiro se afastaria dos velhos companheiros, muitos deles da intimidade do rei D. Carlos, e aos quais feriam as sátiras do poeta. Ele próprio contaria mais tarde a Lopes D'Oliveira: "Apartei apenas alguns raros amigos como Pindela, que era um nobilíssimo caráter. Cortei com Oliveira Martins, sem sequer lhe falar. Nunca mais nos falamos".[38] Esquecera-se de haver sido um dos animadores da Vida Nova. Eça também seria dos proscritos das relações de Guerra Junqueiro. A política antecipava-se à morte.

Dessa temporada, a nota mais agradável foi o convívio com Antero de Quental: "Conviver então com Antero foi um encanto e uma educação". Era como voltar aos dias do *Cenáculo*. E, enternecido pela companhia do amigo, Eça recordaria mais tarde: "Nunca, com efeito, como nessa Primavera, quase toda passada em Santo Ovídio, o conheci tão sereno, tão estável na vida...".[39] Da explosão patriótica provocada pelo *Ultimatum*, que Antero chamaria o seu "derradeiro Fantasma", surgira a *Liga Patriótica do Norte*, e, trazido de Vila do Conde por uma turba de estudantes agitando tochas e bandeiras, fora ele aclamado para presidir as sessões da Liga, e obrigado a permanecer no Porto. E o Conde de Resende se fizera assíduo e apaixonado membro da entidade patriótica. Também Emília, embora distante, escrevia ao marido cheia de entusiasmo: "Conta-me a respeito da Liga Patriótica do Norte — o que diz o Antero? Espero que te ofereças como órgão da Liga, podes mesmo ser membro dela, visto seres de Póvoa de Varzim".[40]

---

38 D'OLIVEIRA, Lopes. *Memórias de Guerra Junqueiro*, p.204.
39 QUEIROZ, Eça de, "Um gênio que era santo". *In Memoriam de Antero de Quental*.
40 Carta inédita, março de 1890. Arquivo de Tormes.

Tendo preferido manter-se em Santo Ovídio, onde todos se encantavam com a presença de Antero, Eça dizia a Emília:

> Manuel excelente, desesperadamente patriota, e vivendo quase só para amar e venerar o Antero... Bom Antero! Está ótimo de corpo e como sempre encantador d'alma. O entusiasmo quase religioso do Manuel por ele é todo um espetáculo.[41]

O autor dos *Sonetos* tornara-se presença requestada em Santo Ovídio, e sentiam-lhe a ausência: "À noite", informou Eça à mulher, "agora aparece sempre o Antero, que é o enlevo da casa". E de Paris, imaginando quanto seriam gratas aquelas conversas aquecidas pelo lume de Santo Ovídio, Emília escrevia ao marido: "Deves apreciar a cavaqueira à noite com Nel, Maria e Antero. Acho muita graça ao entusiasmo que aí em casa reina pelo Antero, não me admira, estou muito pronta a partilhá-lo".[42]

Na ocasião Antero atravessava fase naturalista, e encantava ouvi-lo discorrer sobre a necessidade da humanidade abandonar a civilização e correr para o seio da natureza. *Eça a Emília*:

> mal posso falar das vantagens da civilização depois de ter estado toda a noite com Antero, no meu quarto (o Manuel saiu) a trovejar contra a Civilização e a fazer votos por um regresso à vida pura e primitiva dos campos, da lavoura e da Natureza.[43]

Aos poucos o calor patriótico esfriara, e Antero voltara a "repousar no seio da Metafísica" enquanto as noites se ressentiam da falta do "sublime cavaqueador". Eça nunca mais esqueceria o tempo passado em Santo Ovídio na companhia do messias dos anos de Coimbra. Com emoção ele recordaria a última vez em que o viu, também noite de luar como quando o conhecera. "De tarde", conta Eça,

> andáramos por sob os nobres e seculares arvoredos da quinta. Depois ele descansou no meu quarto, estendido na cama, com o seu cigarro, como nos tempos escolásticos. Pela varanda, orlada de glicínias, aberta sobre os

---

41 Carta do Porto, 26.3.1890. *Eça de Queiroz entre os seus*.
42 *Eça de Queiroz entre os seus*, p.178.
43 Carta inédita, abril 1890. B.N.L.

jardins, entrava frescura, paz, o murmúrio dos repuxos dormentes, todo o aroma esparso das rosas de Maio. Antero amava aquela velha vivenda patrícia, refúgio excelente para um erudito ou para um magoado da vida que procurasse um ermo ainda florido e onde a severidade fosse risonha. E assim viemos a conversar desta materialidade dos tempos, e estridor das cidades... Já tarde acompanhei Antero à casa que ele habitava na rua de Cedofeita. Conversamos sobre os seus planos — porque agora as "pequenas" crescidas, iam sair das Dorotéias, e para as instalar no mundo, devia ele penetrar no mundo. Pensava pois em voltar à sua ilha, a São Miguel, como sendo um mundo mais severo, mais puro, mais fácil. Lisboa para Antero era uma Nínive revolta e sórdida. Diante da sua porta aberta ainda nos retardáramos em pensamentos ligeiros da vida e da morte. Por fim:

— *Adeus, Santo Antero!*
— *Velho amigo, adeus!*

Ele mergulhou lentamente na sombra do corredor....

Para desgosto de Antero e de Manuel Resende, a *Liga* dissolveu-se sem ruído. Conta Eça de Queiroz que certo dia apenas dois membros da Liga apareceram: "o presidente, que era Antero de Quental, e o secretário, que era o Conde de Resende. Ambos se olharam pensativamente, deram duas voltas à chave da casa, para sempre inútil, e vieram, sob o vento e sob a chuva, acabar a sua noite em Santo Ovídio". Eça comunicou então a Emília: "Da Inglaterra já ninguém fala. A subscrição nacional gorou! O país inteiro readormeceu".[44]

---

44 Carta inédita do Porto, 7.4.1890. B.N.L.

15
Fradique Mendes

O inventário servia para desvendar os caracteres: as freiras, que moravam num convento da Itália, mostraram-se cheias de desconfianças, e Eça, de mau humor, escreveu à mulher: "As freiras guardam um misterioso silêncio".[1] Não demoraram, porém, em revelar a ambição.

> O Manuel remeteu-me hoje — comunicou Eça a Emília — uma carta da Bibi, no fundo bastante seca, em que exige que lhe mandem já a ela e à Juju dez contos de réis em dinheiro, e que se lh'os mandarem renunciavam ao resto da herança. Isto vem complicar tudo...

Era fatigante e demorado o diálogo entre Santo Ovídio e a Itália. E cada vez mais afastado das cunhadas Eça voltou à carga: "... as tuas irmãs são realmente cansativas com as suas exigências, as suas dúvidas, os seus subterfúgios jesuíticos".[2]

O romancista surpreendia-se no meio daquele jogo de interesses. As freiras, aliás, preferiram um acordo, e Eça comunicou a Emília:

> Agora já chegamos a solução com as tuas manas. Elas responderam enfim. Desistem da herança, comprometendo-nos nós a pagar-lhes seis

---

[1] Carta inédita de Santo Ovídio, abril de 1890. B.N.L.
[2] Carta inédita de Santo Ovídio, 14.6.1890.

contos em dinheiro, por meio de uma letra a dois anos. É uma solução razoável e o prazo da letra, que é largo, torna a sua execução bastante suave.[3]

Na verdade ia caminhar-se alguns passos: mas a estrada era longa, semeada de ambições, e o fim permanecia remoto.

Emília não gostava daquelas delongas do inventário, pois a ausência do marido a inquietava. Lisboa, principalmente, fazia-a ciumenta: preferia sabê-lo em Santo Ovídio, no Horto, como dizia. E não lhe escondia as apreensões: "em que abismo te fariam cair as seduções de Lisboa?"[4] Compassivo, Eça buscava tranqüilizá-la:

> Em quanto às tuas solenes súplicas de fidelidade, só tenho a dizer que me fizeram docemente sorrir. Eu estou tão longe do mundo e das suas pompas como um Sto. Antão! E Sto. Antão permaneço ainda mesmo no meio do mundo.

E no final da carta, para soprar as nuvens, ele acrescentava: "Para mim não existem outras mulheres".[5] Era a maneira de assegurar que nada restava do antigo boêmio. Contudo, por mais que desejasse partir, prendiam-no a *Revista* e as dificuldades financeiras, e dizia numa confissão:

> Tenho ficado aqui sobretudo para procurar arranjar um dinheiro que infelizmente não pude obter. E a Revista, que desejo pôr em dia, também me tem feito adiar de dia para dia a partida. Mas foi sobretudo a questão do dinheiro que necessitava para reconstituir as nossas finanças. Por ora, porém, sobre esse ponto não se têm apresentado senão dificuldades.[6]

Como sempre, a estrela das finanças não brilhava para o romancista. As próprias perspectivas do inventário, que muitos acreditavam bem mais gordo, estavam longe de acenar com a riqueza. *Eça a Emília*:

> Tens a receber um rendimento de 712:000 rs. — ou sejam 59.000 rs. e tanto por mês. Isto está claro no caso que as freiras desistam — e não desis-

---

3 Carta inédita de Santo Ovídio, 18.6.1890. B.N.L.
4 Carta de Emília ao marido, Paris, 28.4.1890. Arquivo de Tormes.
5 Carta inédita, 27.4.1890. B.N.L.
6 Carta inédita de Lisboa, 16.4.1890. B.N.L.

tem. Se desistissem era o dobro. Desse rendimento tens a pagar o juro de 2 contos que deves à Benedita. Já vês minha pobre filha que não estás rica.[7]

A riqueza nunca lhe passaria pela porta. E desiludido da possibilidade de ser rico algum dia, ele insistia com a mulher para ser econômica. Dizia-lhe: "O único meio de ser feliz é ser independente — e o único meio de ser independente é ser forreta". Emília, talvez por não pensar em tais cousas, parecia feliz.

***

No Porto, Eça não perdeu tempo: tentava salvar a *Revista* que, já no fim do ano anterior, Genelioux considerava combalida. Foi o que informou a Manuel Gaio, desde janeiro demissionário de secretário, sobre os infortúnios do negócio: "O prejuízo que ele estava dando não podia ser, segundo os bons princípios do comércio, sustentado por mais tempo pela casa Genelioux".[8] Mas, o que Eça mais lamentava era haver tão boa empresa "caído nas mãos tão incompetentes de Genelioux".[9] Os prejuízos não constituíam surpresa, e, em março, Eça advertira a mulher:

> Dos negócios da *Revista* não há nada muito decisivo. Ela *vivotte*, mas pobremente... O mais provável quanto a mim é fazer um contrato com o Genelioux em que eu tenha um tanto como diretor, seja pago como colaborador, e eles façam todas as demais despesas. Sempre é melhor do que este trabalho que até agora tenho agüentado grátis.[10]

De Lisboa, em 5 de maio:

> Eu estou vendo se passo a *Revista* — quero dizer se a vendo. Os motivos desta resolução são vários. Penso, porém, que o não conseguirei porque ela já vale algum dinheiro, e ninguém quererá dar esse dinheiro...

---

[7] Carta inédita de Lisboa, 27.4.1890. B.N.L.
[8] Carta de 15.4.1890, Antonio Cabral, *Eça de Queiroz*.
[9] Carta de Eça de Queiroz à mulher, 16.5.1890. B.N.L.
[10] Carta inédita de Lisboa, 26.3.1890.

Apesar do tom de aparente indiferença, admitindo desfazer-se da *Revista*, na verdade Eça lutaria para a preservar. Não era ela a sua obra? E, inconformado com o insucesso, ele se voltava contra o editor: "Cada dia lamento mais que o Genelioux esteja neste negócio. A incompetência e a inatividade desse homem são monumentais".[11] Tentava o impossível. Em certo momento pensara vendê-la a Eduardo Prado, que se tornara um panfletário contra a República do Brasil. Recuara, porém, diante da generosidade do amigo. *Eça a Emília*:

> O Prado mandou-me fazer sobre a *Revista* uma proposta absurda que não posso aceitar porque ele vinha só a perder e nada a ganhar. Não posso consentir que o Prado faça *quixotismos* em proveito do Genelioux. Em todo o caso na sua proposta mostrou amizade à *Revista*, o que me comoveu, é a costumada generosidade brasileira.[12]

Idealista, pronto a se bater por uma idéia ou por um amigo, Prado adivinhava quanto aquele sofreria se a *Revista* fechasse as portas.

Para evitar o melancólico desfecho, Eça realizou esforço sobre-humano. O escritor sempre fora infatigável: tal como no *Distrito de Évora*, ele escreveu seções diversas, algumas com pseudônimo. E, sob o peso da *Revista*, dizia a Emília, informando-a dos trabalhos que o retinham no Porto:

> Esses trabalhos são deixar, agora, quase todas as *Minas* traduzidas, muito Fradique, muitas *notas* de mês, e artigos com pseudônimos. Além disso arranjar, emendar, polir os artigos alheios![13]

Além de confirmar a autoria da tradução das *Minas do Rei Salomão*, que desejou ocultar, revela o empenho em dar nova fisionomia e nova dimensão a Fradique Mendes. Muito Fradique... Realmente, a ocasião pareceu-lhe propícia para refazer o antigo personagem, que lhe andava pela imaginação. Havia vinte anos, Fradique nascera nas páginas da *Revolução de Setembro*, que o apresentara como "um verdadeiro poeta", poeta

---

11 Carta inédita de Eça de Queiroz à mulher. Porto, 18.6.1890. B.N.L.
12 Carta inédita de 26.5.1890, B.N.L.
13 Carta inédita do Porto, 16.4.1890. B.N.L.

satânico, que residira em Paris, e cujos versos eram conhecidos apenas pelos amigos íntimos.

É de Batalha Reis a melhor evocação dessa fase de Fradique Mendes. "Um dia", conta ele,

> pensando na riqueza imensa do moderno movimento de idéias, cuja existência parecia ser tão absolutamente desconhecida em Portugal, pensando na apatia chinesa dos lisboetas, imobilizados, durante anos, na contemplação e no cinzelar de meia idéia, velha, indecisa, em segunda mão, e em mau uso, — pensamos em suprir uma das muitas lacunas lamentáveis criando ao menos um poeta satânico. Foi assim que apareceu Carlos Fradique Mendes. O nosso plano era considerável e terrível: tratava-se de criar uma filosofia cujos ideais fossem diametralmente opostos aos ideais geralmente aceitos... Dessa filosofia saía naturalmente uma poesia, toda uma literatura especial, que o Antero de Quental, o Eça de Queiroz e eu nos propúnhamos a construir a frio...

Assim inventaram-se os poetas sátiros, de que Fradique Mendes seria a figura mais representativa. Fradique vinha para sacudir Lisboa.[14] No arquivo de Batalha Reis, hoje na Biblioteca Nacional de Lisboa, há um poema inédito autógrafo de Eça de Queiroz, e dele são estes versos atribuídos a Fradique:

> O teu corpo é tão fresco, oh pura flor das fontes
> Teu olhar tem a luz dos largos horizontes,
>   Do antigo Calvário
> Na tua voz que veste de músicas as idéias
> Há o correr espiritual de água entre as areias
>   Do Jordão Solitário.[15]

Passaram-se anos até que, em 1885, havendo Oliveira Martins assumido, no Porto, a direção da *Província*, propôs-lhe Eça a publicação da *Correspondência de Fradique Mendes*.

---

14 REIS, Jaime Batalha. "Anos de Lisboa". *In Memoriam de Antero de Quental*, p.461.
15 Poema inédito de Carlos Fradique Mendes, autógrafo de Eça de Queiroz. Arquivo de Jaime Batalha Reis, B.N.L.

"Não te lembras dele?", indagava. "Pergunta ao Antero. Ele conheceu-o. Homem distinto, poeta, viajante, filósofo nas horas vagas, diletante e voluptuoso, este gentleman, nosso amigo, morreu."[16] Eça recolhera-lhe o espólio epistolar. A proposta não medrou, e mais anos correram. E quando Oliveira Martins tomou, em Lisboa, a direção d'*O Repórter*, em 1888, Eça voltou a tratar das cartas de Fradique, com as quais fizera um livro. Não estava na moda publicar a correspondência particular dos grandes homens? Para evitar surpresas, Eça advertiu o velho amigo:

> Se bem te recordas dele, Fradique, no nosso tempo, era um pouco cômico. Este novo Fradique que eu revelo é diferente — verdadeiro grande homem, pensador original, temperamento inclinado às ações fortes, alma requintada e sensível... Enfim, o diabo![17]

Era a correspondência desse grande homem que ia revelar ao mundo. E, a exemplo do que ocorria com jornais ingleses e norte-americanos, faria a publicação, simultaneamente, n'*O Repórter* e na *Gazeta de Notícias*, do Rio de Janeiro, obtendo assim melhor remuneração pelo trabalho do escritor.

Em agosto de 1888 iniciou-se a publicação. O personagem era vivo, palpitante, original, e não faltara sequer quem imaginasse não se tratar de simples ficção, mas de alguém que houvesse existido, e de quem, havendo-lhe recolhido o espólio epistolar, traçava o autor pequena biografia, uma biografia intelectual, revelando-lhe as preferências, as idéias, as atitudes diante da vida. Na *Revista Ilustrada*, o cronista Luiz Andrade, sob as iniciais J.V., escreveu haver conhecido Fradique, com quem se encontrara no Grêmio Literário, em Lisboa, no Hotel Frankfort, no Porto, e, mais tarde, em Bom Jesus do Monte. E, dizendo-o tríplice encarnação de um Antero, um Guerra Junqueiro e um Eça de Queiroz, assim lhe resumia a personalidade: "Quem não o conheceu, dificilmente poderá fazer idéia do que foi esse meridional, a quem as viagens tinham dado um brilho exterior que seduzia a mocidade literária". Embora mera fantasia, a crônica contribuía para dar credibilidade à versão de que Fradique existira

---

16 Carta a Oliveira Martins, Bristol, 10.6.1885. *Correspondência*.
17 Carta de Bristol, 23.5.1888. *Correspondência*.

realmente, cabendo a Eça reproduzir-lhe as raras virtudes de inteligência e de cultura, que as viagens pelo mundo haviam aprimorado, dourando-as com invulgar e maravilhoso requinte.

A figura de Fradique era extraordinária e sedutora, desde o físico até as impecáveis roupas de Pool. "O que me seduziu logo", escreveu Eça ao evocar o primeiro encontro com o seu personagem,

> foi a sua esplêndida solidez, a sã e viril proporção dos membros rijos, o aspecto calmo de poderosa estabilidade com que parecia assentar na vida, tão livremente e tão firmemente, como sobre aquele chão de ladrilhos onde pousavam os seus largos sapatos de verniz, resplandecendo sob as polainas de linho.

E, depois de lembrar a face de feitio aquilino e grave, e a pele de uma "brancura láctea e fresca", Eça completava-lhe o perfil:

> toda a sua finura, misturada de energia, estava nos olhos pequenos e negros, brilhantes como contas de ônix, de uma penetração aguda, talvez insistente demais, que perfurava, se enterrava sem esforço, como uma verruma de aço em madeira mole.

Amigo de Vitor Hugo, de Mazzini, e de Garibaldi, a aguda inteligência nada ficava a dever ao "varão magnífico", cujo traço dominante era "uma percepção extraordinária da Realidade".

Eça não o tinha como um diletante: "O diletante", dizia,

> com efeito, corre entre as idéias e os fatos como as borboletas (a quem é desde séculos comparado) correm entre as flores, para pousar, retomar logo o vôo estouvado, encontrando nessa fugidia mutabilidade o deleite supremo. Fradique, porém, ia como a abelha, de cada planta pacientemente extraindo o seu mel: — quero dizer, de cada opinião recolhendo essa *parcela de verdade* que cada uma invariavelmente contém...

Talvez não fosse um erudito. Mas, certamente, conhecia as últimas conquistas da Ciência e as derradeiras concepções da Filosofia. Oliveira Martins — diz Eça de Queiroz — o teve como "o português mais interessante do século XIX". Mais enfático teria sido Ramalho Ortigão:

> Fradique Mendes é o mais completo, mais acabado produto da civilização em que me tem sido dado embeber os olhos. Ninguém está mais apetrechado para triunfar na Arte e na Vida. A rosa da sua botoeira é sempre a mais fresca, como a idéia do seu espírito é sempre a mais original.

Atribuindo esses conceitos a ilustres personalidades, Eça, pouco a pouco, compunha o seu personagem, que surge aos olhos do leitor como homem supercivilizado, super-requintado, requestado pelas mulheres, pronto para externar lúcidas e originais idéias sobre qualquer tema "desde a imortalidade da alma até ao preço do carvão". Pacientemente, como próprio do escritor, o criador moldava a criatura. Oliveira Martins deixou O Repórter antes de concluída a publicação. Fradique Mendes, por algum tempo, ficaria incompleto.

A publicação da *Revista* reacendeu a paixão do romancista pelo personagem. Como fizera com os seus romances, Eça iria pôr novas tintas, no que ele então chamava de novela. E, mal aparecera a *Revista*, escreveu a Genelioux: "Decidi, por muitas razões (entre outras por ser divertido), publicar na *Revista* as *Cartas de Fradique*. Creio que isso agradará. O texto da *Revista* é definitivo, e pode servir para imprimir-se logo as folhas do livro". E para não assustar Genelioux diante da possibilidade de excessivos acréscimos, dizia-lhe: "Não conto publicar todas as cartas do Sr. Fradique na Revista: somente uma primeira série, tendo um começo e um fim. O volume, portanto, ao aparecer, conterá uma grande parte inédita".[18] Mudara, porém, o título para *Cartas*, em lugar de *Correspondência*, que mais tarde prevaleceu. O livro, entretanto, não tinha boa estrela, e, durante quase dez anos, Eça lutaria em vão para o publicar. Em janeiro de 1891 já ele se lamentava:

> Recebi hoje provas do *Fradique*, já antigas, e em *duplicata* com o pedido de as corrigir novamente, porque as primeiras se extraviaram! Envio sempre as provas registradas — é pois em casa do Teixeira que as perdem. É a segunda vez que isso ocorre. Não posso passar minha vida corrigindo duas e três vezes as mesmas provas.

O descuido irritava o romancista, que insistia, externando o aborrecimento: "Sabeis o cuidado que ponho na correção das provas, e o trabalho

---

18 Carta inédita de Paris, 26.8.1889. Arquivo de Lello & Irmão.

que isso me dá, e não posso verdadeiramente refazer cada mês a obra já feita."[19] Não era, aliás, a primeira queixa. Pouco antes já Eça escrevera a Genelioux: "Espero sempre as provas do *Fradique*. Que espantosa lentidão na impressão desse livro, da parte de Teixeira".[20] Para desespero de Eça, *Fradique* arrastava-se. Mais ou menos nessa ocasião, havendo regressado da China, Bernardo trouxe para Eça a bela e rica cabaia, toda bordada a seda, e que hoje repousa em Tormes. Eça agradeceu-lhe com humor:

> Recebi, há pouco, a suntuosa "cabaia", e foi já revestido com ela, risonho e grave, que provei o chá da Terra das Flores. Com certeza me trouxeste da China um presente esplêndido! Mas, tenho medo, meu amigo, de não ser competente para dignamente usar essa nobre vestimenta de Mandarim erudito! Oh, Bernardo, onde tenho eu as qualidades precisas para poder me encafuar com coerência dentro daquelas sedas literárias? Onde tenho eu sobretudo a pança, para encher aquelas pregas amplas e mandarinais?

E não satisfeito em vesti-la, e fazer-se fotografar dentro da suntuosa cabaia, Eça tratou de enfiá-la em Fradique Mendes, que, para admiração do seu criador, passou a usá-la naturalmente. Escreve Eça de Queiroz que, ao visitar Fradique pela primeira vez, este, tendo se retirado para o interior da casa, "voltara de dentro, vestido com uma cabaia chinesa! Cabaia de mandarim, de seda verde, bordada a flores de amendoeira — que me maravilhou e me intimidou". E o romancista não se cansaria de admirar a cabaia de seda, que Fradique usava após o regresso de "Bernardo, o doce, o bom". Eça confessaria a admiração despertada por Fradique, "a sua personalidade, o seu viço, a sua cabaia de seda"...

Desde Havana, Eça de Queiroz, embora conservasse a aspiração literária em primeiro plano, fora zeloso funcionário. Agora, por alguns meses, o cônsul se sobreporia ao escritor. Tendo o conde de Valbom ocupado o Ministério dos Estrangeiros, outro amigo, Emídio Navarro, veio para a Legação em Paris, e Eça foi incumbido de tratar, em Londres, do empréstimo pleiteado por Portugal para estradas de ferro, na África. Era missão confidencial, e longa correspondência antecedeu as negociações. Coincidia com a ida de Emília ao Porto, para rever o velho lar, e a filha,

---

19 Idem, Paris, 12.1.1891. Arquivo de Lello & Irmão.
20 Idem, Paris, 28.10.1890.

Maria, recordaria mais tarde: "Foi também em setembro (1891) que houve troca de ativa correspondência entre Emídio Navarro, então ministro em Paris, e meu Pai, o que o obrigou a ir em novembro a Londres".[21]

O mundo dos negócios esmagava o escritor. E do Savoy Hotel, onde se hospedara, ele informou a Luiz de Magalhães:

> Escrevo-lhe de Londres onde vim com uma missão do Governo. Isto desde logo lhe deve explicar como no meio de tantos afazeres não pude responder imediatamente à sua carta... Em quanto à página sobre o Antero é indispensável que o faça V. ou o Oliveira Martins. Eu no meio de uma negociação d'Estado, acupado a cifrar e decifrar telegramas, correndo a City, e estonteado com *fundos* e *cotações*, não posso colocar-me no estado de espírito, para dizer, mesmo numa simples página, o que a memória do Antero merece.[22]

Em verdade as negociações não eram fáceis, e Valbom telegrafara a Soveral, que assumira a Legação junto à corte de St. James: "Confidencial. Recomendo máximo interesse preste todo o auxílio. Cônsul Queiroz que vai aí em importante missão confidencial financeiro".[23] Também Navarro, em 18 de novembro, se dirigiu a Soveral: "Rogo encarecido a favor interesse público queira dar todo o auxílio. Cônsul Queiroz partido hoje Londres".[24]

Para Soveral, experiente, precavido, não bastavam vagas recomendações. Preferia algo mais explícito, e respondeu a Valbom:

> Acabo ver Eça de Queiroz. Comunicou-me objetivo sua missão... Mas o Sr. Eça de Queiroz pede mais que meu auxílio... Pede a minha iniciativa. Em assunto tão grave rogo a V. Exa. queira formalmente definir a minha responsabilidade.[25]

Possivelmente, Soveral foi atendido, pois as negociações, embora difíceis, desenvolveram-se satisfatoriamente. Para o ajudar, inclusive

---

21 *Eça de Queiroz entre os seus*, p.236.
22 Carta inédita, s. d. B.N.L.
23 Cf. copiador do marquês de Soveral, atualmente na Quinta da Vigia, em Sintra.
24 Ibidem.
25 Ibidem.

a vencer a solidão, Eça teve a companhia de Eduardo Prado e Carlos Mayer. Contudo, os negócios arrastavam-se, e Londres se lhe afigurava insuportável. Era a falta da família, e ele escreveu a Emília: "A noite aborrecemo-nos dum modo monumental. Prado joga o *ecarté* com Madame Mayer. Londres escuro, duro, áspero. Até as mulheres me parecem horrendas".[26] Iam distantes os dias em que se inspirava ouvindo uma amiga tocar a gavota favorita de Maria Antonieta, enquanto ele acariciava um cão. Emília respondeu-lhe cheia de espírito: "Talvez daí Paris te pareça o paraíso terrestre! a ti que passas a vida a pôr-lhe defeitos! Enquanto a mim, dava alguma cousa para me achar em Londres ao teu lado".[27] A vida era contraditória.

As negociações, com a ativa participação de Soveral, não foram longas, felizmente. Movendo-se naquele mundo de banqueiros e grandes empresários internacionais, mesmo o êxito não propiciava satisfação ao romancista. Era evidente não ser o seu mundo, nem a sua vocação. E ele dizia a Emília:

> Eu estou realmente farto deste Londres, em que me aborreço, e destes negócios em que no fim não ganho nada. Foi uma vã maçada em que me meti. E saio dela sem glória e ainda menos proveitos. Paciência.[28]

Mas, enquanto Eça se enchia de tédio, Soveral, que tinha a alma do diplomata e do negociador, mandava a Valbom telegramas como este:

> W. Knight — Rotschild informa fez fortuna na África. É honesto, hábil, numa palavra muito respeitável. Pedi Sr. Stern que viesse ver-me. Apresentei-lhe Queiroz. Envidarei todos esforços para sucesso missão.[29]

A perspectiva do feliz desfecho não impediu Eça de deixar Londres pouco antes de concluídos os empréstimos — Soveral, que insistira para ele retornar, colheria os derradeiros frutos da missão. Contudo, ao contrário do que dissera a Emília, Eça não saía "sem glória": antes do ano terminar,

---

26 Apud *Eça de Queiroz entre os seus*, p.238.
27 Ibidem, p.239.
28 Ibidem, p.244.
29 Copiador do marquês de Soveral antes mencionado.

Emídio Navarro participou-lhe haver sido encarregado pelo Ministro dos Estrangeiros de manifestar-lhe "que o Governo de Sua Majestade viu com muita satisfação e zelo o acerto com que V. Sa. se houve na importante e espinhosa missão de que há pouco foi encarregado".[30] Era um título para a fé de ofício do Cônsul. Para o romancista fora apenas "uma vã maçada".

***

Em uma ida a Lisboa, quando tratava no Porto do inventário e da *Revista*, Eça assistiu ao casamento de Bernardo. E havendo estado, dias antes, numa *matinée* dos Burnays, escreveu: "Estavam lá os nossos e nossas conhecidas. Todo mundo me pareceu mais velho e mais insípido".[31] Era um mundo que ele conhecera ainda jovem, e agora reencontrava marcado pelo tempo.

Viúvo de uma das filhas dos condes de Murça, Bernardo voltava a casar-se com Matilde Munró dos Anjos, e, nas vésperas das núpcias, realizadas em 28 de maio de 1890, na capela do palácio dos marqueses da Foz, os amigos ofereceram-lhe uma ceia. Lá estavam Eça de Queiroz, Oliveira Martins, Ramalho, Sabugosa e Antonio Candido. O visconde Pindela e o conde de Sabugosa foram os padrinhos do noivo. "Casamento aristocrático", noticiara o *Novidades*. E Eça assim o descreveu a *Emília*: "Nenhuma novidade te posso mandar que te interesse. Esta semana foi cheia pelo casamento do Bernardo. Saberão desse grande sucesso pelos ecos da imprensa. A noiva está extremamente linda. Os Anjos parecem excelente gente". E acrescentava numa observação muito pessoal: "Mas a parentela dos Anjos é assaz desinteressante e secante". Seguia-se uma nota de afeto: "A noiva do Bernardo (por ora não lhe sei chamar senão assim) deu-me um botão da sua coroa de flores de laranjeira para eu mandar a Maria. Tenho-a guardada. É cedo ainda para a menina — mesmo para lhe compreender a significação".[32] O gesto, carinhoso, mostrava que a velha amizade continuaria.

---

30 *Eça de Queiroz entre os seus*, p.246.
31 Carta de Lisboa, 29.4.1890. B.N.L.
32 Carta inédita de Lisboa, maio de 1890. B.N.L.

À medida que a *Revista* publicava a imaginária biografia de Fradique, mais este se tornava admirado. A popularidade de Fradique Mendes excedeu então a de todos os personagens do romancista, a quem os aplausos lisonjeavam. Habitualmente discreto ao falar das suas criações, ele não escondia o encanto pelo êxito do singular personagem das *Cartas*. E a Emília ele escreveu contando a popularidade do antigo poeta satânico, agora convertido em perspicaz observador do mundo.

> As senhoras em Lisboa — dizia o criador falando da criatura — estão encantadas com Fradique. De fato Fradique é um sucesso, e ocupa parte de todas as conversações em Lisboa, a ponto de se ouvir esse grande nome por cafés, lojas de modas, peristilos de teatros, esquinas de ruas, etc. O pior é que se crê geralmente que Fradique existiu, e é ele, não eu, que recebe estas simpatias gerais.[33]

Eça tinha ciúmes do personagem que criara: o criador amava a criatura, que João Gaspar Simões diria ser "o seu duplo", precedido, no *Distrito de Évora*, pela figura de Manuel Eduardo.

Bastava Genelioux não incluir Fradique num dos números da *Revista*, para Eça invectivá-lo pela grave falta, e escrever-lhe sem meias palavras: "A supressão das *Cartas de Fradique*", dizia-lhe,

> não posso compreender. E elas chegaram a tempo! Elas eram um dos *clous* da *Revista*. Por que, pois, suprimir? Se necessário suprimir alguma cousa havia para isso o artigo do Sr. Ayres ou do Sr. Freitas. Um intervalo de dois meses num romance é enorme. E essa interrupção faz o Público perder todo o interesse no romance![34]

Zeloso da boa sorte do personagem, Eça queria-o no primeiro plano, sempre aos olhos do público.

Certa ocasião, Flaubert dissera, para espanto dos contemporâneos: "Madame Bovary sou eu!". Não causaria igual surpresa se Eça afirmasse que Fradique Mendes era ele. Embora divididas as opiniões, muitos identificam Eça em Fradique Mendes. Para Jacinto do Prado Coelho,

---

33 Apud *Eça de Queiroz entre os seus*, p.209.
34 Carta de Paris, 16.10.1889.

por exemplo, era este o "seu alter ego ideal, dotado de todas as qualidades e de todos os defeitos, que entusiasmavam o romancista".[35] E João Gaspar Simões, mais categórico, escreverá que, vencidos *Os Maias*, Eça se deparara diante de uma encruzilhada, pois não podia voltar ao realismo-naturalista, nem dar largas à fantasia ou prosseguir "no caminho encetado pela obra-prima que acabava de publicar". Impõe-se-lhe então a idéia de escrever uma espécie de biografia intelectual desse seu duplo entre esnobe e *poseur*. E Fradique, um *duplo* de Eça, constituirá, "até aos seus derradeiros dias, o modelo ideal da sua existência de artista e de cidadão".

Inteiramente oposta é a opinião de Álvaro Lins, para quem "Carlos Fradique Mendes não é Eça de Queiroz". Nada mais. Na realidade, embora não se confundam, são vários os pontos de contato entre o autor e seu personagem. Ao reunir-lhe a *Correspondência*, que precedeu de uma introdução, escreveu um dos filhos do romancista que "pensar em Eça de Queiroz é evocar paralelamente a figura íntima e intelectual de Fradique", sendo tantas, "tantas as semelhanças e os pontos de contato, que é por vezes difícil separar o biógrafo do biografado". E aduz esta observação: "São bem de meu Pai esses quietos hábitos a que se recolheu depois de 1880, aquele andador de Continentes. Conheço bem essas esplêndidas folhas de Whatman em que escrevia, ebúrneas, fortes, consistentes, tendo ao alto as iniciais — E.Q. — minúsculas e simples, em esmalte escarlate". Por vezes Eça poreja de Fradique Mendes.

Apesar dessas semelhanças, outras personalidades são tidas como inspiradoras da figura de Fradique, por certo um mosaico formado pelas pedras tomadas aqui e ali pelo romancista. Além do conde de Gobineau, Eduardo Prado, e outros imaginados pelos leitores de Eça, um dos mais insistentemente apontados como modelo de Fradique é Jerônimo Colaço, original figura de nobre, boêmio, perdulário, e cujos ditos de espírito correram mundo. Quando faleceu, em 1884, Ramalho Ortigão traçou dele, n'*As Farpas*, largo perfil do qual emerge a figura do requintado perdulário.

Galopava no Bois todas as manhãs, escreve Ramalho, à hora do *pschut* eqüestre, e ainda no ano passado, pela primavera, quando começavam a

---

[35] COELHO, Jacinto do Prado. *Dicionário de literatura*, p.888.

verdejar as colinas de Meudon e os primeiros lilases floriam nas barradas da Madalena; os habituados da avenida de Potens esperavam a passagem magistral do seu famoso irlandês alazão vermelho, de rabo curto, pequena crina rala e macia, estacas finas e cascos altos...[36]

Também Fradique tinha o hábito de subir o Bois de tarde "conduzindo o seu *phaeton* ou montando a *Sabá*, uma maravilhosa égua das coudelarias de Ain-Weibah que lhe cedera o Emir de Mozul". E quando Colaço retornava do Bois, continua Ramalho, o seu criado londrino não lhe aparecia "senão de calção curto, meias de seda e fivelas de ouro nos sapatos envernizados". Seria essa uma das faces de Fradique. Mas, na verdade, muitas outras faltariam para o retrato do culto e elegante personagem de Eça de Queiroz.

O conde Artur de Gobineau, diplomata, transferido de Atenas para o Rio de Janeiro ao tempo da viagem de Eça ao Oriente, e autor de um livro sobre a Pérsia, diz-se também um dos modelos de Fradique. Daí afirma o escritor Antonio Lopes Ribeiro que Fradique "é um francês — poeta, filósofo, historiador, investigador, viajante e diplomata, estilista e aventureiro". Certamente, cada um desses supostos modelos tem algo de Fradique — nenhum, entretanto, consegue enfechar-lhe a rica e singular personalidade, idealizada como expressão de perfeição concedida por Eça de Queiroz. Feliciano Ramos, no livro *Eça de Queiroz e os seus últimos valores*, conta haver o romancista confessado a um amigo: "Fradique não existe; é uma criatura feita de pedacitos dos meus amigos. A sua robustez física, por exemplo, tirei eu do Ramalho".[37]

Nessa caça aos modelos de Fradique, sequer escapou Antero de Quental:

> não seria talvez descabida, escreveu Santana Dionísio, a hipótese de que o romancista compôs em boa parte o retrato do suposto personagem com alguns traços do seu antigo e aristocrático companheiro de Coimbra. As mãos finas, a estatura elevada, a audácia, a discreta destreza, a força física, o amor das viagens, o amor das idéias e conversas puramente especulativas são caracteres nitidamente sugeridos pela figura de Antero.[38]

---

36 ORTIGÃO, Ramalho. *As Farpas*, v.3, p.109, ed. 1887.
37 RAMOS, Feliciano. *Eça de Queiroz e os seus últimos valores*, p.46.
38 DIONÍSIO, Santana. *Livro do centenário*, p.549.

Afinal, quem seria Fradique Mendes? Não sendo ninguém era, pela finura e pela cultivada inteligência, a súmula concebida por Eça, pela "suprema liberdade junto à suprema audácia", como máxima expressão do homem civilizado. Na criatura tudo deslumbrava o criador: desde o colete que fechava por botões de coral pálido, até o laço da gravata de cetim negro, dando relevo à altura dos colarinhos quebrados. Bem certo da imperfeição humana, Eça desvanecia-se de ter inventado almejado e admirado símbolo do seu tempo.

Eça ainda se encontrava em Portugal quando morreu Camilo Castelo Branco. Partira após longo sofrimento: matara-o o espectro da cegueira, que lhe era insuportável. Eça tornava-se, incontestavelmente, a maior figura das letras portuguesas — "morto Camilo", escreveu Luiz de Magalhães, "a soberania do romance, que já com o velho e glorioso Mestre compartilhava, ficava-lhe agora inteira e completa".

Pouco depois, já convalescente o velho José Maria, cuja saúde, durante meses, inquietara a família, o romancista voltou para o Consulado. "O Papá vai melhor, mas anda fraco",[39] escreveu Eça para Paris.

***

Em Paris, o grande acontecimento foi a mudança da rua Creveaux para a rua Charles Laffitte, 32, em Neuilly. "Nascida e criada em Santo Ovídio, no meio de um grande e florido jardim, com árvores seculares, extensas e copadas ruas de loureiros e murtas", Emília sentia-se prisioneira e triste num apartamento, cuja vista eram outros apartamentos. Também Eça amava o verde das plantas. E durante a ausência do marido ela e Benedita procuraram uma casa que lhes desse, pelo menos, a ilusão de liberdade. Acabaram fixando-se naquela de Neuilly, "uma casa velha e simpática, de largas salas que abriam para um grande jardim". Como as demais do antigo parque dos Orleans, era metida num jardim "e na primavera o fresco perfume dos lilases espalhava-se na aragem ligeira". Aí nasceu o último dos filhos, Alberto.

Situada a vinte minutos do Consulado da rua Berry, era o pouso ideal para o escritor. Ao lado da casa, no jardim, havia um *pavillon*, e aí instalou Eça de Queiroz o seu escritório, a mesa de trabalho onde havia

---

39 Carta de Lisboa, 5.5.1890. B.N.L.

sempre uma flor. Quando se lhe celebrou o centenário, a filha evocaria esse tranqüilo recanto de trabalho:

> No jardim, afogado em trepadeiras, mas perto da casa, existia um *pavillon*, abrindo todo para uma varanda de madeira, com uma escada em cada ponta. Aí tinha o meu pai o escritório, e podia trabalhar sossegado, ao abrigo do intempestivo barulho de quatro crianças....[40]

O trabalho não faltava. Além dos problemas da *Revista*, e os devaneios sobre Fradique, Eça, a julgar pela correspondência de então, também esboçava um romance.

Concluída em fevereiro a biografia imaginária do personagem imaginário, Eça publicou *As cartas* de Fradique. Estas seriam inesgotáveis. Nelas, tudo cabia — desde a carta sobre a múmia de Ramsés II até umas páginas sobre o talento de Pacheco, que passara a vida "sempre calado, recolhido, nas profundidades de Pacheco". A imaginação do cronista adquiria todas as liberdades. Em certo momento, comunicou a Genelioux pretender escrever as *Novas Cartas de Fradique Mendes*, idéia que deve ter ficado entre as muitas que o escritor apenas acalentou. As *Novas Cartas* deveriam substituir um conto prometido para a *Revista*, e ele escreveu a Genelioux: "Em lugar do Conto, eu quero dar *Novas Cartas de Fradique Mendes*". E dizia encantado com o personagem: "Isso agradou muito e como são agora cartas sobre Lisboa isso excitará a curiosidade!".[41] Por muito tempo, Fradique continuaria a entreter-lhe a inteligência.

O romancista podia divertir-se com a inteligência multiforme da sua criatura. A *Revista*, entretanto, mergulhada em dificuldades, das quais a maior, provavelmente, era a gradativa diminuição de leitores, escapava-lhe das mãos. Eça queixara-se a Emília: "O país que não lê nem quer ler. Quando muito agüenta um romance". E acrescentava com pessimismo: "Isto está, em todos os sentidos, cada vez mais baixo".[42] Contudo, desejoso de conservar as ilusões, ele freqüentemente mudaria de opinião sobre a sorte da *Revista*, que entregara inteiramente aos editores. "Sou meramente um diretor que vigia a colaboração e colabora também", comunicou ele a

---

40 Cf. *Eça de Queiroz entre os seus*, p.226.
41 Carta de Paris, 13.7.1891. Arquivo de Lello & Irmão.
42 Carta de 28.3.1891. B.N.L.

Manuel Gaio. "Genelioux e Lugan tornam-se tudo — editores, administradores, organizadores, e secretários da *Revista*".[43] Não foi frutuosa a nova organização — em junho suspendeu-se a publicação, e Eça voltou à antiga idéia do *Magazine*. "Eu quero fazer um *Magazine*, vale dizer um repositório de literatura ligeira, recreativa, e atual", escreveu a Genelioux.[44]

Ao inaugurar-se em Rouen, em novembro de 1890, o monumento a Flaubert, Eça quis assistir a homenagem: continuava fiel ao mestre. Era uma fria manhã de domingo, e acompanharam-no Olavo Bilac, Domício da Gama e Eduardo Prado. Por coincidência, no mesmo pequeno vagão em que se instalaram, iam Edmond Goncourt, Zola, Daudet, Maupassant e o editor Charpentier. Martins Fontes, que narra a viagem, conforme lh'a contou Bilac, acentua a decepção causada pelo silêncio desses famosos escritores, nas duas horas do percurso. Apenas Maupassant, "gentilíssimo, mas com um olhar vítreo, nervoso, assustador, respondeu a uma indagação de Eça. Era o prenúncio da insanidade mental do autor de *Boule de Soif*".[45] No seu célebre *Diário*, Goncourt, dizendo ter tido Flaubert "a faculdade criadora concedida a poucos, a faculdade de criar um pouco à semelhança de Deus", observou, a propósito de Maupassant: "Fui tocado nesta manhã pela má fisionomia de Maupassant, o emagrecimento do seu rosto, a sua palidez, o traço marcado, como se diz no teatro, que adquiriu a sua pessoa, e também a fixidez do olhar".[46] Tanto a Bilac quanto a Goncourt não escapara a inquietante aparência de Maupassant. Agradecido ao mestre, com o qual descobrira novos caminhos da arte, Eça de Queiroz levara-lhe a flor do reconhecimento.

Em outubro, quando a *Revista* voltou a circular, Eça redigiu pequena apresentação, dizendo que "dentro das nossas condições literárias e sociais", não podia medrar uma publicação como a concebida pelos seus fundadores. A época era do *Magazine*. E, lamentando a má sorte da *Revista*, escreveu com desalento: "A Armênia, que é uma província inculta da Turquia Asiática — tem três". O desânimo, entretanto, durou pouco, e, em fevereiro, o idealista escrevia a Genelioux: "Malgrado todos os seus atrasos, irregula-

---

43 Carta a Manuel Gaio, Porto 15.4.1890. Apud Antonio Cabral, *Eça de Queiroz*, p.482.
44 Carta de Paris, 19.9.1890. Arquivo de Lello & Irmão.
45 FONTES, Martins. *Terras da fantasia*, *Eça de Queiroz*.
46 GONCOURT, Edmond & Jules. Paris, 13.7.1891, t.XVII, p.138.

ridades, etc., eu não desespero mais da Revista. Ao contrário. Ela vai viver, penso, pois a hora política que atravessamos é favorável à vida dos jornais e revistas...".[47] Era a prova de continuar a enganar-se. Entre altos e baixos a *Revista* não sobreviveria muito tempo. Numa tentativa para vencer as dificuldades, Eça pediu a ajuda de Luiz de Magalhães, fiel colaborador, que visitara na Quinta do Mosteiro, onde o encontrara "muito gordo, muito rico, muito rural". Era o gosto pela caricatura. Na realidade, Eça via o amigo como uma lufada de ar para a sobrevivência da *Revista*, e comunicou a Genelioux:

> Recebi do Sr. Luiz de Magalhães a excelente proposta de tornar-se o Secretário ou antes o diretor *in-facto* da *Revista*, no Porto. Ele tem um plano, também excelente, para organizar uma colaboração regular, abundante, interessante, e barata. Aceito com alegria sua proposta.[48]

Sinal de que buscava protelar o desfecho quase inevitável. O amigo poderia "perfeitamente e facilmente fazer no alto dos Clérigos" o que aquele não conseguia da *rua de Berry*. Eça escreveu-lhe agradecido: "fica bem entendido que eu lhe beijo as mãos pela sua dedicada idéia... V. salva a *Revista*, homem forte e providencial!".[49] A ilusão era tão grande quanto a vontade de reviver a publicação. E aos confrades Eça voltou a escrever esperançoso: "A *Revista* vai de novo fazer um esforço, recobrar alento, e tentar energicamente implantar-se *naquela terra firme do Favor Público*, que até aqui constantemente lhe tem fugido debaixo dos pés. O nosso Luiz de Magalhães passa a ser o diretor *presente e militante* da Publicação". De Paris, Eça continuaria a rolar a bola de neve.[50]

***

Em setembro, com a violência e o estrondo de um raio, chegou a trágica notícia: Antero de Quental suicidara-se em Ponta Delgada, para onde, desatento aos conselhos de Charcot, partira em julho. Um velho companheiro, Faria e Machado, que então o recebeu, registrou a tristeza com que o abraçara: "Era a sombra desse lindo e vigoroso rapaz, que

---

47 Carta de Paris, 20.2.1891. Arquivo de Lello & Irmão.
48 Carta de Paris, 22.7.1891. Arquivo de Lello & Irmão.
49 Carta de 17.7.1891. *Correspondência*.
50 Apud *O 1º de Janeiro* (Porto), 5.12.1923.

daqui tinha partido havia quarenta anos. Os seus belos olhos azuis como o céu, em que eu vira, em Lisboa e Coimbra, em cintilante brilho, arder a luz imensa daquela extraordinária inteligência, estavam amortecidos...". Antero acabava. "Matou-o o tédio da vida", diria Oliveira Martins. Na realidade era o fim de uma luta dolorosa, e já de outras feitas ele tentara pôr termo à vida. "De tudo, o pior mal é ter nascido" — assim resumira ele, num verso, as suas angústias.

Joaquim Pedro, a quem o golpe feriu fundamente, escreveu a Eça:

> O Antero cedeu por fim à tentação constitucional da sua vida. Morrer era-lhe uma obsessão. Matou-o, principalmente, o clima enervante de S. Miguel que estonteia os mais fleumáticos... Era uma tentação antiga: duas vezes o desarmei, e uma no instante que se ia matar. E então havia um motivo: mulher. O nosso pobre Antero não tinha a filosofia bastante para perceber que da vida nem vale a pena nos desfazermos.[51]

Eça devia lembrar-se da última vez em que o vira no Porto: "Adeus, Santo Antero!". "Velho amigo, adeus!...". "E não o vi mais, nunca mais!".

Para honrar e perpetuar a memória do inditoso amigo, o messias de tantos anos, Eça imaginou dedicar-lhe um número da *Revista de Portugal*, para a qual contribuiriam os antigos companheiros. Seria o "depoimento dos seus amigos perante a história".[52] Nasceu assim o *In Memoriam*, que se publicou mais tarde. Antero, agora, repousava. E os amigos poderiam repetir-lhe os versos tristes:

> Na mão de Deus, na sua mão direita,
> Descansou afinal meu coração
> Do palácio encantado da Ilusão
> Desci a passo e passo a escada estreita.
>
> ....
>
> Dorme o teu sono, coração liberto,
> Dorme na mão de Deus eternamente!

***

---

51 MARTINS, F. A. Oliveira. *Correspondência*, p.160. Carta de 1891.
52 Carta inédita de Paris, 8.2.1894. B.N.L.

O artigo sobre Antero interrompeu *A cidade e as serras*. Durante quase um ano, e por mais que Luiz de Magalhães lhe pedisse pressa, Eça protelaria o ensaio sobre o messias, que admirara. Retardou-se, assim, o *Livro d'Ouro* sobre Antero, e Eça escreveu a Luiz de Magalhães, justificando-se:

> No Antero o valor da personalidade é decerto superior ao valor da obra. Era sobretudo o homem, que, num livro desses, se deveria pôr bem vivo real diante do público, que tão pouco o conheceu. Eu por mim penso fazer um Antero íntimo.

Consumiria meses para fazê-lo, e, em julho de 1894, diria àquele amigo:

> V. tem grandemente razão, e a sua impaciência é santa, mais santa ainda a sua paciência... É verdade, estou muito retardado com esse artigo que tanto desejo escrever: mas outra verdade é que ainda não achei uns dias livres para lhe dedicar, com o cuidado e a concentração que o assunto, por ser querido, necessita. Estou gulosamente à espreita desses dias: espero que cheguem agora, brevemente, e creio que os não dissiparei, mas religiosamente dedicarei ao que é quase um ato religioso.[53]

Era o velho Jascínio nascido em Coimbra. Eça, no entanto, adoeceu, e mais uma vez o artigo foi protelado. "Tenho estado doente, bastante doente mesmo, há quase um mês, com uma bronquite acompanhada de febre, que ainda me obriga a estar em casa, fraco, e cheio de resguardos."[54] A saúde escapava-lhe cada vez mais. Afinal, no fim de janeiro, Eça remeteu a conclusão do artigo que enviou numa carta para Luiz de Magalhães:

> Duas linhas para lhe dizer que remeto o resto do artigo sobre Antero. A boa impressão que lhe fez a primeira parte, apesar de ser ela apenas um esboço, é uma ilusão da sua amizade: mas em todo caso é também uma opinião de fino e puro conhecedor, e, portanto, foi-me grata.[55]

---

53 Carta inédita de Paris, 7.7.1894. B.N.L.
54 Carta inédita de Paris, 3.1.1895. B.N.L.
55 Carta inédita de Paris, 21.1.1895.

Realmente, tendo desejado traçar o perfil de um Antero íntimo, Eça, no ensaio, que denominou *Um gênio que era um santo*, fez um retrato vivo, palpitante, do companheiro que amara ao longo de trinta anos. Assim, em páginas de terna e calorosa amizade, deixou vazar a vida extraordinária do inditoso autor dos *Sonetos*, ao qual tanto se afeiçoara. Nelas se sente mais o santo do que o sábio. E não custa perceber que Eça as escreveu com o coração.

16
A quinta de Santa Cruz

"O rei aqui está muito com Oliveira Martins. Mas, eu não tenho fé na energia, decisão e método do dito Oliveira Martins", escreveu Eça a Emília em 27 de abril de 1890. A amizade não lhe perturbava o julgamento. Emília respondeu pouco depois: "não tenho fé no Oliveira Martins, ele fala sempre e se se meter nalguma novidade há de abandoná-la à última hora".[1] Era a inquietação provocada pela crise econômica que dominava Portugal, e para a qual muitos, a começar pelo rei D. Carlos, acreditavam ser o criador da "Vida Nova" a figura indicada para enfrentar a grave situação. Durante meses Oliveira Martins manteve-se irredutível no propósito de recusar o Ministério. Por fim, em janeiro de 1892, atendendo a novo apelo do Rei, resolveu aceitar a pasta da Fazenda.

De Paris, Eça não demorou em mandar uma palavra de apoio. E, tendo Soveral lhe informado da boa vontade de banqueiros ingleses, dizia-se confiante:

> Estou sinceramente cheio de esperança e de alegria. Não me alegro positivamente por ti porque não se pode ver com prazer um amigo querido descer à Cova dos Leões, mesmo quando seja Daniel. Mas, alegro-me pelo nosso pobre País e pela regeneração social e econômica a que podes deixar ligado o teu nome de pensador e de artista. (É uma honra para a classe!)[2]

---

1 Carta inédita de Paris, 30.4.1890. Arquivo de Tormes.
2 Carta de Paris, 18.1.1892. Cartas de Eça de Queiroz.

Por certo ainda não imaginava quanto os leões eram cruéis.

Em abril, Eça partiu para Lisboa: ia concluir o inventário, mas o seu primeiro passo foi para a rua dos Caetanos, residência do querido Joaquim Pedro. Não havia como fugir aos velhos hábitos. "Apenas chegado", comunicou ele a Emília,

> recaí nos péssimos hábitos peninsulares — e já ontem me deitei de madrugada, com as andorinhas a voar em plena luz! Até às três horas em casa do Oliveira Martins, depois apetite e ceia, depois passeio digestivo no Rocio. É abominável. Conto não repetir essa extravagância.[3]

Nisso seria, aliás, incorrigível. Em uma dessas visitas, nas quais a política ficava em segundo plano, Oliveira Martins deu-lhe para ler os originais de seu novo livro, *O condestável* — "é a melhor cousa que tem feito", comentou Eça, "e por vezes verdadeiramente belo". E, assinalando a oposição formada contra o ministro por causa das dolorosas medidas para evitar a bancarrota, dizia: "Pois até por isso os jornais o atacam". Oliveira Martins ainda tinha muito a sofrer. Na verdade a política não era a vocação do historiador. Eça queria-o forte, enérgico, voluntarioso. E como não visse o amigo tomar essa atitude, lamentava: "O O.M. um pouco molengo, e sem tomar no Ministério a atitude de mando e de supremacia que lhe compete como sendo a única força e única justificação do Ministério".[4] Este, aliás, não viveria muito.

***

Lisboa aborrecia o romancista: "já me não entendo nada com Lisboa. É tudo muito superficial e banal. Além disso que de mexericos, de pequenices, de patetices. Nada há mais secante que uma pequenina capital".[5] Em seguida, partiu para o Porto.

Agora, era trabalhar para concluir o infindável inventário, em torno do qual se chocavam as ambições da família. *Eça a Emília*:

---

3 Carta inédita de Lisboa, 12.4.1892. B.N.L.
4 Carta inédita de Lisboa, 17.4.1892. B.N.L.
5 Carta inédita de Eça de Queiroz à mulher. Lisboa, 26.4.1892. B.N.L.

Ontem esboçamos algumas conversas — em que o Alexandre se mostrou assaz feroz e a Benedita resistente como o bronze. Eu não tive de intervir — porque nenhum deles me deu a oportunidade de *placer un moto*. Tratava-se de Corte-Condessa, que o Alexandre teima em exigir — e nós em negar.

Contudo, otimista, Eça acreditava poderem chegar a um acordo:

A dificuldade entre nós tem sido que o Alexandre *make up his mind*. Na sua voracidade ingênua e quase divertida, ele quereria tudo — e como não pode não acaba de se decidir por este ou por aquele bocado. O seu grande ponto é Corte-Condessa, que ele julga ter o direito de possuir *só*: como não pôde obter nem por consenso nosso, nem por licitação (ele ofereceu ficar com ela por 25 contos, e nós íamos até 26), tem estado num estado de imensa confusão, ora exigindo compensações (!), ora querendo partilhas judiciais, ora reclamando privilégios — toda uma cena, quase cômica, tirada do *Avarento*.[6]

Molière entrava no inventário. E, observando a ganância do cunhado, Eça dizia com bom humor: "nele reaparece o *judeu* — porque para mim é fora de dúvida que ele herdou aquela parte de sangue israelita que todas as famílias portuguesas têm".[7]

Em verdade era uma tempestade em copo d'água. Em pouco tempo o feroz Alexandre amoleceu, e Eça, desanuviado, podia anunciar a conclusão da partilha: "Corte-Condessa fica indivisa entre os três. Alexandre recebe o *Carregado* que reclamou; Benedita — Beire (e ambos foros); nós temos a quinta de *Sta. Cruz* e os foros de S. Miguel".[8]

Coube assim a Eça de Queiroz a Quinta de Sta. Cruz, mais conhecida pelo nome que o romancista lhe pôs n'*A cidade e as serras*: Tormes. E, desejoso de conhecer as terras de que Emília se tornava a venturosa herdeira, ele cuidou de ir com a cunhada Benedita, também curiosa de visitar Beire, que lhe tocara, e no caminho de Sta. Cruz. Ainda em maio eles partiram para a "jornada pelo Minho e Douro". Eça ficou encantado.

---

6 Carta inédita de 1.5.1892. B.N.L.
7 Carta inédita de Eça de Queiroz à mulher. Santo Ovídio, 11.5.1892. B.N.L.
8 Carta de Eça de Queiroz à mulher. Santo Ovídio, 18.5.1892.

"Gostamos muito de Beire", escreveu a Emília,

> onde a Benedita pode, com pouco dinheiro, fazer uma casa interessante, com os excelentes restos do que lá há, conservando-lhe mesmo um certo arzinho século-passado. Todos os arredores do Beire são do mais gracioso e fresco tipo minhoto, em suma, é uma residência apetecível.

Depois, descrevia Sta. Cruz:

> Sta. Cruz é inteiramente de outra natureza. É extremamente belo. O caminho íngreme e alpestre da estação até a quinta é simplesmente maravilhoso. Vales lindíssimos, carvalheiras e soutos de castanheiros seculares, quedas d'água, pomares, flores, tudo há naquele bendito monte.

Era como se ouvíssemos o Jacinto d'*A cidade e as serras* exclamar extasiado: "Que beleza!". E, maravilhado diante daquela visão edênica, Eça continuava: "A quinta está situada num alto, num sítio soberbo, que abrange léguas de horizonte, e sempre interessante. Como terra creio que é excelente (os próprios caseiros o confessam) e tão fértil, que nem quase necessita adubos". A terra enleiava o novo e deslumbrado proprietário, que, ao correr os olhos sobre a paisagem, apenas lamentava não fosse o terreno uma planície na qual pudesse caminhar livremente, sentindo os frescos ramos lhe roçarem os "ombros com familiaridade e carinho". Mais tarde, a filha recordaria esse encantamento: "A primeira visita de meu Pai a Santa Cruz foi em maio de 1892. Em maio cada encosta se cobre de verde tenro, cada sebe se flora — em cada árvore cantam passarinhos, e cada 'esperto regatinho' ri alegremente na sua descida veloz!". Eça enamorara-se daquelas encostas floridas.

De fato o terreno era difícil, íngreme, fazendo o acesso por vezes penoso.

> Como quinta, dizia, não é quase habitável a não ser para quem tenha a agilidade, a constância e a experiência das cabras. É toda em socalcos. Logo adiante da casa, o monte desce até ao Douro; logo por trás da casa, o monte sobe até aos cimos onde há uma ermida. O que sobe e o que desce é tudo admirável de vegetação, de verdura, d'águas, de sombras, de belas vistas...

Mais tarde, todas aquelas belezas que afloravam espontâneas e frescas da pena do visitante seriam pacientemente polidas e repolidas pela arte do romancista. Agora, ele apenas gozava as delícias do encantado proprietário, que começava a familiarizar-se com suas terras, as suas árvores e suas flores... Com a beleza da paisagem contrastava a velha casa.

> Em quanto à casa é feia, muito feia; e à fachada mesmo pode-se aplicar, sem injustiça, a designação d'hedionda. Tem um arco enorme e, por baixo dele, duas escadarias paralelas, que são d'um mau gosto incomparável. Como solidez está perfeita.[9]

Era desagradável a visão da casa de Sta. Cruz. O romancista não esqueceria a má impressão, que registrou n'*A cidade e as serras*:

> As janelas, sem vidraças, conservavam essas maciças portadas, com fechos para as trancas, que, quando se cerram, espalham a treva. Sob os nossos passos, aqui e além, uma tábua rangia e cedia.
> — Inabitável! — rugia Jacinto surdamente. — Um horror! Uma infâmia!...

Era assim Sta. Cruz, que a imaginação do romancista encheria de belezas fantásticas e inesquecíveis. "E, como ante nós, se alongava uma noite de monte, voltamos para as janelas desvidraçadas, na sala imensa, a contemplar o suntuoso céu de verão." E para bendizer a quietude daquele mundo de paz e beleza Eça de Queiroz escreveria no seu romance: "Filosofamos então com pachorra e facúndia".

Para Emília a descrição foi decepcionante. E ela não escondeu ao marido o desencanto:

> Tenho pena que Sta. Cruz seja melhor habitação para cabras do que para gente; eu imaginava menos bonito, menos pitoresco, e mais cômodo. Tenho também decepção com a casa que julgava velha, mas de bom gosto. Ainda assim, pela tua descrição, não me parece tão feia como isso; essa extrema solidez mostra que foi construída nos bons tempos, e parece que deva ter algum *cache*.[10]

---

9 Carta inédita de Eça de Queiroz à mulher. Santo Ovídio, 28.5.1892. B.N.L.
10 *Eça de Queiroz entre os seus*.

De longe, a dona começava a amar Sta. Cruz.

Mas, além de admirar a paz e a beleza do sítio, Eça pretendia um empréstimo garantido pela propriedade, para pagar dívidas urgentes. As dívidas atormentavam-no: bastou Alexandre pôr uma pedra no caminho do empréstimo para Eça julgá-lo "mais feroz que todos os usurários pintados por Balzac". Para o romancista, embora indiferente às questões de dinheiro, chegara a hora de dormir sem pensar nos credores.

Era fácil escrever sobre banqueiros, como fizera n'*Os Maias*. O difícil era tratar de negócios, pois Eça os ignorava inteiramente. Ele pediu então a ajuda do bom Bernardo:

> Eu estou procurando levantar no *Crédito Predial*, por causa de partilhas, etc., uma soma sobre uma quinta chamada Sta. Cruz, no Douro. É uma boa propriedade. Rende 650 mil-réis, e como naqueles sítios a regra é que seja "carro de pão para o senhorio e carro de pão para o rendeiro", esta renda capitalizada a 4% representa para a propriedade um certo valor. É uma renda bruta de mais de um conto e duzentos. Eu peço sobre essa quinta oito contos — ela já em tempo esteve hipotecada por um ou dois anos nessa soma. O meu desejo, pois, é que o Conselho de Administração da Companhia me vote essa soma, que todos pensam ser justa. Ora teu sogro é desse Conselho — e eu venho perguntar-te se tu terias dúvida em lhe pedir para este caso o seu interesse e benevolência.[11]

Era a parte omitida n'*A cidade e as serras*. O empréstimo, aliás, seria demorado. Dias antes, em 6 de janeiro, Eça escrevera ao seu procurador Monteiro, sobre a possibilidade de outra operação, e tratava também do arrendamento de Sta. Cruz, admitindo fazê-lo com o conhecido José Pinto, o Saleiro, que dizia "pontual nos seus negócios".[12] Este era o famoso assador de anhos, que Eça tanto gabaria. Dez anos de prazo, entretanto, parecia-lhe excessivo.

Com o Crédito Real o empréstimo encalhou no pagamento da remissão do foro. "Eu até aqui deixei correr a negociação sem intervir: agora, porém, vou-me dirigir ao Governador e Diretores do Crédito Predial". Começara pedindo a ajuda de Bernardo, mas a solicitação foi infrutífera:

---

11 Carta inédita de 12.1.1893. Arquivo do conde de Arnoso.
12 *O 1º de Janeiro* (Porto), 7.10.1981.

era "indispensável a remissão do foro".[13] Eça resolveu realizar o empréstimo no Porto, com o Neill. E, no começo de 1894, recomendou-lhe remetessem o dinheiro pelo Banco Lisboa & Açores.

Restava o problema do arrendamento, e, prova de se haver enfronhado devidamente no assunto, ele instruiu o procurador:

> Em quanto ao arrendamento da quinta concordo em que o rendeiro será tanto mais zeloso quanto mais longo for o arrendamento que lhe garante o gozo da terra... Ora o José Pinto é mais capitalista que lavrador; e suponho que ele mesmo subarrenda a quinta em lotes, e por prazo de um ano, ou prazos pequenos. E isto não são boas condições para uma terra ser bem granjeada.

O romancista continuava a trabalhar n'*A cidade e as serras*. Em julho, Eça comunicava aos editores: "Remeti hoje o original da *Cidade e Serras*".[14]

O escritor não parava nunca. Era a sua profissão, e dela pensava sempre poder ganhar algum dinheiro. Por esse tempo, numa inclinação um tanto surpreendente, resolvera supervisionar a tradução de um *Dicionário de Milagres*, aliás somente publicado após sua morte. Na verdade era inesperado que o autor de *O crime do Padre Amaro* se voltasse para o hagiológio. Contou o editor Antonio Lello que certa vez aparecera-lhe Eça com a proposta de um *Flos Sanctorum*, traduzido por uma senhora e por ele revisto, pois precisava então de algum dinheiro. "Lembramos-lhe", continua Lello, "que quem escrevera *O Crime do Padre Amaro* e *A Relíquia* não estava muito indicado para apadrinhar vidas de santos".[15] Eça voltaria com a *Ilustre casa de Ramires* e a *Correspondência de Fradique Mendes*.

Em verdade, por muito tempo *O dicionário de milagres*, mais tarde editado pela Parceria Antonio Maria Pereira, permaneceu envolto em uma névoa de mistério. J. T. da Silva Bastos, que o prefaciou, admitiu ser uma coletânea de milagres, catados aqui e ali, e reunidos pelo romancista. "Evidentemente", escreve Silva Bastos, "Eça de Queiroz leu as obras onde se narravam tais milagres, marcou a lápis os casos mais ou menos típicos e que mais tinham impressionado a sua imaginação...". A lenda tomava o

---

13 *O 1º de Janeiro* (Porto), 7.10.1981. Carta de Paris, 29.1.1894.
14 Carta de 11.7.1894. Arquivo de Lello & Irmão.
15 *O 1º de Janeiro*. 27.12.1944.

lugar da realidade. Em verdade, Eça estava em Santo Ovídio, em maio de 1892, quando escreveu a Emília: "Peço-te — e isto é importante — que me mandes recomendado pelo correio um livro que deve estar no meu *bureau* do pavilhão, sobre a mesa: *Dictionary of Miracles* pela volta do correio". Emília não perdeu tempo: no dia 18, Eça acusava a chegada do dicionário: "Recebi o *Dicionário de Milagres*. É para fazer talvez uma edição portuguesa — em que tu te poderias ocupar *com remuneração*". Intitulava-se *A Dictionary of Miracles Imitative, Realistic, and Dogmatic*. Publicara-o, em 1834, o rev. E. Cobham Brewer, L.L.D, e, em 1884, reeditara-o *Chatto and Windus Piccadilly*. Era um livro imenso, de quase seiscentas páginas, e dele, sem tirar nem pôr, retiraria Eça os milagres que fez traduzir. Era uma seleção, e, dos milagres escolhidos, ele não tirou uma vírgula. Em julho do ano seguinte, Emília estava em *Val-André* quando o marido a informou: "Antes de ontem Maria Nisa esteve no Consulado e levou a primeira parte da tradução dos *Milagres*".[16] Possivelmente, era a tradutora, e o dicionário caminhava. Contudo, não teria boa sorte, pois, entregue a Genelioux, este faleceu e a editora foi vendida aos irmãos Lello, a quem Eça escreveu inquieto pelo destino do trabalho: "O Sr. Lugan", dizia,

> segundo me diz, entregou a V.Exa. a primeira parte duma obra intitulada *Dicionário dos Milagres*. Esta obra foi organizada por mim, e compilada debaixo da minha direção, d'acordo com o Sr. Genelioux que via nela um excelente negócio, como na realidade é, e tinha desejos de o realizar.

Lello não se interessou pela publicação. E por precisar pagar 300$000 ao compilador, Eça buscou outro editor. Não chegaria, porém, a ver a impressão, protelada até após sua morte. Por muito tempo a lenda ia tomar conta do trabalho do Rev. E. Cobham Brewer, do qual Eça tirara alguns verbetes para abreviada versão portuguesa do *Dicionário*.

***

Concluída a excursão ao Douro e ao Minho, o romancista retornou para o aconchego de Santo Ovídio. Ainda trazia nos olhos os encantos das paisagens. "Esta nossa terra", escreveu a Eduardo Prado,

---

16 Carta de Paris, 24.7.1893.

é sem dúvida a obra-prima do grande paisagista que está nos Céus. Que beleza! E tudo toma o doce estilo de écloga. Tudo canta... Não posso compreender como este é um país falido. Em toda parte onde estive não vi um palmo de chão onde se pudesse assentar o pé sem perigo de esmagar uma semente. As flores silvestres, não tendo já onde florir, procuram refúgio nos telhados. A terra toda parece prenhe de pão.[17]

A terra enleava o antigo iconoclasta. "Aqui é um convento, adormecido dentro da sua cerca, ou antes do seu roseiral", escreveu. E dando conta de seus passos ele abria o coração ao dileto amigo: "De manhã passeio na rua dos Loureiros, que é no meio da cerca, sem breviário, mas tão pachorrentamente como se levasse os olhos postos num; e à noite leio genealogias e hagiológios". Dir-se-ia um frade leigo: Eça mudara muito.

Em junho do ano anterior ele comunicara a Genelioux que, por preparar um conto para a *Revista*, interrompera o "S. Cristóvão", que marchava lentamente.[18]

Aliás, na mesma época, dissera a Batalha Reis, em Vaucresson, numa clareira da floresta de Saint Germain, que voltara a se enevoar no fantástico, e estava escrevendo a "vida diabólica e milagrosa de São Frei Gil".[19] Eram, provavelmente, os primeiros passos para as vidas dos santos que até o fim da vida lhe consumiriam horas de trabalho e meditação. Embora cada uma delas represente face diversa da santidade, são todas o fruto de nova concepção sobre os deveres do escritor. Eça continuará a amar as crianças e defender os oprimidos. Mas, o caminho para melhor amá-las e melhor servir a estes não será mais o do demolidor, o do realista que põe a nu o egoísmo, a hipocrisia, os erros de uma sociedade em decadência. Agora, ele será o apóstolo em busca da estrada de Damasco. Nessa caminhada ele reconhecerá e proclamará as belas e simples virtudes da gente e da terra de Portugal. É a semente donde brotarão *A ilustre casa de Ramires*, *A cidade e as serras*, além de contos e crônicas inspirados no amor à pátria, e na compreensão e tolerância diante dos homens. Sem renegar as idéias do iconoclasta do *Cenáculo*, ele bendiz a santidade, caminho para a perfeição. Dificilmente se desvendarão os profundos motivos dessa trans-

---

17 Carta de Santo Ovídio, 29.5.1892.
18 Carta de Paris, 4.6.1891. Arquivo de Lello & Irmão.
19 REIS, Batalha. Prefácio às *Prosas bárbaras*, ed. 1903.

formação do autor do *Padre Amaro*. Possivelmente, uma conjugação de circunstâncias, às quais não seriam alheias o próprio casamento, a família, as humilhações do *Ultimatum*, e a amizade de Eduardo Prado, quase um militante da Igreja Católica. Este, durante anos, viveu às voltas com os seus estudos sore Antonio Vieira e o Padre Manuel de Morais, e nas longas conversas com Eça de Queiroz estariam presentes os comentários sobre a ação missionária da Companhia de Jesus. Por certo Eduardo Prado tinha razões para esta observação sobre o admirado amigo:

> Deus entrou-lhe em casa. Mas, como se tratava de um manso e humilde de coração, não veio precedido de trovões e violências... Veio sutil e inesperado, como o roubador a quem Deus se compara na Escritura. Veio com a felicidade serena. Aquela a quem Eça de Queiroz, na sua fatuidade de moço, não quis ver outrora nas margens do lago de Genazareth, veio pagar-lhe a visita não feita, assentando-se, Hóspede Invisível, à sua mesa, abençoando-a e tendo-se feito primeiro anunciar pelas criancinhas a quem sempre amou.[20]

O tempo, os amigos, numa palavra a vida, tinham vagarosamente mudado as aspirações do escritor — o demolidor desaparecera quase inteiramente. E como moldura para esse novo retrato, Oliveira Martins, o querido Joaquim Pedro, comunicara a Eça em grande parte "a paixão da poesia da história portuguesa". Facilmente, esses caminhos levavam à *Lenda dos Santos* e à *Ilustre casa de Ramires*. É nítida a presença de Eduardo Prado nessa fase de Eça de Queiroz. Quando eles pensam numa *Revista*, constante ideal do romancista, escrevem a Oliveira Martins anunciando-lhe os ideais que os anima:

> *Praecor dici iam sonat*. Neuilly, a sexta-feira do Advento, em preparo do Santo Natal. 25 de Novembro... depois da meditação verdadeira e pura — comunicavam eles a Oliveira Martins, a quem chamavam de Filósofo e Irmão em Deus — havemos decidido canalizar até aos ânimos sequiosos de Verdade a linfa perene numa Revista mensal, de 50 páginas, bom papel, tipo rico, capa estética. Esta *Revista* será um *Symposium* dos melhores espíritos à mão e que deixarão cair à multidão as migalhas da Verdade.

---

20 PRADO, Eduardo. "Eça de Queiroz". *Revista Moderna*, nov. 1897.

Em seguida proclamavam a verdade: "lançamos o neocristianismo em Literatura (Deus, alma, etc. etc.) e em política o socialismo cristão".[21] Fora longa a caminhada do revolucionário das Conferências do Cassino. Agora, de mãos dadas com Eduardo Prado, ele se tornava pacato pregador do socialismo cristão.

Aos poucos as idéias sociais de Eça desabrochavam com vigor renovado. Nas crônicas da *Gazeta de Notícias*, principalmente a partir de 1892, emergia o socialista, agora suavizado por uma nota cristã. A propósito do 10 de maio, por exemplo, publicou extenso artigo, no qual o defensor dos pobres e dos oprimidos está em corpo inteiro. "Não há já possibilidade de desconhecer a justiça do pobre", escreveu Eça para, em seguida, lembrar a santa cólera do padre Didon ao exclamar na Madalena, a rica igreja da burguesia parisiense: "Quando vejo uma criancinha em farrapos, que chora com fome, odeio, como Jesus, meu amo, e como Ele amaldiçôo todos os repletos e todos os fartos!".[22] Era o velho amor de Eça pelas crianças. E nessa hora ele odiava os fartos e os repletos. Também a morte do Manning, o cardeal dos pobres, de Westminster, permitiu-lhe externar o apego aos pobres aos quais o prelado católico dedica a intrépida ação de combatente, que lutara para "melhorar em toda terra o viver das classes pobres". Escreveu José Pereira de Sampaio (Bruno) sobre Eça, em 1886, que "ninguém se comoveu mais dos oprimidos, dos que sofrem; ninguém entendeu tanto os suplícios obscuros; ninguém abriu mais o seu coração à justiça e ao amor".[23]

Até a morte Eça não mais abandonará essa tônica do socialismo cristão. Ele quer pão para todos e casa para todos. E não esquece de invectivar a Igreja, "porque também ela andava esquecida dos pobres, apesar de ser a sua mãe natural".

Reflexo desse estado de espírito são as vidas de santos, que elaborou com paciência beneditina, e, excetuada a de S. Cristóvão, deixaria inconclusas. Cada uma delas traduz uma forma ou ideal de santidade. S. Frei Gil, por exemplo, dominado pela idéia de alcançar todos os gozos da vida,

---

21 Carta de Eduardo Prado e Eça de Queiroz a Oliveira Martins.
22 QUEIROZ, Eça de."10 de maio", artigo publicado n'*A Gazeta de Notícias*, em 1893, e reproduzido no *Jornal de Brasília*, em 4.5.1980.
23 *A Ilustração*, 20.6.1886.

acaba por encontrar a felicidade na paz de um convento. Ao contrário de S. Frei Gil, Santo Onofre inicia a marcha para a santidade instalado em um ermo, longe dos homens, voltado para a meditação. Por fim, compreende que deve abandonar o ermo para voltar ao meio dos homens, para os auxiliar e consolar. Nesse momento ele começa a chorar copiosamente, e as lágrimas assim derramadas fazem-lhe bem ao coração. "As lágrimas vertidas pelas dores humanas eram, pois, mais gratas ao céu que as lágrimas derramadas pelas dores divinas!". E, pelo que se conhece dessa página de Eça, Onofre termina a vida em santidade. Jesus, na hora final, o toma nos braços e o conduz para o céu.

Das vidas de santos de Eça de Queiroz, nenhuma possui o vigor da de "S. Cristóvão", aliás, a preferida do escritor, que nela colocou páginas inesquecíveis pela beleza da forma e dos conceitos. Antonio Sérgio, ao estudar as *Lendas dos Santos*, resume a jornada de S. Cristóvão como "A da caridade ativa para a militante; a do serviço dos pobres para a insurreição pelos pobres; e é por isso o santo chefiador dos Jacques, o fautor por excelência da Revolução Social".[24] Eça não renunciara aos antigos sentimentos de amparo aos pobres, e revolta contra o egoísmo dos ricos. No "S. Cristóvão" teria ele objetivado "a sua aspiração mais íntima, o seu ideal mais alto: a Ação do santo revolucionário, ou do revolucionário santo". Tirado do hagiológio, S. Cristóvão tem a caridade cristã, à qual alia a força e o aguerrimento de um deus da mitologia grega.

Sobremodo carregado de emoção é o desfecho da existência do santo, que tanto poderia estar no hagiológio quanto na mitologia. Santo católico ou herói grego ele teria igual grandeza. Já velho, menos forte do que fora, o gigante pousara à beira de caudaloso rio, ajudando os viajantes a passarem para a outra margem. Alguns lhe davam moedas de cobre, que guardava para dividir com os pobres. E numa noite de grande inverno, em que ventava e nevava, e o rio muito cheio mugia furiosamente, Cristóvão, já muito velho, trôpego, com feridas nas pernas, dormia no seu chão molhado — quando fora, na noite agreste, uma voz pequenina e dorida gritou: "Cristóvão! Cristóvão!". Erguendo-se, o bom gigante viu diante

---

24 SÉRGIO, Antonio. "Notas sobre a imaginação, a Fantasia e o Problema Psicológico-Moral na Novelística de Queiroz". In: QUEIROZ, Eça de. Obra completa. Ed. Aguilar, I, p.83.

de si uma criancinha, pisando descalça a relva, e tremendo toda de frio murmurou — "Cristóvão, Cristóvão, estou sozinho e perdido, e por quem és te peço que me leves à casa de meu pai." E estendendo os braços para o outro lado, onde os montes negros se erguiam, murmurou ser a casa do pai "Além, para além," muito longe...

Foi árdua a travessia do rio:

> Arrojou o bordão, e com as mãos ambas ergueu o menino no ar. Mas, mal o podia sustentar, grandes vagas já lhe batiam a face. Arquejando parava para respirar fora da água, e bebia a espuma turva e amarga. Grossas traves, que a corrente acarretava, batiam-lhe o corpo. Os seus pés rasgavam-se em pedras agudas. E ele, num esforço enorme, os braços estirados ao alto e todos a tremer, sustentando o menino, arrojava o peito para frente, com gemidos que eram mais fortes que o vento. Duas vezes os seus joelhos fraquejaram, ia cair sob a força da corrente; duas vezes, com um esforço sobre-humano, se manteve firme, erguendo ao alto o menino. E assim, quase exausto, Cristóvão continuou a vencer as escarpas.
>
> — Ó meu menino, onde é a casa de teu pai?
> — Mais longe, Cristóvão, mais longe.
>
> E aquele bom gigante, agasalhando os pés do menino na dobra da pele de cabra, que o vento desmanchava, seguia com longos gemidos no caminho infindável, que mais se apertava entre rochas eriçadas de silvas enormes.

Assim, arquejando, ele continuou a andar enquanto teve forças.

> Já se sentia tão fraco como a criança que levava aos ombros. E parou, sem poder, no topo do monte. Era o fim: um grande Sol nascia, banhava toda a terra em luz. Cristóvão pousou o menino no chão, e caiu ao lado, estendendo as mãos. Ia morrer. Mas sentiu as suas grossas mãos presas nas do menino — e a terra faltou-lhe debaixo dos pés. Então entreabriu os olhos, e no esplendor incomparável reconheceu Jesus Nosso Senhor, pequenino como quando nasceu no curral, que docemente, através da manhã clara, o ia levando para o Céu.

E, enquanto Cristóvão subia ao Céu, Eça de Queiroz palmilhava a estrada de Damasco, da qual não mais se afastará.

17
A ave sem ninho

Viam-se as últimas flores da primavera quando, em maio de 1892, Eça de Queiroz se sentiu sem forças para continuar a rolar a bola de neve — após fecunda existência, a *Revista* cerrou as portas. Foi mau para a cultura portuguesa, sobretudo para as gerações novas, privadas desse veículo de comunicação com o público. Moniz Barreto, o grande crítico, que Silva Gaio diria "fraco, enfermiço, pobre e orgulhoso", escreveu a seu antigo companheiro, o diplomata Oliveira Lima: "Depois que morreu a *Revista de Portugal* (bárbaro infanticídio, desnaturados progenitores!) não apareceu outra. E a geração nova tem ressonado com invejável constância".[1] Em verdade falava por algumas gerações.

Uma desgraça nunca vem só. Na mesma ocasião, Oliveira Martins comunicou a Eça, que permanecia no Porto:

> José Maria do meu coração! *Emergi* da cloaca ministerial. Parto a 31 no *Magdalena* para a Inglaterra, onde tomarei uma semana de ar. Termina as tuas partilhas de modo que, no regresso, te encontre já em Paris. Adeus e um grande abraço do teu C. *Joaquim Pedro*.

Após impor medidas impopulares para evitar a bancarrota, o ministro compreendera a força dos interesses que contrariara. Por certo lidar com

---

[1] Carta de Vila Nova de Portimão, 13.2.1893. Inédita. Original no arquivo de Oliveira Lima, na Universidade Católica de Washington.

os homens não era seu forte, e Ramalho comentou o malogro da Vida Nova: "a patriótica tentativa demonstrou mais uma vez que entre os dois ofícios de manifestar idéias e de manejar homens há uma considerável diferença...".[2] Sem dúvida chegara a hora de se retirar. E Eça, com delicadezas peculiares à amizade, escreveu a Eduardo Prado palavras de decepção e carinho:

> A hora em que lhe escrevo o nosso bom O.M. já não é ministro. Não comento. Em carta que me escreveu hoje diz que vai para a Inglaterra no *Magdalena*. Estou imaginando que V. irá a Londres. Se for — para bom entendedor meia palavra basta — entendo que V. deverá dizer, aqui e além, *aos jornais que conhece*, que o O.M. chegou a Londres, e quem é o O.M., as obras que tem atrás de si o O.M. O mesmo se deverá fazer em Paris. A *bon entendeur...* Isto é confidencial. V. faria nisto não um serviço ao Filósofo, mas ao País.[3]

Dedicado aos amigos, Eça buscava atenuar os sofrimentos do ministro, menos feliz do que Daniel na cova dos leões.

Prado seguiu para Londres. Quando o querido Joaquim Pedro chegou a Paris, Eça o aguardava e hospedou-o em Charles Laffitte, onde o afeto de todos contribuía para cicatrizar as feridas do viajante. Rapidamente, Oliveira Martins conquistou a admiração e a amizade das crianças para as quais se tornou afetuosamente *l'oncle philosophe* pelas lições transmitidas com simplicidade àquelas inteligências curiosas. Sem filhos, Oliveira Martins, entre aquele alegre bando que o cercava, pensava na solidão que o aguardava. E, ao regressar, ele escreveu a Eça abrindo-lhe o coração:

> Cada vez, meu querido José Maria, eu que não tenho filhos me encontro mais só no mundo. Invejo-vos a todos os que tendes filhos. São a continuação de nós mesmos: e quem os não tem vê diante de si o aniquilamento à medida que se avizinha da morte.

E dizia adiante: "Felizes os que têm filhos! Agradece a tua mulher que t'os deu".[4] Eça compreendia esse desabafo. Desvelado com os filhos, sempre

---

2 ORTIGÃO, Ramalho. *Figuras e questões literárias*, II, p.65.
3 MARTINS, F. A. Oliveira. *Oliveira Martins e seus contemporâneos*, p.97.
4 Correspondência de Oliveira Martins, p.206.

acolhidos com um afago, o romancista sentia-se venturoso naquele mundo de crianças. Em pouco ele dirá à mulher, que veraneava em Val-André: "Estou muito interessado com o dentinho da Maria. É seu primeiro passo para *jeunefille*". Amanhã ela seria o entreaberto botão. E como qualquer pai, Eça prelibava o desabrochar da flor. Contudo, para consolar o amigo, escreveu-lhe:

> Dá-me notícias desse *Condestável*. Na tua carta eras um pouco ingrato com ele — porque te queixavas da falta de filhos, que são a continuação de nós mesmos. E as obras? Um herói que se ressuscita vale um filho que se gera. Nós outros, os romancistas, é que edificamos na areia....[5]

Insincera, a carta é um modelo de amizade.

A estada em Charles Laffitte foi um bálsamo sobre as feridas do Ministro demissionário.[6] A proximidade do Bois de Boulogne facilitava os passeios sugeridos pela "extravagância quase infantil" de Eduardo Prado, que a todos levava para a feira ali instalada, para as emoções da montanha-russa, para os longos passeios à volta dos lagos cheios de aves aquáticas. Ainda jovem, exuberante, Prado constituía presença alegre, e os filhos de Eça o adoravam. As noites, como de hábito, eram marcadas pelas visitas de alguns íntimos como Carlos Mayer, tido por muitos como o maior conversador do seu tempo. Paulo Prado, sobrinho de Eduardo Prado, e Domício da Gama, jornalista brasileiro, futuro diplomata, que Eça estimava como "um companheiro fácil e dedicado".[7] Emília e Benedita, informadas de tudo, animavam aquelas reuniões em que sobressaía a personalidade do anfitrião, exímio contador de casos, que expunha entre grandes gestos, como se os representasse. Escreveu Eduardo Prado que "a sua narração é a cena mesma que descreve. A voz, o gesto, a expressão dão a qualquer anedota um interesse, uma vida e um vigor que dificilmente se podem imaginar". Ouvindo-o, ninguém lhe esqueceria a figura esguia, elegante, que recordava o antigo janota.

Mas, o que mais divertiu a estada do visitante foram as sessões espíritas inventadas por Eduardo Prado. Com o auxílio de alto chapéu posto

---

5 Carta de 14.9.1892. *Correspondência*.
6 "O Último Abraço". *Diário de Notícias*, 21.8.1947.
7 Carta de Eça de Queiroz à mulher, em 24.7.1893. B.N.L.

sobre a mesa invocavam-se espíritos, que, não raro, faziam terríveis vaticínios, enchendo os circunstantes de dúvidas e temores. Ninguém parecia inteiramente seguro da inexistência das bruxas, e as ruidosas gargalhadas eram a maneira de disfarçar inquietantes interrogações.[8]

Paris amenizava as decepções de Oliveira Martins, que agradeceu a Eça os "incomparáveis dias que aí me destes!". Em junho, quando partiu, ele levava o coração partido. E na *gare* de Orleans, ao se despedir do fraternal amigo, tinha os olhos rasos de lágrimas.[9]

De Lisboa, Joaquim Pedro lembrou as alegrias vividas em Charles Laffitte: "Esses dias, e os teus pequenos, e os espíritos, e os chapéus, e as senhoras, e os passeios, e a feira, e a montanha-russa, o Prado — tudo! não se esquece".[10] Era como se voltasse a triste página do Ministério.

Nos Caetanos, Oliveira Martins experimentou a solidão. Em boa parte eram as saudades dos dias alegres e cheios de Paris, e ele diria a Eça: "Peço-te muito, meu querido José Maria, que não deixes de me escrever. Sente-se a gente tão só neste mundo! Desde que cheguei a Lisboa apenas saí de casa um dia". Também Eça, dispersos os amigos, sentia falta dos companheiros, e respondeu com melancolia:

> Nós, em Neuilly, muito abandonados. Apenas o gentil Paulo vem por cá *traîner son dilettantisme*. Também agora nos freqüenta o Nobre, do *Só*, que é simpático e ultralangoroso, e um outro decadentista, o Alberto de Oliveira, que já tem muitos livros, conhece muitas filosofias, está desiludido de tudo, e ainda não fez *vinte anos!* Tal é este deslizar do século.[11]

Os tempos mudavam. Contudo, não mudavam mais do que o romancista. Aliás, bastava Antonio Nobre espaçar a presença em Charles Laffitte para Eça sentir-lhe a falta, e escrever a Alberto de Oliveira:

> E o Antonio Nobre? Sei que ele está em Paris: mas esse moço encantador, desta vez, nem me quis dar o gosto de saber onde instalara os seus lares. Da sua morada, onde quer que ela seja, à minha, não haverá (dada a

---

8 Correspondência de Oliveira Martins, p.204.
9 "O Último Abraço". *Diário de Notícias*, 21.8.1947.
10 Correspondência de Oliveira Martins, p.209.
11 Correspondência de Eça de Queiroz, carta de Paris, 14.9.1892.

extensão de Paris) mais de meia hora de fiacre. Eu, porém, que sou um fiel leitor de Homero, sei quanto custa aos Deuses descerem do Olimpo.

E entrando nesse mundo grego, Eça continuava: "Já o dizia Hermeias (vulgo Mercúrio) a Calipso, que, como sabe, morava burguesmente numa ilha do arquipélago: 'Cuidas que não é uma grande maçada descer dos sólios estrelados para vir a estes tristes sítios mortais?'".[12] Iam distantes os tempos em que o poeta vira no romancista uma distante e fria lâmina de Toledo.

Reconciliado com Alberto de Oliveira, Antonio Nobre voltara a Paris. "Na *gare* de Orleans", recordou aquele, "esperava-me ansioso o poeta do *Só*, com a sua cabeça anelada de Byron, os seus olhos fundos de namorado, a sua figura triste e bela de pescador ou de frade".[13] Infeliz poeta. De Paris, meses antes da publicação do *Só*, ele deixaria escapar esse grito de tristeza: "... sinto um infinito desânimo da vida, e sinto-me só, só, só".[14]

***

Mais uma vez Eça teve de pôr a mala às costas. Fora vendida a Casa de Charles Laffitte, e o novo proprietário desejou habitá-la. Coincidia com a partida de Emília e dos filhos para a praia de Val-André, e Eça instalado na Vila Beaujon, 7, Rue Balzac, iniciou a árdua tarefa de procurar nova residência. A preferência estava nas adjacências de Neuilly, e ele sentia falta dos cômodos a que se habituara. "Eu tenho imensas saudades da rue Charles Laffitte", dizia. A procura em pleno verão, com 40 graus à sombra, era exaustiva, mas ele a realizaria do melhor modo, percorrendo rua sobre rua por vezes com Carlos Mayer, cuja companhia atenuava a fadiga. A solidão batia-lhe em cheio, e ele escreveu a Emília:

> Domício e Paulo partem amanhã, um para a América, outro para a Itália, de sorte que se vão os meus raros companheiros. Se eu estivesse instalado, com os meus hábitos, em veia de trabalho, não me importaria a solidão. Mas, estes dois amigos de Neuilly fazem-me falta, sobretudo para conversas, e estar à noite.

---

12 Carta de 6.8.1894. *Correspondência*.
13 CASTILHO, Guilherme de. *Antonio Nobre*, p.85.
14 Ibidem.

Queixava-se triste: "Ando como ave sem ninho".[15] E o isolamento fazia maiores as saudades da família:

> Muito tenho sentido desta vez a falta de vós todos, a tua e a deles, escreveu. Aborreço-me consideravelmente, não consigo organizar bem a minha vida, tudo parece fora d'horas, e, sem fazer nada, não me chega o tempo para trabalhar.[16]

Tímido, afetivo, Eça não se acostumava mais a viver fora do ninho. E a carta continuava: "Estou realmente bem desejoso que nos rerreunamos!".

A má saúde contribuía para agravar a melancolia. Por toda a vida ele seria desses doentes que não conhecem cama. Mais tarde, ao recordá-lo, a filha não omitiria essa condição permanente de enfermo: "meu pai foi um doente toda a vida, e toda a vida era pálido, e toda a vida era magro".[17] Desde moço, na correspondência com os amigos, são freqüentes as referências às "nevralgias" que o acometiam. Por vezes tinha períodos melhores. Agora, não atravessava boa fase, e, queixando-se à mulher de "uma tremenda indigestão", atribuída a um jantar com um velho amigo, Antonio Feijó, acrescentava: "enfim, as origens são indiferentes — o caso é que tive a indigestão e com desagradável acompanhamento de calafrios, etc.".[18] E em outra carta para Val-André:

> tenho andado muito secado e bastante adoentado. O fenomenal calor e as sedes e o enervamento, e talvez o regime de restaurante (ainda que tenho sido d'uma sobriedade espartana) trouxeram-me um desarranjo dos meus interiores. E não é fácil seguir o regime necessário porque me faltam as *purées*, as farinhas, os arrozes, etc. Enfim *on fait ce qu'on peut*.

Era a ausência dos cuidados de Emília. Visivelmente ele definhava. E a Joaquim Pedro, meses depois, diria francamente:

> Eu é que não tenho andado bem de saúde. No inverno tive influenza, ou uma série de pequenas influenzas. Fiquei fraco. Na minha qualidade

---

15 Carta inédita de Paris, 21.7.1893. B.N.L.
16 Carta inédita de Paris, 19.8.1893. B.N.L.
17 Entrevista de D. Maria Eça de Queiroz Castro.
18 Carta inédita de Paris, 17.8.1893. B.N.L.

de abdominal, essa fraqueza localizou-se sobretudo nos intestinos, que se tornaram anárquicos. Além disso o sistema nervoso está desnutrido e acanaveado. É esta, a meu respeito, a notícia mais importante.[19]

Sem dúvida, a moléstia, que levara outros Queiroz, aprestava-se para nova vítima. Antonio Cabral, que mais tarde fez um livro sobre Eça de Queiroz, e o conheceu em dezembro de 1892, o vira "alto e magro, de costas levemente arqueadas, de compleição débil e enfermiça".[20]

Eça não era dos que se entregavam facilmente — corajosamente ele continuou a fatigante peregrinação através de Neuilly. *Eça a Emília*: "Apesar de fraco, recomecei a explorar Neuilly. Ontem vi bastantes casas. Uma na rue Perroquet é exatamente como aquela de que falas...".[21] Depois, vinham os inconvenientes. E Eça prosseguiu penosamente na busca da casa desejada. Rue Borghese... Av. Neuilly... Avenue St. Foix... Rue Chezy... Charles Laffitte... E nas cartas, dando conta a Emília das cansativas excursões, é constante a preocupação com a existência de um jardim. Eça não dispensava as árvores e as flores.

Por fim o casal preferiu a casa da Avenue du Roule, 38. "Nem o jardim era tão grande, nem a casa tão pitoresca como a da Rue Charles Laffitte, mas tinha sem dúvida o seu encanto".[22] Das casas habitadas pelo romancista no estrangeiro, talvez haja sido a que mais se ligou à sua memória: colocada pelo governo da França, uma lápide lembra ter aí vivido o romancista.

Em pouco tempo, tal como em Charles Laffitte, a casa se tornou ponto de convergência de portugueses e brasileiros. Para alcançá-la, dirá Antonio Cabral atravessava-se "um pequeno jardim, em que os ramos das árvores se cruzavam, beijando e afagando as janelas do singelo edifício". "No rés-do-chão, alto, estavam as salas; no 1º andar os quartos de dormir; no 2º o escritório e quarto de vestir."

Em 1893, um dos que se aproximaram de Eça foi o crítico Moniz Barreto. Viera da Alemanha, que lhe fizera bem. Sentia-se, porém, num

---

19 Carta de Paris, 26.4.1894. *Correspondência*.
20 CABRAL, Antonio. *Eça de Queiroz*, p.162.
21 Carta inédita de Paris, 30.8.1893. B.N.L.
22 *Eça de Queiroz entre os seus*, p.301.

estado de debilidade crescente, e a Oliveira Lima comunicou que, se não melhorasse, partiria para o Brasil. Baixo, as faces magras cobertas por uma escassa barba cortada em ponta, não fizera na vida senão ler, sendo capaz de discorrer sobre qualquer assunto. "Como única novidade", escreveu Eça à mulher, "há o aparecimento, hoje, do Moniz Barreto, cada vez mais miudinho e mais psicólogo. Mas, gostei de o ver".[23] Embora tímido, orgulhoso, Moniz Barreto acabaria rendido à acolhida de Emília. A Oliveira Lima ele falou da nova amizade: "Eu depois da tua retirada passei as tardes aborrecidas, e para me distrair pus-me agora no costume de ir duas vezes por semana a Neuilly à casa de Eça de Queiroz, onde passo a noite. Hoje, por exemplo, vou jantar lá com o teu compatriota Paulo Prado".[24] Tinham razão os que chamavam Emília de *Nossa Senhora dos Portugueses*. Poderiam acrescentar — e dos brasileiros.

***

Cerca de dois meses após o regresso de Emília de Val-André, Eça de Queiroz se instalou com a família na Avenue du Roule, 38: os filhos levavam a alegria para o novo ninho. Ao querido Joaquim Pedro, ele deu notícia da casa: "Nós continuamos", dizia,

> na remota província de Neuilly. A nossa casa agora é metida dentro de um jardim, que é ele mesmo metido dentro de um terreno, que por seu turno está metido dentro de um largo prédio de *rapport*. Tens decerto visto disposições iguais em caixinhas chinesas.[25]

De fato, plantada atrás de um edifício de apartamentos, a casa ficava isolada da rua, o que, somado ao jardim e às árvores, emprestava-lhe tranqüilo ar provinciano. É "como se vivêssemos em Carcassona ou em Carpentras".

Aos poucos o romancista retomou seus hábitos, dispondo no escritório do segundo andar quanto lhe era familiar e necessário para trabalhar, o que fazia pontualmente, embora sem o secular relógio de Fradique, "que

---

23 Carta inédita de Paris, 17.7.1893. B.N.L.
24 Carta de 10.3.1895, inédita. Original no arquivo Oliveira Lima, Universidade Católica de Washington.
25 Carta de 26.4.1894. *Correspondência*.

precedia o toque lento e quase austero das horas com uma toada argentina de antiga dança da corte". Pela manhã com "pijamas especiais", e pela tarde, ao voltar do Consulado, o escritor deixava a pena correr. Ali estava a alta mesa, que lhe servia para escrever de pé, enchendo largas resmas de papel Whatman, e sobre a qual, num pequeno castiçal de louça, ficava a vela, que, com duas outras postas no móvel da chaminé, dava-lhe a luz para escrever à noite. Completando a oficina do constante operário, meticuloso e ordenado, viam-se o tinteiro, os pesos para papéis, e o limpa-penas. E, postas pelas mãos de Emília no tranqüilo gabinete, estavam as flores, as flores sem as quais Eça "não sabia trabalhar ou viver". Aí, entre sonhos, escoavam-se as horas do artista.

Eduardo Prado, que tanto conviveu com Eça em Neuilly, escreveu esta expressiva página de evocação do escritor e do seu trabalho:

> Todas as tardes, das quatro às sete horas, no último andar de uma casa escondida entre árvores que restam do que foi o parque que os Orleans tiveram em Neuilly, Eça de Queiroz aproxima-se da mesa alta sobre a qual estão, ao lado de um vaso cheio de flores da estação, muitas folhas de um grande papel cuidadosamente cortado e dobrado, com largas margens. No verão, as janelas abertas dão para a frescura verde da folhagem dos castanheiros e das tílias. No inverno, através dos vidros, vê ele a trama dos finos galhos negros das árvores despidas; e os pardais vêm, em revoada, pousar e saltitar no rebordo e na grade do balcão.[26]

Bela e florida, a descrição nos proporciona feliz imagem daquelas horas quietas do romancista.

Eça vivia fase laboriosa. Desde o ano anterior, por solicitação do seu amigo Ferreira de Araújo, proprietário da *Gazeta de Notícias*, do Rio de Janeiro, dirigia o *Suplemento* do jornal, e o trabalho era penoso, pois, além do que escrevia, cabia-lhe selecionar e corrigir as demais matérias. Sobrecarregado, ele queixava-se da "Mala do Brasil", que expedia pontualmente, por vezes com sacrifício do trabalho do romancista. A essa primeira fornada para o *Suplemento* pertence o conto "Civilização", matriz do romance *A cidade e as serras*, que começara a escrever. Jacinto nascia para ser ditoso entre as águas e os bosques de Tormes. Também desse período são as qua-

---

26 PRADO, Eduardo, "Eça de Queiroz". *Revista Moderna*, 20.11.1897.

tro *Cartas de Amor* endereçadas a Clara Claraval, mais tarde atribuídas a Fradique Mendes, a cuja correspondência seriam incorporadas, e revelam uma alma enamorada. Escreveu Manuel Bandeira que "foram ideadas para ilustrar com um exemplo a conduta amorosa de Fradique". A verdade é que, ao publicá-las, Eça de Queiroz assinou-as com o próprio nome. Há passagens que nos fazem lembrar as apaixonadas cartas de noivado do romancista. De qualquer modo são belas e românticas. Não se lembraria Eça de Emília ao redigi-las? Da terceira, publicada em novembro de 1892, são estes trechos transbordantes de amor:

> Antes de te amar, antes de receber das mãos de meu Deus a minha Eva — que era eu, na verdade? Uma sombra flutuando entre sombras. Mas, tu vieste, doce adorada, para me fazer sentir a minha realidade e permitir que eu bradasse também triunfalmente o meu "amo, logo existo!" E não foi a minha realidade que me desvendaste — mas ainda a realidade de todo o Universo, que me envolvia como um ininteligível e cinzento montão de aparências... Foste tu, minha bem-amada, que me alumiaste o mundo. No teu amor, recebi a minha iniciação.

E no mesmo tom pleno de amor, Eça dizia adiante:

> Só posso deixar de te amar — quando deixar de ser. E a vida, contigo, e por ti, é tão inexprimivelmente bela! É a vida de um Deus. Melhor talvez — e se eu fosse esse pagão que tu afirmas que sou, mas um pagão do Lácio, pastor de gados, crente ainda em Júpiter e Apolo, a cada instante temeria que um desses Deuses invejosos te raptasse, te elevasse ao Olimpo, para completar a sua ventura divina.

E dizendo olhar o "mundo em torno de nós como um Paraíso para nós criado", Eça punha um fecho semelhante àqueles outrora colocados nas cartas para a adorada Emília: "levanto as mãos e te asseguro a única verdade, melhor que todas as verdades — que te amo, e te amo, e te amo, e te amo...". Havia quase vinte anos que, de Cavendish Square, ele escrevia para Emília — "je t'adore, je t'adore, et... Et je t'adore encore!". Lembrar-se-ia?

Não parava aí a atividade do escritor. Metido na Avenue du Roule como se fosse, — dizia — *un petit bourgeois retiré*, Eça, levado pelo "vício de misturar trabalhos", via-se envolvido na "composição, revisão, e *ace-pilha-*

mento geral de cinco livros!".²⁷ De fato, embora não usasse igual designação, voltara-lhe a idéia das pequenas novelas que, em 1877, propusera ao editor Chardron.

Na ocasião, Eça voltara a acalentar a primitiva idéia de pequenas novelas, que variariam entre cem e 120 páginas. *Eça a Lugan*: "Isso faria movimento — estou certo de que o público tomaria o gosto desses pequenos livros, que se pode ler numa hora e deveria custar apenas 200 réis. Se estais de acordo poderemos fazer o ensaio — e, mesmo durante o trabalho das provas de *Fradique* e *Ramires*, ter em mão o primeiro desses pequenos *machins*, uma nova fantasia que se chama *A Cidade e as Serras*."²⁸ Era o eterno sonhador. Em fevereiro do ano seguinte, Eça remeteu o primeiro capítulo dessa pequena novela. E para tranqüilizar o editor quanto às infinitas revisões de provas, ele dizia a Lugan: "Decidi fazer a refonte sobre o original. Nas provas far-se-á retoques que podem ainda ser numerosos, mas que serão apenas retoques". Mas, como se ele próprio não confiasse na renúncia de rever interminavelmente, até alcançar a almejada perfeição, Eça propunha que a primeira impressão se fizesse num tipo qualquer, que na França chamavam "placards", e nos quais o autor podia fazer e refazer seu trabalho. "É uma pequena despesa a mais", dizia, "da qual estou disposto a suportar uma parte, mas que nos permite fazer o melhor e mais depressa."²⁹ A idéia jamais vingaria — para Eça, acima de tudo, estava o polir e repolir o que, de um jato, lhe saía da pena.

Como sempre, os pequenos ensaios ou novelas, ou ficavam inconclusos, ou se transformavam em grossos volumes. Assim acontecera com *A capital*, projetada como simples novela, e concluída com cerca de quinhentas páginas. Também *Os Maias*, incluídos na relação de trabalhos oferecidos a Chardron, ampliaram-se para dois grossos volumes. Agora, ele pretendia fazer d'*A cidade e as serras* um pequeno livro de quatro capítulos, e a *Casa de Ramires* ele estimava em 130 páginas, das quais, em fevereiro de 1894, faltava apenas o último capítulo. Tudo bastante diferente da realidade: ambos acabariam alentados romances, e não seriam publicados em vida do romancista. Era a incontida paixão da perfeição...

---

27 Carta de 26.4.1894, a Oliveira Martins. *Correspondência*.
28 Carta de Paris, 18.11.1893. CAETANO, Marcello. Op.cit.
29 Carta de Paris, 17.5.1894. CAETANO, Marcello. Op.cit.

Aliás, por causa do artigo sobre Antero ele interrompera *A Cidade e as Serras*, e pensava fazer um *Antero íntimo*. "No Antero", escreveu a Luiz de Magalhães, "o valor da personalidade é decerto superior ao valor da obra. Era sobretudo o homem, que, num livro desses, se deveria pôr bem vivo e real diante do público, que tão pouco o conheceu."[30] Realmente, no ensaio recordando o companheiro, o messias, admirado e amado durante trinta anos, e que denominou *Um gênio que era um Santo*, Eça deixou vazar, em páginas de terna e calorosa amizade, a vida extraordinária e inditosa do amigo a que tanto se afeiçoara. Nelas se sente mais o santo do que o sábio. E não custa perceber que Eça as escreveu com o coração.

***

Não seria inesperada a morte, em 1893, do editor Jules Genelioux. Nas cartas que lhe enviou, em várias ocasiões Eça se diz contente por sabê-lo melhor, e formula votos de rápido restabelecimento. Em outubro, ele escreveu a Lugan:

> Fiquei muito surpreso e muito dolorosamente atingido pela triste nova que me anunciais. Eu tinha recebido há algum tempo uma carta de Genelioux onde se dizia doente e se mostrava mesmo bastante desencorajado; mas eu estava longe de prever que o fim estava tão tristemente próximo. É uma perda que me é bem sensível: tive sempre com Genelioux relações muito cordiais e muito fáceis.[31]

Ocorrida no momento em que afluíam provas à mesa de trabalho de Eça de Queiroz, a morte representou grave transtorno para o escritor habituado à maneira do seu editor. Seria, porém, a oportunidade para o romancista rever os seus interesses junto à Livraria Chardron, tanto mais quanto esta foi, pouco depois, vendida à sociedade Lello & Irmão.

Pela extensa carta de Eça a Lugan, em junho do ano seguinte, sabe-se muito das relações do escritor com os seus editores, inclusive o velho Ernesto Chardron, bem como da proposta de "um dos primeiros editores

---

30 Carta de Paris, 8.2.1894. *Correspondência*.
31 Carta de 7.10.1893. CAETANO, Marcello. Op.cit.

de Lisboa" em adquirir as obras de Eça de Queiroz. Este, dado haverem sido as relações com Lugan & Genelioux sempre "seguras, cordiais e fáceis", lamentou dever tratar com editores novos, aos quais se recusou fazer a transferência *pura e simples* de todos os contratos e negócios. Mais experiente, Eça preservava os seus interesses. E dizia com franqueza: "as minhas transações com o velho Chardron tiveram sempre um caráter mal definido e vago". Agora ele seria explícito:

> Os livros eram para mim, nesse tempo, uma questão de gloríola e de arte. Nunca considerei lucros e interesses — e muito menos os defendi. Era por conversas, ou cartas escritas à pressa, e sem nunca fixar condições, que eu tratava com ele (ou antes lhe *abandonava*) a publicação dos meus livros. De sorte que Chardron, sem que eu protestasse seriamente, ia explorando como propriedade sua, obras de que eu só na realidade lhe cedera uma primeira edição, e por preços irrisórios.[32]

Eram as velhas queixas do autor. E, falando das subseqüentes edições, dizia: "Quando muito, por ocasião de edição nova, me mandava outra pequena soma, a título de *revisão*, ou como ele dizia, de *felicitação*". Chardron passara. Nada, porém, se alterara, dizia Eça a Lugan:

> entre nós se formaram relações muito cordiais, e eu encontrei nos meus novos editores uma prontidão muito amável em aceitarem todas as minhas idéias — de bom grado deixei que a situação criada em seu favor pelo velho Chardron se prolongasse, tal como existia.

Desta feita, na ilusão de não mais escrever por uma "questão de gloríola e de arte", o romancista mostrava-se vigilante.

> O meu caro Sr. Lugan — prosseguia a carta — perfeitamente compreende porém, que se eu deixei assim passar, uma primeira vez, esta situação tão confusa (e para mim prejudicial) de Chardron para Lugan & Genelioux, não posso, sem um absurdo menoscabo dos meus interesses, deixá-la passar, uma segunda vez, assim prejudicial e confusa, de Lugan & Genelioux para Lello & Irmão.

---

32 Carta de Paris, 23.6.1894. Arquivo de Lello & Irmão.

Depois vinham as exigências a serem transmitidas aos novos editores. Inicialmente, Eça reclamava a propriedade exclusiva do *Primo Basílio*, do *Padre Amaro* e do *Mandarim*. Desejava também a revisão do contrato sobre *Os Maias*, previstos apenas em um volume. "O próprio Chardron", dizia, "reconhecia a eqüidade de ser modificado o contrato primitivo." Mais importante era a situação dos novos livros:

> Relativamente às obras em publicação, a *Cidade e Serras*, e o *Fradique*, e mesmo a *Casa de Ramires* (pois já existe um começo de execução), eu estou inteiramente disposto a negociar com os Srs. Lello & Irmão nas condições que tinham sido estabelecidas entre nós — isto é tendo eu 25% do preço bruto do livro e garantida uma edição de 3.000 exemplares.

Na verdade nada havia de excessivo. Famoso, sem dúvida o primeiro escritor de Portugal, Eça não parecia desejoso de sair da rua dos Clérigos, habituado a freqüentá-la nas viagens ao Porto. No íntimo, ele a devia sentir como a sua casa. E, tendo falado sobre a oportunidade da publicação de uma "edição geral", e da *Cidade e Serras*, que informava estarem "muito adiantadas", mas que ainda levaria anos refazendo e aprimorando, pedia uma resposta: "Creio que expus com clareza a situação. Espero a sua resposta. Ela é tanto mais urgente quanto eu mesmo devo responder às propostas que me foram feitas de Lisboa". E, desejoso de seguras informações sobre Lello, ele também escreveu a Luiz de Magalhães:

> a casa Lugan acabou — temos agora Lello & Irmão. Suponho porém que isso não altera a marcha da obra. Reserve-me pois sempre um canto nela — as últimas páginas. E logo que esta receba peço-lhe me mande dizer muito seriamente que gente é Lello & Irmão, que não conheço e que garantias dão como editores e homens de bem. Eu tenho a entrar em contratos com eles — e preciso conhecê-los.[33]

Os fatos tornam a resposta desnecessária — Lello & Irmão continuaram os editores de Eça de Queiroz. No ano seguinte, o escritor Carlos Malheiro Dias, ainda adolescente, o veria a caminho da Livraria Chardron, e dele nos deixou pequena e nítida lembrança:

---

33 Carta inédita de Paris, 7.7.1894. B.N.L.

remonta à primeira vez que o vi com o Conde de Resende, subindo os Clérigos, no Porto, — tinha eu quinze anos — a impressão elevada que sempre me ficou dessa alta e magra figura, correta e simples, caminhando lentamente, com o vidro do monóculo balouçando no peito.³⁴

Eça era inesquecível. Agora, possivelmente, ele concluía os entendimentos com o editor José Pinto de Souza Lello, a quem escrevera em julho de 1894:

> Reconheço em princípio que qualquer contrato geral que possamos fazer relativamente aos meus livros editados pela casa Chardron ganhará em ser discutido verbalmente. Correspondências são sempre um modo pouco maleável d'estabelecer um acordo.

Ameno no trato, sempre encantador, senhor da boa palavra, Eça preferia entender-se pessoalmente com o editor: as cartas eram pouco maleáveis. E ele não desejava partir a corda.

Mais se tornara célebre, mais a curiosidade perseguia o escritor. Amadeu Cunha nos conta quanto, ainda estudante, o emocionou encontrar Eça de Queiroz, na rua de Cedofeita:

> de golpe, no movimento banal e pitoresco da rua, à vista se me estremou, parado, na beira do passeio como se esperasse o "americano", um senhor esguio, magro, a que um chapéu alto de grande copa prolongava a estatura, vestido de fraque preto, ao pescoço, tufado, *o plastron*, na destra, porque o tempo ameaçava de cariz cinzento, o guarda-chuva irrepreensivelmente enrolado. Era "ele" — Eça, o escritor...

E, venturoso, o cronista continua as suas lembranças sobre o inesperado encontro: "Segui a Eça, pois, como se segue o rasto de uma mulher que nos encantou — admirativamente, sem curar do destino que levava. Caminhava a passo vagaroso".³⁵ Eça rumava para a sua antiga Chardron.

***

---

34 DIAS, Carlos Malheiro. *Perfis contemporâneos*.
35 CUNHA, Amadeu. "Memórias". *O Tripeiro*, 7.12.1952.

Para Oliveira Martins o malogro político foi mortal. Por mais que tentasse esquecê-lo mergulhando na vida de Nuno Álvares, não sobreviveria à injustiça. Durante meses ele se empenhara para adotar as medidas com que evitou a bancarrota, mas nada impedira que o derrubassem os interesses que contrariara. Agora, de volta de Paris, engolfado no trabalho do historiador, uma névoa de tristeza continuara a envolvê-lo. No meado de julho, Carlos Mayer, chegado de Lisboa, trouxe más notícias: Oliveira Martins, profundamente hipocondríaco, falava constantemente da morte, e, o que era mais desagradável, no suicídio, a exemplo de Antero, como a mais clara das soluções.[36] Ainda não se apagara a velha atração de Antero. Embora considerasse Mayer exagerado, Eça cuidou de se informar: abatido pelas fadigas do Ministério, às quais se somaram as exaustivas pesquisas do historiador, Joaquim Pedro fora acometido de uma pleurisia, e convalescia em Cascais. "Eu vejo, sinto e vivo as cenas que escrevo de tal modo", confessou a Eça, "que o Nuno Álvares esgotou-me os nervos".[37] Agora restabelecia-se: e, satisfeito com as alvissareiras informações, Eça escreveu-lhe: "Foi grande alegria a tua carta, por me mostrar um Joaquim Pedro *redivivus*. A Benedita também nos informa, de Cascais, que tu não só estás no número dos vivos, mas no número dos sãos." Iludiam-se. E o próprio doente, certo da cura, escreveria ao seu amigo Luiz de Magalhães: "Não morro desta ainda". A verdade, porém, era que a moléstia, implacável, avançava dia a dia. A febre... a fraqueza... tudo mostrava a realidade. Cheio de esperanças, o doente foi levado para Brancanes — a inflamação da pleura, entretanto, não cedeu, e novamente o levaram para os Caetanos, em Lisboa.

Aí seria o fim. "A vida não tem sido para mim uma cousa fácil, nem alegre", dissera ele a Jaime de Magalhães Lima.[38] De fato, lutara desesperadamente para ganhar um lugar ao sol. E quando podia acreditar que o alcançara, a vida fugia-lhe! Oliveira Martins morreu em 24 de agosto. Na véspera, ele, que há algum tempo se recusava a receber visitas, admitiu ver Eduardo Prado, que chegava do Brasil. "Ele vem de tão longe", dissera o doente, "depois de passagens tão difíceis, quero vê-lo." Despedia-se.

---

36 Carta à mulher, em 27.8.1893. B.N.L.
37 Correspondência de Oliveira Martins, p.169.
38 Carta de novembro. *Correspondência de Oliveira Martins*, p.237.

Era o primeiro dos *Vencidos* a partir. Pouco depois, Alexandre Resende, o cunhado com o qual Eça se desaviera no inventário, também foi levado pela morte. Era o mais moço dos irmãos Resende.

***

Graças à dedicação do novo secretário, a *Revista* sobreviveria algum tempo, e Eça escreveu-lhe exultante:

> *Meu caro Luiz*. Só duas curtas, mas congratulatórias, linhas a respeito da *Revista* que recebi. Está excelente, verdadeiramente *portuguesa*, e muito bem organizada. Dou-lhe por ela um bom e forte abraço e peço-lhe que apresente também os meus agradecimentos ao Rocha Peixoto. A nau está pois lançada à água, Deus lhe dê larga feliz navegação.[39]

O sonho era forte, e, em Paris, Eça continuou ativo e vigilante diretor. Na realidade estava confiante. Prometera, além de outras colaborações, um conto, e, em março, dizendo a Luiz de Magalhães que o último número da *Revista* "veio muito bom, como viera o penúltimo", anunciava-lhe o cumprimento da promessa: "Do meu Conto mando agora outra remessa de original, que é a penúltima. O Conto dá, creio eu, para três números. É uma pequena novela. Não posso fazer por menos".[40] Por algum tempo ele reclamaria de Genelioux a remessa de provas, sem as quais não podia concluir: "E quanto ao meu Conto", escreveu,

> repito a súplica instante que já fiz, debalde, ao Genelioux por carta e telegrama. Preciso as provas! As provas ou o original! Sem esse começo não posso continuar o Conto. É singular que estes pedidos urgentes tenham ficado sem resposta do Genelioux.

Este, no entanto, permaneceria surdo ao pedido, e o conto jamais seria publicado na *Revista*.

Eça prosseguiu na convocação de colaboradores. *Ele a Luiz de Magalhães*:

---

39 Carta inédita de Paris, 11.1.1892. B.N.L.
40 Carta inédita de 6.3.1892. B.N.L.

Prado está concluindo o seu artigo. Batalha também trabalha. Pedi artigo ao Joaquim Nabuco. Há aqui um rapaz brasileiro, Domício, que tem observação e forma, e que vai escrever ou está escrevendo um conto, ou estudo de costumes.

E, certo de que a nau singraria altos mares, dizia: "É necessário não desanimar. Tenho confiança em que findaremos por implantar solidamente a *Revista*".[41] Poderia a fé remover montanhas?

---

41 Carta inédita de Paris, 6.3.1892. B.N.L.

18
Entre Lisboa e Sintra

Por toda a vida Eça de Queiroz acalentou a idéia de uma Revista. Sonhara-a, primeiro, em Coimbra, com Anselmo de Andrade. Depois, vira-a desabrochar na *Revista de Portugal*, na qual tanto trabalhara e confiara. Agora, morta a revista, imaginava ressuscitá-la. Contudo, vendida a Livraria Chardron, sentiu um desalento: não devia contar com os novos proprietários para empreendimento daquele porte. Estes, a julgar pela carta de Eça a Alberto de Oliveira, e que evidentemente se refere a Lello & Irmão, não eram "propriamente editores, no sentido vivo e europeu do termo, mas pacatos e honestos livreiros", que se ocupariam meramente de "liquidar, com lentidão e prudência, a antiga casa". "Seria pois de lamentar", dizia Eça, "que a *Revista* ficasse para sempre soterrada nos armazéns desses Senhores."

Sinal de que nele a velha aspiração ainda pulsava. E a Alberto de Oliveira, que viera pendurar o seu ninho em Lisboa, ele confessou: "Eu continuo a crer numa *Revista* em Portugal: o que ainda não pude discernir nitidamente é que espécie de *Revista* o Público deseja". Era a antiga dúvida que o inquietava desde os primeiros dias da *Revista de Portugal*, ao pressentir que os leitores a abandonavam gradativamente. E perguntava a Alberto de Oliveira: "Que defeitos lhe encontrava? Creio que a achava pesada, doutrinária, com artigos muito longos, sem modernidade, sem atualidade e em geral maçadora". E, admitindo verdadeira a observação, ele dizia que o público certamente aceitaria uma espécie de *Magazine*, "ligeiro, fácil, variado, com romances, versos, viagens, memórias, fantasias, alguma cousa no gênero de certas Revistas de família inglesas..."; o sonho inflamava-o. "Será fácil de fazer?" indagava. "Não sei. Em todo o caso, se o meu amigo está decidido a tentar a aventura como secretário, eu estou pronto a recomeçar como diretor." Apesar da saúde precária, Eça encontrava energias para alimentar os sonhos do artista. E, pragmático, acrescentava: "O Editor a consultar é evidentemente o Antonio Maria Pereira".[1] Possivelmente, nasceu assim o projeto d'*O Serão*, revista que jamais iria além da capa desenhada por Columbano.

Contudo, é possível admitir-se que se dos entendimentos com o editor Antonio Maria Pereira não germinou *O Serão*, surgiu o caminho para o romancista dirigir o *Almanaque Enciclopédico*, cujos volumes para 1897 e 1898 preparou. Talvez vislumbrasse ganhar algum dinheiro.

Havia algum tempo que Emília desejava rever amigos, e "as coisas pátrias", dizia Eça, que, em fevereiro de 1895, chegou a Lisboa com a família. E o Rocio lá estava, um pouco mais triste, o velho José Maria sempre inconformado por viver longe do filho dileto, enquanto Carolina Augusta, "muito janota", permanecia ágil e voluntariosa nos seus setenta anos. Dessa estada, Maria, a filha de Eça, guardou algumas lembranças:

> O Avô, muito alto, muito magro, muito branco, quieto e grave, ensinava-me paciências de que lhe ficava muito grata. A Avó era muito viva e autoritária e fazia-nos rir com as suas respostas prontas.[2]

Também desse período é este breve comentário do próprio Eça:

> Minha mãe, com a sua usual volubilidade de simpatias, é agora toda *Totono*. Além disso o Zezé aterra-a com a sua temeridade em matéria de carruagens, parapeitos, equilíbrios, etc., e ao mesmo tempo creio que a escandaliza um pouco com a sua desobediência.[3]

Eça, a quem o exílio pelos consulados começava a pesar, fruía esse pequeno quadro familiar. E embora a política e a morte houvessem dis-

---

1 Carta a Alberto de Oliveira, Paris, 26.9.1894. *Correspondência*.
2 *Eça de Queiroz entre os seus*, p.305.
3 Carta inédita à mulher, Lisboa, 10.10.1895. B.N.L.

perso os *Vencidos da Vida*, também reveria velhos companheiros. Havia pouco, Bernardo e Sabugosa tinham publicado um volume de contos ao qual, para acentuar a parceria, deram o título *De Braço Dado*. Eça acorrera a festejar os autores: "Foi um delicado prazer o ter-vos aqui toda uma noite, ouvindo, ora um, ora outro, uma linda história bem sentida, real e no entanto poética, e contada com uma arte fina e sóbria". Gostaria particularmente do conto "Um Pequeno Romance", do bom Bernardo, d'*A Cabrita*, escrito por Sabugosa. E louvando os dois confrades, dizia-lhes: "Positivamente, contar histórias é uma das mais belas ocupações humanas: e a Grécia assim o compreendeu, divinizando Homero, que não era mais que um sublime contador de contos da carochinha". E, sem perder a oportunidade, Eça continuava a carta com a pena do socialista: "Todas as outras ocupações humanas", dizia, "tendem mais ou menos a explorar o homem; só essa de contar histórias se dedica amoravelmente a entretê-lo, o que tantas vezes equivale a consolá-lo".[4] No fundo falava dele próprio, pois por toda a vida não faria outra coisa senão contar as histórias com que ainda hoje entretém os seus leitores. Pouco depois falando dele, e como se falasse por todos, Domício da Gama escreveu: "Sinto-me feliz de viver num tempo em que o pude conhecer e amar".

Eça tinha a mão leve para louvar os amigos. Estava em vésperas de partir de Paris quando intelectuais portugueses aí residentes festejaram o poeta João de Deus, reunindo algumas páginas sobre o suave e simples cantor de Portugal. *Os de Paris a João de Deus* chamou-se a publicação, na qual, entre outros, colaboraram Eça de Queiroz, Antonio Nobre, Jayme Seguier e Moniz Barreto. "A alma poética do Povo Português encarnou em João de Deus", escreveu Eça, que lembraria ter o poeta querido apenas ser poeta:

> A todo o seu século, a este fecundo e revolto século permaneceu sempre alheio, se não pela inteligência, ao menos pelo sentimento. Nem a ruidosa deslocação de classes; nem as ilusões humanitárias da Democracia; nem a conquista violenta dos Direitos Políticos; nem a obra grandiosa da Ciência experimental; nem as audácias da Mecânica; nem as revoluções sociais, nem as transformações espirituais — o comoveram ou tiraram um som à sua Lira amorosa e sacra.

---

4 Carta ao conde de Arnoso e ao conde Sabugosa, Paris, 6.2.1895. *Correspondência*.

Na verdade era a síntese do que havia agitado o século, e, em grande parte, inspirado o escritor para quem "a arte é tudo — tudo o resto é nada". Para João de Deus a poesia fora tudo, e ele ficara "sempre fechado no seu Paraíso poético". Era diferente o paraíso do romancista, que precisava sentir os homens, a sociedade, o mundo.

Em Lisboa, Eça se instalou modestamente na rua Nova da Trindade, em uma "pensão quieta e habitada por professores". Aí, assustado, o procurou o jovem José Sarmento, escolhido pelo editor Antonio Maria Pereira para auxiliar o romancista na confecção do almanaque à maneira do Hachette, idéia trazida por Eça de Paris, e aceita pelo editor. Durante cerca de um mês eles trabalharam naquele casarão desconfortável, onde um Eça de Queiroz afável, cordial, cheio de bonomia, acolhia o prestimoso colaborador. Além do almanaque, o romancista continuava a trabalhar n'*A cidade e as serras*, na *Casa de Ramires*, e na redação do que imaginava ser as derradeiras *Cartas de Fradique*, pois acreditava o volume quase concluído. Já em janeiro ele dissera a Lello: "Fradique pode vir no tipo definitivo, e diria mesmo que poderiam vir logo as provas de página...".[5] Até o fim da vida, levado pelo amor à perfeição, o incorrigível revisor de provas continuaria a se iludir e a enganar os editores — nenhum desses romances ele veria publicado.

No convívio dos amigos, Eça, em Lisboa, estava no seu mundo. Na casa das *Janelas Verdes* morava Carlos Mayer. Ramalho, "a ramalhal figura", continuava no que chamava a "mansarda dos Caetanos, com as suas venezianas abertas para cima do Tejo". Não quisera Eça, certa vez, aí chegar, "sentar-se ao pé da chaminé", e falar durante três dias? Também na Calçada dos Caetanos, que tanto lembrava Oliveira Martins, estava o solar de Ficalho, considerado por Sabugosa "a mais completa individualidade do seu meio". No palácio do Rato vivia a prima, a Duquesa de Palmela, cuja corte atraía o romancista. Em Santa Catarina era o salão de Maria Amália Vaz de Carvalho, tão afeiçoada à Emília e ao marido. Aí, recordou Sabugosa, Eça de Queiroz, "em noites concorridas encantava as senhoras com as suas paradoxais fantasias".[6] Em São Domingos, à Lapa, habitava Bernardo, o bom, que nesse ano ganhou o título pelo qual se tornaria mais conhecido —

---

5 Carta de Paris, 25.1.1895. Arquivo de Lello & Irmão.
6 Ibidem.

conde de Arnoso. E no palácio dos Césares, inspirador do Ramalhete d'*Os Maias*, residia o Conde de Sabugosa, reconhecido pelos companheiros como chefe dos Vencidos da Vida. Entre altos e baixos, pois de quando em quando Lisboa aborrecia-o, o romancista amava a velha capital. Era seu "laboratório", dizia Ramalho, e recordava-lhe os dias da juventude. Agora, entretanto, faltava-lhe a mocidade, e a saúde mostrava-se dia a dia mais precária. Conta Alberto de Oliveira, que se fizera então assíduo freqüentador do romancista, que havendo ido buscar Eça a casa, como por vezes fazia, para irem juntos "saborear, num longo passeio, o tépido sol de inverno que iluminava a cidade", Eça dissera-se "mal disposto, os nervos arrepiados, o espírito obtuso". E ao saírem Eça continuara a queixar-se "da sua saúde e da sua esterilidade". Inclemente, o tempo voava.

***

Para fugir ao verão de Lisboa, Eça mudou-se para Sintra, onde ficou na "Vila Fontes", nos Castanhais. N'*Os Maias* ele evocou o frondoso sítio, em cujas proximidades está o Hotel Lawrence, que, no início do século, hospedou Byron, e onde também pousaram Camilo Castelo Branco e Ana Plácido. Quando apareceu o romance ele recomendou a Oliveira Martins a leitura de "certa ida a Sintra...".[7] "Tudo em Sintra é divino", exclamara o poeta Alencar, famoso personagem do romance. E descrevendo a chegada a Sintra, o romancista parece embevecido na paisagem:

> Com a paz das grandes sombras — dizia — envolvia-os pouco a pouco uma lenta e embaladora sussurração de ramagens e como o difuso e vago murmúrio de águas correntes. Os muros estavam cobertos de heras e musgos: através da folhagem, faiscavam longas flechas de sol. Um ar sutil e aveludado circulava recendendo às verduras novas; aqui e além, nos ramos mais sombrios, pássaros chilreavam de leve; e naquele simples bocado de estrada, todo salpicado de manchas de sol, sentia-se já, sem ver, a religiosa solenidade dos espessos arvoredos...

A descrição é bela e apaixonante. E a Cruges, conhecido personagem do romance, Eça atribui esta frase enternecida: "Que pena que isto não pertença a um artista!", murmurou o maestro. "Só um artista saberia amar

---

[7] Carta a Oliveira Martins, Bristol, 12.6.1888. *Correspondência*.

estas flores, estas árvores, estes rumores...". E agora ali estava o próprio Eça para gozar aquele "espesso ninho de verdura", e sorver aqueles ares privilegiados.

A realidade, entretanto, mostrou-se diferente da fantasia. Eça talvez se acreditasse traído pela imaginação do romancista, que não demorou em informar a Luiz de Magalhães: "Eu tenho passado mal nesta Sintra tão celebrada, e que é um poço de umidade, e mesmo de melancolia". E a Bernardo, então veraneando em Caldas, escreveu desiludido:

> Como vais? Eu adoentado, com uma espécie de influenza e estado febril, que me dizem ser a aclimatação de Sintra! Oh esta Sintra!... Não nego que seja uma *linda vista*. Mas, por Deus! ninguém se lembra de habitar uma *vista!* Tens tu aí, nas Caldas, um ar seco, sem névoa, e sem vendaval? Se tens, agradece-o com amor, homem ditoso. Nós aqui bailamos n'um furacão, e a pingar de umidade. Tais os prazeres de Sintra. Oh! esta Sintra! Oh esse Lord Byron, que foi que a lançou!... Goza o teu ar seco, irmão.[8]

Também Emília não amava Sintra. E o marido lhe dirá pouco depois: "Tu detestavas a quinta dos Castanhais em Sintra, toda em socalcos, descidas, precipícios".[9]

Na verdade, nem todos os dias eram de umidade e vendaval. Também os havia límpidos e suaves. Conta Alberto Teles que "ao declinar de uma deliciosa tarde de verão, em Sintra", vira ele pela última vez a "figura nervosa e franzina de Eça de Queiroz", que caminhava pensativo, "parecendo de todo alheado da encantadora paisagem que o circundava, e inteiramente absorvido nas suas cogitações".[10] Possivelmente pensava no *Almanaque*, nos seus romances, talvez na vida que devia sentir povoada de interrogações. Ou pensaria n'*O Defunto*, obra-prima do conto, nesse ano publicada na *Gazeta de Notícias?* Em um infindável e exaustivo trabalho de revisão e aprimoramento, Eça debruçava-se sobre um punhado de provas, entre as quais as d'*A cidade e as serras*. Mais tarde, José Sarmento lembrou as torturas do romancista ao corrigir esse romance.

---

8 Carta ao conde de Arnoso, Vila Fontes, Castanhais, 24.7.1895. Arquivo do conde de Arnoso.
9 *Eça de Queiroz entre os seus*, p.387. Carta de 2.6.1898.
10 TELES, Alberto. *In Memoriam de Eça de Queiroz*, p.13.

"As provas desse livro admirável", diria, arrastavam por cima da sua mesa de trabalho, à espera das correções. Os editores escreviam cartas sobre cartas pedindo a sacramental autorização que Eça punha no alto de todas as páginas, quando as julgava, finalmente, depuradas: "Pode imprimir-se". Mas, ele nunca se satisfazia. A sua prosa tinha de sofrer todas as torturas do seu espírito; e nem sempre era ocasião de proceder a esse trabalho de forja mental, "que o queimava, o lacerava, o deixava exaurido".

Pobre e insatisfeito artista. Aos poucos, aquecido pelo amor e a paciência do romancista, o fruto sazonava. "Lembro-me — continua José Sarmento — que durante cinco meses, vi as provas passarem por transformações inconcebíveis; e quando, mais tarde, as li na obra definitiva, — não as reconheci!".[11]

Durante meses, Eça permaneceu em Sintra às voltas com o *Almanaque*. E, nas horas de repouso, sentado num banco sob os grandes castanheiros, enquanto os filhos brincavam, ele recordava com Sarmento episódios da sua vida viageira de cônsul. É curioso esse breve depoimento do colaborador do *Almanaque*:

> Antes do almoço, eu encontrava-o de roupão por cima das ceroulas, trabalhando; mas, a certa altura, depois de uma hora ou hora e meia na pesquisa de recheio para o *Almanaque Enciclopédico*, em que eu era seu modesto colaborador, Eça levantava-se e desaparecia. Ia tomar o seu banho, perfumar-se, frisar-se...

O janota ainda vivia.

Apesar do cuidado, o *Almanaque* de 1897 ficou longe do que Eça desejara. É extraordinário que o escritor famoso, então dedicado à elaboração de três romances, encontrasse tempo e gosto para examinar e censurar as banalidades de um almanaque. Contudo, reiterada correspondência com José Sarmento mostra a atenção posta no assunto. Havia, por exemplo, cartas como esta:

> *Sintra, 29 de julho de 1895.* Exmo. Sr. vão as provas. Seria necessário que na receita *Produção de Café* se pusesse, a Produção de Cabo Verde, etc.; que na receita *Consumo de Pão* se pudessem passar os arratéis e onças

---

11 SARMENTO, José. *In Memoriam de Eça de Queiroz*, p.76.

para as medidas decimais; eu não sei fazer; que na *Mortalidade das Diversas Cidades* se abstivesse a de Lisboa, e que nas noções científicas sobre as estrelas se confrontassem bem as provas com o original, pois aí há erros que não posso emendar.[12]

E em outra carta, de 27 de setembro: "Remeto o resto das provas da história. Examinando o original da *Meteorologia*, descobri que nas provas que desse artigo me mandaram não havia a parte relativa aos *ventos*...".[13] Trabalhador, infatigável, Eça punha no almanaque o esmero do escritor. Por vezes, era da casa de Bernardo, em Cascais, que ele devolvia as provas. E não lhe faltava tempo para ver "uma confusão deplorável entre milhares, milhões e *milliards* (em francês) que significa mil milhares". E dizia apreensivo: "Se não há muito cuidado em cotejar com o original, temos uma trapalhada monumental".[14] Eça seria sempre assim: a paciência e a capacidade de trabalhar nunca faltavam no seu arsenal.

Na carta certamente mandada ao editor Antonio Maria Pereira, em abril de 1897, ele não deixou pedra sobre pedra. Desde a capa, vista como um pacho horrível, até a parte enciclopédica, "magra e seca", tudo lhe pareceu indesejável. "As receitas da Agenda", dizia, "tinham pouco interesse, pouca utilidade, e monotonia." Mas, o principal defeito estava na "falta absoluta de informação sobre Portugal e Lisboa!" E como se fosse experiente fazedor de almanaques, ele desfiava a decepção:

> Era como se a nossa pobre terra não existisse, ou o Almanaque fosse um Almanaque chinês! Nem uma linha. E todavia parece que, se um português compra um Almanaque, e por 500 rs., é para ter, pelo menos, algumas informações de interesse geral e de interesse local sobre a sua terra e poder, quando lhe for necessária uma dessas informações, abrir e consultar o seu Almanaque![15]

Enfim, faltava tudo, inclusive o *Calendário de Santos Portugueses*, que Eça tencionava compor, e que "seria extremamente interessante". Por fim, já

---

12 Carta a José Sarmento, original do Sr. José Lello.
13 Idem, carta de 27.9.1895.
14 Carta a José Sarmento, Cascais, 15.9.1895. Original do sr. José Lello.
15 Carta ao editor Antonio Maria Pereira, Paris, 15.4.1897. Original do sr. José Lello.

voltado para a publicação do ano seguinte, Eça advertia o editor: "Quando eu lhe escrevi a respeito da continuação d'esta empresa disse-lhe que desejava fazer para 98 um almanaque *definitivamente bom*, e com o seu tipo definido". Nas menores coisas, nas mais simples e banais, o amor à perfeição continuava a perseguir o escritor.

***

Depois da estação em Caldas, Bernardo viera para Cascais, onde espaireciam Sabugosa e Ramalho, e Eça não demorou em visitá-los, como pedia o coração. *Eça a Bernardo*:

> Sintra, 1º de Setembro de 1895... É verdade, amigo. Estive doente, com visita de Lencastre, e dois mil-réis de botica. Agora, graças a Deus, estou melhor, e apetecendo vivamente Cascais, quando lá me quiseres.

E, lamentando as eternas provas que esperava terminar breve, não escondia o desgosto com Sintra: "aí por sábado poderia largar para Cascais onde tanto me chamam as saudades de ti e d'um pouco d'ar seco". A carta terminava com um recado para Vicente Pindela: "ele que me perdoe não lhe escrever diretamente — só dispunha desta folha de papel e em Sintra não há papel... Oh esta Sintra!".[16] Foram amenos e inesquecíveis os dias de Cascais. E já de Paris ele os recordaria agradecido.

> *Paris, 21 de Dezembro de 1895*: Meu querido Bernardo... Ainda com o doce hábito adquirido, às vezes, ao acordar, penso: que seca! Há que dias que eu não vejo o Bernardo! Que será feito destes Sabugosas? Ai de mim, Bernardo e Sabugosas, S. Domingos à Lapa, Sto. Amaro, estão muito longe, na terra em que ainda há santos e que por isso, decerto, é tão suave d'habitar.[17]

Era a total reconciliação com a terra e os seus santos, que tornavam a vida mais amena, talvez menos egoísta. As doces recordações não se apagariam rapidamente. Em julho, Eça, insistindo nas gratas lembranças, voltou a externar a alegria daqueles dias:

---

16 Carta no arquivo do conde de Arnoso.
17 Ibidem.

> Meu querido Bernardo... Não quero eternizar esta epístola. Por isso não te digo a saudade com que penso na varanda de Cascais e nas preguiçosas manhãs passadas a pasmar para a luz e para a água, nas cavaqueiras com prima Matilde, e nas noitadas em que sob o silêncio e a penumbra propícia decidíamos os grandes problemas. Imagino que toda essa delícia aí se está repetindo, e que tem havido na varanda todas as cousas boas, vós, Sabugosas, luar, frescura do mar, e um bocado de guitarra. Dá mil saudades a todos esses queridos amigos da varanda.[18]

Afinal, o tempo não matara o romântico boêmio das guitarradas em Coimbra. Sem dúvida, Cascais falava-lhe mais à alma do que a frondosa Sintra, que ele n'*Os Maias* pintara tão sedutora.

Antes de voltar para Paris, Eça quis rever Santa Cruz, que o enleava com os seus encantos. Emília também pensou ir — seria a oportunidade para ver Santo Ovídio. Ainda moça, a juventude realçava-lhe o ar senhorial, discreto e cativante. No curso do trabalho do Almanaque, Sarmento, havendo-a conhecido junto ao marido e aos filhos, esboçaria este tranqüilo quadro familiar:

> Foi ali (em Sintra) que eu conheci de perto a Excelsa Senhora. Era ainda nova, alta, hierática, com uns grandes olhos cheios de bondade. Eça sentava-se a uma das cabeceiras da mesa e a sua Esposa na outra. Eu à esquerda do romancista; em frente de mim o pobre José Maria e, à direita deste, o Alberto, o Antonio e a Maria, que era a mais velha devendo ter, nessa altura, os seus 9 anos. Estou a ver o risonho quadro. De vez em quando apenas uma ligeira sombra. Era a Senhora D. Emília que aconselhava o marido a não comer tantos guisados por causa da sua grave doença intestinal, e o amuo do grande escritor que pedia licença para ir fumar um cigarro, visto estar proibido de saborear o que lhe apetecia...[19]

Para o apreciador da boa mesa, das bacalhoadas, a dieta era duro suplício, e Emília, que Sarmento diria "o anjo tutelar daquela casa", minorava-o com súplice ar de bondade.

A viagem para Santa Cruz exigiu preparativos, pois a casa permanecia inabitável. Eça, de Lisboa, comunicou a Emília, em *Vila Fontes*:

---

18 Carta de 25.7.1896. Arquivo do conde de Arnoso.
19 SARMENTO, José. "Uma Grande Senhora". *Notícias ilustradas*, 24.6.1934.

Ontem recebi um telegrama do Monteiro, dizendo que tudo se arranjava em Sta. Cruz, e que já expedira colchões. É verdade que depois é que lhe mandei pedir para mandar para lá mais duas camas, visto irem Maria e a Maria Correia: mas espero que essa nova expedição também seja feita a tempo. Eu estou felizmente vendo quase o fim do Prólogo, de sorte que suponho podermos partir na quarta-feira, se Deus quiser.[20]

Os fados, entretanto, não estavam favoráveis. E no dia seguinte Eça voltou a escrever a Emília: "Eu passei uma noite péssima, com os meus interiores que nem me deixaram dormir. Além disso nevralgia".[21] Eram os velhos males, e a viagem foi adiada. Emília cancelou-a definitivamente, e ficou no Frankfort Hotel, no Rocio. Somente no meado de novembro Eça chegou ao Porto, onde ia conversar com os editores.

A tristeza instalara-se em Santo Ovídio. O abandono havia fulminado a velha e florida quinta, e o tempo fazia o que costuma fazer quando o deixam sozinho. *Eça a Emília*:

> Estive em Sto. Ovídio. Ainda bem que não vieste — pois que a mim próprio me fez uma muito viva impressão aquele quase desaparecimento do velho Sto. Ovídio. A casa ainda está de pé, ainda vestida com as suas trepadeiras. Mas, dentro é um deserto.[22]

No local da quinta iria passar uma rua, e o bom negócio emprestara ótimo humor a Manuel Resende. Também a mulher e os filhos estavam felizes: "A Matilde muito linda, e muito *senhorinha*; o Pedro forte, e chafurdando de pés nus, e debaixo da chuva, por entre a lama das obras". Eram as compensações da vida. E a carta continuava: "Enfim entre a vivenda que se vai demolindo — a família está magnífica". E enquanto pensava prosseguir a viagem, a chuva caía copiosa:

> Com toda essa invernia, eu começo a andar mole e adoentado. Tenho tido mesmo um pouco de nevralgia. Como não posso, porém, ficar aqui encalhado, à espera de bom tempo, resolvi ir amanhã, se Deus quiser, para Sta. Cruz; se chover e se não puder ver a quinta em detalhe ao menos dou

---

20 Carta inédita de 20.10.1895. B.N.L.
21 Carta inédita de 21.10.1895. B.N.L.
22 Carta inédita de 12.11.1895. B.N.L.

uma inspeção sumária à casa, e faço uma idéia do que ela necessita em obras, etc.[23]

Depois, continuaria a escrever *A cidade e as serras*.

Pelo Natal, após ausência de dez meses, Eça retornou ao Consulado. A viagem fora proveitosa, pudera adiantar os romances, retomar velhas amizades. Também se aproximara do rei D. Carlos, que parecia gostar do convívio de escritores ilustres, dizendo-se suplente dos Vencidos da Vida. Na sala de Eça, em Paris, via-se um quadro pintado pelo rei, que lh'o oferecera. Lisonjeado pela amizade régia, Eça, ao retornar a Paris pediu a Bernardo, secretário de Sua Majestade: "Beija por mim, com profundo respeito, as mãos d'El-Rei de quem recordo sempre, com gratidão, a cordialidade e a benevolência". Guerra Junqueiro jamais perdoaria o autor do *Padre Amaro*. Mais tarde, morto Eça, Lopes d'Oliveira pediu-lhe a opinião sobre o romancista. "Eça? Era um lacaio... Mas na sua obra não há uma página que não seja digna de um homem superior; guardou a sua vinha de todos os milidios da cortesania...".[24] O poeta era terno — o republicano transbordava ódio.

Quando Eça tornou, Paris gelava. "Esta volta a Paris, em pleno Inverno", dizia, "depois de dez meses de Portugal e sol, equivalem quase a uma reaclimatação." E, como um operário jungido ao seu trabalho, ele precisava retomar a pena, que o ajudava a viver. Não tinha sequer o direito de escolher o que desejava fazer. Na ocasião ele teria preferido entregar-se a *O Serão*, a revista idealizada com Alberto de Oliveira. Era, porém, o que ele próprio chamava "uma brutal questão de pecúnia". E a Alberto de Oliveira, desculpando-se do silêncio, explicou:

> o meu amigo sabe que eu sou, tenho sido nestes últimos anos, um redator regular da *Gazeta de Notícias* do Rio, recebendo um salário regular. Em mais de quatro meses, não mandei à *Gazeta* o valor, em prosa, de um bilhete postal. Também por escrúpulo, não tendo dado o trabalho, não cobrei o salário. Mas esses salários são indispensáveis ao meu orçamento...[25]

---

23 Carta inédita de 21.12.1895. B.N.L.
24 OLIVEIRA, Alberto de. *Memórias de Guerra Junqueiro*, p.26.
25 Carta a Alberto de Oliveira, Paris, 23.1.1896.

Depois de tanto haver trabalhado, Eça ainda não conquistara a independência proporcionada pelo dinheiro, mas ao qual também não se quisera escravizar. Havia alguns anos que ele escrevera a Domício, ao saber que Eduardo Prado entregara-se aos negócios:

> A descrição que o amigo faz do Prado, azafamado, correndo escritórios, suando áspero suor da caça ao Milhão, faz-me pena, faz-me saudade do antigo Prado, do Prado do ano passado, quando ele panfletava o Governo Provisório, se ocupava de livros e de idéias gerais. E ia à noite para a rue Creveaux, através da filosófica e germânica cerveja, reformar os sistemas do Universo. Seria pena, grande pena, que o Prado, aliás tão bem-dotado, se convertesse num vulgar *homme d'affaires*.

Feita essa lamentação pela sorte do amigo, Eça emitia o seu pensamento: "A luta pelo dinheiro é santa — porque é, no fundo, a luta pela liberdade: mas até a uma certa soma. Passada ela — é a tristonha e baixa gula do ouro".[26] Eça nem ganhara o milhão, nem a liberdade. Precisava, portanto, permanecer jungido ao trabalho para viver: *O Serão* seria um sonho na rue du Roule, ele continuou "ocupado em fazer grandes homens", conforme diria a Emília. Fazia-os para o *Almanaque*, que, em agosto, ficou concluído.

Para os filhos, 1896 foi excitante. Chegara o tempo de irem para o colégio, que tinha o sabor da novidade. Maria foi para um convento na rua Vítor Hugo, perto do Arco do Triunfo — eram as *Dames Chanoinesses Augustines Anglaises*. José Maria, e logo em seguida Antonio, ficaram a dois passos, no Colégio dos Padres da Ste. Croix. Alberto freqüentaria o curso da Mademoiselle Bur. Para as crianças o tempo passava carregado de ilusões.

Nesse ano foram poucos os amigos vindos de Portugal e do Brasil. Contudo, para alegrar a casa com o seu piano e as suas cançonetas, bastara Benedita, chegada para conhecer a nova residência. Dos íntimos, contavam-se a Duquesa de Palmela, hospedada no Hotel Mirabeau, Carlos Mayer e o boêmio Caparica. E em agosto, como habitual, Emília seguiu com os filhos para uma praia. Desta feita escolheu-se Lion-sur-Mer, e Eça, fechada a casa, ficou no Hotel Terminus, próximo da Gare St. Lazare.

---

26 Carta de Paris, 8.10.1891. *Revista do Brasil*, 15.9.1926.

Ainda uma vez era a solidão, que tanto o angustiava. Cheio de tristeza, ele escreveu a Emília:

> À noite janto com Mayer; mas depois do jantar ou tenho de ficar abandonado no *pavé* triste de Paris, ou tenho de acompanhar Mayer ao Jardim de Paris, seu refúgio e templo, o que é para mim um suplício amargo.[27]

A opção era penosa.

Contudo, não havia só tristezas. Pelos bons e ilustres serviços Eça fora condecorado com a Legião de Honra, da França. Era o que faltava ao irreverente criador do Pacheco. E ele comunicou à mulher:

> Também te interessará, ou antes te divertirá saber que já tenho *le ruban*. Já o tinha há semanas. Mas, o Rosa queria voltar de Contrexeville para me fazer a investidura cerimoniosa. Excelente Rosa. Ele próprio me foi comprar a fitinha e uma linda insígnia. E para lhe dar prazer, à noite, ao jantar, *j'arbore le ruban*.[28]

Assentava bem em Fradique a fitinha na lapela.

---

27 Carta inédita de Paris, 30.8.1896. B.N.L.
28 Carta inédita de Paris, 27.8.1896.

19
O exilado

O tempo andara na ponta dos pés — Eça quase não percebera. Entretanto, um quarto de século havia passado, e cada vez mais o romancista sentia-se um exilado. Desde Havana ele experimentara esse sentimento, logo transmitido a Ramalho: "O exílio importa a glorificação da pátria". E a distância exaltava-lhe as lembranças: "penso nas belas estradas do Minho, nas aldeolas brancas e frias! — e *frias*! —, no bom vinho verde que eleva a alma, nos castanheiros cheios de pássaros, que se curvam e roçam, por cima do alpendre do ferrador...". Um quarto de século tinha voado. Newcastle... Bristol... Paris... O escritor conquistara a fama e a glória. Mas, nem por isso era menor o desejo de tornar a Portugal, ao seio dos amigos. E a Oliveira Martins ele dissera, em 1890: "Se Vocês, todavia, homens poderosos, pudessem arranjar aí um nicho ao vosso amigo há tantos anos exilado, teríeis feito obra amiga e santa!".[1] Era a ilusão de poder recolher à pátria. Quantos, entretanto, não lhe invejariam a vida em Paris? Não lhe conhecendo a tranqüila existência familiar, longe das rodas boêmias, talvez o acreditassem fruindo os proclamados prazeres parisienses.

Puro engano. Tal como Ulisses, "o mais sutil dos homens", recolhido por Calipso "para que ficasse eternamente ao abrigo das tormentas, da dor e da velhice", também ele desejava retornar à sua Ítaca, sofrer as suas imperfeições, sentir as suas fraquezas, e amar os seus defeitos. Entediara-

---

1 Carta de 28.1.1890. *Correspondência*.

o a monotonia da perfeição. E o que ele aspirava era "cantar em prosa as virtudes e belezas sem par da serra portuguesa, refúgio de alguém que na cidade esgotara o cálix da civilização".² Escreveria assim *A cidade e as serras* ao tempo em que, voltado para a pátria, tecia *A ilustre casa de Ramires*. Sobretudo depois do *Ultimatum*, que sangrara o coração dos portugueses, Eça largara a pena embebida na ironia, por vezes cáustica, e com a qual tentara corrigir os erros de uma civilização decadente. "Enfim, Portugal, pequena nau, tem visto grandes tormentas", dissera ele a Oliveira Martins. Agora, a pequena nau enternecia-o, pelas virtudes da sua gente e a grandeza do seu passado: Eça via o outro lado da medalha.

No apartamento de Eduardo Prado, rue de Rivoli, 194, conheceu Eça o jovem Martinho Arruda Botelho, filho do conde de Pinhal, rico plantador de café no Brasil. A fortuna permitia-lhe ter o entusiasmo fácil, e Arruda Botelho não demorou em se empolgar com a idéia de se tornar proprietário e diretor em Paris, de uma revista, da qual Eça de Queiroz seria o redator e orientador. Começou assim a breve e brilhante existência da *Revista Moderna*, cujo primeiro número saiu em maio de 1897.

> Aparecendo neste meado de maio, com as flores de Maio, sem ruído, na ponta ligeira das suas páginas bem ornadas, tão silenciosamente como as próprias rosas de Maio, ela tem por programa dar notícias e dar Imagens,

dizia a nota de Eça apresentando a Revista. Por vezes era ele o único a redigi-la. E, principalmente, quando quinzenal, o trabalho ficou excessivo. Não compensava ganhar um pouco mais. *Emília ao marido*: "Eu lastimo ainda mais o *surcroit* de trabalho! Coitado! como ganho, é muito conveniente, mas muito me aflige ver-te trabalhar tanto! Verdade é que para uma crônica dás um romance!".³

Quem melhor do que ela conhecia as dificuldades do marido? Embora trabalhasse sem parar, Eça não amealhara o suficiente para conquistar a tranqüilidade. Devia tecer para viver. A própria herança de Emília fora modesta, e reclamaria tempo para que as terras de Santa Cruz e de Corte-Condessa se tornassem rendosas. Amargurado, ele diria a Bernardo, ao

---

2 SIMÕES, João Gaspar. "Estudo Crítico-Biográfico". *Eça de Queiroz, Obra completa*. Ed. Aguillar, I, p.42.
3 *Eça de Queiroz entre os seus*, p.353.

falar-lhe da luta a que era forçado: "Luta bem vã", dizia, "quando se empreende com uma pena na mão, em língua portuguesa". Escrevesse em outra língua, e certamente já teria alcançado a abastança. Ele, no entanto, necessitava ter o prumo na mão, contando o dinheiro, sempre a advertir Emília sobre a importância de economizar. Dizia-lhe, por exemplo: "Os tempos estão sombrios — e a avareza é um dever, uma imperiosa necessidade".[4] Realmente, alarmado pelo fantasma da guerra entre a Espanha e os Estados Unidos, todo o Portugal entrara em pânico, e abertamente falava-se na eminência de uma revolução contra o trono. Atento para nada faltar a Emília e aos filhos, Eça, quando ausente, tinha o hábito de mandar-lhe certas importâncias pelo correio. Eram freqüentes as remessas de trezentos francos. Não esquecia, porém, de pedir parcimônia nos gastos: "vão 300 francos", dizia-lhe. "Mas, peço, até suplico severa economia".[5] E dias depois ele voltava à carga: "Os tempos estão sérios e todo retraimento de despesa é urgente, é indispensável".[6] As dificuldades não o faziam, no entanto, menos generoso: desejava que Emília conservasse a mão cautelosa, a dele estaria aberta para a família.

Em novembro de 1897 a Revista iniciou a publicação d'*A ilustre casa de Ramires*. Para celebrar o acontecimento editou-se um número dedicado à "individualidade literária" de Eça de Queiroz, e muitos confrades mandaram para a rue Laborde, 48, sede da Revista, palavras de admiração e carinho. Alguns, que lhe acompanhavam a decadência física, talvez imaginassem levar-lhe as últimas flores. Eduardo Prado escreveu pequeno ensaio, que se tornaria quase clássico na bibliografia queiroziana. E, depois de falar do glorioso passado, dizia: "Hoje, Eça de Queiroz parece ter, como sonho e última ambição, o viver no campo e em Portugal". Íntimo da Avenue du Roule, Prado sabia porque o dizia. Maria Amália também trouxe o afeto da velha amizade: "os amigos que o conhecem de perto", escreveu, "esquecem o artista, para só verem nele a alma boa, inefavelmente boa!". O julgamento sensibilizou o homem. E quando seguiu para Lisboa, Eça foi agradecer-lhe o que chamou "a apoteose". Xavier de Carvalho lembrou o revolucionário — tocava no ponto sensível. Eça se apressou em dizer-

---

4 Carta inédita de 20.4.1898. B.N.L.
5 Ibidem.
6 Carta inédita de 27.4.1898. B.N.L.

lhe: "Você comprendeu como poucos tudo quanto tenho escrito".[7] Representando os antigos companheiros, Batalha Reis recordou os tempos da *Gazeta de Portugal*. Também Ficalho e Bernardo, o bom, lembraram a longa amizade. Pelos mais novos falou Magalhães de Azeredo, que não se limitou a louvar "a verve fascinadora da sua conversação": "pelo agasalho hospitaleiro da sua bondade, pelo calor afetivo do seu gênio, os serões da sua casa de Neuilly serão sempre contados entre as horas deliciosas da minha vida." Quantos e quantos não diriam o mesmo?

Pouco antes da publicação da *Casa de Ramires*, Eça fora intimado pelo seu médico, João de Melo Viana, brasileiro diplomado em Lisboa e Paris, a seguir sem demora para uma estação em Plombières. Iria a contragosto. Na ocasião, Emília partira com os filhos para *Paris-Plage*, e ele lhe comunicou a decisão médica: "Continuo muito secado em ir para Plombières — mas o Melo Viana insistiu tão urgente e cientificamente que eu não tinha mais direito a resistir".[8] Aconselhada para os reumáticos, dificilmente seria estação indicada para os males de Eça. Este devia, porém, submeter-se. Em Paris, ele ficara no Hotel Windsor, rue de Rivoli, e, portanto, como dizia, "em pleno Pradismo". Vinda do Brasil, D. Veridiana, mãe de Eduardo Prado, instalara-se no apartamento do filho com numerosa corte, e fizera do romancista agradecido vassalo. "A D. Veridiana", escreveu Eça para Emília, "exigiu que eu jantasse com ela todos os dias; e muito carinhosamente me tem nutrido. Talvez mesmo *too richly*, porque há sempre sobremesas de magníficas frutas escolhidas por ela (que é gulosa), e eu não resisto a entrar profusamente nesse verdadeiro pomar!" Livre da vigilância da mulher, Eça podia fartar-se. Em seguida ele fazia breve retrato da acolhedora anfitriã: "A D. Veridiana é ainda mais esperta, e agradável, e pitoresca, e fina, do que nós imaginávamos, e foi pena não a cultivar com intimidades".[9] Eça devia partir — as águas esperavam-no. Mal chegara a Plombières, ficou febril: "um destes meus estados mórbidos em que a molécula fica a hesitar se terá febre ou se não terá febre. Hoje estou murcho e a molécula tende para a febre". O médico tranqüilizou-o.

---

7 *República*, 20.11.1945.
8 Carta inédita de 5.8.1897. B.N.L.
9 Ibidem.

"Estive com o meu médico", diria a Emília

> homem apressado, loquaz, engraçado, e verdadeiro médico *tant-mieux*. Declarou logo que eu não tenho uma verdadeira doença — apenas um incômodo, com inconvenientes meramente sociais: que este estado não afeta o organismo; e que os que sofrem da minha especialidade chegam geralmente à velhice, e terminam mesmo por engordar! *Ça se serait un comble.*[10]

Experiente, o médico sabia quanto os doentes gostam de ser enganados. Eça tinha suficiente humor para rir do médico, e a carta continuava:

> Este médico, de resto, é uma abstração. Anda sempre a correr, e na sua pressa, tudo que faz aos clientes é mandar-lhes deitar a língua de fora! Faz as visitas quando a gente está no banho, entra *en coup de vent*, manda deitar a língua de fora e abala. Estou com curiosidade de saber o que ele me leva por me ter visto tantas vezes a língua.

Na realidade Eça não experimentara melhora — consolou-o a notícia da próxima chegada de Domício da Gama, cuja companhia lhe era grata: "O Domício", comunicou ele à mulher,

> telegrafou que vem além de amanhã. Ainda bem! Porque se ao fim de dois dias já estou tão aborrecido — como poderia agüentar os 15 dias mínimos do tratamento?

A presença do amigo amenizou a estação: Plombières ficou encantador. "O Domício é bom companheiro para a montanha", dizia Eça, "porque tem o trepar fácil e condescendente".[11] Andando, ele pousava os olhos sobre a paisagem: "Sempre o mesmo prodigioso inverossímil tapete de pelúcia verde, estendido, esticado, muito bem pregado sobre os montes: bosques de carvalho e faia, de copas muito redondas, muito macias, e que de longe parecem musgo muito alto... O vale é admirável, todo tapetado de verde, de veludo verde, do mais caro; aqui e além aldeiazinhas brancas, e cor-de-rosa, perfeitas; e em todo vale, na extensão de três léguas, sem um grão de pó." E lembrando-se do sutil Ulisses, ele dizia numa expansão: "A ilha de Calipso, à vista disto, é a própria desordem. Estou já com sau-

---

10 Carta inédita de 8.8.1897. B.N.L.
11 Carta inédita de 13.8.1897. B.N.L.

dades da natureza rude e desgrenhada dos *Champs-Elysées*".[12] Foram de longas e cansativas horas os passeios com Domício. Era bucólico andar despreocupado por aquelas "estradas e caminhos tão lisos e polidos como os *parquets* do Museu do Louvre". De que falariam os dois andarilhos? De uma coisa eles teriam certamente falado — o assassinato de Canovas, o estadista espanhol, num hotel da região. De resto todo Plombières se comovera. Eça, escrevendo a Emília, fez este comentário: "Esta tragédia foi grandemente espanhola. Canovas gritando *Viva España*, a mulher quebrando o *leque* na cara do assassino, são cousas só daquela terra ultra-sublime". Depois repetiam a caminhada da véspera. "A aventura do nosso dia é sempre o passeio depois do almoço — passeio a pé, porque é mais higiênico, mais *flanant*, e mais barato."[13] Era belo e monótono.

Nessa ocasião também Eduardo Prado partira para uma cura de emagrecimento em Marienbad, onde adoecera, tendo chamado o seu médico em Paris, Hilário de Gouveia. De longe, a família e os amigos se haviam inquietado. Eça escreveu-lhe cheio de afeto: "Meu amigo! a criatura nunca deve alterar por modos violentos e bruscos as proporções que lhe deu o Criador". Talvez pudesse fazê-lo vagarosamente. "Mas saltar para um expresso, correr a uma *source* (e na Boêmia!), para, à força d'águas, ingurgitadas, se desembaraçar à pressa, em 15 dias, duma imensa parte da sua substância — é quase um ato contra a Moral".[14] A ironia não abandonara o missivista. E Eça concluía com bom humor: "As *águas* foram só criadas para curar os médicos da falta de dinheiro". Para ele a estação fora inútil. Ao contrário do que previra o médico, e apesar das águas, das duchas, do repouso, perdera um quilo. E sem Domício a solidão envolvia o tímido: "Segundo o costume da minha timidez não conheço ninguém". Contudo, isso não impediu que ao regressar ele escrevesse a Emília: "Estou impaciente por abraçar a todos. Paris, depois dos Voges, pareceu-me hediondo".[15]

***

---

12 Carta inédita de 18.8.1897 à mulher. B.N.L.
13 Carta inédita de 13.8.1897. B.N.L.
14 Carta inédita a Eduardo Prado, Plombières, 20.8.1897. Original do sr. Antonio Marrocos de Araújo.
15 Carta inédita de 23.8.1897. B.N.L.

1896 findava quando Moniz Barreto fechou os olhos numa Casa de Saúde dos frades hospitaleiros de S. João de Deus, na rua Oudinot, em Paris. Aí, caridosamente, o internara Bartolomeu Ferreira, Secretário da Legação de Portugal. À cabeceira do moribundo, enquanto a neve caía forte, um frade dizia-lhe palavras de conforto, resignação, e esperança. "Abra-me essas janelas, meu irmão... Quero ver quem é que chama por mim", pedira o agonizante. O monge fez-lhe a vontade. E Moniz Barreto "morreu como um passarinho". Desventurado sonhador. Lutara bravamente contra a doença. Eça, que bem o conheceu e a quem ajudou na *Revista de Portugal*, o tinha como "incerto, vago, tardio e misterioso". Era a conseqüência do sofrimento e do orgulho. Cristóvão Aires, seu patrício, lembraria a "pobreza asfixiante que lhe sugou a seiva da vida".[16] A pobreza fizera-o hesitante e lento. Mas, reconhecendo-lhe o mérito, Eça dizia a Luiz de Magalhães: "como *essayiste*, escritor de Revista, é de primeira ordem e é forçoso aturá-lo com todos os seus defeitos".[17]

Por certo tempo, vencendo o orgulho e a timidez, Moniz Barreto freqüentou a Avenue du Roule. Eduardo Prado contava as reações do seu orgulho. Certa vez Emília insistira para aceitar uma peliça à saída de Neuilly. Resistiu quanto pôde ao gesto hospitaleiro. Vencido, Moniz Barreto, no dia seguinte pagou um portador para a devolver. Eça era agradecido ao crítico que, em 1888, fora dos primeiros a estudar-lhe as obras com simpatia, e que ao tratar de *O Primo Basílio* dissera que "este livro ficará sendo o exemplar culminante do romance português".[18] Aos poucos, a enfermidade consumira-o, e Eça escreveu a Oliveira Martins: "Quem aparece bastante é o Moniz Barreto, que está, no corpo e na alma, um verdadeiro personagem de Hoffmann".[19]

A doença não o deixou ficar na Europa — a tuberculose exigia clima quente e seco, e, em 1895, ele partiu para o Brasil com o seu colega de escola, o historiador Oliveira Lima, a quem, certamente por pressentir que a vida lhe seria breve, mandou pouco antes esta carta:

---

16 NEMÉSIO, Vitorino. Prefácio aos *Ensaios de crítica* de Moniz Barreto. Ed. Aviz.
17 Carta de 21.10.1891, *Cartas de Eça de Queiroz*. Ed. Aviz.
18 BARRETO, Moniz. *Ensaios de crítica*, p.242.
19 Carta de 26.4.1894. *Correspondência de Eça de Queiroz*.

Paris, 22 Rue des Écoles, 24 de julho de 1894. Meu caro amigo. Se eu um dia chegar a velho, o que não espero nem desejo, conto deleitar-me antes de morrer em reler esse maravilhoso panegírico da Morte — *Et maintenant, le crucifix a la main je vais descendre dans l'eternité.*[20]

O romântico recordava Chateaubriand. Contudo, não demorou no Brasil, havendo voltado como correspondente do *Jornal do Comércio*, emprego do qual o afastou a suscetibilidade à flor da pele, indiferente à pobreza. E Domício da Gama, além de pedir a Ferreira de Araújo, proprietário da *Gazeta de Notícias*, escreveu a Capistrano de Abreu, o famoso historiador: "seria um serviço a prestar ao nosso aflito psicólogo".[21] Tudo inútil — a vida só não lhe negaria a morte. Oliveira Lima resumiu-lhe os infortúnios: "sofreu, como sempre, calado, sem confessar aos seus amigos seus dissabores".[22]

***

Embora queixoso da impontualidade de Botelho nos pagamentos, Eça afeiçoou-se à *Revista*, nela publicando alguns dos seus melhores contos. Aí apareceram "A Perfeição", "José Matias" e o "Suave Milagre". A propósito deste último recordou a filha, Maria, que, mal saída da infância, ela perguntara ao pai se era um escritor, conforme lhe diziam no colégio, e ele se limitara a dizer-lhe que não o fazia para as "jeunes filles". Dias depois, Eça leu-lhe aquela terna, pura e admirável obra-prima do conto.

O escritório da *Revista* tornara-se para ele ponto de encontro com os amigos. "Quase todos os dias", lembraria Magalhães de Azeredo,

> findo o expediente do Consulado, subia as estreitas escadas da rua Laborde; era lá o nosso ponto mais certo de reunião. Às vezes, porque a saúde era má ou mau o tempo, ameaçando-o com as nevralgias, que tanto o atormentavam, demorava-se pouco.

---

20 Carta inédita, Arquivo Oliveira Lima, na Universidade Católica de Washington.
21 *Correspondência de Capistrano de Abreu*, coligida por José Honório Rodrigues, v.III, p.135.
22 LIMA, Oliveira. *Revista do Brasil*, 3ª série, março, 1897.

O habitual, porém, era demorar-se, e a conversa prolongava-se calorosa, vivaz, marcando-a Eça com as "inflexões picarescas da sua voz, e pela originalidade imprevista e sempre nova da sua frase". Ouvi-lo era um prazer.

> Então, continua Azeredo, ficávamos até tarde, no inverno, ao redor da chaminé rubra e crepitante, a que ele, friorentíssimo, se aconchegava... Depois íamos reatar a conversa em Neuilly, na casa confortável e hospitaleira, rodeada de árvores murmurantes, no silêncio do arrabalde adormecido.[23]

À medida que parecia mais débil, curvado, mais os amigos se reuniam em torno dele para o admirarem e festejarem. No fim de 1897 estivera doente do que chamou "uma gripe misturada de febre paludosa"[24] e bastou para retardar a *Revista*, que logo pediu revelasse o atraso "devido à doença, felizmente sem gravidade, do seu principal colaborador, o ilustre escritor Eça de Queiroz". Sem ele a publicação não andava.

Na ocasião, tendo ido passar dias em casa de Eduardo Prado, o filho José Maria escreveu-lhe cheio de carinho: "Mon chère papá. Tous les jours dans ma prière je demande a Dieu que tu sois guéris, pour que tu puisse venir à la maison directement car mes saudades son três grandes. *Joseph*".[25] As preces ajudariam a cura.

Aliás, a doença coincidiu com o número da *Revista* em homenagem à bela Orleans, e no qual Eça publicou o famoso e discutido artigo "A Rainha".

Imaginara ser a maneira de valorizar a publicação. E, por sugestão da Duquesa de Palmela, escreveu a Sabugosa, pedindo-lhe a colaboração:

> a *Revista* vai dedicar à Rainha o seu primeiro número de Janeiro. Eu escrevo, se Deus quiser, o artigo de considerações gerais. Mas, há toda uma série de fotografias, retratos, salas, desenhos da Rainha etc., que pedem um outro largo artigo de informação, mais exato e direto. Seria um quadro do viver da Rainha — os seus hábitos, os seus gostos, as suas ocupações.

---

23 AZEREDO, Magalhães de. *Eça de Queiroz visto pelos seus contemporâneos*, p.321.
24 Carta ao conde de Arnoso, em 5.1.1898.
25 Carta inédita de 28.2.1898. Arquivo de Tormes.

Eça sempre sentira encanto por aquela Majestade alta, elegante, loura de belos olhos azuis. No artigo não escondeu esse sentimento:

> A Rainha, como a sua graça afável o anuncia, possui a Bondade nas suas formas amáveis — a tolerância, a benquerença, a doçura com os humildes, a piedade de todo o mal. Mas, na sua alma portuguesa, a Bondade floresce, principalmente, sob uma forma toda nossa e do nosso povo — a Caridade.

Se algum pintor quis embelezar um retrato, nenhum o desejou mais do que Eça ao fazer esse da Rainha. Ele o confessava abertamente: "uma Rainha *gracieuse, bonne et belle*, certamente me encanta", dizia.

> E, pois que o nosso pobre Mundo tanto necessita de doçura e bondade, sinceramente creio na vantagem social de que, por vezes, uma Rainha irradie um pouco da sua doçura, da sua bondade, da sua beleza sobre os costumes, os espíritos e as leis.

Parecia sentir descer sobre ele as virtudes de uma princesa encantada. Antes mesmo de se mirar no belo retrato, Dona Amélia ofereceu-lhe um dos seus desenhos, e Eça pediu a Sabugosa para ir ao palácio das Necessidades transmitir o seu reconhecimento pelo precioso presente.

Pouco depois ele o fez pessoalmente, pois, em abril, viajou para Lisboa, donde escreveu a Emília:

> Já estive também com a Rainha. O meu artigo sobre ela, creio que desagradou aqui soberanamente. Até mesmo cá em casa têm mantido sobre o fato um silêncio pudico. A Rainha todavia foi exuberante de reconhecimento — afirmando que nunca sobre ela se tinham dito cousas tão amáveis e n'um tom tão elegante. Estava terrivelmente linda — e extra — amável.[26]

Depois seguiam-se as apreensões pela sorte da guerra — "Coitada, mas bastante assustada (e com razão) pela guerra de Espanha que bem pode ser o fim da dinastia. O Rei, esse também *extra* em amabilidades, mas medonho, quase sem forma, e tão vermelho e lustroso que parece pintado com

---

26 Carta inédita de 16.4.1898. B.N.L.

Aspinal." A gratidão da Rainha compensava a decepção colhida do silêncio do Rocio. E, informada deste, Emília respondeu ao marido:

> Achei graça à impressão produzida pelo teu artigo sobre a rainha que nós achamos tão lindo! Talvez aí, com o modelo a dois passos, achassem o retrato exagerado, enfim a ela agradou, ao que parece e, afinal, para isto é que foi escrito.[27]

Suave, ela apoiava o marido.

O exílio prejudicava o romancista, que aproveitava as viagens a Portugal para atualizar observações, rever o meio que lhe servia de pano de fundo. Havia vinte anos, ele dissera a Ramalho:

> Convenci-me de que um artista não pode trabalhar longe do meio em que está a sua matéria artística: Balzac (*si licitus est...* etc.) não poderia escrever a *Comédia Humana*, em Manchester, e Zola não lograria fazer uma linha dos *Rougon* em Cardife.

Embora conservasse as lembranças da juventude, Eça tecera seus romances longe do meio onde transcorriam, mas tal circunstância não impedira que nada lhe escapasse da sociedade onde tão pouco vivera. Agora, ele revia os velhos amigos. Mal chegado visitara Ramalho, que convalescia em Cascais de grave enfermidade. E em Lisboa, onde Eleonora Duse conquistava as platéias com o *Cyrano de Bergerac*, voltava a conviver com o mundo que conhecera na juventude, e sobre o qual observou os efeitos dos anos. Havendo ido à casa dos Condes de Valbom, que lhe lembravam os primeiros anos de Paris, e ainda sofriam a morte do filho, Carlos Lobo d'Ávila, o mais jovem dos *Vencidos*, e desaparecido em plena ascensão política, Eça escreveu a Emília: "... foi em casa dos Valbons — sobre quem o tempo tem operado a sua habitual cicatrização. A Condessa quando me viu chorou muito — mas depois foi a antiga Valbom".[28] Era a vida que passava e trazia o tempo para enxugar as lágrimas.

Ele também não esquecera Maria Amália, a velha amiga, e transmitira para Neuilly impressões sobre o conhecido salão:

---

27 Carta inédita de Neuilly, 14.4.1898. B.N.L.
28 Carta de Lisboa, 22.4.1898. B.N.L.

> Lá encontrei várias das nossas amigas, umas mais velhas, outras mais gordas, e todas ruidosamente interessadas pelo *Cyrano de Bergerac*. Contei três vezes, com resignação, os encantos do cerco de Arras. Entre as gordas a Condessa de Sabugal, que me pareceu também mais lânguida; entre as velhas a de Vila Real, que todavia me pareceu mais nova. A dona da casa sempre rapariga, e boa rapariga, e tão pouco *meia azul* — que é quase *meia branca* e burguesa. Ao lado (fazendo também as honras da casa) Antonio Candido com um ar profundo de pensador.

Era o romance da vida, e Eça não o deixava passar. Afinal, tudo mudava, exceto a afeição dele pela mulher, a quem dizia, no fecho das cartas: "mil beijos para ti, minha querida, bem ternos do teu *José*".[29] Fiel, o amor se sobrepunha ao tempo.

A saúde não sorria, porém, ao viajante. Desde que chegara lhe haviam voltado os velhos achaques, que, inclinado a iludir-se, ele atribuía a acessos de impaludismo. "O meu caso foi um regresso das febres paludosas acompanhadas das de nevralgias. As febres já passaram, graças a Deus, mas as nevralgias ficaram, e agora tenho dois acessos nevrálgicos por dia..." O bastante para roubar-lhe a alegria. E Emília tentava consolá-lo: "Tenho pena que a estada aí te não esteja dando mais satisfação, mas à chegada sempre se fica um pouco *depaysée*".[30] Aliás, desde fevereiro, ainda em Paris, Eça adoecera, e informara a Lello: "Há um mês que estou doente, e só agora, graças a Deus, começo a melhorar e a fazer algum trabalho. Este foi o motivo da demora das provas". *A Casa de Ramires* ficara um pouco de lado — "todo o meu esforço é para me desembaraçar da *Cidade e Serras*",[31] disse ele ao editor. Dias antes, também escrevera a Bernardo sobre a má saúde dizendo ter estado doente "há dez dias, com uma gripe, misturada de febre paludosa (em Paris!)".[32] A ilusão consolava o enfermo.

Nas horas em que lhe fugia a saúde, parecia tornar-se mais viva a ambição de recolher à tranqüilidade de uma quinta. Certa vez, confessara a Emília: "o meu pensamento constante é uma quinta". Os amigos conheciam essa aspiração. Maria Amália, por exemplo, diria mais tarde:

---
29 Carta de Lisboa, 16.4.1898. B.N.L.
30 Carta de Paris, 14.4.1898. B.N.L.
31 Carta a A. Lello, Paris, 12.2.1898. Arquivo de Lello & Irmão.
32 Carta ao conde Arnoso, 8.2.1898. *Correspondência*.

"Tendo vivido sempre a vida artificial das cidades, — ele tinha agora a nostalgia da vida rural, ambição de uma quinta retirada do Minho...".[33] Os artistas transformam os sentimentos em obras de arte: da nostalgia da vida rural, Eça faria o conto *Civilização*, reconhecido como a semente d'*A cidade e as serras*. Nele, inspirado no apartamento de Eduardo Prado, na rua do Rivoli, que o progresso e toda uma sofisticada tecnologia haviam provido de complicadas formas de conforto e bem-estar, em contraste com os encantos da vida rural, cuja pureza tem as raízes mergulhadas na própria natureza, o escritor põe a felicidade na simplicidade das serras e da sua gente. A existência é feita de ilusões, inclusive para os romancistas: freqüentemente ele falava em "ter uma quintarola". Quando lhe recordou a vida, a filha repetiu essa ambição: "meus pais tinham tido sempre o desejo de viver no campo". Era um devaneio.

Santa Cruz e Corte-Condessa punham, porém, o sonho ao alcance da mão, e Eça voltava-se para elas. Também Emília almejava passar as férias em Santa Cruz: "Estou desejosa de saber se sempre iremos passar em Santa Cruz as nossas férias".

No fim de maio, na companhia de Ficalho, ele partiu rumo a Corte-Condessa. "Solar Ficalho", escreveu para Emília, "com grande ar, sala d'armas, terraço alto dominando toda a região, muralhas, etc." Era uma amostra da Torre de Santa Irinéia, d'*A ilustre Casa de Ramires*. No dia seguinte foi a carinhosa recepção dos rendeiros de Corte-Condessa, que encontrou tratada, podendo tornar-se "uma das mais ricas herdades de Portugal". Satisfeito, ele informou à proprietária:

> *O Monte* está muito habitável, restaurado de novo, com agradáveis quartos, e tudo da quase inverossímil limpeza alentejana. Estive aí três dias. Vida de lavrador... Logo pela manhã, às 10 horas, os almoços eram temerosos — porque o prato mais insignificante era sempre um imenso peru!

O romancista falava como um senhor rural.

Depois iria para Santa Cruz. Antes, no entanto, parou em Lisboa, onde havia os festejos do centenário de Vasco da Gama, e aí sentiu os afagos da celebridade. Também ele era uma das glórias de Portugal. "Aqui

---

33 CARVALHO, Maria Amália Vaz de. *Figuras de ontem e de hoje*, p.18.

no Rocio", escreveu, "o Cortejo passou num silêncio glacial, quase sombrio, um silêncio de 30 mil pessoas. Eu todavia, se me faz favor, tive a minha pequena ovação, que agradeci do quarto andar, com modéstia."[34]

A referência deixa entrever uma ponta de vaidade satisfeita. Contudo, talvez pela má saúde, Lisboa não lhe parecia a mesma. "Lisboa desta vez", escreveu ele para Emília, "não está operando sobre mim com o seu charme habitual. Ainda não cessei de me aborrecer".[35] E, dias depois, insistia:

> Continuo bastante aborrecido. Desta vez positivamente Lisboa não me seduziu. Talvez o estar muito em casa e esta casa não ser alegre me envolva em vaga seca. Depois os amigos andam muito dispersos, e na minha terra, como estranho, sofro de solidão... Estou realmente ansioso por partir, deixar esta querida Lisboa.[36]

Angustiada pelas más notícias, Emília escrevia ao marido: "Tenho a maior pena que tenhas estado doente ao final dessa viagem que devia fazer-te tanto bem; não foi *un succès* e aí continuas as febres e nevralgias de cá".[37]

Inesperadamente, ele precisou demorar-se em Lisboa, para atender à *Revista*, que lhe pedia originais da *Casa de Ramires*. Pelo tempo em que elaborava o romance — já lá iam mais de quatro anos — devia admitir-se já o tivesse concluído. Mero engano. Habituado a reescrever os romances sucessivamente estes se tornavam quase infindáveis. E ele se queixava da *Revista*: "depois de me ter dado tempo largo para enviar *Ramires*, agora o exige à pressa e à lufa-lufa. Estou, pois, há dois dias nesse trabalho".[38] Normalmente lento no rever os próprios trabalhos, Eça era infenso à pressa, e talvez por isso os originais para a revista não seriam, mais tarde, publicados em livro.

Atendida a *Revista*, ele partiu para Santa Cruz. Antes, para visitar Luiz de Magalhães, passou em Moreira da Maia, onde tudo estava "forte, alegre e próspero". Era-lhe grata a lembrança da quinta, que conhecera

---

34 Carta de Lisboa, 20.5.1898. B.N.L.
35 Carta de Lisboa, 16.4.1898. B.N.L.
36 Carta de Lisboa, 27.4.1898. B.N.L.
37 Carta de Neuilly, 12.5.1898. Arquivo de Tormes.
38 Carta de Lisboa para a mulher, em 24.5.1898. Arquivo de Tormes.

depois do inventário. Talvez por isso, teve alguma decepção ao revê-la através das "janelas sem vidraça". "À chegada", informou a Emília,

> senti uma inesperada decepção — Sta. Cruz não me pareceu tão belo! Até, Deus me perdoe, achei a serra um pouco banal e mesquinha. Mas, não foi impressão duradoura. Dois ou três passeios bastaram para me fazer experimentar *l'ancien charme*.

Sobremodo impressionou-o a falta de limpeza onde habitavam os caseiros, "uns buracos negros, d'incomparável imundície". A pobreza feria o antigo socialista, que não escondeu o que lhe ia na alma — "decerto as casas d'aldeia ou dos caseiros são, por culpa dos proprietários, verdadeiros covis onde mesmo gado estaria mal". Certamente, esperava mudar essa triste face da pobreza. E, antes mesmo que pudesse apagar a dolorosa realidade, a pena do romancista faria correr pelo mundo a revolta do defensor dos pobres e oprimidos. "É verdade!", exclamaria Jacinto n'*A Cidade e as Serras*. "Vi a chaga! Mas enfim, esta, louvado seja Deus, é uma chaga que eu posso curar!". Na verdade a miséria como que o surpreendera. Havia nas suas terras criancinhas que tinham fome? Cheio de espanto, Jacinto diria ao companheiro de viagem: "Que miséria, Zé Fernandes, eu nem sonhava... Haver por aí, à vista da minha casa, outras casas, onde crianças têm fome! É horrível...".

Aliás, também a casa da Quinta de Vila Nova era mais um celeiro do que uma morada. "A casa precisa uma larga obra antes de ser habitável", dizia *Eça a Emília*: "Não é obra dispendiosa, porque a propriedade dá a pedra, a madeira, etc. Mas é obra lenta, obra de longos meses! Portanto para este ano é perder a idéia de veranear em Sta. Cruz". Mas, desejosa de florir a "sua" casa, Emília pediu ao marido:

> Se te lembrares e tiveres tempo em Santa Cruz, além de obras mais difíceis podias pôr umas trepadeiras na casa, dava-lhe uma beleza que não fica cara, mas talvez não tenhas tempo para pensar nesses detalhes.[39]

Na verdade, devia-se esquecer a possibilidade de ir em agosto ou setembro para as antigas terras dos Resende. E, no começo de junho, Emília

---

[39] Carta de 27.5.1898. B.N.L.

escreveu conformada: "Ficou hoje dissipada a ilusão de Santa Cruz — *ne pensons plus*".

Enquanto inabitável, Santa Cruz daria corpo à bucólica nostalgia do romancista, que retornou a Paris para continuar os seus romances, agora mais ternos, mais tolerantes.

Paris era a rotina. O Consulado, a *Revista*, na rue Laborde, a Avenue du Roule, onde recebia os amigos para as longas conversas à noite. Avesso às rodas literárias, os cafés onde se reuniam boêmios e literatos, um dos poucos prazeres que se dava, na grande cidade, principalmente aos domingos, era vagar pelo cais do Sena, revolvendo os caixões dos *bouquinistas*, na procura de velhos livros ou gravuras, especialmente de Portugal. Mas, na medida em que o tempo passava, sentia-se mais fraco. Aliás, ao retornar, em maio, de Portugal, a Revista dissera-o "forte e bem-disposto". Eram breves, porém, os intervalos de boa saúde.

Em agosto, Emília ainda uma vez partira com os filhos para as férias. Escolhera-se *La Bourboule* e o marido escrevia-lhe com desânimo:

> parte por secas e faltas de dinheiro, parte talvez por estado mórbido, entrou comigo uma melancolia que me faz lembrar a do pobre Bernardim Ribeiro, quando dizia:
>
> Todas l'as minhas queixas
> *Se me pozeram diante.*
> E através de tudo isto tenho martelado no artigo do Prado que saiu enorme, quase um opúsculo, mas insípido, sem relevo, *long and plat like Salisbury Plain*.[40]

Eça não nascera para a solidão. E, volvidos alguns dias, voltou ao assunto: "caí em grande enervamento, estou como que esgotado, e não posso quase trabalhar".[41] A Revista e os romances pesavam, e ele se dizia "triste, parte pela solidão e enervação do calor, parte pela falta de dinheiro".

Era verdade: a escassez de dinheiro continuava a de sempre, e ele trabalhava com afinco na *Casa de Ramires*. Eça a Lello:

---

40 Carta de Paris, 10.8.1898. B.N.L.
41 Carta de Paris, 25.8.1898. B.N.L.

> O que eu desejo é que me mandem sempre a maior porção de composição possível — e que as provas venham já em página e faiadas. Suponho que o volume dará umas 360 a 380 páginas. Fica bem proporcionado. A *Revista* creio que continua. Mas temos todo o tempo para a impressão completa do Romance, porque a *Revista* não pode sair com regularidade, e eu dou trechos curtos.[42]

A carta é de 23 de setembro, e, no dia seguinte, ele voltou a escrever a Lello:

> Tenho neste momento uma necessidade imediata de dinheiro, e lembrando que V.Exa. por ocasião da minha estada no Porto teve a bondade de me oferecer um adiantamento, venho agora pedir a V.Exa. o muito grande obséquio de me adiantar sobre os livros em via de publicação a quantia de mil francos.[43]

E, dada a urgência, pedia a remessa pelo telégrafo. Lello anotou à margem da carta: "enviado pelo telégrafo por via do Credit Français Português." Por mais que trabalhasse, Eça jamais alcançaria a tranqüilidade financeira.

Da Suíça, Eduardo Prado enviava-lhe repetidos telegramas pedindo notícias desse retrato, que devia imaginar a porta da notoriedade. De fato o artigo a ele sobreviveria. Eça, no entanto, picado pela insatisfação do artista, não gostara do trabalho. "Essa horrenda obra", escreveu, "está enfim acabada, já em segundas provas mas, apesar de todos os esforços e refazimentos, horrenda ficou". Doía-lhe não fazer um retrato que agradasse o bom amigo. E continuava:

> Tenho pena, pelo gosto que o Prado faria em que o artigo fosse brilhante. Mas, o meu espírito crítico é grosso, só apanha as cousas de enorme relevo: e o relevo do Prado não é extremamente saliente. Demandaria crítico mais fino e sutil do que eu.[44]

Na verdade, enganava-se. Integrado depois nas *Notas Contemporâneas*, o artigo é um modelo de bom gosto e de acuidade nos julgamentos. Havendo

---

42 Carta de Paris, 23.9.1898. Arquivo de Lello & Irmão.
43 Carta de Paris, 24.9.1898. Arquivo de Lello & Irmão.
44 Carta inédita de Paris, 14.8.1898. B.N.L.

atribuído a Prado, como qualidade dominante, a curiosidade, Eça fez o elogio do viajante, do historiador e do panfletário. Quanto a este — e talvez fosse o aspeto mais grato ao retratado —, lembrava Courier: "O que é panfleto? Uma idéia muito clara, saída duma convicção muito forte, rigorosamente deduzida em termos curtos e límpidos, com muitas provas, muitos documentos, muitos exemplos...". Era a lembrança do combate de Prado contra a República brasileira. Aliás, ao próprio Prado, que o chamava para repousar na Suíça, Eça diria do desgosto causado pelo retrato:

> e quanto ao artigo foi uma derrota. Graças à bosculagem do princípio, e da qual Você *magna pars fuit*, eu meti à pressa por um caminho que trilhei a gemer e a suar, através da sua aridez, durante dez dias: e só ao fim é que descobri a fresca, risonha, assombreada vereda por onde devia ter vindo. Quer isto dizer em estilo menos asiático que em vez de fazer sobre Você um luminoso e agradável *tableau de genre*, fiz uma imensa, e tristonha e monótona *grisaille*, que inspira um incomparável tédio... É o pior artigo de todos os meus artigos maus... E pensar que se se tratasse de um indiferente, talvez eu tivesse sido sublime![45]

No íntimo, ele desejava partir para a Suíça. Mas, como fazê-lo se estava jungido ao trabalho? E a Prado dizia com desencanto: se

> eu me pudesse escapar, iria amanhã, já esta tarde, porque com o abafamento de Paris, e a solidão da casa, e a estranha melancolia que se apoderou de mim, eu estava bem precisado de movimento, companhia d'amigo, e grande ar de montanha! Mas, quê! A libertação dos servos não se estendeu aos que trabalham nos chamados campos da intelectualidade, e de resto por todo o mundo cada vez há mais escravos...[46]

Pobre Eça! Ele era um destes, pois Lello pedia-lhe pressa: "O negócio do *Ramires*", dizia,

> que os meus Editores, muito prejudicados com as pavorosas demoras da *Cidade e Serras* e *Fradique*, me suplicam de findar, e rever, e ter preparado para Livro, antes de ele passar todo na *Revista*.

---

45 Carta inédita de Paris, 13.8.1898. Arquivo da Academia Paulista de Letras.
46 Carta a Eduardo Prado, Paris, 15.8.1898.

Quem, no entanto, conseguiria fazê-lo correr?

Impaciente, desiludido devido à ausência do amigo, Prado interrompeu a viagem, para ver o *seu* artigo. Em Paris ele não mais largaria o ensaísta. E impossibilitado de trabalhar, Eça escreveu a Emília, dando conta do regresso do retratado: "Desde que chegou tanto me acaparava que tive de fazer com ele um tratado pelo qual ele não pode aparecer em Neuilly antes das sete e meia da tarde. A essa hora tem vindo honradamente". Depois iam jantar na Rue de Rivoli — era a rotina.

Botelho continuou a publicar a *Ilustre casa de Ramires*. A exemplo do feito com o *Padre Amaro*, o *Mandarim* e *Relíquia*, cuja publicação em folhetins haviam permitido que os aprimorasse para a edição em livro, Eça polia o romance, no qual usou a técnica de encerrar uma história dentro da outra história: Gonçalo Ramires, Senhor da *Torre de Santa Irinéia*, ao mesmo tempo em que vive uma história de amor, que entretém o romance, evoca as glórias da família iniciadas, no século XII, com Trucdesindo Ramires. E nessa reunião das duas pontas do tempo, Eça teceu a sua total reconciliação com o passado e com o presente de Portugal. Enternecido com a pátria da qual vivera tão distante, o escritor redimia-se das irreverências com que a ferira, embora com o propósito de corrigir-lhe os erros. O *Ultimatum*, no entanto, limpara o monóculo do ironista. Para escrever o romance, que tanto evocava a história, Eça se preparou, a começar pela linguagem, que, numa prova da arte como a sabia manejar, buscou aproximar do português arcaico, até o vocabulário adequado à vida, objetos, pessoas, e costumes do velho Castelo, que Luís Forjaz Trigueiros diz inspirado na Casa dos Biscainhos, em Braga. Nos papéis de Eça são numerosos os apontamentos e notas sobre tudo quanto diz respeito à construção, à defesa e à existência de uma daquelas Torres semelhantes à de Santa Irinéia. E a Bernardo ele pediu os in-fólios do *Portugaliae Monumenta Historica*, necessários às suas antiqualhas *Ramíricas*.

Infelizmente, após algum tempo, Eça percebeu que a Revista não iria longe, graças à má administração de Botelho. Em agosto de 1898, ele escreveu ao editor Lello:

> A *Revista* está talvez em vésperas de suspender a sua publicação. Apesar de ter hoje uma excelente venda no Brasil de 1.800 exemplares, e de todos os dias chegarem pedidos novos e do seu êxito ser seguro — tão má e

desorganizada tem sido a Administração, e tão inexperiente a Direção, que a Revista só tem dívidas e a Imprensa onde é impressa, farta de não ser paga, desde meses, declarou que não imprimiria mais um número. O Diretor da Revista está se divertindo na Alemanha sem atender a estas dificuldades.[47]

Era a juventude do afortunado filho dos Condes do Pinhal. Eça lamentava o malogro, que antevia: "E eu penso que a *Revista* tem de findar. É uma grande pena ver assim estragado um tão belo negócio. Eu, se tivesse dinheiro, comprava a Revista que decerto o Botelho venderá barata". Antes de tudo ele sentia escapar-lhe "uma fortunazinha", conforme confessava ao editor. Certo do fim, ele dizia a Lello: "Ora, se a Revista findar, o *Ramires* fica por acabar e não há então necessidade de o imprimir em livro à lufa-lufa". Voltar-se-ia ao sistema das correções sem fim.

A *Revista* parou antes de concluída a *Casa de Ramires*. Deixou assim de ser publicado em vida do romancista o desfecho, tão cheio de devoção e encanto pela terra natal, penitência final do escritor. Valendo-se de um dos personagens, João Gouveia, ele o fazia perguntar quem lembrava Gonçalo Mendes Ramires, figura central da narrativa. Seguia-se a resposta, na qual Eça de Queiroz deixou vazar quanto lhe inundara o coração:

> — Talvez se riam. Mas, eu sustento a semelhança. Aquele todo de Gonçalo, a franqueza, a doçura, a bondade, a imensa bondade, que notou o Padre Soeiro... Os fogachos e entusiasmos, que acabam logo em fumo, e juntamente muita persistência, muito aferro quando se fila à sua idéia... A generosidade, o desleixo, a constante trapalhada nos negócios, e sentimentos de muita honra, uns escrúpulos, quase pueris, não é verdade?... Um fundo de melancolia, apesar de tão palrador, tão sociável. A desconfiança terrível de si mesmo, que o acobarda, o encolhe, até que um dia se decide, e aparece um herói, que tudo arrasa... Até aquela antiguidade de raça, aqui pegada à sua velha Torre, há mil anos... Até agora aquele arranque para a África... Assim todo completo, com o bem, com o mal, sabem vocês quem ele me lembra?
> — Quem?...
> — Portugal.

Eça parecia outro.

---

47 Carta de 5.8.1898. Arquivo de Lello & Irmão.

20
"...Um belo dia de verão"

Embora os editores instassem pelo "pode imprimir-se", a *Casa de Ramires* não andava. Não que houvesse sido posta de lado, pois nas cartas para Emília o romancista lamentava não a concluir.

Eça a Emília, Lisboa, 27 de fevereiro de 1899: "Eu secado e *acanaveado*. Além disso muito estúpido, sem poder trabalhar, o que me desola... Por estes dois dias estou sobrecarregado com *Ramires*". *Em 2 de março:* "Tenho estado muito sobrecarregado de *Ramires*, e como ando muito estúpido a complicação do trabalho duplica".

Em março, a *Revista Moderna* deixou de circular, e Eça ficou livre do lufa-lufa de que se queixara. Agora, podia retomar a composição vagarosamente fazendo-a e refazendo-a, sem preocupação de tempo. Em agosto, por exemplo, ele diria à mulher, então em *Bourbonne les Bains*: "E o tempo passa, e nada de campo, e nada de *Ramires*".[1] De fato, jamais o daria por concluído.

Dia a dia ele se mostrava mais moroso. Havia anos, dissera a um amigo, que lhe pedia um prefácio: "Infelizmente, para mim o trabalho não é um doce deslizar pela corrente serena do ideal — mas uma subida arquejante por uma dura montanha acima". E o tempo tornara a escalada mais penosa, enquanto o artista se fazia exigente na busca de novas formas da linguagem. De algum modo continuava o que Garrett iniciara na primeira

---

1 Carta de 16.8.1899. B.N.L.

metade do século. Não era a deficiência — diria Luiz de Magalhães —, antes pelo contrário a abundância, que o fazia trabalhar vagarosamente. A sua grande dificuldade era fixar, entre as várias modalidades de expressão que lhe acudiam ao espírito para formular uma idéia, aquela que mais eloqüente, mais artisticamente atingia esse fim. Iniciou assim "uma época nova na evolução da língua portuguesa e da arte de escrever, de a modelar e construir".[2]

Nessa busca da perfeição nada o faria mudar o passo. O essencial era o aprimoramento da linguagem. Conta um biógrafo do poeta Olavo Bilac que, ao ouvi-lo ler o conto *Perfeição*, mal acabara a primeira página o romancista se levantou batendo palmas: "Bravo! Bravo! Adorável!...". Ao que acrescentou com admiração: "Obrigado Bilac! Obrigado! Oh Bilac, tu falas um português com açúcar".[3] Eça também poria açúcar na língua que adoçou. Havendo convivido, ainda criança, com os empregados trazidos do Rio de Janeiro pelo avô, deles teria conservado a lembrança de uma língua aberta e descontraída.

O artista procurou novas formas de escrever. Para Maria Amália, ele

> transformou a língua na mais deliciosa música, quebrando-lhe os períodos pomposos, desarticulando-lhe os membros pesados, aligeirando-lhe a ostentosa marcha, fazendo-a leve, espumante, transparente, luminosa, viva, contente, rica de modulações melancólicas e de risadas argentinas....[4]

Mas, quanto trabalho, quanto esforço, quanta pertinácia para alcançar a tranqüila limpidez das águas puras de um córrego.

Para aquele esplendor de forma, onde não há uma frase banal ou vulgar, notou Luiz de Magalhães, "tudo ali é trabalhado, vazado, burilado pela sua pena, como por um cinzel infatigável e prodigioso". Ramalho Ortigão, que de perto lhe acompanhou a vida, diria que Eça trabalhava

> no meio de verdadeiras crises de todo o seu sistema nervoso, numa agitação sibilina, gesticulando, bracejando, passeando no quarto, falando só, chupando cigarros que não acende, e acendendo cigarros que não fuma.

---

2 MAGALHÃES, Luiz de. *A Tarde*, 17.9.1900.
3 LYRA, Heitor. *O Brasil na vida de Eça de Queiroz*, p.314.
4 CARVALHO, Maria Amália Vaz de. *Figuras de ontem e de hoje*, p.17.

E aduzia numa síntese: "Consome tanta força escrevendo um capítulo, como se desse murros sucessivos sobre um dinamômetro...".[5] Eça esfalfava-se na caça à perfeição, que sempre lhe parecia inatingida. Nem fora sem razão que ele fizera esta confissão ao prefaciar os *Azulejos*:

> As minhas obras, essas, não contam mesmo para viver com esse "espaço d'uma manhã", que Malherbe garante às rosas. Não sei como é: dou-lhes a minha vida toda e elas nascem mortas; e quando as vejo diante de mim, pasmo que depois de tão duro esforço, depois de tão ardente, laboriosa insuflação d'alma, saia aquela cousa fria, inerte, sem voz, sem palpitação, amortalhada numa capa de cor!

Era o sofrimento do artista.

Por fim, o trabalho estrênuo o exauria. Domício da Gama escreveu a Magalhães de Azeredo, dizendo-o "até sem verve". Este, mais tarde, recordaria estes dias de decadência:

> A morte adejava há muito sobre a sua cabeça. Aquele corpo esguio e curvo, que nos últimos tempos tomara aparências esqueléticas, se ainda por vezes, ao choque dos nervos dos mais eletrizados e vibráteis de que um moderno se pudera orgulhar, se movia e agitava alacremente, na maior parte do tempo tinha uma atitude de exaustão....[6]

Lentamente, perecia o fulgor do conversador admirado. Por vezes, como se reagisse, dele brotavam "observações argutas, ditos mordazes, anedotas hilariantes". Depois "seguia-se a prostração, o letargo de dias e dias, em que não lhe agradava ver pessoa alguma, e a solidão se lhe povoava de quem sabe que pensamentos dolorosos". Era triste a visível decadência. Observou Maria Amália "que o seu trabalho era mais uma tortura mental do que a criação, feita em pleno gozo, da obra de Arte".[7]

Fatigado, a elaboração tornara-se-lhe penosa. Entre as suas lembranças, conservou a filha a de o haver ouvido dizer à mulher, a propósito da

---

[5] *As Farpas*, outubro de 1881. Apud D'OLIVEIRA, A. Lopes. *Eça de Queiroz*, p.317.
[6] AZEREDO, Magalhães de. *Eça de Queiroz visto pelos seus contemporâneos*, p.305.
[7] CARVALHO, Maria Amália Vaz de. op. cit. p.7.

Casa de Ramires: "está péssimo, um horror, espero que ninguém leia".[8] Eterno insatisfeito, Eça parecia incapaz de concluir os contos e romances iniciados. Havia anos, ele interrompera o *S. Frei Gil*, deixado a cavalgar com o senhor de Astorga a caminho de Alba de Tormes, entre grandes arvoredos. E a um colega, Silva Pinto, a quem interessara a vida do santo, diria num desabafo: "Continuará ele jamais a sua jornada para Toledo?".[9] Tal como *Ramires*, *Fradique* e o *Jacinto* d'*A cidade e as serras*, nenhum deles terminaria a jornada.

***

Lisboa, 23 de janeiro de 1899. Nesse dia, Benedita Castro se casou com o poeta e deputado Luiz Osório, autor de um volume de versos, *Neblinas*. Eça de Queiroz desejara assistir à cerimônia; recordaria os dias alegres de Santo Ovídio. Também a cunhada esperara vê-lo chegar, trazendo os bons votos da avenue du Roule. Mas, somente em fevereiro ele pudera partir para Lisboa. Pela última vez ficaria no Rocio com o velho José Maria, enquanto Emília, de Paris, acompanhava-lhe os passos vacilantes: "Espero que dormisses durante a viagem, que cavaqueasses agradavelmente com o Mayer, e que chegasses bem disposto, tendo, além de Pai e Mãe, um bom sol a acolher-te...". Seria a suave claridade de Lisboa.

Desde que deixara Coimbra, nunca mais a cidade de Ulisses deixara de estar no caminho de Eça. "Lisboa foi desde então", escreveu Ramalho, "o seu laboratório de arte, o seu material de estudo, a sua preocupação de crítico, o seu mundo de escritor...".[10] Aí o romancista vira as chagas de uma sociedade decadente, que tentara salvar expondo-a à luz ou fustigando-a com o estilete da ironia. "A ironia foi uma forma da sua indignação", escreveu João Chagas, que resumiu numa frase esse choque entre o romancista e o mundo que escalpelara: "Eça e Lisboa não se podiam ver".[11]

Na realidade ele a amava, costumando chamá-la "a querida Lisboa". E também esta se orgulhava do pobre homem da Póvoa de Varzim. Como esquecer os velhos tempos? — O *Cenáculo*, o Chiado, a Casa Havaneza, o

---

8 Entrevista de D. Maria Eça de Queiroz Castro.
9 Carta de 29.5.1897. *Correspondência de Eça de Queiroz*, p.247.
10 ORTIGÃO, Ramalho. *Quatro grandes figuras literárias*, p.180.
11 CHAGAS, João. *República*, 4.12.1945.

Hotel Braganza, os Vencidos da Vida... O Rocio ali estava com a "torre", e o velho José Maria. É certo que de quando em quando, mudadas as imagens pelo caleidoscópio do tempo, dispersos os amigos, ele via a cidade com olhos diferentes, e Lisboa parecia-lhe mesquinha. Era o tédio. Fruto desse estado de espírito é a carta então mandada a Emília, cheia de desencanto: "as estadas em Lisboa", dizia, "de todo se me têm tornado intoleráveis. O horror de Portugal é Lisboa. Apenas se sai dela a vida é doce...".[12]

Emília procurava dar-lhe ânimo, acenando com a viagem a Santa Cruz: "Desejo muito", dizia-lhe, "que gozes ao menos a ida ao norte, visto que a visita a Lisboa *ratou*".[13] Eram, porém, momentos passageiros, e durante os quais tinha, possivelmente, a alma voltada para Corte-Condessa e Santa Cruz, com as suas escarpas, e mergulhada em quietude bucólica.

Na ocasião, depois de Alentejo, ele seguiu para Douro e Minho, parando na Quinta do Mosteiro, onde Luiz de Magalhães leu-lhe alguns versos inéditos. Eça pediu-lhe que repetisse estes, de um poemeto, *A Galé Negra*:

> Mais duma vez te vi sair, Galé sombria...
> D'este porto da vida, em busca doutros céus...
> Mais duma vez, a algum amigo que partia,
> Vim dizer, a teu bordo, o verdadeiro adeus![14]

Versos tristes, mas que Eça quisera repetidos. Oliveira Lima, também amigo do poeta, lembrou o encontro na velha quinta, onde outrora espaireciam os frades crúzios: "Eça", escreveu Lima,

> era freqüente hóspede da Quinta do Mosteiro e dentro de uma pequena tigela de porcelana antiga, que lhe servia de cinzeiro, encontram-se ainda dois pequenos livros de mortalhas, com que o romancista enrolava os seus cigarros.

Entre baforadas de fumo, Eça e Luiz de Magalhães se despediam. De Santa Cruz do Douro, Eça agradeceu a hospitalidade do amigo:

---

12 Carta de 20.5.1898. B.N.L.
13 Carta de 18.3.1899. Arquivo de Tormes.
14 MAGALHÃES, Luiz de. *A Tarde*, 17.9.1900.

"Aqui estou no alto das serras — e sempre com saudades desse doce, alegre, ditoso, hospitaleiro e querido Mosteiro". E, queixoso de uma crítica, continuava:

> Parti hoje do Porto estremunhado com a madrugada, e ainda estafado com a pavorosa dose de crítica supertranscendente que J. de F. na véspera durante amargadas horas, sem repouso, no mesmo tom rouco e triste entornara gota a gota sobre a minha pobre cabeça descaída... E agora um largo e fraternal abraço e *sans adieu*.[15]

A vida iludia-o.

E de Paris, preocupada com a saúde do marido, Emília escrevera-lhe satisfeita com a visita: "Gosto muito que vás passar uns dias a Moreira, com esses bons amigos Luiz e Conceição, com certeza os bons ares te farão bem...".[16]

Eça prosseguiu viagem para Santa Cruz, onde reviu o Zé Pinto com o anho assado no espeto em cima da eira, como nos tempos de Abrahão, e a Maria Vaqueira, tão feliz na sua simplicidade. Do Porto, não resistindo à tentação da proximidade da fronteira da Espanha, ele resolvera não retornar a Lisboa. E à querida prima, a Duquesa de Palmela, escreveu desculpando-se por não atender ao convite para uma recepção no Palácio do Rato, que tanto o seduzia. "Espero, porém, que seja esta apenas uma alegria adiada..." Cheio de ilusão ele continuava: "E assim lhe digo agora, de longe, e por carta, *au revoir et sans adieu*".[17] Eça esperava voltar à querida Lisboa.

De Salamanca, rumo a Paris, o romancista contou ao "queridíssimo Bernardo" as razões por que não tornara a Lisboa. "A minha história é simples", dizia-lhe.

> Não sei se te lembras de Ulisses. E se te lembras sobretudo dos expedientes, das manhas sublimes desse divino homem, naquela prodigiosa viagem em que ele ansiosamente navegava em demanda da sua Ítaca, da sua Penélope, do seu doce Telêmaco... Pois esse incomparável Herói, quando

---

15 Carta inédita de Santa Cruz do Douro, 12.5.1899. B.N.L.
16 *Eça de Queiroz entre os seus*, p.404.
17 Carta inédita do Porto, 11.5.1899. B.N.L.

o cantar das Sereias, ou a beleza das enseadas das ilhas cor-de-rosa, ou a hospitalidade das Rainhas, o tentavam a ficar, a desviar do rumo devido, metia cera dentro dos ouvidos, colava as pestanas com cera, e, num arremesso mais desesperado de vela e remo, atirava a proa a Ítaca. Eu imitei esse herói prudentíssimo. Lisboa estava sendo para mim uma paragem perigosa e exercendo sobre mim, tão fraco, todas as seduções que tanto embaraçaram o forte Ulisses (que de resto a edificou). Essa adorável casa de São Domingos à Lapa, apesar do seu santo nome, era a diabólica Ilha dos Lotófagos, onde, depois de comer a flor de Loto... a gente tudo esquecia envolta em beatitude.[18]

Bem tecida, a história oculta a verdade, que é simples e bela — Eça de Queiroz corria para assistir à primeira comunhão da filha, que não mais esqueceria o gesto carinhoso. Bem mais tarde ela ainda o recordaria com emoção: "Parece-me que estou a vê-lo de sobrecasaca, ao entrar na linda e florida capela do convento".[19] Extremoso, Eça costumava acompanhar os pequenos episódios da vida dos filhos. Estes o adoravam.

Nesse fim de século a grande emoção de Paris era o novo julgamento de Dreyfus, em Rennes. E Eça informava a Emília que as pessoas somente viviam para ler jornais "e ferver *pour* ou *contre* Dreyfus". O processo apaixonara a França, e por toda parte ouvia-se o eco do *J'accuse* de Zola. Não havia indiferentes — e Emília, geralmente tranqüila, tornara-se convicta e sentimental "dreyfusard". Eça abastecia-se de notícias sobre o rumoroso processo:

> Paris arde d'ansiedade e febre. Em torno dos quiosques de jornais há já magotes enormes, à espera das últimas edições. Mas, por ora nada se sabe — apenas que Mr. Demange acabou a sua espantosa *plaidoirie*, no meio da maior emoção. Deus permita que tudo termine bem e que haja sossego e que se possa tirar a atenção enfim da melancólica cidade de Rennes.[20]

Nessas horas o coração de defensor dos oprimidos batia mais forte. Partidário das idéias de Zola, ele sofreria com o injusto desfecho: "Das cousas absurdas de Rennes, nem se pode falar", diria ele a Emília.

---

18 Carta s. d. *Correspondência*, p.206.
19 *Eça de Queiroz entre os seus*, p.410.
20 Carta de 9.9.1899. B.N.L.

Principalmente com Domício da Gama, partidário de Dreyfus, ele abriria o coração tocado pela injustiça: "Também eu senti", escreveu Eça, "grande tristeza com a indecente condenação de Dreyfus". E, amargurado, ele se volta contra a França, que amara na juventude:

> com ela (a condenação) morreram os últimos restos ainda teimosos, do meu velho amor latino pela França. Os Suíços, querido Domício, não se enganam generalizando — e atribuindo o julgamento de Rennes "à própria essência do espírito nacional". Quatro quintos da França desejaram, aplaudiram a sentença. A França nunca foi, na realidade, uma exaltada de justiça, nem mesmo uma amiga dos oprimidos.

E para não esquecer a minoria que se bateria até a vitória contra a terrível sentença, dizia a Domício: "Esses sentimentos de alto Humanismo pertenceram sempre e unicamente a uma elite que os tinha, parte por espírito jurídico, parte por um fundo inconsciente de idealismo evangélico".[21] Raramente ele mostraria tão nítida a face do idealista. E invocando o rugir de Carlyle, continuava a objurgatória:

> o processo de Rennes provou que a mesma Bondade, a bondade individual, é nela rara ou tão frouxa que se some apenas a França, por um momento, se constitui em multidão. Em nenhuma outra nação se encontraria uma tão larga massa de povo para unanimemente desejar a condenação de um inocente...

Não fosse a coragem de Zola e dos seus seguidores, e a decepção seria ainda maior para o amigo da França que aprendera a ler com Vitor Hugo. Eça permanecia fiel ao *Cenáculo*.

Após uma permanência no Brasil, Eduardo Prado voltara a Rivoli, 194. Para Eça era esta espécie de segunda casa em Paris, e aí, por vezes, passava dias na companhia do dileto amigo. À mulher ele mandava então cartas como esta:

> Minha querida Emília. Tive pena que não aparecesses hoje. Eu, graças a Deus, estou melhor. Todavia ainda não creio que me convenham passeatas de noite: por isso, como eu desejo amanhã jantar *en famille*, o Prado

---

21 Carta de 26.9.1899. *Revista do Brasil*, 15.9.1926.

propõe que venha toda a família jantar cá. Dize o que pensas do projeto. Eu não tenho opinião. Se recusas então vou jantar aí, querendo Deus, e com o Prado (suponho D. Carolina ainda combalida): mas como seria absurdo por uma noite *emporter mes affaires* voltaria com o Prado, porque no Domingo são os anos dele, e noitadas sucessivas não me convêm. Responde por telégrafo. Beijos a todos e a ti.[22]

Afetiva, simples, a carta revela uma tranqüila amizade.

1899 morria — um século nascia. Para comemorar a efeméride, Prado, que retornara do Brasil sem a mulher, reuniu amigos para uma ceia em 31 de dezembro. Joaquim Nabuco anotou no *Diário*: "Jantar com Eduardo Prado para atravessar o século".[23] E lá estavam Eça de Queiroz, Hilário de Gouveia, Graça Aranha. A dois passos via-se a Praça da Concórdia, que tanto lembrava o Terror. Agora, a chuva que então caiu encontrava-a bela e tranqüila. Eça e Nabuco, desejosos de chegarem ao novo século junto às famílias saíram antes da meia-noite. Supersticioso, desde a mocidade, preocupado em somente vencer as portas ou subir as escadas pondo primeiro o pé direito, Eça entraria no século com o pé esquerdo. A filha chamaria o "Trágico 1900". A primeira desgraça foi a inesperada morte de Luiz Osório: Benedita, tão alegre, tão boa, via cair sobre ela a tristeza da viuvez.

Quanto a Eça a saúde mostrava-se ainda mais precária, e o médico Melo Viana aconselhava bons ares. Aliás, como freqüente, a família acabara por se acostumar à doença, e não lhe atribuía maior gravidade. A filha escreveria mais tarde: "Pálido e magro, sempre o fora, e fazia a sua vida habitual. É certo que aprendemos uma nova palavra, meu Pai queixava-se de *crescimentos*, e cada dia minha Mãe tinha mais cuidado nos *menus* de almoços e jantares".[24] Assim, para a fraqueza, e os acessos febris atribuídos a uma vaga malária, tudo se resumia na busca de bons ares, em montanhas e praias. Era a dura e ingrata batalha pela saúde. Ou melhor, pela vida. A medicina ainda não identificara a paramiloidose, doença peculiar à região de Póvoa, e cujos sintomas — as nevralgias, as perturbações intestinais, os acessos febris — haviam acompanhado o romancista desde a mocidade.

---

22 Carta da Rue de Rivoli, 194, s. d. B.N.L.
23 NABUCO, Joaquim. *Diário* inédito. Original pertencente à família J. Nabuco.
24 *Eça de Queiroz entre os seus*, p.429.

Em 12 de fevereiro, Eça chegou a Arcachon, famosa pelos ares propícios aos doentes do peito, hospedando-se no Hôtel des Pins et Continentel. E dois dias depois, numa carta na qual Emília anotara solícita — *15 de fevereiro — respondi logo* — o marido transmitiu-lhe as primeiras impressões: "ontem todo o dia, um sol radiante entrou no meu quarto pela janela aberta...". Era o prenúncio de uma tempestade. "Não me recordo", escreveu Eça, "de tão violento furacão e tão longo". E continuava com desalento: "Este vento, enquanto dura, fatiga, enerva, enfraquece; e quando acaba ele, começa a chuva".[25] Apesar da beleza natural, o local "muito silencioso, solitário e triste" não agradou o visitante.

Além disso, verdadeiro *Sanatorium*: "Só há doentes — e muitos deles *poitrinaires*". Que tinha ele com esses infelizes *poitrinaires?* E como se já disposto a partir, dizia a Emília: "Não é pois o sítio para quem precisa, além de bom ar, ar alegre". A tristeza deprimia-o, embora se confessasse melhor: "Em dois dias não esperaria ter mudança na minha *malária*: mas realmente, graças a Deus, creio que estou melhor, ainda que muito fraco".[26]

Por muito tempo a idéia da *malária* confortaria o doente, que voltou a escrever à mulher: "Eu, graças a Deus, sensivelmente melhor da malária, mas ainda fraco". Contudo, Arcachon era-lhe insuportável, e Eça seguiu para Biarritz.

Era o início de pequena peregrinação na busca dos bons ares, tão recomendados por Melo Viana, e Biarritz encantou o viajante instalado no Hôtel Continental a cujo lado ficava o antigo Palácio de Napoleão III, agora convertido no *Hôtel du Palais*. E ele se apressou em transmitir a Emília impressões sobre Biarritz:

> Parece ser uma beleza. Nada de gracioso, nem amável. Tudo severo. As casas sérias e de pesado granito; os rochedos tremendos: o mar terrífico. A impressão é talvez devida à névoa que tudo envolve: talvez com um lindo sol o sítio se amenize; mas creio realmente que aqui o gênero é o *grandioso*.[27]

---

25 Carta inédita de 14.2.1900. B.N.L.
26 Carta inédita de 16.2.1900. B.N.L.
27 Carta inédita de Biarritz, 18.2.1900. B.N.L.

A saúde, no entanto, declinara: um breve acesso de febre lembrava-lhe da malária. Contudo, para compensar a nota melancólica, Eça, nesse dia, encontrou Joaquim Nabuco, também hóspede do hotel, e ameno companheiro para vencer as horas de solidão. Nabuco escreveu no *Diário*: "18.2.1900 — *Biarritz*. Depois do almoço vento e chuva. Longa conversa com o Eça depois do jantar".

Eça dizia à mulher: "Encontrei aqui no Hotel o Nabuco, que veio para o sul, para a convalescença da pequena. É excelente companhia — e com ele converso e passo estas tardes encerradas". Consolo passageiro, que servia para amenizar as aflições de Emília, que escreveu ao marido:

> aqui está lindo hoje, e muito queria que este bonito sol chegasse aí; é certo bem mais quente e mais radiante que o nosso. Tenho medo que essa ventania, chuvosa e mar *demontées* sejam demais para os teus nervos. Deus permita que não tenhas tido nevralgias. Ao menos tens alguma companhia no hotel.[28]

Nada apagava, porém, a tristeza do solitário, que escreveu a Emília:

> Eu tenho muitas saudades de casa — este tempo triste e sombrio mais acentua a sensação de solidão. Seria um tempo bom para trabalhar — mas o mar, o vento, a seca, e como sempre a mudança de meio, tem-me tornado estúpido. A isto acresce a preguiça. De modo que têm sido dias muito moles e vazios e *bêtes*. Tão preguiçoso ando que nem leio os jornais — e o Nabuco é quem me dá o resumo da campanha do transvaal *d'après* os seus jornais ingleses.[29]

Gradativamente, a doença consumira as energias do infatigável trabalhador. Tudo lhe pesava.

Aumentando as inquietações permanecia a escassez de recursos. Emília devia contar os cêntimos. E para o marido, prova de quanto era econômica, ela mandava notas como esta:[30]

---

28 Carta inédita de Paris, 22.2.1900. Arquivo de Tormes.
29 Carta inédita de 21.2.1900. B.N.L.
30 Carta de Paris, 22.2.1900. Arquivo de Tormes.

22 de Fevereiro de 1900. Neuilly.

gás	37.000
Louvre	55.00
Louvre	212.50
Gages Maria	60.00
Dr. Limpt (médico)	10.00
antiga dívida	
mestra música	10.00
carvão da cozinha	13.00
miudezas, ônibus	
serrurier (245)	
1 bouillote (3,95)	
2 fiacres	15.00
	393.50
cursine bière	207.00
	600.00

Não chegava a ser a pobreza. Mas, Eça devia sofrer.

Apesar da fadiga, as cartas conservavam as marcas do escritor. E quando o azul emoldurava Biarritz, ele escrevia a Emília:

> Hoje um bonito dia, com sol. Mar azul; e os Pireneus enfim desembrulhados das suas grossas névoas, magníficos, e com uma formosa cor de violeta. Aproveitei, para fazer juntamente os dois passeios clássicos de Biarritz. Um, o da *Barra*, é esplêndido, sempre entre pinheirais, por onde se entrevê ora o mar, ora as serras ainda cobertas de neve. Assim com sol, sem vento, e sem mares despropositados Biarritz é realmente uma praia perfeita.

Contudo, apesar do conforto do hotel e "da útil cavaqueira do Nabuco", Eça dispunha-se a partir para Pau, que diziam "mais doce e mais sereno". E, agradecido ao amigo, que lhe amenizara as horas de solidão, dizia a Emília: "Se não fosse o encontro com o Nabuco também eu teria feito esta vilegiatura sem trocar um murmúrio com o meu semelhante".[31] Era a confissão do tímido. Como vencer as barreiras entre ele e aquele mundo desconhecido?

---

31 Carta inédita de 23.2.1900. B.N.L.

Pau foi uma decepção. Os Pireneus permaneciam encobertos por espessa névoa, ao tempo em que vento incessante varria tudo. "A cidade é desinteressantíssima", escrevera ele para Emília. Contudo, levado pela eterna ilusão, Eça acreditou haver descoberto a própria enfermidade. "De resto", dizia, "eu agora compreendo o que tenho — não é malária, nem a intoxicação que eu sugeri ao Melo Viana. É simplesmente, creio eu, uma supressão de transpiração: e a cura é um banal e clássico suadoiro".[32] Pobre Eça! Após quinze dias longe de Neuilly, de Emília, dos filhos, ele transbordava de saudade! "Já farto d'hotéis, de noites fastidiosas, de maus tempos, decidi recolher ao ninho doméstico", comunicou ele à avenue du Roule. Eça voltava. E voltava tão doente quanto partira.

Eça não teria mais repouso — seria uma sombra em busca da esperança de cura. Domício da Gama, ao escrever por esse tempo a Machado de Assis, transmitindo-lhe o abraço do autor d'*O Primo Basílio*, dizia-o quase agonizante. Na verdade, mal chegado de Pau, o médico fizera-o deixar Paris, e ele partira para St. Germain, onde demorou pouco, pois em nenhuma parte encontraria o que tão ansiosamente procurava. "Que estúpida idéia — escreveu ele daí para Emília — vir para este centro de melancolia e rapinagem!"[33]

De fato, a doença iria de algum modo alterar-lhe a personalidade. O próprio Cônsul, tão cioso dos deveres, jamais sacrificados às ambições do escritor, não seria o mesmo. Certa feita, Aquilino Ribeiro, interessado em conhecer as atividades do Cônsul Eça de Queiroz, procurou Constantino Domingues, antigo funcionário do Consulado. Vinha do tempo de Eça, e deu este curioso depoimento:

> Cerca de doze anos que foi cônsul em Paris, só ao fim, com a doença, é que fazia a sua gazeta. Quem o imaginava dândi, de cravo na lapela em flaneios de conquistador pelos bulevares, está muito enganado. Verdade que já ia pela casa dos cinqüenta dentro, mas nessa altura da idade reverdece-se.

Era o grande homem visto pelo modesto auxiliar. E Domingues continuava:

---

32 Carta inédita de 27.2.1900. B.N.L.
33 Carta inédita de St. Germain, 18.4.1900. B.N.L.

Carlos da Maia e Fradique deviam ser ele, ele em espírito, mas na encarnação outros. Lá escovadinho e risca de calça sempre impecável, é certo. Janota ou catita, que é a forma burlesca do elegante, não senhor. Chegava tarde, em regra o nariz franzido; e havia de entrar a porta com o pé direito. Fazia-o por superstição, não tenho dúvidas. Pendurava o chapéu e o seu primeiro gesto era dobrar-se para a mesa do expediente, o monóculo encastoado no olho, quando não se punha a mirar pela luneta que segurava pelo aro.

Seria assim o zeloso servidor, cuja carreira se iniciara em Havana. Daí dizer o velho Domingues: "Agora aquela meticulosidade que punha a arredondar uma frase nos livros punha-a no serviço. A literatura ficava lá fora".[34]

E, recordando o antigo chefe, dizia a Aquilino Ribeiro: "Mas era uma jóia de homem, e fora de certas horas, quando lhe doía a barriga, metia a gente no coração". Era a constante bondade do romancista.

Na verdade, Eça de Queiroz jamais identificaria a enfermidade que, aos poucos, implacável, e incessante, o levaria ao túmulo. Os próprios antecedentes de família pareciam não o preocupar: julgava-se apenas um "intestinal". Ao querido Bernardo, que soubera melhor de uma colite, ele escreveria com bom humor: "Melhora tão completa que já eras sensível à esbelta graça da nossa boa Margarida. Ora um dos sintomas de mau ventre é uma casmurra indiferença pelos encantos do Feminino". Falaria por experiência própria? A carta continuava:

> E quando de novo se começa a sentir um risonho interesse por um feitio de cintura ou um chapéu bem florido — é que a tripa está restabelecida... E pensarmos que há cem anos não existia a desventurosa classe dos Intestinais! Luís XIV, é verdade, sofria de gases, e, depois, Voltaire de prisão de ventre — aparte estes casos grandiosos, a entranha ordinária era sólida.[35]

Infelizmente, ele pertencia à desventurosa classe.

Por algum tempo, Eça de Queiroz iria esquecer e descurar os próprios sofrimentos, para cuidar da enfermidade do primogênito José Maria — o pai se sobreporia aos males que o afligiam. Acometido de coréia, moléstia

---

34 RIBEIRO, Aquilino. *Por obra e graça.*
35 Carta de 20.7.1899. Arquivo do conde Arnoso.

que se manifesta pela desconexão dos movimentos, José Maria, o Zezé, como conhecido, alarmou os pais. Na verdade a aparência era dramática, e os médicos aconselharam sair de Paris, para viver ao ar livre — Emília, na companhia da filha, partiu para a Floresta de Fontainebleau, onde, com o pequeno doente, se instalou num pitoresco sítio, Marlotte. Eça permaneceu em Neuilly com os outros filhos. A moléstia era longa, inquietante, e durante meses a aflição dominou o casal. De Paris, Eça procurava acalmar a pobre mãe, por vezes à beira do desespero. Os médicos, acordes quanto à cura, discordavam no tratamento — Melo Viana inclinava-se para os calmantes, ao passo que Hilário de Gouveia preferia o arseniato de ferro. E, dizendo-lhe dever admitir dois meses para a cura, Eça buscava tranqüilizar a pobre Emília: "Na Coréia", escrevia ele para Marlotte,

> o fato desagradável é que os movimentos se desconcertam *at all*: porque o serem apenas ligeiramente desconcertados, ou loucamente desconexos a ponto da criança não poder andar, não tem importância — não agrava nem prolonga a doença.[36]

Para Emília, também angustiada pela saúde do marido, não era fácil acreditar nessa benévola perspectiva. A distância fazia tudo pior. E, desesperada, escrevia ao marido: "É muito necessário estar perto de Paris, e perto um do outro! Precisamos muita coragem, meu querido José. Que pena tenho de ti, que tanto precisas cuidados".[37] Ela sofria duplamente. No fim de junho, o Zezé piorou, e o médico Melo Viana conveio em que retornasse a Paris. *Eça a Emília*:

> Fui logo ver o Melo Viana. Ele agora diz que, com efeito, *em presença do pequeno ter piorado tanto*, convém examiná-lo por causa da mudança de tratamento. Quer, pois, que o tragas a Paris, para que ele o estude e para que (se julgar necessário) o leve ao Brissot (que é o verdadeiro grande homem).[38]

Era terrível. E, aumentando os sofrimentos da pobre Emília, também a saúde de Eça mostrava-se inquietante, e ele escreveu à mulher: "Eu tenho

---

36 *Eça de Queiroz entre os seus*, p.458.
37 Ibidem.
38 Carta de Neuilly, 26.6.1900. Apud *Eça de Queiroz entre os seus*.

estado muito incomodado. Voltaram os crescimentos, e muito fortes, durante quase todo o dia. O Melo Viana urge desesperadamente que eu saia de Paris".[39] O cálice transbordava. Emília escreveu ao marido: "A tua carta desolou-me por me dizeres que tens outra vez crescimentos!! Deus do Céu tenha pena de nós! Querido José, que pena tenho de tantas inquietações que tens!". Aflita, Emília não sabia o que fazer: imensa interrogação esmagava-lhe o coração.

***

Pensou-se então na Suíça: "como um bom jornaleiro, no fim do dia — escreveria a filha — ele tinha direito ao descanso. Julgava ir encontrá-lo na tranquila contemplação das magníficas montanhas, com as suas neves eternas, dos vales floridos, dos lagos azuis...". O infatigável operário precisava repousar. A velha ferramenta do artista devia parar — iam por terra planos longamente acalentados. *Ramires... Jacinto... Fradique...* ele não mais terminaria o toque de beleza que, pacientemente, pôs em tudo quanto escreveu. A vida fugia-lhe.

Que haveria de melhor do que a Suíça para o sonhado repouso? "Não há um só canto", dissera encantado o poeta Antonio Nobre, "que não seja para berço de anjos."[40] E a tudo isso acrescia que Ramalho Ortigão, chegado de Portugal, ia realizar uma excursão, que admitiu iniciar pela Suíça. E, na impossibilidade de Emília deixar o filho doente, era a companhia ideal para Eça, que dele fora, dizia, "o mais fiel, o mais honrado companheiro da melhor parte da minha vida". Realmente, não tivera limites a amizade entre os dois criadores d'*As Farpas*. Ramalho confessou-o em carta ao Conde de Sabugosa: "Eu devo muito a Queiroz, devo-lhe do que sou o que não devo a mais ninguém no mundo".[41]

Julho acabava quando Eça e Ramalho deixaram a *gare* de Lyon com destino a Genebra. Faziam-no na mesma hora em que a Rainha Maria Pia partia para Aix-les-Bains. Certamente, acompanhava-os a esperança. E Ramalho sentia-se menos preocupado do que quando o vira em Cascais,

---

39 *Eça de Queiroz entre os seus*, p.460.
40 NOBRE, Antonio. *Cartas*, p.51.
41 CAVALHEIRO, Rodrigues. *Evolução espiritual de Ramalho Ortigão*, p.155.

havia dois anos, "tendo acessos febris e tosse". Agora, supunha-o apenas "extremamente debilitado de anêmico, mas fundamentalmente são". Desgraçadamente, iludia-se. Perto do lago Leman os dois artistas visitaram "as casas que haviam sido o refúgio ideal de Wagner e de Ruskin".[42] A arte não os abandonara naquelas horas de fadiga. E já instalado em Glion-sur-Montreux, Eça escreveu a Emília:

> Estivemos três dias em Genève — sendo um dedicado a subir a uma forte altitude, 1.400 metros, para eu experimentar os efeitos desse grande ar. E ontem vim para aqui para uma sossegada instalação de alguns dias mais demorados. O Ramalho também veio — e o Prado e D. Carolina apareceram, o que me faz uma pequena companhia agradável e quase necessária.[43]

Os amigos livram-no da solidão — mas "os grandes ares" não lhe melhoravam a saúde. A carta prosseguia:

> Eu desde que cheguei tenho piorado. Apesar dum regime tão simples, ou mais simples do que o de casa (leite e ovos), o meu pobre estômago atingiu a um grau de *délabrement* que me desanima: e o cansaço, o *épuisement*, a inchação dos pés, o sentimento de inércia são maiores. Estou receando que fosse um despautério a vinda para a Suíça.

A fadiga, no entanto, não o impedia de admirar os encantos da natureza:

> E quanto à Suíça — é a Suíça. A sua beleza está ainda acima de tudo quanto, antes de a ver, se conhece por tradição. O lago de Genève é maravilhoso. Este sítio de Glion magnífico. Os hotéis são palácios — este está cercado dos mais belos jardins, com tanta rosa que anda o perfume no ar.

A beleza da Suíça não bastava, porém, para o doente, que deixou cair esta frase melancólica: "Enfim pudesse ela dar-me algum bocadinho de saúde". Ele nada mais queria.

---

42 ORTIGÃO, Ramalho. *Quatro grandes figuras literárias*, p.181.
43 *Eça de Queiroz entre os seus*, p.463.

Em Paris, as más notícias inquietavam. Maria e o irmão Antonio haviam partido para Paris-Plage, e Emília escreveu à filha: "*Je t'embrasse mil fois j'espere que tu t'amuseras bien... Pauvre papá est toujours du même, je crois que c'est ce temp froid que l'empêche que le changemen d'air fasse du bien! J'en suis desolée!*".[44] Aos poucos a cruel realidade desvendava-se. Também Maria, ao partir, não esquecera uma palavra de carinho: "Petit Pere chéri. Au revoir mon petit Pere cheri je t'embrasse de tout mon coeur comme je t'aime. Ta fille que t'adore *Marie*".[45] Certamente, as carícias faziam bem ao doente.

Das cartas de Emília ao marido nessa ocasião transborda o sofrimento que a afligia. *Em 4 de agosto*:

> Não sei te dizer como já estava inquieta. Que pena que tenho que as notícias não sejam melhores! mas não quero perder a esperança nesses bons ares: imagino que a viagem, a mudança te terão cansado; estimo imenso saber-te acompanhado por Prado e Ramalho. Estava-me afligindo pensando-te só.

Em 7 de agosto:

> Muito me custa saber que não estás melhor! Parece-me que a solidão também é má para ti e aflige-me saber que vais para outro lugar... O que queria era estar contigo; a tua solidão assim adoentado custa-me tanto. Sempre que pensares em mim podes quase ter a certeza que estou pensando em ti.

Em 8 de agosto:

> como anseio por te saber melhor. Apesar de me inquietar com os teus *déplacements*, com medo que te canses, estimo e aprovo que vás ao tal médico de Heidelberg, eu tenho idéia que a medicina alemã tem recursos desconhecidos noutras plagas. Adeus querido, querido, mil beijos e abraços da tua Emília.[46]

Eram as faces da dor e da esperança.

---

44 Carta inédita de Paris, 8.8.1900. Arquivo de Tormes.
45 Carta inédita de Paris, 3.8.1900. Arquivo de Tormes.
46 Cartas do arquivo de Tormes, como as anteriores de 4 e 7 de agosto.

A solidão não demorou a baixar sobre Glion — Ramalho e os Prados seguiram para a Itália. E, alegando dificuldades de dinheiro, às quais se somava o desalento do solitário, Eça, pensando regressar a Paris, escreveu à mulher: "... Não estou melhor. Ao contrário. Ramalho e Prado partiram hoje para a sua viagem até a Itália. Fiquei em plena solidão".[47] Era triste. Emília respondeu-lhe desolada: "Faz-me tanta pena saber-te só! que pena que Ramalho e Prado fossem tão depressa embora... Abraço-te muito ternamente *Emília*."[48] Na véspera ela desaconselhara o regresso: "A idéia de voltares da Suíça por economia é insensata".[49] E apegada à esperança de algum remédio, perguntava-lhe: "Fizeste conhecimento com o tal médico brasileiro de Montreux?". Pobre Emília. Aflita, as suas cartas revelam o coração sofrido, e dizia numa delas: "fico tão triste que nem posso entreter o Zezé, nem dormir de noite. Adeus querido José. Abraço-te mil vezes muito ternamente".[50] Presa pela doença do filho, Emília não podia ir amparar o marido naquela hora de desalento.

Talvez com uma ponta de remorso por haver deixado o amigo na solidão daquelas montanhas, Ramalho escreveria a Emília sobre os breves dias de Glion, e que não imaginava os últimos na companhia do querido companheiro:

> Quando perguntei pela opinião dos médicos e Prado me disse que uma rigorosa análise demonstrara quimicamente que ele não tinha tubérculos, desassombrei-me inteiramente, vendo nele apenas o convalescente de uma gripe que o ar puro da montanha reconstituiria rapidamente como afirmava o seu médico.

E, justificando o otimismo, Ramalho dizia:

> Em Glion voltou a ter apetite e comia com prazer, jovialmente, defronte de mim no lindo terraço sobre o lago, cuja vista o deliciava. E tinha graça, o que era a melhor maneira de me dizer que se sentia bem.[51]

---

47 *Eça de Queiroz entre os seus*, p.467.
48 Carta inédita de 6.8.1900. Arquivo de Tormes.
49 Carta inédita de 5.8.1900. Arquivo de Tormes.
50 Carta inédita de 2.8.1900. Arquivo de Tormes.
51 CAVALHEIRO, Rodrigues. op.cit., p.116.

Contudo, apesar da linda manhã de verão, serena e azul, Eça não aceitara a sugestão de um passeio — preferiu permanecer no quarto, "lendo um romance numa poltrona de vime à varanda da sua janela". Ao voltar de Lausanne, Ramalho encontrou-o "muito animado e bem disposto". Eça dera um passeio, almoçara no jardim, comprara um guarda-sol e uma bengala de montanha, o que pareceu o melhor sintoma de saúde. A ilusão é como as nuvens — toma todas as formas.

Ramalho resolveu seguir viagem. É ele quem conta: "Parti ao outro dia, indo abraçá-lo e beijá-lo ainda na cama, deixando-o na alegre esperança de o tornar a ver ainda este ano em Cascais ou Lisboa". A despedida era terna, e Eça velou "pudicamente a sua comoção com um disfarce de ironia". Ramalho voltou o olhar para o "incomparável panorama do lago Leman". A paisagem estava à altura do artista.

Na realidade, voltar, voltar a Lisboa, era o sonho do enfermo. O que ele ambicionava, diria o próprio Ramalho em outra oportunidade, "era simplesmente a chegada do vapor de Nápoles ao ancoradouro do Tejo, em frente do Cais das Colunas, ouvindo, ao romper do dia, cantar os galos da Ribeira Velha".[52] Nunca mais ele os ouviria. Contudo, ao sopro da esperança ele ainda pensara subir um pouco mais, indo até Caux — desistira receoso do frio. E a Emília confessava com desalento: "As noites são tristes — e por isso eu agora me deito às nove horas. Ao menos na cama há calor". Em verdade, o que gelava era o coração do solitário. Afetivo, cordial, afeito a cultivar as amizades e habituado à companhia dos amigos, a solidão devia amargurá-lo. Dele escreveria Maria Amália, a boa amiga: "não basta o gênio, é indispensável a bondade".[53] Ele tivera ambos. E à mulher dissera ser a cordialidade a quarta das virtudes teologais. Inesperadamente, ele se via doente e só. Lembrar-se-ia do poeta?

No dia seguinte, Eça seguiu para Lucerna. Antes de viajar, ele escreveu a Emília: "Logo que esta recebas manda perguntar ao Melo Viana o nome do grande especialista de doenças d'estômago d'Heidelberg... estou com idéia de ir consultar esse grande oráculo".[54] A ambição de cura continuaria a conduzi-lo por entre as altas e belas montanhas. Tudo seria em vão. Aos

---

52 ORTIGÃO, Ramalho. Op.cit., p.181.
53 CARVALHO, Maria Amália Vaz de. *O Dia*, 17.9.1900.
54 Carta inédita de Lucerna, quinta-feira, s. d., *Eça de Queiroz entre os seus*.

poucos o desânimo começou a dominá-lo, e, de Lucerna, admitindo ir a Heidelberg consultar o famoso médico, Eça anunciava o desejo de tornar a Paris. Desalentado, ele dizia a Emília: "A Suíça foi uma *failure*. Eu sempre o pensei. Nunca imaginei porém que ela me trouxesse de novo crescimentos... Além disso viajar, fazer malas, estar em hotéis, tão incomodado como eu tenho estado é absurdo". Mais do que absurdo era doloroso.

A Suíça foi uma *failure*... Em verdade, tudo seria inútil. Tendo partido com a esperança, Eça retomava trazendo na alma o sofrimento — chegou a Paris a 11 de agosto, e encontrar o filho José Maria já sadio foi passageiro raio de sol. Emília, no entanto, esgotada pelos longos dias de angústia, não conteve as lágrimas ao abraçar o marido. Alegria, por vê-lo novamente no lar, ou tristeza por senti-lo tão doente? "No dia seguinte", recordou a filha mais tarde, "levantou-se, foi ao escritório ver os seus livros e papéis, talvez pegasse na pena para escrever algumas linhas, rever algumas provas...". Infelizmente, aquele escritório da Avenue du Roule, sempre tão florido pelas mãos de Emília, começava a pertencer ao passado do imortal escritor. Pousando os olhos sobre tantos objetos e retratos presos à sua vida, Eça talvez evocasse as criações que o fariam lembrado através dos tempos. Pouco antes de se casarem, ele escrevera à noiva:

> Deus dá-nos a cada um apenas a matéria-prima — a nós compete, por um esforço incessante e paciente sobre nós mesmos, cinzelar, lavrar, polir, retocar, alindar, até que da matéria-prima tosca fique formada a pura obra de arte, essa obra de arte própria que se chama uma nobre alma...[55]

Até o fim da vida, ajudado pelo amor de Emília, ele buscara ser "uma nobre alma": defendera os oprimidos, condoera-se das crianças sofredoras, exaltara as virtudes dos santos, cultivara a amizade, e, para os corrigir, pusera a nu os erros da sociedade em que viveu. Maria Amália, que bem o conheceu, diria ser ele "uma alma de santo que, por tudo saber talvez, atingiu a calma inocência que tudo perdoa". E do fundo da memória do romancista poderiam levantar-se personagens inesquecíveis — Carmen Puebla, Padre Amaro, Amélia, Juliana, Luíza, Carlos da Maia, a tia Patrocínio, Teodorico Raposo, o Conselheiro Acácio, o Primo Basílio, Damaso

---

55 Carta inédita de 18.10.1885. B.N.L.

Salcede, João da Ega, a Gouvarinho, o Craft, e alguns que ainda tinha sobre a alta mesa de trabalho — Jacinto, Gonçalo Ramires. E, talvez, pairando sobre todos, Carlos Fradique Mendes, que se disse ser "algo como que uma idealização da sua própria vida". Muitos haviam pago alto tributo à condição humana, poucos tinham conhecido as venturas da felicidade. Enfim, fora a vida, que ele vira com os olhos do realista e com o talento do artista. As criaturas sobreviveriam, porém, ao criador.

Eça sentia-se exausto. A cera da vida acabava: estava-se a 16 de agosto de 1900. Entretanto, com tênue chama de esperança, ele dissera a Emília: "Isto vai ser uma longa doença!". Melo Viana fizera chamar-se "o célebre especialista Bouchard", que não demorou a chegar, e Eça desfiou-lhe a velha enfermidade. Era admirável que o fizesse com tanta lucidez e tão perto da morte. E, embora sem ânimo para dizer a verdade à pobre Emília, Bouchard não a escondeu dos presentes, entre os quais o Conde de Souza Rosa, ministro de Portugal em Paris: Eça de Queiroz agonizava. "Não acaba mais docemente um belo dia de verão", escrevera o romancista ao falar da morte de Fradique Mendes. Agora, ali estava o seu criador. Respirava serenamente. Duas janelas abertas sobre o jardim deixavam ver as tílias que ele tanto amara.[56] Ao lado da cama, chorando perdidamente, Emília ajoelhara-se inconsolável — o seu romance acabara.

---

56 *Eça de Queiroz revelado por uma ilustre senhora da sua família.*

Índice onomástico

A
Abreu, Capistrano de 330
Actualidade, A 108
Aires, Cristóvão 329
Alberto, Basílio 26
Almanaque Enciclopédico 14, 310, 315
Amores de um lindo moço, Os 122
Andrade Corvo, José de 77, 83, 84, 86, 120
Andrade, Anselmo de 31, 59, 133, 309
Andrade, Luiz 260
Apóstolos, Os 48
Aquilino Ribeiro 355, 356
Araújo, Joaquim de 201
Arnoso, conde de, ver Pindela, Bernardo
Arriaga, Manuel de 30, 32, 41, 71, 72
Assembléia da Foz, A 102
Avarento, O 279
Ávila, Carlos Lobo de 184, 228, 232, 236, 237, 239, 333
Azevedo, Guilherme de 68, 72, 109
Azulejos 176, 192, 196, 202, 221, 345

B
Bacharel Sarmento, O 100
Balzac, Honoré de 29, 69, 74, 91, 101, 110, 114, 131, 140, 152, 162, 218, 239, 282, 333
Bandeira, Manuel 300
Barros Gomes 214
Bastos, J. T. da Silva 283
Batalha de Caia 119-121
Batalha Reis, Jaime 13, 37, 38, 39, 41, 43-45, 53, 54, 65, 66, 70,-72, 74,-76, 79, 80, 87, 125, 131, 135, 138, 162, 163, 217, 245, 259, 285, 326
Baudelaire, Charles-Pierre 39
Berlinda, A 75
Bettencourt Rodrigues 32
Bibliografia portuguesa e estrangeira 126
Bilac, Olavo 240, 272, 344
Bom Salomão, O 100, 101
Bom Senso e Bom Gosto 31, 32
Bordalo Pinheiro, Columbano 13, 75, 182, 205, 206, 310
Botelho, Abel 237
Botelho, Martinho Arruda 324, 330, 341, 342
Braga, Teófilo 20, 23, 25-29, 31, 50, 55, 71, 72, 75, 76, 92, 100, 102, 106, 109, 216, 226
Brandão, Raul 205
Brasileiro, O 122

Brewer, E. Cobham 284
Bulhão Pato 227, 228
Burnay, João 78
Byron, Lord 295, 313, 314

C
Cabral, Antônio 26, 224, 297
Cabrita, A 311
Câmara Reys 140
Câmara, José 111, 136, 137, 155
Camões, Luís Vaz de 13, 201
Canavarro, João de Souza 44
Caparica, conde de 181, 321
Capital, A 101, 115, 117, 120, 124, 125, 126, 133, 143, 144, 224, 301
Carneiro de Andrade 78, 89
Cartas de Amor 300
Cartas de Inglaterra 142
Cartas portuguesas 142
Carvalho, Alberto de Moraes 18
Carvalho, João Pinto de 134
Carvalho, Maria Amália Vaz de 58, 62, 63, 122, 143, 221, 224, 244, 312, 325, 333, 334, 344, 345, 362, 363
Carvalho, Xavier de 325
Casa n. 15, A 101
Caso atroz de Genoveva 100, 101
Castello Branco, Manoel Nicolau d'Aboim 65
Castelo Branco, Camilo Ferreira Botelho 20, 21, 23, 28, 32, 58, 111, 130, 198, 199, 202, 209, 231, 270, 313
Castelo do Lago, O 21
Castilho, Antonio Feliciano de 31, 32
Castro, Augusto de 22
Chagas, João 236
Chardron, Ernesto 14, 36, 53, 69, 70, 90, 94-97, 99-102, 105, 107, 113-116, 118-120, 123, 124, 126, 127, 129, 130, 133, 134, 138-140, 143, 144, 154, 161, 162, 200, 204, 215, 220, 230, 301-304

Cidade e as serras, A 275, 279-283, 285, 299, 301, 302, 304, 312, 314, 320, 324, 334, 335, 337, 340, 346
Cidade, Helena 126
Civilização 299
Coelho, Adolfo 71, 72, 74
Coelho, Jacinto do Prado 267
Colaço, Jerônimo 219, 268, 269
Colóquios dos Simples e Drogas da Índia 196
Comédia Humana, A 101, 333
Comércio Português 106
Compêndio de filosofia racional 26
Conde d'Abranhos, O 118, 119, 121
Condestável, O 278, 293
Conferências do Cassino 71, 141, 207, 287
Conspirador Matias, O 102
Contemporâneo, O 138, 186,
Contemporary 215
Cordeiro, Luciano 74
Correio da Manhã 202, 236
Correspondência de Fradique Mendes 48, 162, 163, 218, 246, 259, 262, 263, 267, 283, 301, 304, 312, 340, 346, 358
Corvo, José de Andrade 77, 83, 84, 86, 120
Costa Pimpão 72
Costa, Severino 20
Crime do Padre Amaro, O 67, 68, 70, 87-89, 91-94, 96, 106, 107, 110, 111, 113, 115, 117, 118, 120, 122-131, 133, 140, 152, 192, 198, 199, 205, 207, 209, 215, 229, 232, 242, 283, 286, 304, 320, 341
Crônica, A 103
Crônicas da Vida Sentimental, As 101
Crônicas do Vício 101
Cruz Malpique 53
Cruzeiro, O 109
Cunha, Amadeu 305
Cyrano de Bergerac 333, 334

D

Daudet, Alphonse 198, 272
De Braço Dado 311
De Lisboa ao Cairo 53
Defunto, O 314
Desastre da Travessa das Caldas 101
Deus, João de 311, 312
Diário de Notícias 22, 51, 53, 56, 57, 70, 80, 208, 244
Diário de Portugal 134, 139, 220
Diário Popular 73
Dias, Carlos Malheiro 304
Dias, Romão 67
Dicionário de milagres, O 15, 283, 284
Dictionary of Miracles 284
Distrito de Évora, O 40, 196, 258, 267
Doida do Candal, A 2
Dom Quixote 44
D. Sebastião 148
Domingues, Constantino 355, 356
Du Principe de l'Art et de sa destination sociale 73
Duse, Eleonora 333

E

Eça de Queiroz e os seus últimos valores 269
Eça de Queiroz, José Maria, passim.
Economista, O 202
Educação sentimental, A 125
Enes, Antonio 232
Euzébio Macário 199

F

Fabia 32
Falcão, José 71
Faria e Maia, João Machado de 30, 147
Farpas, As 60-63, 67, 70, 71, 73, 74, 76, 78, 86, 97, 105, 109, 116, 133, 137, 142, 146, 205, 207, 229, 268, 358
Faute de l'abbé Mouret, La 68, 128
Feijó, Antonio 296

Fernandes Reis 61
Ferreira de Araújo, José 201, 202, 299, 30
Fialho de Almeida, José Valentim 89, 91, 103, 104, 125, 134, 135, 138, 186, 226, 227, 232, 237
Figaro, O 197
Figueiredo, Fidelino 30
Filinto Elisio (pseudônimo) ver Castelo Branco, Camilo Ferreira Botelho
Flaubert, Gustave 29, 41, 48, 54, 71, 74, 91, 110, 117, 152, 197, 203, 209, 225, 229, 246, 267, 272
Flos Sanctorum 283
Folha do Sul 40
Folhetins românticos 36
Fontana, José 43, 86, 125
Fontes Pereira de Melo 77
Forthnightly 215
Fradique Mendes, Carlos (pseudônimo de Eça de Queiroz) 28, 48, 49, 163, 217, 218, 219, 236, 241, 245, 255, 258, 259, 260, 261, 262, 263, 267, 268, 269, 270, 271, 283, 298, 300, 356, 364
Francesismo, O 21

G

Gaio, Manuel da Silva 225, 227, 237, 238, 244, 246, 257, 272, 291
Galé Negra, A 347
Gama, Domício Afonso da 181, 239, 240, 243, 272, 293, 311, 327, 330, 345, 350, 355
Gama, Manuel Saldanha da 71
Garção 27, 28
Garcia da Orta 190
Garrett, Almeida 18, 43
Gautier, Théophile 29, 48, 49, 237,
Gazeta de Notícias 109, 122, 142, 200, 201, 218, 260, 287, 299, 314, 320, 330
Gazeta de Portugal 35-38, 41, 113, 26
Genelioux, Jules 14, 161, 162, 191, 192, 201, 202, 204, 215-220, 226, 229,

231-233, 235, 237-239, 244, 257,
258, 262, 263, 267, 271-273, 284,
285, 302, 303, 307
Geração nova, A 68, 210, 228, 291
Girodon, Jean 125
Gobineau, conde de 219, 268, 269
Gonçalves Crespo 121, 138
Goncourt, Edmond 272
Gorjão, primeira dama!, O 101
Graça Aranha 342
Guèpes 60
Guerra Da Cal 14, 208
Guerra Junqueiro, Abílio 24, 28, 43, 76,
109, 127, 143, 148, 159, 162, 180,
184, 197, 212, 232, 242, 251, 320
Guimarães Júnior, Luiz 103

H

Heine, Heinrich 29, 39, 71
Hernani 49
História de Portugal 132
História dum grande homem 102
Histórias cor-de-rosa 55
Holanda 176
Homero 51, 224, 242, 295, 311
Hugo, Vitor 27, 29, 39, 153, 154, 245,
261, 321, 350

I

Idealismo e realismo 128
Ilusões perdidas 125
Ilustração, A 145, 151, 153, 198, 204,
207, 208, 210, 215
Ilustrado 167
Ilustre casa de Ramires, A 283, 285,
286, 301, 304, 312, 324-326,
334-336, 338, 340-343, 346
Ilustre família Estarreja, A 101
In Memoriam de Antero de Quental 274
Inglaterra e a França julgadas por um inglês, A 145
Inocência 24

J

J. V. (pseudônimo), ver Andrade, Luiz
John Bull 112, 141
Jorge, Ricardo 17, 62
Jornal do Comércio 28, 202, 330
Jornal do Porto 55
José Matias 330
Journal Officiel 48
Justiça e a Revolução na Igreja 42

K

Karr, Afonso 60
Kock, Paulo de 82

L

L'assomoir 109
Lanterna, A 60
Larbaud, Valery 125
Leal, Thomaz D'Eça 20
Légende des Siècles 39
Lenda dos Santos, A 286, 288
Lima, Jaime de Magalhães 198, 232, 306
Linda Augusta, A 101
Linda Emilinha, A 100
Lins, Álvaro 268
Lisboa de Outrora 134, 137
Literatura d'hoje 31
Livro d'Ouro 275
Lobo de Moura, João 41, 98, 138
Lopes d'Oliveira 251, 320,
Lourenço Malheiro 134, 139, 140, 144, 220
Luciano, José 22, 203
Lugan, Mathieu 14, 161, 162, 220, 235,
272, 284, 301-304,
Lusíadas, Os 22, 76
Luso, João 207

M

Macbeth 93
Macedo, Manuel de 122, 123, 203
Machado de Assis, Joaquim Maria 108,
355

Machado, Júlio 105
Madame Bovary 41, 152, 197, 267
Mademoiselle de Maupin 48, 49
Magalhães de Azeredo 326, 330, 345
Magalhães Lima, Jaime de 198, 232, 306
Magalhães, Luiz de 13, 69, 70, 143, 146, 148, 149, 180, 204, 205, 211, 220, 225, 226, 230, 240, 264, 270, 273, 275, 302, 304, 306, 307, 314, 329, 336, 344, 347
Maias, Os 102, 138-140, 143-145, 154, 161, 162, 180, 192, 201, 202, 204, 205, 215, 220, 221, 223-229, 236, 240, 268, 282, 301, 304, 313, 318
Mandarim, O 15, 139-141, 144, 201, 208, 223, 304, 341
Martins Fontes, José 272
Marx, Karl 43, 77
Maupassant, Guy de 272
Maurois, André 108, 140
Mayer, Carlos 24, 25, 27, 30, 184, 235, 237, 245, 265, 293, 295, 306, 312, 321, 322, 346
Memórias de Judas 54
Memórias duma forca 41
Mickiewics, Ladislau 15, 140
Mil e uma Noites, As 49
Milagre do Vale de Roriz, O 100, 101
Milhafre, O 41
Minas d'El-rei Salomão, As 232, 258,
Miseráveis, Os 154
Mistério da estrada de Sintra, O 54-59, 63, 67, 70
Molière 131, 279
Moniz Barreto, Guilherme 36, 41, 57, 209, 225, 226, 229, 244, 291, 297, 298, 311, 329
Montalvão, Justino de 63
Morais, Manuel de (padre) 286
Morte de Jesus, A 53
Musset, Louis Charles Alfred de 197

N

Nabuco, Joaquim 243, 308, 351, 353, 354
Navarro, Emídio 263, 264, 266
Neblinas 346
Negrão, Joaquim 44
Nerval, Gerard de 29, 39
Nobre, Antônio 135, 226, 238, 241, 242, 294, 295, 311, 358
Nocturnos 122, 143
Notas Contemporâneas 339
Notas Marginais 35, 41
Notícias da Noite 202
Nova Geração, A 92
Novas Cartas de Fradique Mendes 271
Novidades 199, 266
Nuno Álvares 306

O

Ocidente, O 109, 127, 216
Odes Modernas 31, 32
Oliveira Lima 226, 291, 298, 329, 330, 347
Oliveira Martins, Joaquim Pedro de, passim
Oliveira, Alberto de 241, 242, 294, 295, 309, 310, 313, 320
Os de Paris a João de Deus 311
Osório, Luiz 346, 351
Ouguela, Visconde de 111
Outro Amável Milagre 143

P

Panorama, O 244
Paquita 228
Penha, João 24, 60, 196
Pereira, Antônio Maria 58, 283, 310 312, 316
Perfeição, A 330, 344
Pina, Mariano 92, 95, 113, 117, 151-153, 162, 198, 204, 207-210, 215-217, 221, 223, 225, 227, 229

369

Pindela, Bernardo 14, 104, 137, 145, 146, 151, 159, 176, 184, 187, 192, 195-197, 202, 224, 230, 231, 235, 251, 263, 266, 282, 311-314, 316-318, 320, 324, 326, 334, 341, 348, 356
Pindela, Vicente 136, 137, 146, 200, 317
Pinheiro Chagas, Manuel Joaquim 31, 75, 105, 207, 208, 227, 228, 236
Pinto, Silva 74, 346
Poe, Edgar Allan 29, 39
Poema da Mocidade 31
Pombal, marquês de 28
Portugal e o socialismo 43, 86
Portugaliae Monumenta Historica 341
Prado, Eduardo 44, 205, 219, 240, 243-245, 248-250, 258, 265, 268, 272, 285-287, 292-294, 299, 306, 308, 321, 324-326, 328, 329, 331, 335, 338-341, 350, 351, 359-361
Prado, Paulo 298
Prédio n. 16, O 100
Primavera 31
Primeiros Versos 146
Primo Basílio, O 74, 96, 99, 100, 105-111, 115-118, 127, 129, 138, 140, 198, 226, 304, 329, 355
Prosas bárbaras, 38, 39, 70
Prospecto, O 232, 233
Proudhon, Pierre Joseph 31, 42, 73, 163, 218
Proust, Marcel 108
Província, A 148, 162, 163, 197, 203, 206, 211, 217, 218, 259

Q
Quental, Antero de, passim

R
Rabecão, O 101
Rainha, A 331
Ramalho Ortigão, José Duarte, passim

Ramos, Feliciano 269
Recordações de um velho militar 18
Reisebilder 39
Relíquia, A 135, 142, 146, 147, 162, 180, 200-202, 204- 211, 283, 341
Reminiscências do barão do Rio Branco 243
Renascença 116
Repórter, O 217, 218, 225, 228, 260, 262
Resende, conde de 24, 44, 45, 47, 49, 50, 52, 76, 86, 148, 149, 209, 219, 251, 253, 305, 319,
Resignação 28
Réu Tadeu, O 40
Revista de Portugal 230, 244, 274, 291, 309, 329
Revista Moderna 324, 343
Revista Ocidental 86-88, 111, 123, 124
Revolução de Setembro 38, 163, 217, 258
Revue Bleue 231
Revue des Deux Mondes 215, 233
Revue Universelle 15, 140, 146
Ribeiro, Antonio Lopes 269
Ribeiro, Bernardim 338
Ribeiro, Silvestre 71
Rio Branco, Raul do 243
Rodrigues de Freitas 90
Rougon-Macquart, Les 151, 333
Rousseau, Jean-Jacques 140

S
Sabugosa, conde de 122, 160, 184, 221, 224, 230, 266, 311-313, 317, 318, 331, 332, 358
Salambô 41, 54, 152
Salcede, Damaso 224, 229, 364
Saldanha, duque de 23, 59
Sampaio Bruno (pseudônimo) ver Sampaio, José Pereira de
Sampaio, José Pereira de 36, 54, 68, 92, 210, 287

Sandeman, Guilherme 168, 212, 213
Sant'Ana, Barão 121
Santos Valente 41
São Paulo 54
Saraga, Salomão 41, 72, 74-76, 125
Sarmento, Augusto 25, 32
Sarmento, José 312, 314, 315, 318
Scenas da Vida Portuguesa 101, 102, 115, 124
Scenas da Vida Real 100, 101
Scenas Portuguesas 101
Scott, Walter 21
Seguier, Jayme 311
Sequeira, Ângelo 17
Serão, O 310, 320, 321
Sérgio, Antonio 288
Shakespeare, William 24, 27, 29, 131, 153
Siècle, Le 41
Simões, João Gaspar 47, 125, 130, 224, 267, 268
Singularidades de uma rapariga loira 80
Só 294, 295
Sonetos 98, 147, 180, 196, 203
Soromenho, Francisco Augusto 18, 72
Sóror Margarida, A 100
Soveral, marquês de 14, 111, 112, 135, 155, 184, 243, 264, 265, 277
Sthendal 117
Suave Milagre, O 143, 330

T
Taine, Hippolyte-Adolphe 31
Tarde, A 220
Teixeira de Vasconcelos 36

Teles, Alberto 314
Teles, Júlio 66, 67, 71
Tempo, O 236, 237
Tentação de Santo Antão 54
Teoria da História da Literatura Portuguesa 76
Tragédia da rua das Flores, A 122, 224

U
Um feixe de penas 143
Um gênio que era um Santo 98, 276, 302
Um pequeno romance 311
Uma conspiração em Havana 86

V
Valbom, Carlos 213, 214, 221-223, 237, 239, 247, 263-265, 333
Velhice do padre eterno, A 148
Veríssimo, José 137, 138, 242
Viagens na minha terra 18
Vícios da linda Augusta, Os 96
Vida de Jesus 54
Vida Nova 180, 203
Vieira de Castro 31,
Vieira, Antonio (padre) 13, 286
Virgílio 25
Viriathe (pseudônimo), ver Oliveira Martins, Joaquim Pedro de
Voltaire 163, 218, 356

Z
Zola, Emile 68, 106, 128, 131, 151, 152, 153, 197, 198, 202, 246, 272, 333, 349, 350

SOBRE O LIVRO

Formato: 16 x 23 cm
Mancha: 27 x 44,5 paicas
Tipologia: Adobe Jenson Pro 10/15
Papel: Offset 750 (miolo)
Supremo 250 g/m^2 (capa)
1ª edição: 2008

EQUIPE DE REALIZAÇÃO

Edição de Texto
Antonio Alves (Preparação de texto)
Isabel Baeta e Alberto Bononi (Revisão)

Editoração Eletrônica
DuSeki

Impressão e Acabamento:
Geográfica editora